# Deutsch Aktuell 2
## Fourth Edition

**Wolfgang S. Kraft**

---

## Chief Consultants

**Shawn Cecilia Jarvis**
St. Cloud State University
St. Cloud, Minnesota

**Hans J. König**
The Blake Schools
Hopkins, Minnesota

**Roland Specht**
Ruhr Universität Bochum
Bochum, Germany

## Consultants

**Thomas Keith Cothrun**
Las Cruces High School
Las Cruces, New Mexico

**Ingrid M. May**
Harding High School
River Valley High School
Marion, Ohio

**Helga Schmitz**
Overland High School
Aurora, Colorado

**Margaret E. Durham**
St. Paul Academy
St. Paul, Minnesota

**Jo Ann D. Nelson**
Jacksonville High School
Jacksonville, Illinois

**Marcia K. Slosser**
Lloyd C. Bird High School
Chesterfield, Virginia

**Richard Jones**
Fallston High School
Fallston, Maryland

**Ron Porotsky**
Whitehall High School
Whitehall, Pennsylvania

EMC/Paradigm Publishing, Saint Paul, Minnesota

## About the Cover

The themes of German language, culture and history are much too broad and far reaching to encapsulate in one image, but the collage is one way to illustrate the rich tapestry they weave. The cover of *Deutsch Aktuell 2* presents elements of German culture in evocative juxtapositions. A row of *Fachwerkhäuser*, symbolizing hearth and home, the individual, and the German people as a whole, serves as a backdrop for the other images shown. The castle at Regensburg, both a princely home and a seat of political power, recalls the turbulence and majesty of past eras. A telecommunications tower in East Berlin stands as a symbol of the center of technology Germany has become while reminding us of the continuing rift between east and west. As a tool of communication, the communications tower also represents the ongoing effort toward reconciliation. A statue of George Friedrich Händel, one of the great composers of the baroque era, points to the remarkable influence Germans have had and continue to have on the world.

In *Deutsch Aktuell 1*, students began to understand the importance of a good foundation. As they move in *Deutsch Aktuell 2* toward increasingly complex use of the language, they begin to realize their potential for understanding the people of another culture. They also start to see the broader implications of that culture in the world. And once they learn how others make their way in the world, a light shines on the path ahead.

**Tim Heitman**
Graphic Artist

## Credits

*Desktop Production Specialist*
**Bradley J. Olsen**

*Illustrator*
**Hetty Mitchell**

*Designer*
**Tim Heitman**

*Cartoon Illustrator*
**Steve Mark**

ISBN 0-8219-1488-X

Published by EMC/Paradigm Publishing
875 Montreal Way
St. Paul, Minnesota 55102

Printed in the United States of America
4 5 6 7 8 9 10 XXX 03 02 01 00 99

## Jetzt geht's weiter!

Now that you have successfully completed *Deutsch Aktuell 1*, you have acquired a basic foundation for communicating in German. You have developed skills in listening, speaking, reading and writing, as well as gained an insight into the way of life among people in different regions of German-speaking countries (Germany, Austria, Switzerland).

You already know how to ask and answer questions about school activities, entertainment and leisure-time activities, traveling, shopping, clothing, and sports. You can talk about yourself, your friends, your family and personal experiences. In short, you can make yourself understood and react appropriately in simple social interactions.

*Deutsch Aktuell 2*, the second-level textbook, will expand the communicative skills you have already acquired. You will be able to talk about hobbies, vacation plans, professions, foods, holidays and festivals, health matters, camping and youth hostels, and many other topics. You will learn to interact with others about various aspects of life: driving, using various means of transportation (including a trip to Germany), environmental issues, shopping in a variety of stores and markets. You will continue to increase your cultural understanding by learning how to write letters, describing a German house or apartment, naming animals, identifying parts of a car, and talking about major events and festivals in small towns and large cities in Germany.

The format of this book is similar to *Deutsch Aktuell 1*. The introductory chapter (*Einführung*) reviews some basic structures and vocabulary from the first-level textbook. You will again have the opportunity to interact with your classmates as you apply your knowledge about interesting topics that you might encounter if you travel to a German-speaking environment. You will also have an opportunity to expand your reading skill through specially chosen *Aktuelles* sections, one of which appears in German in each chapter.

As you continue your journey into the dramatically changing German-speaking world, you will strengthen your global understanding of the language and culture of today's generation.

*Alles Gute und viel Glück!*

# Kapitel 3
# Ferien 79

# Kapitel 4
# Wohnen 113

# Reference 396

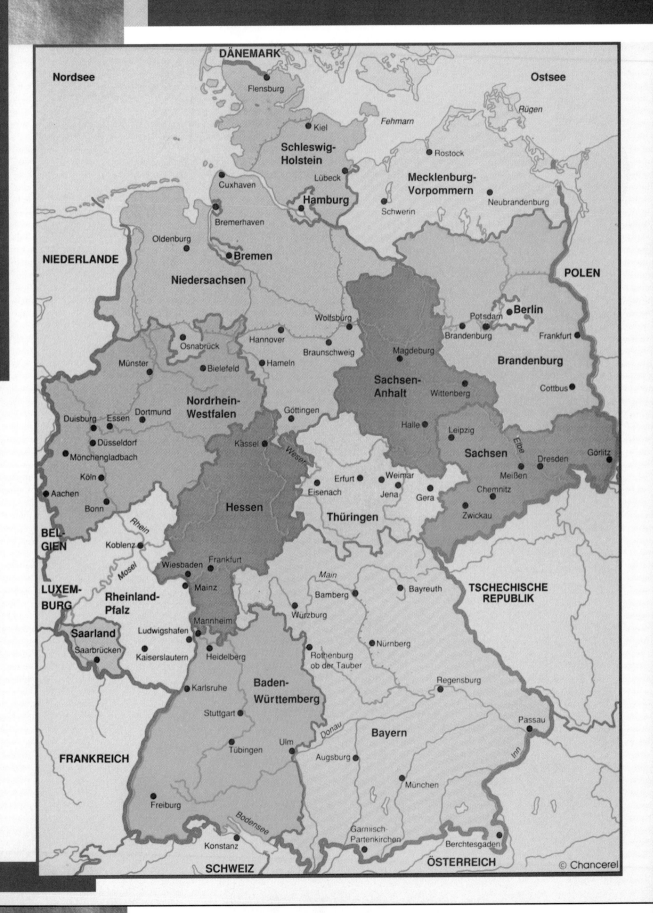

Deutschland

DÄNEMARK

Nordsee
Ostsee

Flensburg

Kiel
Fehmarn
Rügen

Schleswig-
Holstein
Rostock

Cuxhaven
Lübeck
Mecklenburg-
Vorpommern
Neubrandenburg

Hamburg
Schwerin

Bremerhaven

Oldenburg
Bremen
POLEN

NIEDERLANDE
Niedersachsen

Wolfsburg
Potsdam
Berlin

Hannover
Brandenburg
Frankfurt

Osnabrück
Braunschweig
Magdeburg

Münster
Hameln
Brandenburg

Bielefeld
Sachsen-
Anhalt
Wittenberg
Cottbus

Nordrhein-
Westfalen
Göttingen

Duisburg
Essen
Dortmund
Halle
Leipzig

Düsseldorf
Kassel
Weser
Elbe
Dresden
Görlitz

Mönchengladbach
Sachsen
Meißen

Köln
Erfurt
Weimar
Chemnitz

Aachen
Eisenach
Jena
Gera

Bonn
Hessen
Zwickau

Rhein
Thüringen

BEL-
GIEN
Koblenz

Mosel
Wiesbaden
Frankfurt
Main

LUXEM-
BURG
Mainz
Bamberg
Bayreuth
TSCHECHISCHE
REPUBLIK

Rheinland-
Pfalz
Würzburg

Mannheim
Nürnberg

Saarland
Ludwigshafen
Heidelberg
Rothenburg
ob der Tauber

Saarbrücken
Kaiserslautern
Regensburg

Karlsruhe
Baden-
Württemberg
Passau

Stuttgart
Bayern

FRANKREICH
Donau
Inn

Ulm
Augsburg

Tübingen

München

Freiburg

Bodensee
Garmisch-
Partenkirchen
Berchtesgaden

Konstanz
ÖSTERREICH

SCHWEIZ
© Chancerel

x

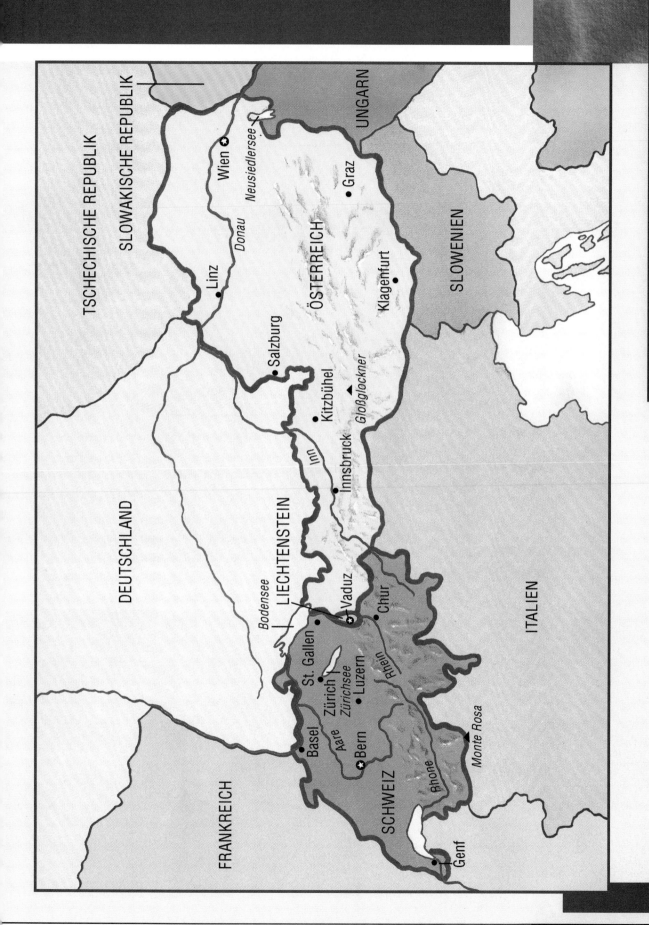

TSCHECHISCHE REPUBLIK

SLOWAKISCHE REPUBLIK

UNGARN

Linz

Wien ★

Neusiedlersee

Donau

Graz

ÖSTERREICH

Salzburg

Klagenfurt

SLOWENIEN

Kitzbühel

Gloßglockner ▲

Innsbruck

Inn

DEUTSCHLAND

LIECHTENSTEIN

Vaduz

Chur

Bodensee

ITALIEN

St. Gallen

Zürich

Zürichsee

Rhein

Luzern

Basel

Aare

Bern ★

Monte Rosa ▲

Rhone

FRANKREICH

SCHWEIZ

Genf

# Einführung

# Willkommen!

In this chapter you will be able to:

- talk about yourself and others
- ask about factual information
- interpret and discuss German directional signs
- describe a trip
- give information

# Etwas über uns

### Sonja

Hallo! Ich heiße Sonja Perowski und bin 16 Jahre alt. Ich wohne erst seit einem Jahr hier in Leipzig. Früher habe ich in Dresden gewohnt. Beide sind große Städte, aber Leipzig gefällt mir besser.

Ich habe auch einen Freund — Karsten. Er wohnt mit seiner Mutter und Schwester gleich um die Ecke. Wir sehen uns oft in und nach der Schule und auch am Wochenende. Karsten ist ganz sportlich. Er spielt Fußball und ist der Star seiner Mannschaft.

Sonja

Meine Hobbys sind Briefmarken sammeln und Bücher lesen, besonders Bücher über andere Länder. Ich möchte später einmal viel reisen. Deshalb will ich natürlich schon etwas über andere Länder wissen.

Leipzig

In der Schule sind meine Lieblingsfächer Musik und Englisch. In diesen Fächern habe ich auch sehr gute Lehrer. Und was sind deine Lieblingsfächer? Warum hast du sie so gern?

### Achim

Grüezi! Das sagt man oft in der Schweiz. Jetzt denkst du bestimmt, ich wohne in der Schweiz. Das stimmt aber nicht genau. Ich wohne in der Stadt Vaduz. Weißt du, wo diese Stadt liegt? Nein? Vaduz ist die Hauptstadt von Liechtenstein. Das ist ein kleines Land. Es liegt zwischen Österreich und der Schweiz.

Ich heiße Achim Huber, bin fünfzehn Jahre alt und in der zehnten Klasse. In der Schule habe ich Mathe und Physik gern. Später will ich einmal bei meinem Vater arbeiten. Er arbeitet bei einer Autofirma. Ich habe auch ein Hobby. Ich sammle Modellautos. Jetzt habe ich schon 85 Modelle. Die stehen alle in meinem Zimmer.

Achim

Was mache ich sonst noch? Mein Freund Toni wohnt nur einen Kilometer von hier entfernt. Er kommt oft zu mir rüber. Manchmal fahre ich mit meinem Rad auch zu ihm. Wir spielen manchmal Schach oder sehen fern. Und wo wohnst du? Hast du einen Freund oder eine Freundin?

Vaduz (Liechtenstein)

### Maren

Grüß Gott! Mein Name ist Maren Krämer. Ich komme aus Meersburg, einer kleinen Stadt am Bodensee in Süddeutschland. Das Wetter ist hier meistens sehr schön. Deshalb kommen jedes Jahr viele Touristen hierher. Der Bodensee grenzt an drei Länder — Deutschland, die Schweiz und Österreich.

Maren

Ich bin fünfzehn Jahre alt und wohne mit meinen Eltern und meinem Bruder in einer Wohnung nicht weit vom See entfernt. In der Schule habe ich gern Deutsch, Englisch und Geschichte. In diesen drei Fächern bekomme ich auch immer eine Eins. Anne, meine Freundin, ist nicht so gut in der Schule. Oft helfe ich ihr bei den Hausaufgaben.

Meersburg

Jeden Mittwoch kommt Herr Brauner zu uns. Er ist Musiklehrer und ich lerne von ihm Klavier spielen. Ich muss auch jeden Tag eine halbe Stunde nach der Schule üben. Das macht nicht so viel Spaß. Mein Vater sagt oft: „Erst die Arbeit, dann das Vergnügen." Spielst du ein Musikinstrument?

### Peter

Servus! Mein Name ist Peter Seiler und ich bin sechzehn. Ich wohne in Innsbruck. Diese Stadt liegt in Österreich, ganz in der Nähe von Deutschland. Innsbruck ist eine bekannte Stadt. Im Sommer und im Winter haben wir Besucher aus vielen anderen Ländern.

Ich höre gern Rockmusik und spiele auch gern Computerspiele. Mein Vater hat vor zwei Monaten einen neuen Computer gekauft und ich darf ihn auch manchmal gebrauchen. Manchmal kommt mein Freund Aki rüber. Mit Computerspielen ist er viel besser als ich. Er hat ja schon ein Jahr lang einen Computer gehabt und ist jetzt ein Experte.

Peter

In der Schule bekomme ich nur in Englisch gute Noten. Englisch ist für mich sehr leicht und gefällt mir auch. Am Wochenende gehe ich oft mit Schulfreunden ins Kino. Meistens treffen wir uns in der Stadt und gehen dann noch nach dem Kino in die Disko. Gibt es bei dir auch eine Disko? Was für Hobbys hast du denn?

Innsbruck

1. *Was weißt du von Sonja, Achim, Maren und Peter?* **The following sentences contain information that Sonja, Achim, Maren and Peter provided in their short description about themselves. For each item state:** *Das ist...*

   ◆  Diese Person wohnt in Innsbruck.
   ◆  Das ist Peter.

   Diese Person...

   1. wohnt nicht weit vom See entfernt.
   2. bekommt in drei Fächern immer eine Eins.
   3. sammelt Briefmarken.
   4. geht oft mit Schulfreunden ins Kino.
   5. wohnt in einem Land zwischen der Schweiz und Österreich.
   6. hat einen Freund. Er ist sehr sportlich.
   7. spielt bei einem Freund manchmal Schach.
   8. bekommt nur in einem Fach gute Noten.
   9. hört gern Rockmusik.
   10. will später in einer Autofirma arbeiten.
   11. wohnt im Osten von Deutschland.
   12. lernt Klavier spielen.
   13. hat viele Modellautos.
   14. hat in der Schule Musik gern.
   15. hat einen Bruder.

Wo wohnt Achim?

2. **Etwas Persönliches.**

   1. Wo wohnst du und wie lange wohnst du schon dort?
   2. Hast du Brüder oder Schwestern? Wie viele? Wie alt sind sie?
   3. Was für ein Hobby hast du? Kannst du etwas über dein Hobby sagen?
   4. Welche Fächer hast du gern? Warum?
   5. Was machst du manchmal am Wochenende?
   6. Was macht dir sonst noch Spaß?

# Rollenspiel

Imagine that you want to invite your German pen pal (played by a classmate) to come to the United States. Give eight reasons why he or she should visit you for several weeks. Your pen pal (your classmate), on the other hand, wants to invite you to visit Germany. He or she also lists eight reasons why you should come. Compare your reasons, and then exchange lists with other pairs of students to determine who gave the most convincing, most logical reasons.

# Übung macht den Meister!

1. *Etwas Persönliches.* Write down some personal details, including your name, age, address, name of school, favorite subjects and friends' names and hobbies. Use this information to introduce yourself to other classmates. To vary responses and create more interest (and a bit of humor), you may want to make up some details about yourself.

2. *Ein Interview.* Formulate some personal questions using the vocabulary from the descriptions of the four young people. Then ask a classmate these questions. Reverse roles and answer your classmate's questions about you.

3. *Ich spioniere* (I spy). Observe and find out about a classmate and write a description of this person. Read your description to the class and have them guess who you are talking about.

## Rückblick

## Present Perfect Tense

As you have learned in earlier chapters, the present perfect or conversational past of regular verbs is formed by using *haben + ge +* third person singular. Some verbs also take *sein.*

◆ *Ich habe das gesagt.* I said that.

◆ *Wir sind in den Bergen gewandert.* We hiked in the mountains.

Irregular verbs use *sein* or *haben* plus the irregular past participle form.

◆ *Ich bin nach Chemnitz gefahren.* I drove to Chemnitz.

◆ *Hast du einen Brief geschrieben?* Did you write a letter?

Verbs with inseparable prefixes such as *be-* make use of the prefix plus the third person singular to form the past participle.

◆ *Wir haben meine Tante besucht.* We visited my aunt.

Some verbs with inseparable prefixes have irregular forms in the past participle.

◆ *Haben Sie eine Karte bekommen?* Did you get a card?

The separable prefixes such as *an-, ein-, aus-* are placed before the past participle form.

◆ *Susanne hat vor ein paar Minuten angerufen.* Susanne called a few minutes ago.

3. ***Was hast du in den Ferien gemacht?* You made a list of things you intended to do while on vacation. As your vacation is over now, you check your list and use it to tell your friends about it.**

◆ viel schwimmen
◆ Ich bin viel geschwommen.

◆ ein paar Karten schicken
◆ Ich habe ein paar Karten geschickt.

1. mit dem Boot fahren
2. meinen Freund besuchen
3. bis spät am Abend tanzen
4. oft Tennis spielen
5. gut essen
6. in die Berge fahren
7. ein paar Geschenke kaufen
8. meine Eltern oft anrufen

Was haben manche Leute in den Ferien gemacht?

4. ***Beende die folgenden Sätze!* Use a different verb form to finish each sentence.**

◆ Wann hast du _____?
◆ Wann hast du das Buch gelesen?

1. Bist du gestern _____?
2. Ich habe _____.
3. Wann seid ihr _____?
4. Das haben wir _____.
5. Peter und Heike sind am Montag _____.
6. Warum haben Sie _____?
7. Hast du _____?
8. Christa hat die Frau aus Frankreich _____.

5. *Was haben alle am Wochenende gemacht?* Tell what the various people did over the weekend, using the information given.

   ◆ Holger / seine Freundin besuchen
   ◆ Holger hat seine Freundin besucht.

   1. Uschi / im See schwimmen
   2. Meine Schwester / nach Köln fahren
   3. Rudis Eltern / eine Party haben
   4. Die Jugendlichen / Fußball spielen
   5. Die Jungen und Mädchen / in der Disko tanzen
   6. Frau Göbel / einen Kuchen backen
   7. Wir / ein paar Briefe schreiben
   8. Meine Freundin und ich / in den Bergen wandern

6. *Ein Interview.* Imagine that you have been asked to interview an exchange student from Austria. Provide some possible questions to complete the following interview.

   _____
   Rudi Sailer.

   _____
   Aus Salzburg.

   _____
   Seit zwei Wochen.

   _____
   Ungefähr neun Monate.

   _____
   Sehr gut.

   _____
   Sechzehn.

   _____
   Am 12. Dezember.

Sie macht ein Interview.

   _____
   Meistens fahre ich mit dem Fahrrad, aber manchmal gehe ich auch zu Fuß.

   _____
   Fast drei Kilometer.

   _____
   Ja, im Winter laufe ich Ski und im Sommer spiele ich Tennis.

   _____
   Das Land hier ist so groß, das Eis schmeckt ganz toll und die Leute sind sehr nett.

7. *Andreas hat seinen Freund besucht.* **Read the following paragraph by completing the sentences with the missing forms of the present perfect tense.**

Vor einem Monat hat Sven seinen Freund Andreas nach Lüneburg (einladen) ____. Andreas hat Sven schon seit einem Jahr nicht (sehen) ____. Er hat seine Eltern (fragen) ____, ob er nach Lüneburg fahren darf. Beide haben „ja" (sagen) ____. Schon am Dienstag hat Andreas (beginnen) ____, sein Gepäck zu packen. Er hat auch Sven (schreiben) ____, wann er mit dem Zug ankommt. Sein Vater hat (wissen) ____, dass Sven Poster sammelt. Deshalb ist Andreas zum Kaufhaus (gehen) ____ und hat dort zwei Poster (kaufen) ____. Dafür hat er zwanzig Mark (ausgeben) ____. Endlich ist der Tag (kommen) ____. Seine Eltern haben Andreas zum Bahnhof (fahren) ____. Der Zug ist auch ganz pünktlich (abfahren) ____.

# Aktuelles

## Reading German Signs

Directional signs are important and practical—as long as you can understand them. Here are some useful words that you may find printed on signs throughout Germany:

*Achtung!* Attention!

*Ausfahrt!* Exit (for cars)!

*Ausfahrt freihalten!* Don't block the driveway!

*Ausgang* Exit

*Auskunft* Information

*Bissiger Hund!* Beware of Dog!

*Bitte klingeln!* Please ring!

*Bitte nicht berühren!* Please do not touch!

*Drücken* Push (door)

*Einführung*

*Einfahrt* Entrance (for cars)

*Fahrstuhl* Elevator

*Flughafen* Airport

*Geöffnet* Open

*Geschlossen* Closed

*Hochspannung* High tension (voltage)

*Kasse* Cashier, Cash register

*Keine Haftung* We take no reponsibility (for objects deposited)

*Kein Zutritt* No entry

*Lebensgefahr!* Danger to humans!

*Nichtraucher* (or: *Rauchen verboten*) No smoking

*Notausgang* Emergency exit

*Parken verboten* No parking

*Polizeiruf* Police call

*Rasen betreten verboten!* Keep off the grass!

*Reserviert* Reserved

*Ruhe* Silence

*Stadtmitte* City center, Downtown

*Umleitung* Detour

*Ziehen* Pull (door)

*Willkommen!*

8. *Was ist das Wort dafür?* **Read these short dialogs and try to determine which words from the previous list are most appropriate. You may not understand all the words.**

1. Entschuldigen Sie! Ist hier noch ein Platz frei?

   Nein, es tut mir leid. Es kommen noch ein paar Leute.

2. Wo kann man hier im Kaufhaus Videos kaufen?

   Oben im 5. Stock. Die Rolltreppe funktioniert heute nicht. Sie brauchen aber nicht zu laufen.

   Da haben Sie recht. Ich sehe schon, wie ich hinkomme.

3. Wissen Sie, wann der nächste Zug nach Hamburg abfährt?

   Nein, aber dort drüben kann man Ihnen das bestimmt sagen.

4. Wie komme ich hier weiter? Die Straße ist ja ganz blockiert.

   Sie müssen zwei Ecken weiterfahren, dann nach links, wieder nach links, bis Sie wieder auf diese Straße kommen.

Wissen Sie, wann der nächste Zug nach Hamburg abfäh[...]

5. Wo kann ich diese Jeans bezahlen?

   Sehen Sie die Verkäuferin dort? Da bezahlen Sie.

6. Wie komme ich am besten zur Schillerstraße?

   Die ist direkt beim Bahnhof.

7. Möchten Sie eine Zigarette?

   Nein, das geht nicht in diesem Abteil.

8. Die Kleidungsstücke in diesem Kaufhaus sind wirklich super. Gehen wir doch hinein!

   Das geht leider nicht. Es ist schon 21 Uhr.

9. Haben Sie gesehen, wie das rote Auto in das blaue Auto gefahren ist?

   Hoffentlich sind die Leute in den Autos O.K. Dort ist ein Telefon. Ich rufe sofort an.

10. Wir fliegen um halb zehn ab.

    Dann haben wir nicht viel Zeit, bis wir da ankommen.

## Possessive Adjectives

The possessive adjectives that you have learned are as follows:

| | |
|---|---|
| *mein* | my |
| *dein* | your (familiar, singular) |
| *sein* | his |
| *ihr* | her |
| *sein* | its |
| *unser* | our |
| *euer* | your (familiar, plural) |
| *ihr* | their |
| *Ihr* | your (formal) |

The endings for the nominative, accusative and dative cases are:

| | Singular | | | Plural |
|---|---|---|---|---|
| | masculine | feminine | neuter | |
| nominative | - | e | - | e |
| accusative | en | e | - | e |
| dative | em | er | em | en |

◆ *Wo ist dein Buch?* Where is your book?

◆ *Kennst du seinen Bruder?* Do you know his brother?

◆ *Ich komme mit meinem Freund zu deiner Party.* I'm coming with my friend to your party.

9. **While visiting your friend's house, you meet many of his relatives and hear comments about them. Complete each statement by providing the appropriate endings.**

   1. Mein_____ Schwester wohnt schon viele Jahre in Nürnberg.
   2. Ich kenne dein_____ Schwester und dein_____ Bruder nicht.
   3. Wir haben unser_____ Großeltern seit Mai nicht gesehen.
   4. Sein_____ Eltern können nicht kommen.
   5. Hast du ihr_____ Tante eine Karte geschrieben?
   6. Warum fragst du nicht unser_____ Onkel?
   7. Im Sommer haben wir sein_____ Vater bei der Arbeit geholfen.
   8. Susi hat von ihr_____ Freundin schon lange nichts gehört.

10. *Beantworte die folgenden Fragen!* **In your answers, use the words listed in parentheses.**

◆ Was lest ihr? (sein / Zeitschrift)
◆ Wir lesen seine Zeitschrift.

1. Was hast du gespielt? (mein / Gitarre)
2. Wohin geht ihr? (zu / unser / Jugendklub)
3. Wer hat dir Geld gegeben? (mein / Freund)
4. Wo bist du gewesen? (bei / ihr / Onkel)
5. Zu wem fährt sie heute? (zu / mein / Eltern)
6. Kommst du mit deinem Freund zur Party? (nein / ohne / mein / Freund)
7. Wie heißt euere Lehrerin? (unser / Lehrerin / Frau Priebe)
8. Wem gefällt der Pulli? (sein / Schwester)

Was hat ihre Mutter in der Küche gemacht?

11. **Provide the missing endings.**

1. Wer ist letzte Woche bei ein____ Geburtstag gewesen?
2. Hast du das Buch für d____ Lehrerin mitgebracht?
3. Warum sprichst du immer gegen dein____ Freundin?
4. Dieser Artikel kommt aus ein____ Zeitung.
5. Renate wohnt nur drei Minuten von unser____ Schule entfernt.
6. Ohne d____ Bleistift kannst du nicht schreiben.
7. Kommt doch mit euer____ Tennisschlägern!
8. Außer mein____ Onkel kommen auch noch meine Großeltern.
9. Wir warten schon seit ein____ Woche auf einen Brief.
10. Sieh, wer kommt denn da um d____ Ecke?

12. *Wer ist diese mysteriöse Person?* **A secret admirer has slipped Hannelore a note with several blanks. She is trying to figure out who wrote the note. Can you help her out? The first letters of the missing words, when read in sequence, indicate the person's first and last name and where the person is from. To figure out the identity of this person, you will need to use the words listed below.**

| | | | | | |
|---|---|---|---|---|---|
| ABEND | AM | AUCH | BAHNHOF | 'DU | EIN |
| EINEN | GEHEN | HAST | HEISST | 'ICH | MIT |
| MIR | NACH | NICHT | RECHT | ROT | |
| TENNIS | SCHWESTER | ULLA | UND | | |

____ weißt bestimmt nicht, wer ____
bin. Ich bin ____ Junge und spiele
gern ____. Ich habe ____ Pullover
an. Der ist ____. Ich möchte
wissen, wie du ____. Kannst du mir
____ sagen, wo du wohnst? Ich
habe einen Bruder, Jürgen, und
____ ist meine ____. Sie fährt heute
____ dem Zug um neun Uhr am
____ nach München. Wann
können wir uns treffen? Ich habe
____ der Schule Zeit. Hast du
dann ____ auch Zeit? Vielleicht
____ du Lust, ____ Samstag mit ____
zum Eiscafé zu gehen. Es ist direkt
am ____; ____ später können wir zu
Elkes Party gehen. Ist dir das ____?
Wir können aber auch ins Kino
____. Hast du Lust dazu?

## Was hat Susi in den Ferien gemacht?

Seit ein paar Monaten wohnt Katharina mit ihrer Mutter in Bacharach am Rhein. Früher haben sie in Wiesbaden gewohnt, ganz in der Nähe von Susi. Schon im Frühling hat Katharina Susi geschrieben und sie im Juli nach Bacharach eingeladen. Dann haben beide sechs Wochen Ferien.

**Katharina**

**Susi**

Von Wiesbaden ist Susi zuerst nur zehn Minuten mit einem Zug nach Mainz gefahren. In Mainz ist sie umgestiegen und mit einem anderen Zug eine Stunde nach Bacharach gefahren. Das ist eine kurze, aber schöne Reise gewesen. Der Zug ist zum größten Teil am Rhein entlanggefahren°. Katharina und ihre Mutter haben auf dem kleinen Bahnhof in Bacharach auf Susi gewartet. Mit dem Auto sind sie dann gleich zu ihrer Wohnung gefahren.

Bacharach ist eine bekannte Stadt am Rhein. Jedes Jahr, besonders im Sommer, kommen viele Touristen dorthin. Viele fahren auf den Schiffen auf dem Rhein nach Norden oder Süden. Katharinas Mutter arbeitet in einem kleinen Laden°. Katharina hat ihr schon manchmal geholfen, besonders wenn sie zu viel zu tun hat°.

Natürlich will Katharina in den nächsten zwei Wochen viel mit Susi machen. Sie gehen schwimmen, wandern am Rhein, fahren auf dem Rhein und gehen am Wochenende in eine Disko. In der Disko treffen sie viele Jugendliche. Katharina kennt schon manche Jugendliche von ihrer Schule.

Bacharach ist eine bekannte Stadt am Rhein.

In der zweiten Woche kommt Katharinas Vater aus Düsseldorf zu Besuch. Er arbeitet bei einer Computerfirma und ist oft auf Reisen. Wenn er nach dem Süden fährt, kommt er meistens zu Besuch. Katharina ist dann immer froh. Ihr Vater bringt ihr immer ein Geschenk mit. Katharina hat ihn gestern angerufen und gesagt, dass ihre Freundin noch ein paar Tage da ist. Deshalb bringt er auch ein Geschenk für Susi mit.

Nach zwei Wochen muss Susi wieder nach Hause fahren. Es hat ihr bei Katharina sehr gut gefallen. Sie sagt ihrer Freundin, dass sie im Herbst zu Besuch nach Wiesbaden kommen soll. Das will Katharina auch. Sie hat dort auch noch andere Schulfreunde.

*entlangfahren* to travel along; *der Laden* store, shop; *zu viel zu tun haben* to have too much to do

**13. Was passt hier?**

1. Katharinas Vater arbeitet
2. Susi ist
3. Es hat Susi bei Katharina
4. Katharina hat
5. Sie treffen
6. Katharina soll
7. Viele Touristen kommen
8. Katharina hilft
9. Katharina und ihre Mutter haben
10. Katharina hat früher

Wann kommen viele Touristen zum Rhein?

   a. ihre Freundin eingeladen
   b. auf dem Bahnhof auf Susi gewartet
   c. besonders im Sommer zum Rhein
   d. nicht weit von Susi gewohnt
   e. in Mainz umgestiegen
   f. ihrer Mutter manchmal
   g. in ein paar Monaten nach Wiesbaden kommen
   h. bei einer Computerfirma
   i. Jugendliche in einer Disko
   j. sehr gut gefallen

**14. Beantworte diese Fragen!**

1. Wo liegt die Stadt Bacharach?
2. Wann hat Katharina ihre Freundin nach Bacharach eingeladen?
3. Wie ist Susi von Wiesbaden nach Bacharach gekommen?
4. Wohnt Katharina in einem Haus?
5. Was machen viele Touristen in Bacharach?
6. Wann hilft Katharina ihrer Mutter im Laden?
7. Was machen Katharina und Susi alles?
8. Woher kennt Katharina manche Jugendliche in der Disko?
9. Wo arbeitet Katharinas Vater?
10. Warum hat Katharina ihren Vater gestern angerufen?
11. Wie lange bleibt Susi bei Katharina?
12. Wann wird Katharina Susi besuchen?

## Aktuelles

### Reading and Writing German Numbers

The way German figures are written often is confusing for newcomers to Germany. To Americans, the German numeral "1" may look like an American "7" and the "7" has a slight resemblance to a capital "F," as it has its stem crossed.

Die Deutschen schreiben die Eins und die Sieben etwas anders.

Germans write numbers differently than we do. Instead of decimal points, they have decimal commas; and to separate numbers greater than one, they use periods. Notice how the following number is written: 10.676.218. This number translates into ten million six hundred seventy-six thousand two hundred and eighteen. When purchasing a pound of apples, you may see the price marked as DM 2,50.

Another difference when reading German numbers is that the period separates billions, millions, thousands and hundreds, while the comma sets off the decimal fraction. For example, when buying a car in Germany the window sticker price would look like this:

| | |
|---|---|
| American: | $16,500.00 |
| German: | DM 16.500,00 |

*Einführung*

When the numbers become larger than a million, the vocabulary becomes even more confusing. For example, an American million is *Million* in German, but an American billion (*Milliarde* in German) is a thousand times smaller than a German *Billion* (American trillion).

Was kann man hier gewinnen?

Dates, too, are written differently in German: first the day, then the month, and finally the year, with no comma in between. For example, "October 25, 1999" would be written like *25.10.1999*. This can get particularly confusing when numbers are smaller. For instance, when we write a letter on March 2. In the United States, we may abbreviate it as "3/2/99." Germans would date the letter with "2.3.99." Just remember that Germans proceed from the smaller to the larger unit (day, month, year).

Was kann man hier kaufen?

Viel Glück!

# Kapitel 1

# Wohin geht's?

In this chapter you will be able to:

- discuss travel plans
- describe airport facilities
- identify pieces of luggage
- talk about past events
- sequence events
- describe means of transportation

19

# Auf dem Flughafen

Wir haben wirklich viel
Gepäck.

Christopher und Liane sind einen Monat lang durch Amerika gereist.
Sie sind mehr im Osten und im Mittelwesten gewesen als in anderen
Teilen. Heute geht's wieder nach Deutschland zurück.

*Liane:* Wir haben wirklich viel Gepäck.

*Christopher:* Na ja, wir sind nur mit einem Koffer rübergekommen.
Es sind all' die Geschenke für unsere Freunde und
Verwandten.

*Liane:* Du hast recht. Wir kommen ja nicht jedes Jahr nach
Amerika.

*Christopher:* Komm, gehen wir zum Monitor!

**1. *Etwas stimmt hier nicht.* Kannst du die richtige Antwort
geben?**

1. Liane und Christopher sind im Norden gewesen.
2. Sie sind eine Woche durch Amerika gereist.
3. Sie reisen heute nach Amerika.
4. Im Gepäck sind Geschenke für Liane und Christopher.
5. Liane steht vor einem Monitor.

*Christopher:* Hier steht's: Flug 56 nach Amsterdam, 10 Uhr 15 P.M.
Das heißt 22 Uhr 15. Flugsteig 4.

*Liane:* Wann kommen wir denn an?

*Christopher:* Morgen um 12 Uhr 35.
Dann müssen wir zwei
Stunden warten. Unser
Flugzeug fliegt um
14 Uhr 30 nach München
ab und kommt eine
Stunde und fünfzehn
Minuten später an.

*Liane:* Wo sind unsere
Reisepässe?

*Christopher:* Die habe ich hier mit
unsren Flugscheinen.
Wir müssen zuerst zum
Schalter.

Hier steht's.

## 2. Beende diese Sätze!

1. Wo ____ Lianes und Christophers Reisepässe?
2. In Amsterdam müssen beide zwei Stunden ____.
3. Sie ____ morgen gegen halb eins in Amsterdam an.
4. Christopher und Liane ____ erst zum Schalter.
5. Von Amsterdam ____ sie um halb drei nach München ab.
6. Auf dem Monitor ____, von welchem Flugsteig sie abfliegen.

Beide gehen zum Schalter. Da stehen schon viele Leute. Es dauert aber nicht lange, bis ein Schalter frei ist. Christopher gibt der Angestellten die Flugscheine. Die Angestellte will auch die Reisepässe sehen. Er gibt sie ihr. Das Flugzeug ist heute ganz voll. Christopher und Liane haben Glück. Sie haben schon ihre Sitzplätze. Sie geben der Angestellten ihr Gepäck und bekommen von ihr die Bordkarten. Dann gehen sie zum Flugsteig.

Liane: Ich verstehe gar nicht, warum im September so viele Leute nach Europa fliegen.

Christopher: Du weißt doch, während dieser Jahreszeit ist es oft in Deutschland besonders schön. Es gibt dann viele Feste — am Rhein und besonders das Oktoberfest in München.

Liane: Das stimmt. Hast du gehört, was die Angestellte gesagt hat?

Christopher: Na klar, sie hat den Flug bekannt gegeben. In ein paar Minuten können wir einsteigen.

Liane: Ich bin froh, dass ich ein Buch mitgebracht habe.

Christopher: Lesen möchte ich nicht. Es soll einen tollen Film geben.

Die Angestellte sagt ihnen, dass das Flugzeug ganz voll ist.

*Wohin geht's?*

### 3. Was passt hier am besten?

| | |
|---|---|
| 1. Im September fliegen | a. ihre Bordkarten |
| 2. Liane ist froh, dass | b. in ein paar Minuten einsteigen |
| 3. Die Angestellte will | c. ganz voll |
| 4. In Deutschland gibt | d. sie ein Buch mitgebracht hat |
| 5. Sie bekommen | e. der Angestellten das Gepäck |
| 6. Das Flugzeug ist | f. die Reisepässe sehen |
| 7. Sie können | g. viele Leute nach Europa |
| 8. Sie geben | h. es im Herbst viele Feste |

Die Angestellte wird der Dame gleich ihre Bordkarte geben.

### 4. Beantworte diese Fragen!

1. Warum haben Christopher und Liane viel Gepäck?
2. Mit wie vielen Koffern sind sie nach Amerika gekommen?
3. Wohin fliegen sie um viertel nach zehn am Abend?
4. Wann kommen sie in München an?
5. Was muss Christopher der Angestellten geben?
6. Warum haben Christopher und Liane Glück?
7. Was brauchen beide am Flugsteig?
8. Wie lange müssen sie in Amsterdam warten?
9. Was hat man bekannt gegeben?
10. Was wird Liane im Flugzeug machen?

## Sprichwort

### Sie ist ihm um den Hals geflogen.

(She threw her arms around his neck.)

# Für dich

Whereas most American airports display their arrival and departure times on a monitor, travelers in Germany find these times displayed on electronic boards attached to the wall or suspended from the ceiling.

To visit Germany, you will need a passport. To get a passport, you must fill out an application form, and bring two color photos, a birth certificate and a check for the application fee. It can take several weeks before you will get your passport.

Upon arrival in Germany, passengers must first show their passports and then proceed through customs. There are usually several green lanes and one red lane. If you have nothing to declare, you can follow the green lane; otherwise you must stop at the red lane and declare duty items. The United States has adopted the same system.

Auf der großen Tafel steht, wann die Flugzeuge abfliegen.

# Rollenspiel

Imagine that you and a classmate have traveled throughout Germany. While heading back, you are now at the Frankfurt Airport. At the ticket counter, both of you talk to the ticket agent (another classmate) in German. In your discussion, the agent is interested in where you have been, how you got around, what the weather was like and favorite spots you visited. Then, the agent asks to see your flight tickets and passports. You have not been assigned any seats yet, so you state your seating preference (*am Fenster* = at the window; *am Gang* = on the aisle; *hinten* = in the rear; *vorne* = in front). Finally, you inquire if the flight is on time and from which gate the plane will depart. Add any other information that might expand this role-playing activity.

# Aktuelles

## Means of Transportation

Today's world makes it essential that a variety of transportation modes are available so that people can cover short and long distances with efficiency and speed. In spite of modern technology, Germans still cherish their tradition of walking long distances or simply strolling (*spazieren gehen*), particularly on weekends. Exercising is as popular in Germany as in this country and many people can be seen jogging (*joggen*), especially in parks and along rivers and lakes.

Na, wie weit ist es denn nach Berlin?

Germans love to bicycle (*Fahrrad fahren*). The number of bicyclists in Germany is much larger than in the United States and has increased dramatically in recent years. You will see people of all ages riding their bicycles on pedestrian sidewalks, special bicycle paths or on urban or rural streets.

The smallest and most economical motor-driven vehicle is the *Mofa*, which is short for *Motorfahrrad*. The somewhat larger model, the *Moped*, is basically a bicycle with an auxiliary motor attached. You must observe the same traffic regulations when driving a moped as when operating any other means of transportation. Because of their limited speed, mopeds cannot

Fahrräder

be driven on the *Autobahn* or other expressways. Those who intend to use Germany's freeways must drive a vehicle at least the size of a motorcycle *(Motorrad)*.

Wo ist denn dieses Auto?

Germans who want to drive a motorized vehicle must get a driver's license *(Führerschein)*. The potential driver must be at least 18 years old and must attend an authorized driver's school *(Fahrschule)*. After at least 15 to 20 hours of private lessons, he or she must pass both written and behind-the-wheel driving tests. By the way, a German driver's license is good for a lifetime and doesn't need to be renewed periodically.

Similar to our country, the car *(Auto)* is the most important means of transportation in Germany. Germans keep the same license plate as long as it is registered with the local traffic authority. If the owner moves to another district, the car will get another license plate. The letters on the license plate indicate the town or district where the car is registered. The letter *M*, for example, stands for the city of *München*, *F* for *Frankfurt* and *B* for Berlin.

ein Auto aus München

K · DK 8659

Woher kommt dieses Auto?

Of course, there are other methods of transportation. You may decide to leave the driving to others. Some of the cities, particularly those that attract tourists, provide transportation in horse-drawn carriages *(Pferdekutschen)* for sightseers. If you are in a hurry, you should look for a *Taxi*. Don't be surprised to see a Mercedes-Benz car or other luxury automobile picking you up. German cab drivers take special pride in buying good, dependable cars that will last for many years.

Mit einer Pferdekutsche fahren macht Spaß.

Postal Service cars or vans *(Postdienst)* are easily recognized by their yellow color and the black postal horn on the side. Police cars, marked

*Polizei*, are usually white and green. In case of an accident, you will notice an ambulance *(Unfall-Rettung)* or the Red Cross *(Rotes Kreuz)* rushing to the scene. If there is a fire, the local fire truck *(Feuerwehr)* will be right on the scene.

Trucks *(Lastwagen)* crowd city streets, highways and freeways throughout the country. Most German companies have their own trucks for transporting goods rather than transporting by rail, as is commonly done in the United States.

Public transportation in Germany is excellent. In many German cities, the streetcar *(Straßenbahn)* is still the most important local public transportation. You must buy your ticket in advance because there is no conductor on the streetcar itself. Most stops have free-standing ticket automats marked *Fahrscheine*, where tickets can be purchased. Streetcars, which run on tracks, stop every few blocks.

eine Straßenbahn

Many cities are phasing out streetcars, however. Instead, buses *(Busse)* have been introduced. Streetcars and buses will stop where there are signs with the letter *H*, which stands for *Haltestelle*. Bus tickets must also be purchased in advance. Many buses provide transportation between the cities and surrounding areas as well. Double-decker buses *(Doppeldecker)* are still the trademark of bus service in Berlin. They are especially popular with tourists on sightseeing tours. Long-distance tour buses *(Reisebusse)* are even better equipped with air-conditioning, comfortable seats and huge windows to view the scenery.

Major cities such as Berlin, Hamburg and Munich have subways *(U-Bahnen)* and city trains *(S-Bahnen)*. You can find these by locating signs at the entrance marked with a big *U* or *S*. As with the streetcar system, you must purchase your tickets from the automat or directly at a ticket counter. Before buying a ticket, you should study carefully the zone to which you are going. The price of your ticket depends on the number of zones you will cross or the distance of your ride. The *S-Bahn*, an elevated city train, is faster because it can move freely in comparison to the city streetcars or buses. The *U-Bahn* runs underground except in such cities as Hamburg, where it must run above ground due to the harbor.

Hier kann man mit der S-Bahn oder mit der U-Bahn fahren.

Many Germans ride the comfortable trains of the *Bundesbahn* (Federal Railroad). These trains are efficient, fast and punctual. There are also other means of transportation that are intended to attract tourists to certain areas. Cable cars, called *Seilbahnen*, take you up treacherous heights to the mountain top. If you don't want to take a cable car, you could go up using the slower mountain trains *(Bergbahnen)*.

The beautiful scenery surrounding Germany's lakes and rivers is enjoyed by visitors who use various kinds of boats to explore them. Quite popular are the boat tours on the Rhine River between Koblenz and Mainz. In case you're driving along the Rhine and need to get to the other side, you could take one of the numerous ferry boats *(Fähren)* that cross the river at certain points.

Womit fahren viele Touristen gern in Berlin?

Another way to get around is by air. Within short distances, helicopters *(Hubschrauber)* provide an exciting view of the area from above. The most international means of transportation linking countries and continents is, of course, the airplane *(Flugzeug)*. Between 300 and 400 people can be accommodated in a jumbo jet and fly from New York to Frankfurt in about seven hours.

ein Flugzeug

**Wovon spricht man hier?**

1. an elevated city train
2. a driver's license
3. a vehicle for large deliveries
4. a bus with two levels
5. a mountain train
6. a carriage pulled by horses
7. the smallest motor-driven vehicle
8. a freeway or superhighway
9. Red Cross
10. a tour bus
11. a streetcar or bus stop
12. transportation below the street
13. a bus ticket

*Wohin geht's?*

# Ergänzung

Sie haben viel Gepäck.

Was tragen sie zur Schule?

**5. Was tragen diese Leute und welche Farben sind das?**

◆ Frau Albers
◆ Frau Albers trägt eine Handtasche. Sie ist blau.

1. Sven

2. Herr Frank

3. Monika und Anne

4. Frau Kowalski

5. Aki

*Wohin geht's?*

6. *Identifiziere die Gegenstände!* (Identify the items.) Select the most logical items. There may be more than one answer.

1. Axel schickt seiner Freundin zum Geburtstag ein ____.
2. Herr und Frau Selters brauchen für ihre Reise nach Europa zwei ____.
3. Jeden Morgen geht Rüdiger mit seiner ____ zum Gymnasium.
4. Frau Krüger hat ihr Geld in der ____.
5. Andrea wandert mit ihren Schulfreunden in den Bergen. Sie trägt einen ____.
6. Tina muss noch schnell Brot, Brötchen, Milch, Käse und Wurst einkaufen. Sie hat eine ____ mitgebracht.

## Praktische Situation

*Was für Gepäck haben wir mitgenommen?* Imagine that your group of three or four students went on a trip to Germany, where you each bought so many items that you had to buy or acquire a suitcase, a backpack, a shopping bag, a package or a cardboard box. Each student names at least eight items that he or she purchased and the price paid for each in marks. Then in a group, each student tells which four items he or she considers to be the best purchases, and why. A spokesperson presents a list of items that were purchased by more than one student to the rest of the class. If there were no duplicate items purchased by the group, the students choose the best items and tell why they consider them the best purchases.

# Sag's mal! Wohin geht's denn?

zu meiner Oma

zu meiner Freundin

ins Kino

in den Urlaub*

zum Reiten*

zum See

auf eine Party

zum Einkaufen

ins Fußballstadion*

bummeln*

nach Hause

zum Training

zum Schwimmen

zum Fußballplatz

zum Tenniscamp

ins Schwimmbad*

in die Stadt

# Sprache

## Comparison of Adjectives

In adjectives of comparison there are two levels of comparing that are constructed from the basic form of the adjectives, i.e., the **comparative** and the **superlative**. The formation from the basic form, the **positive**, to the superlative is similar in both German and English. For instance, take the word **fast** *(schnell)*. The comparative is **faster** *(schneller)* and the superlative is **fastest** *(schnellst + ending)*.

- ◆ *das schnelle Auto* the fast car
- ◆ *das schnellere Auto* the faster car
- ◆ *das schnellste Auto* the fastest car

These examples are listed here merely to illustrate the comparison of adjectives. These adjectives (because they involve specific endings) will be treated in detail in later chapters. When the adjective is used as part of the verb, follow this example. Notice that *am* precedes the superlative and *-en* is added.

- ◆ *Peter spricht langsam.* Peter speaks slow.
- ◆ *Maria spricht langsamer.* Maria speaks slower.
- ◆ *Holger spricht am langsamsten.* Holger speaks the slowest.

## Comparison of Adverbs

The comparison of adverbs is similar to the comparison of adjectives. Whereas the adjective (see above) modifies a noun, the adverb (see below) modifies a verb.

- ◆ *Die Straßenbahn fährt schnell.* The streetcar goes fast.
- ◆ *Das Auto fährt schneller.* The car goes faster.
- ◆ *Der Zug fährt am schnellsten.* The train goes the fastest.

When the adjectives or adverbs end in *d, t, s, ß, sch, st, x* or *z*, the ending in the superlative has an additional *e*.

- ◆ *Die Rockmusik ist am interessantesten.* The rock music is the most interesting.
- ◆ *Im Sommer ist es am heißesten.* It is the hottest during the summer.

Im Sommer ist es in der Schweiz am schönsten.

Most one-syllable adjectives or adverbs containing an *a, o* or *u* change to *ä, ö, ü* in the comparative and the superlative.

| | | |
|---|---|---|
| warm | wärmer | am wärmsten |
| groß | größer | am größten |
| klug | klüger | am klügsten |

A few irregular forms are also listed here:

| | | |
|---|---|---|
| gut | besser | am besten |
| viel | mehr | am meisten |
| hoch | höher | am höchsten |
| nahe | näher | am nächsten |
| gern | lieber | am liebsten |

In comparing two equal items, use *so...wie*.

◆ *Der Morgen ist so kalt wie der Abend.* The morning is as cold as the evening.

When an unequal comparison is made, use the comparative form and the word *als* (meaning "than").

◆ *Uwe spielt Fußball besser als Hans.* Uwe plays soccer better than Hans.

7. **Your classmates are making some statements, but you don't agree with them.**

◆ Das Auto fährt so schnell wie der Zug.
◆ Nein, das Auto fährt schneller als der Zug.

1. Der Winter ist so kalt wie der Herbst.
2. Das Buch ist so gut wie der Film.
3. Susi liest so viel wie Dieter.
4. Michael kommt so spät wie Kerstin.
5. Der Abend ist so warm wie der Morgen.

8. *Das stimmt, aber...* **You agree with what is being said. However, you add some information.**

◆ Die Schule ist groß. (das Kaufhaus)
◆ Ja, aber das Kaufhaus ist größer.

1. Am Montag ist es kühl. (Dienstag)
2. Jörg ist klug. (Monika)
3. Das Fahrrad ist schnell. (das Motorrad)
4. Das Rockkonzert beginnt spät. (der Film)
5. Der Bahnhof sieht schön aus. (das Museum)
6. Das Hemd ist preiswert. (die Bluse)

9. **Provide the comparative and superlative forms.**

◆ Das Moped fährt schnell. (die Straßenbahn, der Zug)
◆ Die Straßenbahn fährt schneller.
◆ Der Zug fährt am schnellsten.

1. Köln ist groß. München... Berlin...
2. Sven ist klug. Petra... Heike...
3. Ich trinke gern Milch. Limo... Apfelsaft...
4. Herr Gruber kommt spät. Frau Hesse... Frau Peters...
5. Die Krawatte ist teuer. Die Hose... Der Anzug...

10. **Give both comparative and superlative forms.**

1. schlecht
2. alt
3. hoch
4. toll
5. preiswert
6. schön
7. heiß
8. gut
9. viel
10. groß

In der Schweiz sind viele Berge höher als in Deutschland.

11. **Kombiniere...**

Die Angestellte
Christopher und Liane
Wer
Das Flugzeug

will
möchte
fliegt
haben
ist

am Abend
den Reisepass
einen Koffer
gestern

mitgebracht
nach Berlin
sehen
dorthin
abgeflogen

# Ergänzung

Wer fliegt das Flugzeug?

## 12. Welche Wörter fehlen?

1. Ein großes ____ fliegt von München nach New York.
2. Viele Leute warten am ____ auf ein Flugzeug. Es kommt heute spät an.
3. Manche stehen an einem ____ und geben einer Dame ihre Reisepässe.
4. Auf der ____ steht, wo Christopher sitzt.
5. Mit diesem Flugzeug können mehr als 300 ____ fliegen.
6. Die ____ arbeitet am Schalter.
7. Der ____ muss das Flugzeug fliegen.
8. Auf dem Frankfurter ____ stehen viele Flugzeuge.

Manche Leute stehen am Schalter.

Ein großes Flugzeug fliegt bald von Frankfurt ab.

# Sprache

## *gern* and *lieber*

As you have learned before, the word *gern* indicates liking something or someone. The comparative form of *gern* is *lieber*, which is used primarily in expressing preferences.

◆ *Ich spiele gern Klavier.* I like to play the piano.

◆ *Ich spiele lieber Gitarre.* I prefer to play the guitar.

◆ *Was fährst du lieber, Motorrad oder Auto?* What do you prefer to drive, a motorcycle or a car?

◆ *Ich fahre lieber Auto.* I prefer to drive a car.

13. *Frag deine Freunde, was sie gern machen!* **Sie beantworten deine Fragen mit „ja".**

◆ Spielst du gern Klavier?
◆ Ja, ich spiele gern Klavier.

1. Singst du gern?
2. Hörst du gern Musik?
3. Liest du gern?
4. Schreibst du gern Briefe?
5. Isst du gern Würstchen?
6. Sprichst du gern deutsch?

14. *Was machst du lieber?* **Beantworte die Fragen!**

◆ Was spielst du lieber, Fußball oder Tennis?
◆ Ich spiele lieber Tennis.

1. Wohin fährst du lieber, nach Mainz oder Wiesbaden?
2. Was hast du lieber, Mathe oder Chemie?
3. Wo wohnst du lieber, in einem Haus oder in einer Wohnung?
4. Wann isst du lieber, um sieben oder um acht?
5. Was trinkst du lieber, Milch oder Limo?
6. Wann kommst du lieber, am Nachmittag oder am Abend?

Fährst du lieber in die Berge? (Maria Gern mit Watzmann)

Oder fährst du lieber in eine große Stadt? (München)

15. *Gib Antworten auf die folgenden Fragen!* Gebrauche *gern* mit der Antwort „Ja,..." und *nicht gern* plus *lieber*, wenn die Antwort mit „Nein..." beginnt!

◆ Spielst du gern Tischtennis? Ja,...
◆ Ja, ich spiele gern Tischtennis.

◆ Fährst du gern Fahrrad? Nein,... (Moped)
◆ Nein, ich fahre nicht gern Fahrrad. Ich fahre lieber Moped.

1. Liest du gern? Ja,...
2. Schreibst du gern einen Brief? Nein,... (Karte)
3. Spielst du gern Fußball? Nein,... (Golf)
4. Singst du gern? Ja,...
5. Isst du gern Wurst? Nein,... (Käse)
6. Lernst du gern Biologie? Nein,... (Physik)
7. Hörst du gern Musik? Ja,...
8. Trägst du gern einen Koffer? Nein,... (Tasche)

16. **Etwas Persönliches.**

1. Was machst du gern am Wochenende?
2. Wen rufst du gern an?
3. Wohin fährst du gern in den Ferien?
4. Siehst du lieber einen Film im Kino oder im Fernsehen? Warum?
5. Was trägst du lieber, einen Rucksack oder eine Aktentasche? Warum?
6. Wem hilfst du lieber, deinem Freund oder deiner Freundin?

Was machen die Leute gern im Winter?
(Oberalppass, Schweiz)

# Wird Gisela gewinnen°?

Gisela ist bei den Gokart Rennen° sehr aktiv. Seit drei Jahren fahren Gisela und ihre Eltern im Sommer mit einem Wohnwagen° zu anderen Städten, wo es Gokart Rennen gibt. Schon mit zehn Jahren hat sie ihr erstes° Rennen in Kassel mitgemacht. Es hat zwei Jahre gedauert, bis sie ein Rennen gewonnen hat. Aber seit der Zeit hat sie schon viele Preise° gewonnen.

Giselas Vater repariert den Gokart.

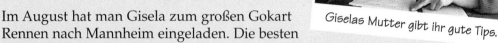

Giselas Mutter gibt ihr gute Tips.

Im August hat man Gisela zum großen Gokart Rennen nach Mannheim eingeladen. Die besten Gokart Fahrer° von Hessen° sind dorthin gefahren. Sie wollen zeigen, was sie können. Einen Tag vor dem Rennen kommen alle Teilnehmer° in Mannheim an. Sie müssen noch vor dem Rennen viel üben. Wie Giselas Eltern sind auch ein paar andere Eltern mit Wohnwagen gekommen. Andere sind mit Autos oder kleinen Bussen nach Mannheim gefahren. Manche haben ihre Zelte mitgebracht.

Endlich ist der große Tag da. Giselas Eltern verstehen viel von Gokart Rennen. Ihre Mutter gibt ihr im Wohnwagen gute Tips. Dann geht Gisela mit ihrem Helm° zu ihrem Gokart. Ihr Vater spricht noch mit Gisela, gibt ihr auch ein paar Tips und wünscht ihr dann viel Glück. Ihr Gokart hat Nummer° 16. Das Rennen beginnt in ein paar Minuten. Sie steigt ein und fährt zur Startlinie°. Alle achtzehn Gokarts stehen an der Startlinie. Ein Mann mit einer roten Fahne° steht in der Mitte und gibt den Teilnehmern noch einmal die Regeln° bekannt. Dann gibt er das Startsignal. Jetzt geht's los!

Beim Gokart Rennen muss man einen Helm auf dem Kopf tragen.

Welche Nummer hat Giselas Gokart?

Die Jugendlichen fahren auf der Rennbahn so schnell sie können.

Die Jugendlichen fahren auf der Rennbahn° so schnell sie können. Sie müssen zwanzig Runden° fahren. In der ersten Runde fahren alle zusammen. Aber schon nach der zweiten Runde sieht man, dass manche schneller fahren als andere. Giselas Tempo wird° schneller. In der zehnten Runde ist sie noch in der Mitte. Drei Runden vor dem Ziel° ist sie auf dem vierten Platz. Wird sie es schaffen? In der letzten Runde kommt sie auf den zweiten Platz. Aber Nummer 8 ist zu weit vor ihr. Gisela kommt endlich als Zweite durchs Ziel. Die Eltern gratulieren° ihrer Tochter. Als Zweite bekommt sie auch einen kleinen Preis. Dieses Mal hat sie nicht gewonnen, aber der zweite Platz ist auch nicht schlecht. Vielleicht geht's beim nächsten Rennen noch besser. Viel Glück, Gisela!

Manche fahren schneller als andere.

gewinnen to win; *das Gokart Rennen* go-cart race; *der Wohnwagen* RV (recreational vehicle), camper; *erst-* first; *der Preis* prize; *der Fahrer* driver; *Hessen* one of the German states; *der Teilnehmer* participant; *der Helm* helmet; *die Nummer* number; *die Startlinie* starting line; *die Fahne* flag; *die Regel* rule; *die Rennbahn* race track; *die Runde* round, lap; *werden* to become; *das Ziel* goal, finish line; *gratulieren* to congratulate

17. *Was ist die richtige Reihenfolge?* Place the following sentences in the proper sequence according to what happened in the *Lesestück.*

1. Giselas Vater wünscht ihr Glück.
2. Gisela fährt zur Startlinie.
3. Alle fahren in der ersten Runde zusammen.
4. Gisela kommt als Zweite durchs Ziel.
5. Einen Tag vor dem Rennen kommen die Teilnehmer in Mannheim an.
6. Sie ist nach der siebzehnten Runde auf dem vierten Platz.
7. Das Gokart Rennen beginnt in ein paar Minuten.
8. Man hat Gisela nach Mannheim eingeladen.
9. Gisela bekommt einen Preis.
10. Sie ist in der zehnten Runde in der Mitte.
11. Gisela bekommt von ihrer Mutter ein paar Tips.
12. Ein Mann gibt das Startsignal.

# Übung macht den Meister!

1. *Wir machen eine Reise.* You and a friend are planning a trip. You get together and discuss the various items you intend to take along. Include such details as destination, time of departure, means of transportation, clothing and other items you would like to take along.

2. *Am Schalter.* Imagine that you are a ticket agent talking to a traveler at the airport. Develop an appropriate conversation with one of your classmates. Be as creative as possible.

3. *Mein Onkel kommt zu Besuch.* Create the following role-playing situation with your classmates: You and your friend are at the airport to pick up your uncle. You inquire whether the plane will be on time, and you are told that it will be 15 minutes late. You suggest to your friend that the two of you go to a small café for some ice cream. He or she goes along with your idea. Your friend asks how long it has been since you have seen your uncle, and you tell him or her that it has been about five years.

   When your uncle arrives, you tell him that you will help him with the luggage. He asks you whether the bus still runs directly past your house. You say that it does, but that you won't have to take the bus. You tell him that you can drive a car now.

# Aktuelles

## Die Romantische Straße

*Die Romantische Straße*, the oldest and most famous German vacation route, offers the traveler history, culture and—most of all—indescribably beautiful scenery. The *Romantische Straße* winds its way through Bavaria, Germany's largest state. It stretches 200 miles from Würzburg in the northern part to Füssen at the southern tip of Bavaria.

Würzburg, located along the Main River, dates back to the seventh century. The Marienberg Castle, situated among lovely vineyards and overlooking the city of Würzburg, was built in the 18th century and is one of the biggest and most beautiful baroque palaces in Germany.

Würzburg

*Wohin geht's?*

You may either follow a map or be directed by road signs that point you in the right direction of the *Romantische Straße*. Going south, within an hour's drive, you come to Weikersheim. This town is proud of its spacious renaissance palace which was once reserved for visiting European royalty. Like many towns in this area, Weikersheim with its old houses and city gates takes you back to the Middle Ages. About 10 miles from Weikersheim, you'll come to Creglingen. Many tourists visit the town every year to see the famous *Marienaltar* in the *Herrgottskirche* which was constructed by the masterful wood-carver, Tilman Riemenschneider.

Rothenburg ob der Tauber

Undoubtedly, the most frequently visited town along the *Romantische Straße* is Rothenburg ob der Tauber. You will have to enter the town through any one of four or five gates which are part of the ancient city wall that surrounds the town. Although cars are allowed to enter Rothenburg, all tour buses must park outside of the city wall. There are no parking lots within the city.

The market square (*Marktplatz*) is the center of life and the starting point of daily tours. Visitors gather here on the hour, to witness the recreation of the famous *Meistertrunk*. The town was besieged and conquered by a Swedish general in 1631. According to legend, Mayor Nusch saved the town by accepting the general's challenge to drink a huge jug of wine. The city hall is more than 500 years old and considered one of the finest in Germany. The fountain (*Georgsbrunnen*), located in the southwest corner of the market square, has been used since 1446 to supply the citizens with drinking water.

In Rothenburg ist immer etwas

Walking down the cobblestone street, tourists admire the colorful residential homes that are beautifully decorated with flowers. Although the town was almost completely destroyed during the Thirty Years' War, this Free Imperial City of the Middle Ages has maintained its charm and culture, unharmed by any wars since that time.

From Rothenburg, the road leads past farm fields and tiny towns until you come to Dinkelsbühl, another fairy-talelike city.

Jeden Tag kommen viele Touristen zum Marktplatz in Rothenburg.

Dinkelsbühl

Dinkelsbühl is over 1,000 years old. Many of the houses, although renovated over the years, were constructed during the Middle Ages. A guard still surveys the town from the top of the Gothic church of St. George (*St. Georgskirche*).

About 20 miles from Dinkelsbühl, you'll reach Nördlingen which, according to the townspeople, is called the "living city of the Middle Ages" (*die lebende Stadt des Mittelalters*). Like other towns along the *Romantische Straße*, Nördlingen has preserved its medieval charm and character as well.

Nördlingen

Not far from Nördlingen you'll pass *Schloss Harburg* together with the township of the same name. The castle, which was never captured or destroyed, today is a museum housing art treasures, including Gothic tapestries and valuable manuscripts and works by Riemenschneider. As you continue traveling south, you'll cross the Danube River at Donauwörth, a former Free Imperial City. Augsburg, Bavaria's third largest city, is the oldest city on the *Romantische Straße* with a history dating back 2,000 years.

Augsburg

Time permitting, your trip eventually will take you to the end of the *Romantische Straße*, to the city of Füssen where you'll view perhaps one of the most beautiful and spectacular sites in all of Germany—*Schloss Neuschwanstein*.

Schloss Neuschwanstein

*Wohin geht's?*

*Wie heißen die Städte, die man hier beschreibt?* (**What are the names of the cities that are described?**)

1. Man nennt sie „die lebende Stadt des Mittelalters".
2. Dort steht der Marienaltar.
3. Nördlingen ist etwas mehr als 30 Kilometer von dieser Stadt entfernt.
4. Diese kleine Stadt liegt am Ende der Romantischen Straße.
5. In dieser Stadt findet man den Georgsbrunnen.
6. Das Schloss und die Stadt haben denselben Namen.
7. Diese Stadt liegt an der Donau.
8. Der Main fließt durch diese Stadt.
9. Diese Stadt liegt westlich von München und ist 2 000 Jahre alt.
10. Diese Stadt ist ungefähr eine Stunde von Würzburg entfernt.

## Erweiterung

18. **Pretend to be a ticket agent at an airport answering questions for travelers.**

    1. Um wie viel Uhr fliegt das Flugzeug nach Bremen ab?
    2. Haben Sie noch viele Plätze?
    3. Warum kommt der Flug aus Berlin so spät an?
    4. Gibt es hier im Flughafen ein Café?
    5. Wann kommt das Flugzeug aus New York an?
    6. Wie viel kostet ein Flug nach München?

19. **Beschreib die folgenden Wörter! Auf Deutsch, bitte!**

    1. der Flughafen
    2. der Schalter
    3. der Reisepass
    4. die Bordkarte
    5. der Flugschein
    6. die Fluggäste

Die Angestellte gibt Christopher die Flugscheine.

**20. Beende diese Sätze mit den passenden Wörtern!**

Schalter    Angestellte    Bordkarten   Flugschein   Feste
Fluggäste   Stunden       Monitor     Flugsteig   Gepäck

1. Um wie viel Uhr kommen alle ____ mit dem Flugzeug an?
2. Auf dem ____ steht, um wie viel Uhr die Flugzeuge ankommen und abfliegen.
3. Die Fluggäste haben schon ihre ____.
4. Claudia hat viel ____ — zwei Koffer und eine große Tasche.
5. Die ____ hat vor ein paar Minuten den Flug bekannt gegeben.
6. Im Herbst gibt es am Rhein viele ____.
7. Sie müssen der Angestellten am ____ die Reisepässe zeigen.
8. Viele Leute warten in Berlin schon zwei ____ auf den Flug nach Frankfurt.
9. Auf dem ____ können wir lesen, wie viel der Flug kostet und wann das Flugzeug abfliegt.
10. Das Flugzeug steht schon am ____ 10.

**21. *Wer hat eine Reise geplant?* Form sentences using the following words.**

1. schon / hat / Tag / Tina / lange / gewartet / den / auf
2. sie / am / fliegen / Montag / Deutschland / wird / nach
3. dort / Freundin / ihre / wohnt
4. Koffer / Tina / den / packt
5. eine / Schalter / bekommt / Bordkarte / am / sie
6. fliegt / Flugzeug / Uhr / sechs / das / ab / um
7. acht / dauert / nach / der / Stunden / Flug / München
8. schon / Flughafen / dem / ihre / wartet / Freundin / lange / auf

*Wohin geht's?*         Wohin fliegt Tina?

### 22. Beantworte diese Fragen!

1. Wohin möchtest du fliegen?
2. Was brauchst du für die Reise?
3. Was für Kleidungsstücke willst du mitnehmen?
4. Wie lange möchtest du dort bleiben?
5. Welche Länder willst du besuchen?
6. Wer kommt alles mit?

### 23. *Ich mache das gern, aber lieber mache ich...* Indicate at least four activities that you prefer over others.

◆ Ich lese gern, aber lieber gehe ich ins Kino.

## Was weißt du?

1. *Ich bin in die Ferien gefahren.* Describe a real or imaginary vacation trip that you have taken. Indicate what luggage, clothing items, and possible games you brought along. Then tell where you went and what you did on your trip.

2. *Was gibt's alles auf einem Flughafen?* Name four items that you may find at an airport and describe each one in at least two sentences.

3. Talk with your classmates and make at least five comparisons about others. Examples: *Rudi läuft schnell, aber Robert läuft schneller. Katja spielt gut, aber Karin spielt viel besser.*

4. *Was möchtest du denn am Wochenende tun?* Indicate at least five activities that you would like to be involved in during the weekend. Example: *Am Wochenende möchte ich ins Kino gehen.*

5. *Wie sieht der Flughafen in deiner Nähe aus?* Briefly describe the airport in your area. Your description may include such details as facilities (monitors, counters, gates), the number of daily flights, distance to the airport, and other information that might be of interest.

# Vokabeln

**abfliegen** *(flog ab, ist abgeflogen)* to take off (plane)

die **Aktentasche,-n** briefcase

**aktiv** active

der **Angestellte,-n** employee *(male)*

**bekannt geben** to announce

die **Bordkarte,-n** boarding pass

die **Einkaufstasche,-n** shopping bag

**einsteigen** *(stieg ein, ist eingestiegen)* to get in, board

**erst-** first

die **Fahne,-n** flag

der **Fahrer,-** driver

das **Fest,-e** festival

der **Flug,-̈e** flight

der **Fluggast,-̈e** flight passenger

der **Flughafen,-̈** airport

der **Flugschein,-e** flight ticket

der **Flugsteig,-e** gate (airport)

**gewinnen** *(gewann, gewonnen)* to win

der **Gokart,-s** go-cart

**gratulieren** to congratulate

die **Handtasche,-n** purse

**heißen** *(hieß, geheißen)* to mean

der **Helm,-e** helmet

**Hessen** one of the German states

der **Koffer,-** suitcase

der **Mittelwesten** Midwest

der **Monitor,-en** monitor

die **Nummer,-n** number

das **Oktoberfest** famous festival in Munich

das **Paket,-e** package

der **Pilot,-en** pilot

der **Preis,-e** prize

die **Regel,-n** rule

der **Reisepass,-̈e** passport

die **Rennbahn,-en** racetrack

das **Rennen,-** race

der **Rhein** Rhine River

der **Rucksack,-̈e** backpack, knapsack

die **Runde,-n** round, lap

der **Sitzplatz,-̈e** seat

die **Startlinie,-n** starting line

das **Startsignal,-e** starting signal

**stehen** *(stand, gestanden)* to stand; *hier steht's* here it is

die **Tasche,-n** bag

der **Teilnehmer,-** participant

**tragen** *(trägt, trug, getragen)* to carry

**verstehen** *(verstand, verstanden)* to understand

der **Verwandte,-n** relative

**voll** full

**werden** *(wird, wurde, ist geworden)* to become, be

der **Wohnwagen,-** RV (recreational vehicle), camper

das **Ziel,-e** goal, finish line

die Angestellte

Was hat Gisela auf dem Kopf?

Auf dem Parkplatz stehen viele Wohnwagen.

Kapitel **2**

# Vergnügen

In this chapter you will be able to:

- ask for information
- talk about youth hostel and camping facilities
- write a report
- express likes and dislikes
- talk about travel experiences

# In der Jugendherberge

| | |
|---|---|
| *Nadine:* | Entschuldigen Sie! Um wie viel Uhr gibt's Mittagessen? |
| *Herbergsvater:* | In einer halben Stunde. Alle Gruppen essen dann im Speisesaal. |
| *Jessica:* | Darf man hier Tischtennis spielen? |
| *Herbergsvater:* | Ja, das könnt ihr. Ein paar Jugendliche spielen schon vor der Jugendherberge. |
| *Nadine:* | Was gibt es hier noch zu tun? |
| *Herbergsvater:* | Alles steht dort auf der Tafel. Seht sie euch einmal an! |

Darf man hier Tischtennis spielen?

Was gibt es hier noch zu tun?

## 1. Was passt hier am besten?

| | |
|---|---|
| 1. Sie spielen | a. alles, was es da zu tun gibt |
| 2. Mittagessen gibt's | b. hier viel zu tun |
| 3. Jessica möchte | c. alle essen |
| 4. Es gibt | d. Tischtennis spielen |
| 5. Auf der Tafel steht | e. vor der Jugendherberge |
| 6. Im Speisesaal können | f. in einer halben Stunde |

| | |
|---|---|
| *Jessica:* | Ich freue mich auf den Nachmittag. |
| *Nadine:* | Warum denn? Was ist dann los? |
| *Jessica:* | Hier steht's. Unsere Gruppe geht um halb drei an den See. Viele wollen schwimmen. |
| *Nadine:* | Das interessiert mich weniger. Ich bringe meinen Volleyball mit. |
| *Jessica:* | Nicht alle wollen ins Wasser. Bestimmt machen ein paar beim Volleyball mit. |
| *Nadine:* | Beeilen wir uns! Ich höre unsere Gruppe im Speisesaal. |

Unsere Gruppe geht um halb drei an den See.

## 2. Beende diese Sätze mit den passenden Wörtern!

1. Am Nachmittag ist viel ____.
2. Nadine hört ihre Gruppe im ____.
3. Die Gruppe geht am Nachmittag zum ____.
4. Nadine will ihren Volleyball ____.
5. Nicht alle Jugendlichen wollen ins ____.
6. Viele wollen im See ____.
7. Ein paar Jugendliche machen bestimmt beim Volleyball ____.

Der Speisesaal ist ganz voll.

*Nadine:* Der Speisesaal ist ja ganz voll.

*Jessica:* Keine Angst! Unser Tisch ist reserviert. Setzen wir uns hier hin!

*Nadine:* Sieh dir mal die Teller an! Sie sind noch ganz leer.

*Jessica:* Nur Geduld! Da kommt schon das Essen.

*Nadine:* Der Salat sieht sehr lecker aus.

*Jessica:* Guten Appetit!

*Nadine:* Nach dem Essen schreibe ich noch schnell eine Karte.

*Jessica:* Gute Idee! Das mache ich auch. Ich muss noch schnell ein paar Briefmarken holen.

*Nadine:* Die bekommst du am Schalter. Treffen wir uns um halb drei!

### 3. Beantworte diese Fragen!

1. Sind schon viele Jugendliche im Speisesaal?
2. Bekommen Jessica und Nadine Platz? Warum oder warum nicht?
3. Sind die Teller voll?
4. Was sieht lecker aus?
5. Was will Nadine nach dem Essen machen?
6. Und was wird Jessica tun?
7. Wo kann sie Briefmarken kaufen?

Was schicken die Jungen?

In der Jugendherberge gibt's viel zu tun.

### 4. *Hier stimmt etwas nicht.* Kannst du die richtige Antwort geben?

1. Am Abend gehen Nadine und Jessica an einen See.
2. Ein paar Jugendliche spielen in der Jugendherberge Tischtennis.
3. Nadine bringt ihren Fußball mit.
4. In einem Buch steht, was es alles in der Jugendherberge zu tun gibt.
5. Im Speisesaal sind nur ein paar Jugendliche.
6. Nadine kauft Briefmarken bei der Post.
7. Nadine wird später einen Brief schreiben.
8. Nadine möchte am Nachmittag schwimmen.
9. Die Wurst sieht lecker aus.

## Sprichwort

# Jetzt reißt mir aber die Geduld!

(That's the last straw!)

# Für dich

As soon as groups or individuals arrive at a youth hostel, the Youth Hostel Director (*Herbergsvater*) assigns each the appropriate sleeping facilities and, when time permits, shows everyone around. In most youth hostels at least four people are accommodated in one room, usually in bunk beds. Young people can be seen playing games inside and outside the youth hostels. Of course, everyone participates in hiking. Consequently, youth hostels are quite often found outside of towns where there are plenty of forests and other hiking areas.

Der Herbergsvater spricht mit den Jugendlichen.

Meals at a hostel are quite reasonable and nourishing. It is the responsibility of every group to pick up their meals from the kitchen counter where they are properly distributed and counted. Modern kitchen equipment has made the preparation and clean-up chores much more convenient today.

# Rollenspiel

You and your classmate have decided to stay in youth hostels while traveling throughout Germany. You have just arrived in a town and found the local youth hostel. Upon arrival you meet the youth hostel director. You each have several questions to ask. You want to know such information as (1) how much a night's stay costs including meals; (2) when meals will be served; (3) what there is to do around the hostel and in the area; (4) if the other guests are from Germany or also from other countries; and (5) how far it is to town. You may wish to add other questions that are of interest to you.

# Aktuelles

## *Die Jugendherberge*

It is a little-known fact that the youth hostel had its origin in Germany. Guido Rotter founded the so-called student hostels (*Schüler- und Studentenherbergen*) in 1884, which increased to 727 youth hostels by 1914. In these earlier times, youth hostels accepted only young men of high school or college age (*Gymnasiasten und Studenten*), which mostly represented the middle or upper classes. Girls were not admitted in youth hostels at that time.

eine Jugendherberge in Regensburg

Was bedeutet (means) DJH?

Richard Schirrmann, a teacher, is considered the father of today's youth hostel system. He made it possible for workers' children from the primary schools (*Volksschulen*)—who were prevented from escaping the smog-filled industrial cities—to find reasonable accommodations. His simple idea was immediately well received. In those days, the youth hostel had two rooms—one for boys and one for girls—each of which included straw-filled sacks. The youth hostel offered modest bathrooms and a small kitchen in which the young people could cook their own meals.

Die Jungen spielen Karten.

Schirrmann's innovative ideas rapidly caught on. Youth hostels became available to all young people, boys and girls, individuals as well as groups. Today, anyone with a membership card *(Mitgliedskarte)* can be admitted at any of the 5,600 youth hostels dotting the world map. The German Youth Hostel Organization *(Deutsches Jugendherbergswerk)* has two price categories for its membership: one is a reduced fee for people under 26 years of age, and the other is almost double in price for those over 26, couples, families with small children or single parents with children under 16.

die Jugendlichen in ihrem Zimmer

Mitgliedskarten

All prices listed by the various youth hostels include overnight accommodations as well as breakfast. Youth hostels normally have additional charges for bed linen *(Bettwäsche)*, unless guests bring their own. Guests may also bring their own sleeping bags *(Schlafsäcke)*. There is an extra charge for lunches and dinners as well. Discount prices are offered to groups.

Travelers who have valid youth hostel ID cards and have no reservations can find out after 2 P.M. whether or not there are accommodations available. Those who have reservations must check in by 6 P.M. unless a late arrival had been confirmed at the time of reservation. All arriving guests must show their ID cards and be registered at the counter which is usually located right at the entrance. All guests must follow the house rules. Except for families, all male and female guests receive separate rooms. Youth hostels are closed from 10 P.M. until 7 A.M., during which time the guests are requested to keep the noise level down.

Die Wimpel und Plaketten (pennants and badges) kommen aus der ganzen Welt.

*Vergnügen*

## Regensburg

**26, C 4**

**Anschrift:** Wöhrdstraße 60, 93059 Regensburg. ☎ 0941/57402, Fax 0941/52411.
**Herbergseltern:** Eva und Alfred Otto.
**Anreise:** Auto: A 3 Nürnberg-Passau, Ausfahrt Regensburg (Burgweinting), Landshuter Straße, Weißenburger Straße; A 9/A 93 München-Hof-Regensburg. Autobahnausfahrt Regensburg-Pfaffenstein, Frankenstraße rechts abbiegen, Nordgaustraße. Bahn: Vom Bahnhof Regensburg ist die JH in 30 Min. zu Fuß, mit Buslinie 17 bis Haltestelle Eisstadion, zu erreichen.
**Lage:** Die JH liegt auf der Donauinsel Unterer Wöhrd.
**Geeignet für:** Familien, Schulfahrten.
**Raumangebot:** 256 Betten, 3 Tagesräume, 20 Familienzimmer, 1 Speiseraum.
**Freizeitmöglichkeiten:** TV, Bücherei, Klavier, Tischtennis, Fußballkicker, Leihfahrräder, Bolzplatz mit Fußballtoren. Die Stadt Regensburg bietet ein übergroßes Angebot an Sehenswürdigkeiten(1.200 mittelalterliche Häuser). Tages- und Halbtagesausflüge zur Walhalla, Befreiungshalle bei Kehlheim, in den Bay. Wald und nach München.

**ÜF:** Jun. 18,50 DM.
Kategorie V.
**Schließzeit:** 15.11. bis 15.1.
**Träger:** Landesverband Bayern.
**Nächste JH:** Ihlerstein-JH Kehlheim 24 km, Straubing 45 km, Landshut 70 km.

What does a typical youth hostel offer? Let's take a look at the description of a youth hostel located in Regensburg, and which is listed in the *Jugendherbergen in Deutschland - Handbuch*:

*Anschrift*—indicates the address (street, zip code, city, phone and fax numbers)

*Herbergseltern*—lists the youth hostel directors (husband and wife)

*Anreise*—describes (also see map) how to get to the youth hostel when arriving by car, train *(Bahn)* and on foot *(zu Fuß)*

*Lage*—indicates the location of the youth hostel

*Geeignet für*—suggests for whom the youth hostel is suitable

*Raumangebot*—describes accommodations.

*Freizeitmöglichkeiten*—describes all the leisure-time activities inside, outside and in the area of the youth hostel

*ÜF*—indicates the price for *Übernachtung mit Frühstück*

*Schließzeit*—lists the time of the year during which the youth hostel is closed

*Träger*—lists the German state that supports the youth hostel financially

*Nächste JH*—indicates the location and distance of the nearest youth hostels

### Weißt du das deutsche Wort?

1. Wenn man in einer Jugendherberge übernachten *(to stay overnight)* will, dann muss man am Schalter seine ____ zeigen.

2. Wenn Schüler sechs bis vierzehn Jahre alt gewesen sind, dann sind sie auf eine ____ gegangen.

3. Wenn man einen Brief schicken will, dann muss man die ____ wissen.

4. Wenn die Jugendlichen nicht für Bettwäsche bezahlen wollen, dann können sie ihre ____ mitbringen.

5. Die ____ von der Jugendherberge beschreibt *(describes)*, wo sie liegt.

6. Die ____ begrüßen ihre Gäste an einem Schalter.

7. Vor ungefähr 100 Jahren haben die Jugendherbergen ____ geheißen.

8. Die ____ zeigt, während welcher Jahreszeit die Jugendherberge geschlossen *(closed)* ist.

9. Der Herbergsvater gibt den Jugendlichen ____ für ihre Betten.

10. Wenn man noch etwas von Jugendherbergen in Deutschland wissen will, dann kann man an eine Organisation schreiben. Sie heißt ____.

# Ergänzung

5. *Wovon spricht man hier?* Try to figure out what is being described. You may not understand all the descriptive words.

   ◆ Meistens sitzt eine Person darauf. Es hat keinen Motor.
   ◆ das Fahrrad

   1. Da kann man genau sehen, wo die Städte, Flüsse und Berge sind.

   2. Zwei Personen können darauf sitzen. Es hat einen Motor.

   3. Es gibt 52 davon und meistens einen oder zwei Joker.

   4. Man muss sie dem Herbergsvater zeigen, sonst darf man dort nicht bleiben.

   5. Die Jugendlichen gehen ein paar Kilometer am See entlang. Was machen sie?

   6. Mehr als zwanzig Personen können in diesem Fahrzeug mitfahren.

   7. In diesem Spiel spielen zwei Personen. Wenn das Spiel beginnt, dann hat jede Person sechzehn Figuren auf einem Brett.

   8. Das brauchst du, wenn du etwas kaufen willst.

   9. Da hat man Jeans, Hemden, Pullis und andere Sachen.

   10. Wenn es sehr heiß ist, dann gehen viele gern ins Wasser. Was machen sie da?

## Praktische Situation

Form groups of three. Your group has decided to stay at a youth hostel. Each student gives at least four reasons why he or she wants to stay in a particular hostel. Student 1 writes about the activities *(Was es dort alles zu tun gibt)*; Student 2 writes about the facilities *(Wie die Jugendherberge aussieht)*; while Student 3 shows interest in the area *(Wie mir die Umgebung gefällt)*. After everyone is finished, the students compare lists and reach a general consensus on four items that are most important to the group.

**Sag's mal!** Was macht Spaß?

auf dem Computer spielen

ins Kino gehen

Zeichnen*

Fernsehen

in einer Band spielen

Faulenzen*

Sport treiben

Fotografieren

Reiten*

Tanzen

Baden gehen*

Roller-Blading

Modellbau*

Lesen

## Sprache

### Reflexive Verbs

**Accusative**

In German, reflexive verbs are usually identified (in a vocabulary section) by the reflexive pronoun *sich* preceding the infinitive form. The reflexive pronoun *sich*, similar to the English "oneself," is always used in the third person singular and plural.

The reflexive pronoun refers to a person who is both the subject and the object of the sentence. When a reflexive pronoun is used as a direct object, it appears in the accusative case.

|  | sich kämmen | sich waschen |
|---|---|---|
| ich | kämme mich | wasche mich |
| du | kämmst dich | wäschst dich |
| er sie es | kämmt sich | wäscht sich |
| wir | kämmen uns | waschen uns |
| ihr | kämmt euch | wascht euch |
| sie | kämmen sich | waschen sich |
| Sie | kämmen sich | waschen sich |

Contrary to English verbs, many German verbs are always used with a reflexive pronoun and, therefore, are called "reflexive verbs."

◆ *sich freuen auf: Ich freue mich auf die Reise.* to look forward to: I'm looking forward to the trip.

◆ *sich beeilen: Wir müssen uns beeilen.* to hurry: We'll have to hurry.

Here are the reflexive verbs you have learned so far:

*sich ansehen*  to look at
*sich beeilen*  to hurry
*sich duschen*  to shower, take a shower
*sich freuen auf*  to look forward to
*sich hinsetzen, sich setzen*  to sit down
*sich kämmen*  to comb one's hair
*sich putzen*  to clean oneself
*sich rasieren*  to shave oneself
*sich treffen*  to meet
*sich waschen*  to wash oneself

Sie setzen sich hin.

## Dative

The reflexive pronoun appears in the dative case when it functions as an indirect object. The dative reflexive pronouns in the first and second person singular and plural are the same as the regular dative pronouns. The dative reflexive pronoun refers to both the subject and the indirect object of the sentence.

◆ *sich kämmen: Ich kämme mir die Haare.* to comb one's hair: I'm combing my hair.

◆ *sich putzen: Ich putze mir die Zähne.* to clean oneself: I'm brushing (cleaning) my teeth.

*Vergnügen*

## Command Forms

Command forms are constructed in the same way that you learned before, except that the reflexive pronoun is now part of the sentence.

◆ *sich hinsetzen: Setz dich hin!* to sit down: Sit down!

◆ *sich duschen: Duscht euch!* to take a shower: Take a shower!

◆ *sich beeilen: Beeilen Sie sich, bitte!* to hurry: Hurry, please!

| Reflexive Pronouns | | |
|---|---|---|
| | accusative | dative |
| ich | mich | mir |
| du | dich | dir |
| er | | |
| sie | sich | sich |
| es | | |
| wir | uns | uns |
| ihr | euch | euch |
| sie | sich | sich |
| Sie | sich | sich |

Was müssen sie am Morgen machen?

Marion putzt sich die Zähne.

Susanne kämmt sich.

Dieter duscht sich.

Holger rasiert sich.

Katrin wäscht sich die Hände.

6. **Was machen sie am Morgen vor der Schule?**

   ◆ Tina / sich die Hausaufgaben ansehen
   ◆ Tina sieht sich die Hausaufgaben an.

   1. wir / sich die Zähne putzen
   2. ich / sich an den Tisch setzen
   3. Petra und Helga / sich waschen
   4. mein Bruder / sich duschen
   5. du / sich kämmen
   6. Rainer / sich rasieren

7. **Beantworte diese Fragen mit „ja"!**

   1. Freust du dich auf die Reise?
   2. Duscht Peter sich nach dem Fußballspiel?
   3. Müsst ihr euch kämmen?
   4. Wollen Sie sich hier hinsetzen, Frau Wolters?
   5. Wascht ihr euch jetzt?
   6. Sollst du dich beeilen?

Aki putzt sich die Zähne.

8. *Worauf freuen sich alle?* **What are these people looking forward to?**

   ◆ Angelika / auf den Besuch
   ◆ Angelika freut sich auf den Besuch.

   1. die Jugendlichen / auf das Rockkonzert
   2. die Großeltern / auf ihre Gäste
   3. ich / auf das neue Fahrrad
   4. Christopher und Liane / auf den Flug nach Amerika
   5. wir / auf das schöne Geschenk
   6. Karstens Vater / auf die Reise nach Europa

9. **Was sehen sich die Leute an?** Tell what everyone is looking at.

- ◆ der Herbergsvater / die Mitgliedskarte
- ◆ Der Herbergsvater sieht sich die Mitgliedskarte an.

1. der Angestellte / die beiden Flugscheine
2. die Fluggäste / den tollen Film
3. du / das deutsche Buch
4. Heidi / das tolle Kleid
5. der Lehrer / die schweren Hausaufgaben
6. die Leute / die interessante Umgebung
7. ich / das große Flugzeug
8. die Touristen / das neue Museum

10. **Mach das auch!** Rainer's mother is asking him if he is taking care of several tasks. He in turn tells his brother to do the same.

- ◆ Wäschst du dir die Füße?
- ◆ Wasch dir auch die Füße!

1. Siehst du dir dein Buch an?
2. Setzt du dich an den Tisch?
3. Kämmst du dir die Haare?
4. Putzt du dir die Zähne?
5. Duschst du dich jetzt bitte schnell?
6. Beeilst du dich?

11. **Insert the proper reflexive pronoun.**

1. Wir haben ____ heute Morgen die Zähne geputzt.
2. Setzen Sie ____ bitte hier hin!
3. Um wie viel Uhr willst du ____ mit ihr treffen?
4. Könnt ihr ____ die Hausaufgaben ansehen?
5. Ich will ____ gleich die Hände waschen.
6. Jürgen muss ____ noch schnell rasieren.
7. Freust du ____ auf die Party am Sonnabend?
8. Hast du ____ den tollen Film angesehen?
9. Beeilt ____!
10. Ich muss ____ noch schnell duschen.

12. Kombiniere...

Der Herbergsvater
Die Jugendlichen
Wir
Unsere Lehrerin

hat
haben

mir
sich
uns

die Umgebung
den See
vor dem Café
auf einen Stuhl

hingesetzt
angesehen
getroffen
gezeigt

# Ergänzung

Auf einem Campingplatz

Einen Wohnwagen.

Einen Camper.

Ein Boot.

Einen Kocher.

Eine Luftmatratze.

Etwas zu essen und zu trinken.

Einen Ball.

Ein Zelt.

Was bringt man zum Campingplatz mit?

## Wie baut man ein Zelt auf?

Man breitet das Zelt aus.

Man befestigt Zeltstangen am Zelt.

Man legt Schlafsäcke ins Zelt.

13. *Wir machen eine Campingreise.* Develop a short description of a real or imaginary trip that you are planning. Your description, orally or in writing, should include such details as when and where you are going, who is going along, what you are taking with you and activities you are planning to do while you are there. Be as creative as possible.

## Sprache

### Word Order of Dative and Accusative Cases

In a sentence containing both an indirect object noun (dative) and a direct object noun (accusative), the indirect object noun precedes the direct object noun.

|  | Indirect Object Noun (dative) | Direct Object Noun (accusative) |
|---|---|---|
| Er gibt | dem Fluggast | eine Bordkarte. |
| He gives | the passenger | a boarding pass. |

When the indirect object or the direct object appears as a pronoun, the pronoun precedes the noun object.

|  | Indirect Object Pronoun (dative) | Direct Object Noun (accusative) |
|---|---|---|
| Er gibt | ihm | eine Bordkarte. |
| He gives | him | a boarding pass. |

| Direct Object Pronoun (accusative) | | Indirect Object Noun (dative) |
|---|---|---|
| Er gibt | sie | dem Fluggast. |
| He gives | it | to the passenger. |

If a sentence contains both an indirect object pronoun and a direct object pronoun, then the direct object pronoun precedes the indirect object pronoun.

| Direct Object Pronoun (accusative) | | Indirect Object Pronoun (dative) |
|---|---|---|
| Er gibt | sie | ihm. |
| He gives | it | to him. |

As a general rule, pronouns follow directly after the verb in the following order: subject, direct object, indirect object.

14. **Frau Sehlers ist Reiseleiterin** *(tour guide)*. **Sie hilft den Touristen.**

   ◆ der Lehrerin die Flugscheine geben
   ◆ Sie gibt der Lehrerin die Flugscheine.

   1. der Klasse die Jugendherberge zeigen
   2. den Touristen die Bordkarten holen
   3. einem Schüler die Zeit sagen
   4. ihrer Mutter die Karte kaufen
   5. dem Jungen den Koffer geben
   6. den Jugendlichen eine Landkarte bringen

15. *Noch einmal, bitte!* **Now, do the same exercise once more, using direct and indirect object pronouns.**

   ◆ der Lehrerin die Flugscheine geben
   ◆ Sie gibt sie ihr.

   1. der Klasse die Jugendherberge zeigen
   2. den Touristen die Bordkarten holen
   3. seinem Freund die Zeit sagen
   4. ihrer Mutter die Karte kaufen
   5. dem Jungen den Koffer geben
   6. den Jugendlichen eine Landkarte bringen.

### 16. Hast du das wirklich gemacht?

◆ Hast du deiner Freundin zwei CDs gekauft?
◆ Ja, ich habe sie ihr gekauft.

1. Hast du deinem Vater den Camper gezeigt?
2. Hast du deiner Schwester die Luftmatratze gegeben?
3. Hast du deinen Freunden das Buch gebracht?
4. Hast du deinem Onkel einen Schlafsack gekauft?
5. Hast du deinem Bruder das Fahrrad geholt?
6. Hast du deinen Eltern das Zelt aufgebaut?

### 17. *Beantworte die Fragen!* In your answers, use the cues provided.

◆ Wem sagt er die Zeit? (seine Freundin)
◆ Er sagt sie seiner Freundin.

1. Wem kauft sie die Bluse? (ihre Tante)
2. Wem gibt sie die Bordkarte? (deine Freundin)
3. Wem bringt er das Eis? (die Dame)
4. Wem zeigt er die Stadt? (sein Onkel)
5. Wem holt sie den Flugschein? (der Fluggast)

### 18. Form complete sentences using the information given. Then substitute pronouns for the subject, indirect and direct object nouns.

◆ Paul / zeigen / seine Freundin / die Landkarte
◆ Paul zeigt seiner Freundin die Landkarte.
◆ Paul zeigt sie ihr.

1. Junge / schreiben / seine Lehrerin / ein Brief
2. Frau Rabe / kaufen / ihr Sohn / ein Fahrrad
3. Wir / sollen / die Dame / ihre Tasche / bringen
4. Angelika / geben / ihre Oma / die Bordkarte
5. Ich / werden / meine Freundin / ein Geschenk / kaufen
6. Herbergsvater / zeigen / die Jugendlichen / ein paar Zimmer

Der Herbergsvater sagt den Mädchen, was alles los ist.

*Kapitel 2*

# Wer macht RADAU?

Wenn man Radau macht°, dann heißt es mit anderen Worten°: „Man macht viel Lärm°." In der kleinen Stadt Daun hat es aber auch eine andere Bedeutung°. Dort hat ein Lehrer mit seinen Schülern ein Studio mit dem Namen **RA**(dio) **DAU**(n) begonnen. Die Schüler — viele sind zwölf bis sechzehn Jahre alt — haben ihre eigene Redaktion° und ihr eigenes Studio, wo sie ihre Texte schreiben und vor dem Mikrophon lesen und sprechen können. Der Lehrer hilft ihnen natürlich° sehr oft.

Ein Lehrer hat mit seinen Schülern ein Studio begonnen.

Einmal in der Woche kommen alle Schüler, ihre Lehrer und manchmal auch Eltern ins Studio. Dann planen° sie ihr Programm für die ganze Woche°. Manche Schüler interviewen Leute aus Daun oder anderen kleinen Städten in der Umgebung, nehmen alles auf einem Kassettenrekorder auf° und bringen die Kassetten zum Studio zurück. Andere Schüler sitzen° im Studio und interviewen „live". Das macht natürlich auch viel Spaß, aber die Jugendlichen müssen sich auf ein interessantes Interview gut vorbereiten°.

Im Studio können sie alles spielen — Kassetten, Schallplatten° und CDs. Oft müssen sie nach den Interviews oder anderen Programmen

Die Schüler kommen gern ins Studio.

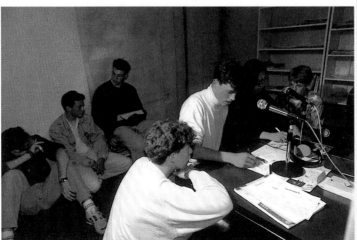

die Tonbänder schneiden°.
Natürlich wollen alle nur das
beste Programm im Schulradio
spielen. Das Studio ist immer
der beliebteste Platz. Die
Jugendlichen interessieren
sich für die Technik° und bei
der Arbeit können sie auch
viel lernen.

Ob manche einmal bekannte
Stars im Radio oder im
Fernsehen werden, das weiß
man natürlich noch nicht.
Bestimmt haben alle im

Manchmal kommen auch die Eltern und die Lehrer.

Die Schüler interessieren sich für die Technik.

Studio und in der
Redaktion viel Spaß.
Das Sprichwort „Erst
die Arbeit, dann das
Vergnügen" passt hier
wirklich nicht. Die
Arbeit ist für alle
Jugendlichen ein
echtes Vergnügen.

*Radau machen* to make a
racket; *mit anderen
Worten* in other words;
*der Lärm* noise; *die
Bedeutung* meaning; *die
eigene Redaktion* own
editorial office; *natürlich* of
course, naturally; *planen* to plan;
*die ganze Woche* the whole week;
*auf einem Kassettenrekorder
aufnehmen* to record on a
cassette recorder; *sitzen* to sit;
*sich vorbereiten auf* to prepare
for; *die Schallplatte* record; *die
Tonbänder schneiden* to cut the
(recording) tapes; *die Technik*
technology

Alle haben im Studio viel Spaß.

## 19. Kannst du diese Wörter finden?

1. Sie sitzen im Wohnzimmer und sehen sich im ____ einen Film an.
2. Die Schüler wollen das beste ____ im Schulradio spielen.
3. Ein anderes Wort für Lärm ist ____.
4. Ein paar Jugendliche interviewen Leute im ____.
5. Das Studio ist für viele Jugendliche ein beliebter ____.
6. Die Schüler sind zwölf bis sechzehn ____ alt.
7. Sie planen ihr Programm einmal die ____.
8. Die Jugendlichen schreiben ihre eigenen ____.
9. Bei der ____ im Studio lernen alle viel.
10. Manchmal nehmen die Jugendlichen ihr Interview auf einem ____ auf.

## 20. Beantworte diese Fragen!

1. Was sind die zwei Bedeutungen für „Radau"?
2. Was machen die Schüler vor dem Mikrophon?
3. Wie oft planen die Schüler ihr Programm?
4. Interviewen die Jugendlichen nur die Einwohner von Daun?
5. Was machen sie mit dem Kassettenrekorder?
6. Was können die Schüler im Studio spielen?
7. Was machen sie oft nach einem Interview?
8. Welcher Platz ist bei den Jugendlichen sehr beliebt?
9. Warum stimmt das Sprichwort „Erst die Arbeit, dann das Vergnügen" hier nicht ganz?

## 21. Etwas Persönliches.

1. Für welchen Sport interessierst du dich? Warum?
2. Mit wem triffst du dich manchmal?
3. Hast du eine Mitgliedskarte? Für welchen Klub oder für welche Organisation hast du eine?
4. Was gibt's in deiner Umgebung zu tun?
5. Hast du ein Radio? Was hörst du gern?
6. Welche Stars siehst du gern in Filmen oder im Fernsehen?

## Übung macht den Meister!

1. *Ein Interview.* Interview one of your classmates. But first list at least eight questions about favorite activities (sports, hobbies); traveling (places, time of year); responsibilities at home (doing homework, mowing lawn); family members and relatives (including where some live); tasks to be done before going to school (taking a shower, eating breakfast). Add any other questions that may present a good written portrait of the person. Then proceed with the interview and jot down the answers. Reverse roles.

2. *Camping.* You have decided to go on a camping trip with one of your friends. Describe where you want to go, what you plan to take along, how long you will stay and what you will do there. Be as creative as possible.

3. *Unsere Klassenzeitung.* Get together with one to three other classmates. Imagine that you have your own class newspaper. You can all collaborate on writing an article about a person, event or interesting experience that occurred recently in your class, school or town. Your description should be in the form of a newspaper article. All or some of the articles may be displayed on a bulletin board for others to read.

# Aktuelles

## Camping

Camping has been popular among Germans for decades. Millions of people spend their vacations at campgrounds that are filled with an array of accommodations ranging from simple two-person tents to very elaborate and expensive recreational vehicles.

The *Campingführer,* the official guide of the *Deutscher Camping Club (DCC),* revised every year, lists some 7,000 selected campgrounds in Germany and in more than 30 other countries. Those especially recommended are marked with the symbol of the *Deutscher Camping Club,* which shows a tent (resembling a Native American tepee). A map of all German campgrounds is attached to the guide.

Wo findet man diesen Campingplatz?

The guide furnishes countless details on the individual campgrounds such as address, length of season, directions, fees, sanitary facilities, food service, swimming and fishing accommodations, special sights and car service or repair stations. Although the text is in German, the symbols used are explained in German, English and French. Besides many pictures, photos and maps,

ein Zelt mit einem Boot

there are tips of general interest (also in German) regarding campers, RVs, tent equipment, insurance needs, winter camping, special regulations to be observed in the different countries and—in order to avoid overcrowded campgrounds—a list of the school holidays in the various German states.

Am Rhein gibt es viele Campingplätze.

The *Deutscher Camping Club* recommends traveling out of season. For a vacation in July or August one should look for the lesser-known places, away from big cities and popular tourist sites. Finally, the *Campingführer* rates all campgrounds according to location, site facilities, noise, friendliness, hygiene and service. The following abbreviated description is an example of what you would find in the *Campingführer*.

Das Zelt ist für diese Leute fast wie ein Haus.

Vom Deutschen Camping-Club empfohlen

7868

79822 Titisee, Schwarzwald (b12)

1.1. bis 31.12.

»BANKENHOF«   07652/1351, Fax 5907 850 m 35 000/18 000 qm
E.: Alois Schubnell

B31 von Freiburg oder Donaueschingen nach Titisee-Ortsmitte, Richtung Bruderhalde, 3. Platz.
Höllental, Hochschwarzwald.

Ebenes bis leicht welliges Gelände in Seenähe. Babyraum. Ort 2,5 km entfernt. Separater Jugendplatz. Mittagsruhe 12.30–14 Uhr. 190 Stellplätze à 60–120 qm. 15% Dauercamper DM 1080.–/WHJ.
TAX 94 NS/HS P/N 6.50/7.–, St/N 10.–/12.–, H/N 3.–, KT 1.30/1.90, WW inkl., Strom/kWh –.70, Anschlußgeb./N 1.50.
DCC/CCI 10% auf P/N.

Study the ad and description about the campground in Titisee in the Black Forest. Give five reasons *(auf Deutsch)* why you would want to go there on a camping trip.

## Erweiterung

22.  Form complete sentences using the information given.

1.  Herr / sich ansehen / Flugschein
2.  Peter und Ulla / sich treffen / vor der Schule
3.  Können / ihr / sich beeilen
4.  Ich / müssen / die Haare / sich kämmen
5.  Müssen / du / die Zähne / sich putzen
6.  Wir / sich freuen / auf den Sommer

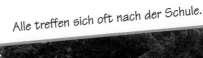

Alle treffen sich oft nach der Schule.

*Vergnügen*

### 23. Wie sagt man's?

| | | | |
|---|---|---|---|
| Mitgliedskarte | Radau | Zeit | Umgebung |
| Speisesaal | Mittagessen | Radio | Hunger |
| Gruppe | See | Freund | Stadt |
| Zimmer | Schalter | Rucksack | Uhr |

1. Um wie viel Uhr gibt's ____?
   So gegen halb eins.
   Beeil dich etwas! Ich habe schon großen ____.
2. Am Nachmittag fahren wir an den ____.
   Gut, ich komme mit. Kommt dein ____ auch?
   Nein, er hat heute keine ____.
3. Der ____ ist schon ganz voll.
   Na, zu dieser Zeit essen immer alle.
   Wann isst denn eure ____?
   Erst um 13 ____ 30.
4. Ohne ____ kannst du nicht in die Jugendherberge.
   Das weiß ich. Ich habe sie in meinem ____.
   Da bin ich ja froh.
   Komm, gehen wir zum ____!
5. Was macht ihr heute Nachmittag?
   Wir sehen uns die ____ an.
   Geht ihr auch in die ____?
   Nein, das ist zu weit dorthin.
6. Warum macht ihr immer so viel ____?
   Wir hören die Rockmusik im ____.
   Na, ihr braucht die Musik doch nicht so laut zu spielen.
   Du musst ja nicht hier sitzen. Geh doch in ein anderes ____!

Wo machen sie RADAU?

24. **Substitute pronouns for the italicized words. Change the word order where necessary.**

1. Die Jugendlichen geben *dem Herbergsvater ihre Mitgliedskarten.*
2. Die Angestellte zeigt *den Fluggästen den Flugsteig.*
3. Wann kannst du *meiner Freundin den Brief* schreiben?
4. Warum bringst du *deinem Onkel ein Geschenk?*
5. Wir kaufen *unseren Eltern zwei Flugscheine.*
6. Gib *dem Teilnehmer die Karte!*
7. Zeig *deiner Freundin die Schule!*
8. Ich hole *meiner Mutter den Koffer.*
9. Rudi soll *unserer Lehrerin den Platz* zeigen.

25. **Was ist das Gegenteil *(opposite)* von diesen Wörtern?**

| | | | |
|---|---|---|---|
| spät | schlecht | schicken | kalt |
| leicht | voll | sitzen | letzter |
| links | trinken | alt | bekannt |
| kurz | dunkel | gehen | sprechen |

1. stehen
2. leer
3. fremd
4. gut
5. heiß
6. essen
7. neu
8. erster
9. hell
10. kommen
11. früh
12. schwer
13. hören
14. lang
15. rechts
16. bekommen

26. **Beende diese Sätze mit passenden Wörtern!**

1. Auf der ____ in der Schule steht, wann alle Spiele sind.
2. Am Nachmittag wollen wir im See ____.
3. ____ wir uns! Wir kommen sonst zu spät.
4. An diesem Tisch dürfen wir nicht sitzen. Er ist für andere ____.
5. Das Essen sieht sehr ____ aus.
6. In dieser Umgebung können wir in den Bergen ____.
7. Am Morgen muss ich mir die ____ putzen.
8. Wir können das Interview im ____ aufnehmen.
9. Die Schüler planen das ____ für den ganzen Monat.
10. Wenn man ein Interview aufnehmen will, dann braucht man einen ____.

# Was weißt du?

1. *Ich bin in einer Jugendherberge angekommen.* Upon arrival at a youth hostel, you go directly to the reception desk. The youth hostel director asks you several questions. Answer them.

    a. *Hast du eine Mitgliedskarte?*

    b. *Woher kommst du denn?*

    c. *Wie bist du hergekommen?*

    d. *Wie lange willst du hier bleiben?*

    e. *Wohin fährst du denn von hier?*

    f. *Kennst du die Regeln in unserer Jugendherberge?*

2. *Was bringst du mit?* Name five items that you would need if you were staying at a youth hostel.

3. *Worauf freust du dich?* Describe two activities or events that you are looking forward to, and give reasons why.

4. *Ich möchte eine bekannte Person interviewen.* Imagine that you have an opportunity to interview a well-known person. Identify the person and prepare at least six questions you would ask.

5. *Im Sommer gehen wir Camping.* You and your friend have decided to go camping during your summer vacation. Develop a short description that includes how you will prepare for the trip, items to take along, places that you want to go to and any other details you may want to add.

Er möchte eine Person interviewen.

# Vokabeln

die **Angst,-̈e** fear; *Keine Angst!* Don't worry! Don't be afraid!

sich **ansehen** *(sieht an, sah an, angesehen)* to look at

der **Appetit** appetite; *Guten Appetit!* Enjoy your meal!

**aufnehmen** *(nimmt auf, nahm auf, aufgenommen)* to record

**ausbreiten** to spread out

die **Bedeutung,-en** meaning

sich **beeilen** to hurry

**befestigen** to fasten, secure

der **Camper,-** camper

sich **duschen** to shower, take a shower

**eigen** own

sich **freuen auf** to look forward to

**ganz** whole; *die ganze Woche* the whole week

**geben:** *Um wie viel Uhr gibt's Mittagessen?* When will we have lunch?; *Was gibt es hier zu tun?* What is there to do here?

die **Gruppe,-n** group

der **Herbergsvater,-̈** youth hostel director

sich **hinsetzen** to sit down

**holen** to get, fetch

sich **interessieren** to be interested; *Das interessiert mich weniger.* That interests me less.

das **Interview,-s** interview

**interviewen** to interview

die **Jugendherberge,-n** youth hostel

sich **kämmen** to comb one's hair

der **Kassettenrekorder,-** cassette recorder

der **Kocher,-** cooker

**kommen: dorthin kommen** to get there

der **Lärm** noise

**lecker** delicious

**legen** to place, put

die **Luftmatratze,-n** air mattress

das **Mikrophon,-e** microphone

die **Mitgliedskarte,-n** membership card

das **Mittagessen** lunch

der **Name,-n** name

**natürlich** of course, natural(ly)

**planen** to plan

das **Programm,-e** program

sich **putzen** to clean oneself; *sich die Zähne putzen* to brush (clean) one's teeth

der **Radau: Radau machen** to make a racket

sich **rasieren** to shave oneself

die **Redaktion,-en** editorial office, production

der **Reisescheck,-s** traveler's check

**reservieren** to reserve; *Der Tisch ist reserviert.* The table is reserved.

die **Schallplatte,-n** record

der **Schlafsack,-̈e** sleeping bag

**schneiden** *(schnitt, geschnitten)* to cut

**schnell** fast

das **Schulradio** school radio (station)

**sitzen** *(saß, gesessen)* to sit

der **Speisesaal,-säle** dining room

das **Studio,-s** studio

die **Technik** technology

der **Teller,-** plate

der **Text,-e** text

das **Tonband,-̈er** tape (recording)

die **Umgebung,-en** surroundings, vicinity

sich **vorbereiten auf** to prepare for

sich **waschen** *(wäscht, wusch, gewaschen)* to wash oneself

das **Wasser** water

das **Wort,-̈er** word; *das Wort (die Worte)* word, saying; *mit anderen Worten* in other words

die **Zeltstange,-n** tent pole

**zurückbringen** *(brachte zurück, zurückgebracht)* to bring back

Eine Gruppe arbeitet in der Redaktion.

Bevor man aufnimmt, muss man sich gut vorbereiten.

# Kapitel 3

# Ferien

## In this chapter you will be able to:

- talk about past events
- identify animals
- name countries, languages and people
- describe a trip
- make plans

# Ponyland

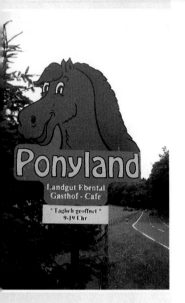

Während der Ferien und auch am Wochenende — außer im Winter — kommen viele Jugendliche aus Deutschland und auch aus anderen Ländern zum Campingplatz Ponyland in Rüdesheim am Rhein. Viele Gruppen bleiben aber nicht auf dem Campingplatz. Sie besuchen Ponyland nur ein paar Stunden. Tatjana und Vanessa sind dieses Wochenende mit ihrer ganzen Klasse zum Ponyland gekommen. Die meisten Schulfreunde wollen natürlich auf den Ponys reiten. Endlich sind Tatjana und Vanessa dran.

Du kannst es zuerst versuchen.

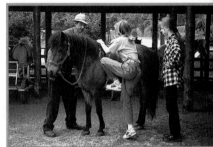

*Tatjana:* Du kannst es zuerst versuchen. Ich war schon einmal auf einem Pony. Komm, steig auf!

*Vanessa:* So leicht ist das gar nicht.

*Tatjana:* Stell dich nicht so an! Sitz locker, sonst glaubt das Pony, du bist nervös.

Wusstest du, dass das Pony den Weg auch ohne mich kennt?

*Vanessa:* Na, du bist wirklich nicht so klug. Wusstest du, dass das Pony den Weg auch ohne mich kennt?

*Tatjana:* Das stimmt. Der Mann sagte mir aber, ich soll das Pony auf dem Weg führen.

*Vanessa:* So, jetzt geht's los.

**1. Etwas stimmt hier nicht. Gib die richtige Antwort!**

1. Viele Jugendliche kommen im Winter zum Campingplatz Ponyland.
2. Viele Besucher bleiben viele Tage.
3. Tatjana und Vanessa reiten zuerst.
4. Tatjana ist noch nicht auf einem Pony geritten.
5. Vanessa soll locker stehen.
6. Ein Mann hat Tatjana gesagt, sie soll auf dem Pony reiten.

Während Vanessa reitet, muss Tatjana das Pony führen. Auf dem Weg gibt es ein paar Schilder. Auf diesen Schildern stehen die Regeln.

Vanessa: Das Pony will gar nicht laufen.

Tatjana: Du musst ihm ein paar gute Worte sagen.

Vanessa: Das hilft auch nicht. Führe das Pony etwas besser, dann wird es bestimmt laufen.

Tatjana: Ich glaube, es hat seinen eigenen Kopf.

Vanessa: Genau wie du. Versuchen wir's also noch einmal.

Tatjana: Wenn wir so weiter machen, dann dauert dieser kurze Weg bestimmt eine halbe Stunde.

Vanessa: Das geht nicht. Unsere Klasse fährt bald wieder ab.

Das Pony will gar nicht laufen.

*Ferien*

## 2. Was passt hier?

1. Tatjanas Schulfreunde fahren
2. Das Pony hat
3. Es gibt ein paar Schilder
4. Tatjana führt
5. Vanessa und Tatjana wollen
6. Vanessa soll
7. Auf den Schildern stehen

a. auf dem Weg
b. mit dem Pony sprechen
c. die Regeln
d. seinen eigenen Kopf
e. es noch einmal versuchen
f. bald ab
g. das Pony

Vanessa und Tatjana beeilen sich jetzt. Und was machen die anderen Schulfreunde? Manche sitzen auf einem Traktor, andere sind an einem Kiosk und kaufen sich ein Eis. Herr Brauer, der Lehrer, sitzt auf einer Bank und sieht sich eine Landkarte an. Er will wissen, wie weit es bis zum nächsten Campingplatz ist, wo sie heute Abend übernachten wollen.

Manche sitzen auf einem Traktor.

*Tatjana:* Das machte wirklich Spaß.

*Vanessa:* Beeilen wir uns! Herr Brauer und die anderen sind schon am Bus.

*Tatjana:* Hab Geduld! Der Bus wird ohne uns nicht abfahren.

*Vanessa:* Das will ich nicht riskieren.

*Tatjana:* Du warst so langsam auf dem Pony.

*Vanessa:* Es gefiel mir aber doch. Das nächste Mal wird's bestimmt besser gehen.

*Tatjana:* Hoffentlich.

Das machte wirklich Spaß.

## 3. *Von wem spricht man hier?* Identifiziere die Personen! Diese Person oder Personen...

1. soll Geduld haben.
2. sitzt auf einer Bank.
3. ist langsam auf dem Pony geritten.
4. sind an einem Kiosk.
5. sieht sich eine Landkarte an.
6. müssen sich beeilen.

## 4. Beantworte diese Fragen!

1. Wo liegt Rüdesheim?
2. Mit wem sind Vanessa und Tatjana auf dem Campingplatz Ponyland?
3. Was möchten die meisten Schulfreunde machen?
4. Wer reitet das Pony? Wer führt es?
5. Warum soll Vanessa locker sitzen?
6. Was muss Tatjana auf dem Weg tun?
7. Was steht auf den Schildern?
8. Was will das Pony nicht?
9. Warum kann Vanessa nicht so lange reiten?
10. Was machen ein paar Jugendliche am Kiosk?
11. Warum sieht der Lehrer auf eine Landkarte?
12. Wie sind Herr Brauer und seine Schüler zum Campingplatz gekommen?

### Sprichwort

## Er führt schon wieder etwas im Schilde.

(He has something up his sleeve again.)

# Für dich

Zwischen Mainz und Koblenz ist es auf dem Rhein am schönsten.

Although the Rhine is not the longest river in Europe, it is probably the most important and the most picturesque. Its praises have been sung a hundredfold by poets, and for hundreds of years it has been the focal point of history. It is perhaps most beautiful along the 60-mile stretch between the two cities of Mainz and Koblenz, of which Rüdesheim is one of the most frequently visited towns along the Rhine.

The Rhine originates in Switzerland, flows northward through Lake Constance *(Bodensee)*, through Germany and Holland, and finally empties into the North Sea *(Nordsee)*.

# Rollenspiel

Imagine that you and a relative or a friend are planning to go to Europe. You go to a travel agency *(Reisebüro)* to get some information about your proposed trip. Role-play this situation with a classmate. One of you takes the role of the traveler *(der/die Reisende)*, while the other plays the role of the travel agent *(der Reisevertreter/die Reisevertreterin)*. In your discussion you may want to cover the following topics: your interest in several countries; suggested places to visit; cost and what's included; how to get there; length of vacation; and number of people coming along. Ask as many questions as possible and use your imagination in supplying the proper information.

# Aktuelles

## Vacationing

Germans spend a far greater percentage of their income on traveling than Americans do or any other nationality, for that matter. Their desire to travel seems to survive the worst of economic recessions; when money is tight, they'll cut back on hobbies, cars and entertainment before they'll sacrifice a trip. And while they have a very attractive country of their own, they tend to spend their money elsewhere. Austria heads the list, followed by Spain, Italy, France and Switzerland. The United States is the most popular non-European destination among Germans.

Nevertheless, about half the Germans vacation in their own country. Because of their travel fever, it's not surprising to see innumerable travel agencies *(Reisebüros)* throughout the country. What are the favorite spots that Germans and tourists from other countries like to visit?

A number of islands dot the coastline of the German North Sea shore *(Nordseeküste)*. During the summer months, many Germans head north to such islands as *Sylt* or *Norderney*. Along the shore of the North and the Baltic Seas *(Nord- und Ostsee)* are beautiful sandy beaches where Germans go on vacation for one or two weeks at a time. Hamburg, called "Germany's gateway to the world," is located on the Elbe River which connects Hamburg with the North Sea. Many foreign tankers and cruise ships frequent the harbor of Hamburg.

Viele Deutsche fahren gern zur Nordseeküste. (Föhr)

Located south of Hamburg is a restful area, the *Lüneburger Heide*. This heather-covered region has only a few small towns. It is one of the few secluded sections of Germany where you can hike for a long time without meeting another person. Much of it is wildlife refuge.

eine Pension in den Alpen

Most Germans do not stay in city hotels during their vacation. Instead they look for quiet, peaceful places. Those who don't stay in hotels or guest-houses *(Pensionen)* travel in their own campers. Camping is the least expensive way of vacationing in Germany. Vacationing on farms is quite popular today. Just south of the *Lüneburger Heide* are the Harz Mountains which attract tourists all year long. In comparison to the Alps, hikers and skiers find these mountains more manageable and not as demanding. Hiking always ranks high among Germans vacationing anywhere in the country. Detailed maps of the hiking paths are usually found right at the entrance of the park or forest area.

Along the Rhine, legends and fairy tales come alive for visitors passing the many castles between the cities of Mainz and Koblenz. Excursion boats provide music and other entertainment and add to the colorful surroundings.

*Ferien*

During the summer, Germans go to the lakes and rivers to explore the water with sailboats, motorboats or even to surf. Every town also provides modern swimming pools, some of which have gigantic water slides for the enjoyment of their guests. Those who prefer to be on dry land have well-kept lawns where they can sit or lie down. Germans take pride in their beautifully landscaped parks.

How do Germans travel to their favorite destination? Mostly by car. However, many Germans, to avoid the continuously increasing traffic problems encountered on the highways and freeways, travel by train. Some take the family car along on special railroad cars attached to their train so that they can explore their vacation area in their car.

There are nearly 90 "tourist routes" that take visitors away from the major traffic arteries, such as the "Fairy Tale Route" *(Märchenstraße)*, the "Castle Route" *(Burgenstraße)* and, perhaps the most famous and well-known route, the *Romantische Straße*. The oldest German city, close to the French border, is Trier which is about 2,000 years old. The center of the city still has a section of the Roman-built gateway, called the *Porta Nigra*.

Die Porta Nigra in Trier

The Black Forest *(Schwarzwald)*, located in southwestern Germany, is just what its name implies. It really is a forest, and the trees are exceptionally dark because of their density. While driving through this vast mountain forest area, you will pass many guest-houses with their colorfully decorated windows and steeply declining roofs which are characteristic of houses in the Black Forest.

im Schwarzwald

For many, Bavaria *(Bayern)* is still the favorite place to spend a vacation. Besides the numerous attractions offered throughout Bavaria, a visit to its capital of *München* is highly recommended. Many people who visit this third largest German city continue their travels to the various castles farther south, such as *Neuschwanstein*. This castle has been immortalized in books and movies. The Alps *(Alpen)* offer numerous vacation spots.

Zugspitze, in der Nähe von Garmisch-Partenkirchen

More and more people come south during the winter for the skiing opportunities for all skill levels in this Alpine region. The area of the *Zugspitze*, near *Garmisch-Partenkirchen*, attracts many vacationers during the winter season. Regardless of your taste, Germany offers everything including lakes and mountains, but—most important of all—it offer places to relax and enjoy the country and its people.

**Kannst du alles identifizieren?**

1. Die Deutschen fahren gern an die Ost- und ____.
2. Die ____ liegt in der Nähe von Garmisch-Partenkirchen.
3. Die ____ findet man in Trier.
4. Viele Besucher fahren mit Schiffen auf dem ____, wo sie viele Burgen sehen können.
5. Die Hauptstadt von Bayern heißt ____.
6. Die ____ liegt südlich von Hamburg.
7. Wenn die Deutschen eine Reise planen, dann gehen viele zu einem ___.
8. Die schönste Strecke auf dem Rhein ist zwischen Mainz und ____.
9. Man kann in einer ____ preiswert übernachten.
10. Die ____ sind hohe Berge.

*Ferien*

# Ergänzung

Tiere auf dem Bauernhof

die Kuh

das Schaf

die Ziege

das Pferd

die Gans

das Schwein

die Ente

das Huhn

die Katze

Haustiere

der Vogel

der Fisch

der Hund

5. *Was für ein Tier möchtest du haben?* **Warum willst du dieses Tier? Gib fünf Gründe** *(reasons)*!

◆ Ich möchte einen Hund. Er ist ein Freund. Er ist nett. Er ist immer zu Hause. Er kommt immer zu mir.

6. *Hast du, dein Freund oder deine Freundin ein Haustier?* **Sag, was du von dem Haustier weißt!**

◆ Mein Freund hat eine Katze. Sie ist klein und grau. Sie heißt Muschi und ist zehn Jahre alt. Er hat sie zum Geburtstag bekommen.

ein Hund

eine Katze

# Sag's mal! Wohin möchtest du in den Ferien fahren?

wo es warm ist

in den Süden

irgendwohin*

in die Berge

an die See*

aufs Land*

auf einen Bauernhof*

nach Italien

ans Meer*

an den Strand*

ins Ausland*

zu meiner Großmutter

auf eine Insel*

# Sprache

## Past Tense (Narrative Past Tense)

### Regular Verbs

The past tense is frequently used in narratives and stories.

The past tense of regular verbs has the following endings added to the stem of the verb:

| | |
|---|---|
| ich | sag*te* |
| du | sag*test* |
| er | |
| sie } | sag*te* |
| es | |
| wir | sag*ten* |
| ihr | sag*tet* |
| sie | sag*ten* |
| Sie | sag*ten* |

◆ *Meine Lehrerin wohnte ein Jahr in Deutschland.* My teacher lived in Germany for one year.

Herr Richter zeigte seiner Familie die Umgebung.

When the stem of the verb ends in -*t* or -*d*, an -*e*- is inserted between the stem and the ending.

◆ *Die Karte kostete nur ein paar Mark.* The ticket cost just a few marks.

◆ *Dieter redete immer zu viel.* Dieter always talked too much.

The following is a list of the most important regular verbs that you have already learned:

| | Infinitive | Meaning |
|---|---|---|
| | arbeiten | to work |
| | basteln | to do (handi)crafts |
| sich | beeilen | to hurry |
| | besuchen | to visit |
| | bezahlen | to pay |
| | brauchen | to need |
| | dauern | to take, last |
| | decken | to cover (set table) |
| | feiern | to celebrate |
| | fotografieren | to take pictures |
| sich | freuen auf | to look forward to |
| | glauben | to believe |
| | gratulieren | to congratulate |
| | hören | to hear, listen to |
| sich | interessieren | to be interested |
| | interviewen | to interview |
| | jubeln | to cheer |
| | lachen | to laugh |
| | lernen | to learn |
| | machen | to do |
| | mähen | to mow |
| | passen | to fit |
| | planen | to plan |
| | reden | to talk, speak |
| | reisen | to travel |
| | regnen | to rain |
| | reparieren | to repair |
| | sagen | to say |
| | sammeln | to collect |
| | schenken | to give a present |
| | schicken | to send |
| | schmecken | to taste |
| | schneien | to snow |
| | spielen | to play |
| | spülen | to wash, rinse |
| | tanzen | to dance |
| | üben | to practice |
| | warten | to wait |
| | wandern | to hike |
| | wohnen | to live |
| | zeigen | to show, demonstrate |

## 7. Beantworte diese Fragen mit „nein"!

◆ Sagtest du etwas?
◆ Nein, ich sagte nichts.

1. Kauftest du etwas?
2. Zeigtest du etwas?
3. Bezahltest du etwas?
4. Schicktest du etwas?
5. Fotografiertest du etwas?
6. Repariertest du etwas?

Was machte Aki nach der Schule?

## 8. Sag, was ihr gestern gemacht habt!

◆ einen Geburtstag feiern
◆ Wir feierten einen Geburtstag.

1. in der Disko tanzen
2. Musik hören
3. eine Party planen
4. Deutsch lernen
5. die Arbeit machen
6. Fußball spielen
7. einen Brief schicken
8. den Rasen mähen

9. *Was haben sie gemacht?* **Du bist mit deinen Freunden zusammen und sagst ihnen, was du und andere alles am Wochenende gemacht haben.**

   ◆ Mein Bruder übt Gitarre.
   ◆ Mein Bruder übte Gitarre.

   1. Mein Vater arbeitet im Büro.
   2. Monika lernt für eine Mathearbeit.
   3. Peter und ich machen die Hausaufgaben.
   4. Meine Schwester spielt Tennis.
   5. Wir besuchen ein Museum.
   6. Anne tanzt in der Disko.

10. **Warum hat mir das Wochenende nicht gefallen?**

   ◆ Es schneit die ganze Zeit.
   ◆ Es schneite die ganze Zeit.

   1. Es regnet jeden Tag.
   2. Das Essen schmeckt nicht.
   3. Wir spielen nicht Fußball.
   4. Mein neuer Mantel passt mir nicht.
   5. Wir besuchen unsere Tante.
   6. Ich mache viele Hausaufgaben.
   7. Der Film dauert drei Stunden.
   8. Die Jugendlichen jubeln zu laut beim Rockkonzert.

11. **Kombiniere...**

Gestern
Am Sonntag
Im August

spielte
machtet
lernten
hörte

die Jugendlichen
ich
unser Lehrer
ihr

keinen Lärm
die Hausaufgaben
viel Musik
ein paar Wörter

# Ergänzung

Wer spricht welche Sprachen in diesen Ländern?

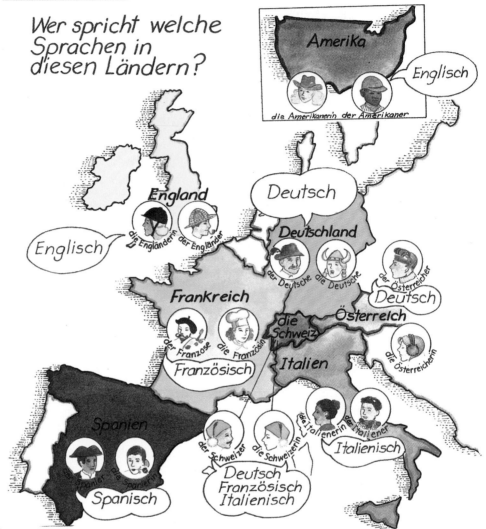

NOTE: *In Österreich spricht man deutsch.*
*In der Schule haben wir Deutsch.*

**12. Weißt du, welche Sprachen man in diesen Städten oder Ländern spricht?**

◆ Mexiko
◆ In Mexiko spricht man spanisch.

1. Brüssel
2. Toronto
3. Buenos Aires
4. London
5. Paris

6. Wien
7. Madrid
8. Berlin
9. Rom
10. Zürich

13. **Weißt du welche Länder das sind und wie die Hauptstädte heißen?**

◆ Das ist Amerika. (Das sind die Vereinigten Staaten von Amerika. Das sind die USA.)
◆ Die Hauptstadt heißt Washington.

 1.

 2.

 3.

 4.

5.

 6.

7.

# Sprache

## Past Tense (Narrative Past Tense)

### Irregular Verbs

The irregular verbs do not follow the pattern of the regular verbs introduced earlier and, therefore, must be learned individually. To learn to use these verbs more easily you should study the first or the third person singular of the past tense. This will give you the base form to which endings are added in all other persons. Here are these endings:

|  | kommen | gehen | fahren |
|---|---|---|---|
| ich | kam | ging | fuhr |
| du | kam*st* | ging*st* | fuhr*st* |
| er sie es | kam | ging | fuhr |
| wir | kam*en* | ging*en* | fuhr*en* |
| ihr | kam*t* | ging*t* | fuhr*t* |
| sie | kam*en* | ging*en* | fuhr*en* |
| Sie | kam*en* | ging*en* | fuhr*en* |

◆ *Viele Schüler kamen jeden Tag pünktlich.* Many students came on time every day.

◆ *Jens ging schon um sieben Uhr zur Schule.* Jens went to school already at seven o'clock.

◆ *Warum fuhrst du erst so spät in die Stadt?* Why did you drive into the city so late?

To facilitate learning the correct use of the irregular verbs, you should always remember three forms: the infinitive, the past and the past participle. These forms are also called the "principal parts" of a verb. The most frequently used irregular verbs, which you already know, are listed on the next page. You will find the complete list of all irregular verbs in the "Grammar Summary" at the end of this book. Only the basic forms (without prefixes) of the more commonly used verbs are listed.

Oh, der Zug kam schon vor einer halben Stunde an.

| Infinitive | Past | | Past Participle | Meaning |
|---|---|---|---|---|
| beginnen | begann | | begonnen | to begin |
| bleiben | blieb | ist | geblieben | to stay |
| bringen | brachte | | gebracht | to bring |
| denken | dachte | | gedacht | to think |
| essen | aß | | gegessen | to eat |
| fahren | fuhr | ist | gefahren | to drive |
| finden | fand | | gefunden | to find |
| fliegen | flog | ist | geflogen | to fly |
| geben | gab | | gegeben | to give |
| gefallen | gefiel | | gefallen | to like |
| gehen | ging | ist | gegangen | to go |
| gewinnen | gewann | | gewonnen | to win |
| haben | hatte | | gehabt | to have |
| helfen | half | | geholfen | to help |
| kennen | kannte | | gekannt | to know |
| kommen | kam | ist | gekommen | to come |
| laufen | lief | ist | gelaufen | to run |
| lesen | las | | gelesen | to read |
| liegen | lag | | gelegen | to lie, be located |
| reiten | ritt | ist | geritten | to ride (horse) |
| rufen | rief | | gerufen | to call |
| schießen | schoss | | geschossen | to shoot |
| schlagen | schlug | | geschlagen | to beat, hit |
| schneiden | schnitt | | geschnitten | to cut |
| schreiben | schrieb | | geschrieben | to write |
| schwimmen | schwamm | ist | geschwommen | to swim |
| sehen | sah | | gesehen | to see |
| sein | war | ist | gewesen | to be |
| singen | sang | | gesungen | to sing |
| sitzen | saß | | gesessen | to sit |
| sprechen | sprach | | gesprochen | to speak |
| stehen | stand | | gestanden | to stand |
| steigen | stieg | ist | gestiegen | to climb |
| tragen | trug | | getragen | to carry |
| treffen | traf | | getroffen | to meet |
| trinken | trank | | getrunken | to drink |
| tun | tat | | getan | to do |
| verstehen | verstand | | verstanden | to understand |
| waschen | wusch | | gewaschen | to wash |
| werden | wurde | ist | geworden | to become, be |
| wissen | wusste | | gewusst | to know |

**14. Wer hatte denn gestern viel Zeit?**

◆ Herr Uhland
◆ Herr Uhland hatte viel Zeit.

1. meine Freunde
2. Frau Schilling
3. unsere Großeltern
4. ich
5. ihr
6. du

**15. *Ich weiß genau, was alles los war.* Tina had a dream and recalls some of the things she remembers.**

◆ mein Onkel / zu Besuch sein
◆ Mein Onkel war zu Besuch.

1. die Schule / schon im Sommer beginnen
2. ich / mit dem Flugzeug fliegen
3. Monikas Opa / auf einem Pferd reiten
4. Peter und ich / immer deutsch sprechen
5. meine Eltern / nicht nach Hause kommen
6. unsere Freunde / tolle Geschenke bringen
7. Erikas Mutter / viel Geld finden

**16. *Bilde neue Fragen!* (Use the narrative past.)**

◆ Wohin läufst du?
◆ Wohin liefst du?

1. Wer schreibt denn?
2. Warum rufst du an?
3. Wen kennen Sie?
4. Was trinken wir?
5. Wo steht es?
6. Wohin geht ihr später?
7. Was denkst du denn?
8. Wem hilft Susanne gern?

Sie ruft ihren Freund an.

17. *Erzähle das noch einmal!* Tell the following story in the past. Change the verbs to the past tense where necessary.

Werner und Peter wohnen nicht weit von der Stadt entfernt. Am Sonnabend gehen sie zum Kaufhaus. Werner spricht mit der Angestellten: „Wie viel kostet die Gitarre?" Sie sagt: „300 Mark." Die Jungen glauben, dass das nicht zu teuer ist. Sie haben aber nur 200 Mark. Deshalb gehen sie schnell nach Hause zurück. Werners Vater gibt ihnen 100 Mark. Dann fahren sie schnell mit ihren Rädern zum Kaufhaus und kaufen die Gitarre.

18. *Beende die folgenden Sätze mit den passenden Wörtern!* Change the selected verb to the past tense, making sure that each sentence is meaningful. You will not use all the verbs.

| beginnen | warten | essen | lesen |
|---|---|---|---|
| bleiben | haben | fliegen | kommen |
| gehen | liegen | sein | dauern |
| geben | spielen | steigen | schmecken |

1. Die Dame ____ um drei Uhr zu uns.
2. Das Essen ____ sehr gut.
3. Die Touristen ____ wenig Zeit.
4. Herr Held ____ eine Stunde auf den Bus.
5. Der Film ____ pünktlich.
6. Am Abend ____ wir schon in München.
7. Sein Onkel ____ nicht lange bei uns.
8. Die Jugendlichen ____ viele Bücher.
9. Die Mädchen ____ Gitarre.
10. Die Reise ____ drei Stunden.
11. Der Pilot ____ von Boston direkt nach Köln.
12. Mein Vater ____ mir etwas Geld.

## Praktische Situation

*Wo wollen wir Ferien machen?* You and two or three of your classmates have decided to go on vacation during the summer. Each of you prepares a list of the places you would like to go and gives several reasons for your selections. Discuss your selections as a group. Then elect a spokesperson to prepare the final list based on the other students' most convincing reasons. The final list may be presented to the rest of the class as well.

*Ferien*

## Familie Richter fährt in den Urlaub

Herr und Frau Richter wohnen mit ihren drei Kindern° in Deggendorf, einer kleinen Stadt in Süddeutschland. Jedes Jahr fahren sie zwei Wochen in den Urlaub°. Dieses Jahr haben sie vor, in St. Wolfgang in Österreich Urlaub zu machen°. Diese kleine Stadt liegt am Wolfgangsee in der Nähe von Salzburg. Dorthin kommen jedes Jahr viele Touristen, nicht nur aus Deutschland, sondern auch° aus der Schweiz, Italien und Amerika. Deshalb kann man da außer Deutsch viele andere Sprachen hören.

Endlich ist der Tag der Reise da. Richters haben schon früh am Morgen das Gepäck gepackt. Auf dem Weg wollen sie ein Picknick machen°. Deshalb hat Frau Richter Brot, Käse, Wurst, Limo und Bananen mitgenommen. Herr Richter sieht noch einmal im Jeep nach°, dass auch alles da ist. Dann geht's los.

Endlich ist der Tag da.

Nach ungefähr zwei Stunden machen sie in der Nähe von Burghausen ein Picknick. Burghausen ist eine kleine Stadt an der Grenze zu Österreich. Richters setzen sich auf einer Wiese° hin, essen und trinken etwas. Sie sehen sich auch noch die

Burghausen ist eine kleine Stadt an der Grenze zu Österreich.

Richters machen ein Picknick.

Messners begrüßen ihre Gäste.

Umgebung an. Auf einem Schild steht etwas über die Geschichte Burghausens. Es ist besonders für die Eltern sehr interessant°. Die Kinder spielen lieber Fußball.

Am Nachmittag kommen alle in St. Wolfgang an. Dort werden sie die nächsten zwei Wochen in einer Pension° bei Familie Messner wohnen und auch ihr Frühstück, Mittagessen und Abendessen bekommen. Messners begrüßen ihre Gäste° und zeigen ihnen gleich ihre Zimmer. Während Frau Richter die Koffer auspackt°, spielen die Kinder in einem anderen Zimmer. Um halb sechs Uhr sitzen Richters und Messners an einem

Alle sitzen an einem Tisch im Wohnzimmer.

Tisch im Wohnzimmer, unterhalten sich° und essen dann etwas später ihr Abendessen.

Nach zwei Wochen kommen Richters wieder zu Hause an. Während des Urlaubs war das Wetter sehr schön. Es regnete nur einen Tag. Deshalb hatten alle auch viel Spaß. Sie haben vor, im nächsten Jahr wieder dorthin zu fahren.

*das Kind* child; *in den Urlaub fahren* to go on vacation; *Urlaub machen* to take a vacation; *nicht nur...sondern auch* not only...but also; *ein Picknick machen* to have a picnic; *nachsehen* to check; *die Wiese* meadow, lawn; *interessant* interesting; *die Pension* bed and breakfast establishment; *der Gast* guest; *auspacken* to unpack; *sich unterhalten* to talk

*Ferien*

### 19. Was paßt hier?

| | | |
|---|---|---|
| 1. Alle sitzen | a. | sie ein Picknick |
| 2. Es regnete | b. | die Koffer aus |
| 3. St. Wolfgang liegt | c. | sie in den Urlaub |
| 4. Auf dem Weg machen | d. | die Umgebung an |
| 5. Die Geschichte von Burghausen steht | e. | nur einen Tag |
| | f. | auf einem Schild |
| 6. Jedes Jahr fahren | g. | nicht weit von Salzburg entfernt |
| 7. Frau Richter packt | | |
| 8. Sie sehen sich | h. | an einem Tisch |

### 20. Beantworte diese Fragen!

1. Wie viele Tage fahren Richters in den Urlaub?
2. In welches Land fahren sie dieses Jahr?
3. Hört man in Salzburg und Umgebung nur deutsch?
4. Was nehmen Richters für ein Picknick mit?
5. Was für ein Auto hat Familie Richter?
6. Was machen sie nicht weit von Burghausen?
7. Wer interessiert sich besonders für die Geschichte Burghausens?
8. Wo werden Richters jeden Tag in St. Wolfgang essen?
9. Wo sitzen alle früh am Abend?
10. Wie war das Wetter während Richters Urlaub?

# Übung macht den Meister!

1. *Was soll ich auf meiner Reise mitnehmen?* You've decided to travel with one of your classmates. Indicate the destination of your trip since this may change what you will take along. For example, you would take different items to Spain or to Alaska. Prepare a list of items that you intend to take along. Then compare your list with those of your classmates. Limit your list to the most necessary items. Discuss why you should or should not take along certain items.

2. *Diese Reise hat uns sehr gefallen.* Describe a vacation trip that you have taken in the past, or one that you would like to take. Your description should include the following information: time of year and place you traveled to, how long you stayed, who came along, some of the activities you did and when you returned home.

3. *Woher kommen sie und welche Sprachen sprechen sie?* Undoubtedly, you know some people from your school or neighborhood who speak other languages besides English. Make a list of these people including where they or their parents or grandparents came from and which languages they speak.

   Beispiele:   *Frau Dominguez kommt aus Mexiko. Sie spricht spanisch.*

   *Herr Wong kommt aus China. Er spricht chinesisch.*

   *Ali kommt aus der Türkei. Er spricht türkisch.*

   For other countries or languages (not included in this chapter), you may want to check a dictionary.

## 21. Etwas Persönliches.

1. Wohin möchtest du in die Ferien fahren? Warum?
2. Bist du schon einmal auf einem Campingplatz gewesen? Wann war das?
3. Hast du ein Haustier? Was für ein Tier ist es?
4. Welche Sprachen kann man in deiner Schule lernen?
5. Machst du gern ein Picknick? Wo kann man bei dir in der Nähe ein Picknick machen?
6. Was kann man alles für ein Picknick mitnehmen?

*Ferien*

## Aktuelles

### Auf zur Zugspitze!

Die Alpen sind zu jeder Jahreszeit beliebt. Besonders gern besuchen viele Deutsche und Ausländer jedes Jahr — die meisten kommen im Sommer — die Gegend um die Zugspitze. Die Zugspitze ist 2 962 m hoch und der höchste Berg in Deutschland. Sollen wir einmal eine Reise zur Zugspitze machen? Warum nicht? Also, auf zur Zugspitze!

Eine Seilbahn fährt vo[m] Eibsee auf die Zugspit[ze.]

Wir fahren nach Garmisch-Partenkirchen, einem kleinen Ort in den Alpen. Schon aus der Entfernung begrüßt uns die Zugspitze. Wie kommt man auf diesen Berg? Manche Leute fahren mit einem kleinen Zug vom Bahnhof und dann mit einer Zahnradbahn° weiter auf die Zugspitze. Wir fahren aber mit unserem Bus zum Eibsee. Von dort fährt eine Seilbahn° auf den Berg. Es dauert nur zehn Minuten, bis wir auf der Zugspitze ankommen.

Wir haben heute Glück. Das Wetter ist ganz prima. Es ist aber doch etwas kalt. Heute Morgen hat es hier oben geschneit. Jetzt liegt noch Schnee. Ein kleiner Traktor räumt den Schnee auf. Viele Touristen sind schon da. Hier oben gibt es viel zu sehen. Manche fotografieren die Umgebung, andere kaufen Postkarten und Briefmarken an einem Kiosk. Die Touristen müssen nur ein paar Meter gehen, bis sie nach Österreich kommen. Die Grenze ist direkt auf der Zugspitze. Natürlich haben wir langsam Hunger. Auf der Zugspitze gibt es ein Restaurant. Kein anderes deutsches Restaurant liegt so hoch oben wie dieses. Die meisten Leute sitzen heute im Restaurant. Im Freien° ist es doch etwas zu kalt.

Am Nachmittag fahren wir wieder mit der Seilbahn zum Eibsee zurück. Dieser See ist bei den Touristen sehr beliebt. Manche kommen nur einen Tag her, wandern in den Bergen oder fahren mit Booten auf

die Gegend um die Zugspitze

Auf der Zugspitze gibt es ein Restaurant.

1
Gemei[n]de [Par]tenkirchen

**Münchner Hau[s]**
2964 m
Seehöhe

erbaut von der Sektion München des D[A]
im Jahre 1897 erweitert 1911/1913

Wie hoch liegt das Restaura[nt]
Münchner Haus?

dem See. Andere bleiben eine Woche oder länger am Eibsee und übernachten in den Hotels am See.

Unser Bus wartet schon auf uns. Wir fahren nach Garmisch-Partenkirchen zurück. Wir sehen uns diese kleine Stadt an. Viele Häuser sind bunt bemalt°. Es gibt viele interessante Läden. Dort kaufen wir noch ein paar Reiseandenken° und fahren dann mit unserem Bus zum nächsten Ort.

*die Zahnradbahn* cog-wheel train; *die Seilbahn* cable car; *im Freien* outside; *bunt bemalt* colorfully painted; *das Reiseandenken* souvenir

Was kann man von hier oben alles sehen?

**Identifiziere die Wörter oder Namen!**

1. Sie haben in Garmisch-Partenkirchen viele Farben.
2. Mit diesem Verkehrsmittel kommt man von Eibsee zur Zugspitze.
3. Dort kann man an einem See übernachten.
4. Es ist der höchste Berg in Deutschland.
5. Sie ist direkt zwischen Österreich und Deutschland.
6. Da kann man Reiseandenken kaufen.
7. Dort können Touristen essen.
8. Es ist eine kleine Stadt in den Alpen, ganz in der Nähe von der Zugspitze.
9. Dort kauft man Briefmarken und Postkarten.
10. Man sieht sie auf einem See.

## Erweiterung

22. *Wer arbeitete?* **Akis Eltern wollen, dass alle in der Familie etwas arbeiten. Aki sagt seinen Freunden, was sie alles gemacht haben.**

   ◆ Holger arbeitet den ganzen Tag.
   ◆ Holger arbeitete den ganzen Tag.

   1. Wir arbeiten am Sonntag.
   2. Mein Onkel arbeitet im Garten.
   3. Heike arbeitet in der Küche.
   4. Meine Eltern arbeiten auch sehr viel.
   5. Rolf arbeitet im Zimmer.
   6. Ich arbeite am Abend.

*Ferien*

## 23. Change the following sentences from the present to the past tense.

◆ Ich trage viel Gepäck.
◆ Ich trug viel Gepäck.

1. Wohin fährst du dieses Jahr?
2. Wir sprechen immer deutsch.
3. Im Januar schneit es hier.
4. Verstehen Sie den Italiener?
5. Wie schmeckt das Essen?
6. Wir trinken Limo zum Abendessen.
7. Ich kaufe keinen Mantel.
8. Anne bekommt viele Karten zum Geburtstag.
9. Die Besucher warten schon lange.
10. Gibt er dir sein Fahrrad?
11. Frau Richter packt die Koffer.
12. Die Kinder spielen auf der Wiese.

Die Touristen kauften Postkarten und Briefmarken.

Auch im Juni schneite es hier.

## 24. Von welchem Tier spricht man hier?

1. Man sagt, dass er der beste Freund ist.
2. Auf diesem Tier reiten viele gern.
3. Dieses Tier gibt uns Milch.
4. Es schwimmt im Wasser und nicht auf dem Wasser.
5. Es kann von einer Stadt zur anderen fliegen.
6. Dieses Tier gibt uns zum Frühstück ein Ei (egg).

**25. Welche Wörter passen in diesen Sätzen?**

| neun | Flugzeug | Wochen | fliegt |
|------|----------|--------|--------|
| dauert | Käse | gepackt | Eltern |
| fliegen | zurück | wissen | Wien |
| Tage | kommt | See | bringt |

1. Wir wollen am ____ ein Picknick machen.

   Was ____ ihr denn mit?

   Brot, Wurst und ____.

2. Wir ____ nächste Woche nach Europa.

   Habt ihr denn euer Gepäck schon ____?

   Ja, schon seit vielen ____

   Wohin ____ ihr denn?

   Nach München und dann weiter nach ____.

3. Wie lange ____ die Reise?

   Acht Stunden mit dem Bus aber nur eine Stunde mit dem ____.

   Wer ____ denn mit?

   Meine ____ und meine Schwester.

4. Wie viele ____ werdet ihr in der Pension übernachten?

   Bestimmt ____.

   Wann kommt ihr wieder ____?

   Das ____ wir jetzt noch nicht.

**26. *Wohin fahren wir denn?* Bilde einen Dialog mit den folgenden Sätzen!**

1. Reise / machen / wir / eine / wollen
2. fahren / wohin / wir / sollen
3. Petra / Idee / hat / gute / eine
4. nicht / warum / Innsbruck / reisen / wir / nach
5. schön / es / dort / ist / besonders
6. wer / mit / kommt / alles
7. genau / das / wir / nicht / wissen
8. Freundin / mit / kommt / vielleicht / meine
9. sie / geplant / Reise / schon / hat / eine
10. ohne / wir / dann / sie / fahren

1. **Insert the appropriate reflexive pronoun.**

    1. Hast du ____ die Zähne geputzt?
    2. Ich freue ____ schon jetzt auf diese Reise.
    3. Möchten Sie ____ diese Schuhe ansehen?
    4. Wir können ____ hier an den Tisch hinsetzen.
    5. Warum beeilt ihr ____ nicht?
    6. Ich möchte ____ mit dir unterhalten.
    7. Rasier ____, Rudi!
    8. Wollen Sie ___ mit uns treffen?

2. **Retell the following story in the past and then in the present perfect tense.**

    Ursula und Claudia haben Lust, ins Kino zu gehen. Sie treffen sich um halb drei bei Ursula. Sie sprechen über ein paar Filme. Zum Kino sind es nur zehn Minuten zu Fuß.

    Im Kino gibt es einen Film aus Amerika. Vor dem Kino stehen ihre zwei Freunde, Rainer und Walter. Die beiden gehen auch ins Kino, aber erst um fünf Uhr. Sie laden Ursula und Claudia ein. Jetzt haben die Vier noch zwei Stunden Zeit. Ein Eiscafé ist gleich um die Ecke. Dort essen sie italienisches Eis. Das schmeckt ganz besonders gut.

3. **Change the following sentences to the past tense.**

    ◆ Wohin geht er?
    ◆ Wohin ging er?

    1. Die Gäste kommen um acht Uhr.
    2. Sagst du das nicht?
    3. Sie wandern in der Umgebung.
    4. Meine Freundin ist auf einer langen Reise.
    5. Wann fährst du in die Ferien?
    6. Wisst ihr die Namen?
    7. Die Familie nimmt die Luftmatratzen mit.
    8. Sie gehen zum See.
    9. Wir sehen uns den Film an.
    10. Er hat kein Geld.

4. **Change the direct and indirect objects to pronouns. Change the word order, where necessary.**

   ◆ Ich gebe *meinem Freund den Tennisschläger*.
   ◆ Ich gebe ihn ihm.

   1. Kannst du *deiner Schwester den Computer* zeigen?
   2. Geben Sie *der Dame die Bordkarte*!
   3. Hilfst du *deinem Freund*?
   4. Ich kann *den Rucksack* nicht finden.
   5. Wir kaufen *unseren Eltern ein Geschenk*.
   6. Sag *deiner Freundin das Wort*!
   7. Der Interviewer gibt *dem Gast das Mikrophon*.
   8. Das Kleid passt *deiner Freundin* sehr gut.
   9. Sie gibt *den Leuten die Flugscheine*.
   10. Das Museum gefällt *meiner Tante* gar nicht.

5. **Substitute the proper pronoun for the italicized words.**

   ◆ Was hast du *deiner Mutter* gegeben?
   ◆ Was hast du ihr gegeben?

   1. Rolf hilft *seinem Bruder* bei der Arbeit.
   2. Kannst du *Ingrid* anrufen?
   3. Wir wollen *meinen Onkel* einladen.
   4. Die Jugendherberge gefällt *den Jugendlichen* nicht.
   5. Was hast du *unserem Lehrer* gesagt?
   6. Wir sind zu *unserer Tante* gefahren.
   7. Hast du bei *deinen Großeltern* gewohnt?
   8. Wann schreibst du *deiner Freundin* eine Karte?

6. **Was machst du lieber?**

   ◆ Biologie / Mathe
   ◆ Ich lerne lieber Mathe.

   ◆ Tee / Limo
   ◆ Ich trinke lieber Tee.

   1. Fußball / Tennis
   2. Käse / Wurst
   3. Fahrrad / Auto
   4. Karte / Brief
   5. Koffer / Rucksack
   6. München / Berlin

## Was weißt du?

1. *Was ich gern in den Ferien machen möchte.* Imagine that you have two weeks and enough money to go on vacation. List five items that indicate where you would go, whom you would take along, what you would have to buy before your departure and what you would like to do once you get there, and so on.

2. *Das möchte ich gern sehen.* Pick one area of Germany, Austria or Switzerland that you would like to see. From your school library or another source (friends, neighbors) describe in English what is so unique about this area and why you would like to visit it.

3. *Wer hat ein Haustier?* Find out who among your classmates or friends owns a pet. Find out about at least three different animals. In your brief description of each, include the name and age of the animal and who owns it.

4. *Was wir auf der Party machten.* Using the narrative past tense, briefly jot down what you had to buy for a real or imaginary party.

5. List four countries where each of these languages are spoken: *Spanisch, Französisch, Deutsch, Englisch.*

6. *Wer ist dort gewesen?* Someone you know undoubtedly went on a trip (camping, bus, train, plane) during the past year. Find out a few details and then write at least six sentences about this person's experience.

Was machen sie gern in den Ferien?

# Vokabeln

der **Amerikaner,-** American
sich **anstellen: Stell dich nicht so an!** Don't be so clumsy!
**aufsteigen** (*stieg auf, ist aufgestiegen*) to get on
**auspacken** to unpack
die **Bank,⸚e** bench
der **Bauernhof,⸚e** farm
der **Deutsche,-n** German
**dran sein** to be one's turn; *Sie ist dran.* It's her turn.
**eigen** own; *Es hat seinen eigenen Kopf.* It has a mind of its own.
der **Engländer,-** Englishman
die **Ente,-n** duck
der **Franzose,-n** Frenchman
**führen** to lead
die **Gans,⸚e** goose
der **Gast,⸚e** guest
das **Haustier,-e** domestic animal, pet
das **Huhn,⸚er** chicken
der **Hund,-e** dog
**interessant** interesting
der **Italiener,-** Italian

der **Jeep,-s** jeep
die **Katze,-n** cat
das **Kind,-er** child
der **Kiosk,-e** kiosk
die **Kuh,⸚e** cow
der **Mann,⸚er** man
**meist-** most; *die meisten Schulfreunde* most of the school friends
**nachsehen** (*sieht nach, sah nach, nachgesehen*) to check
**nehmen** (*nimmt, nahm, genommen*) to take
**nervös** nervous
**nicht: nicht nur...sondern auch** not only...but also
die **Pension,-en** boarding house, guest house, bed and breakfast establishment
das **Pferd,-e** horse
das **Picknick,-s** picnic; *ein Picknick machen* to have a picnic
das **Pony,-s** pony
**reiten** (*ritt, ist geritten*) to ride horseback

**riskieren** to risk
das **Schaf,-e** sheep
das **Schild,-er** sign
das **Schwein,-e** pig
der **Schweizer,-** Swiss
der **Spanier,-** Spaniard
das **Tier,-e** animal
der **Traktor,-en** tractor
**übernachten** to stay overnight
sich **unterhalten** (*unterhält, unterhielt, unterhalten*) to converse, talk
der **Urlaub,-e** vacation; *in den Urlaub fahren* to go on vacation; *Urlaub machen* to take a vacation
**versuchen** to try, attempt
der **Vogel,⸚** bird
der **Weg,-e** way, path
**weitermachen** to continue, carry on
die **Wiese,-n** lawn, meadow
die **Ziege,-n** goat

Wo ist die Pension?

Er reitet auf einem Pferd.

Gerd passt auf die Schweine auf.

Kapitel **4**

# Wohnen

In this chapter you will be able to:

- talk about obligations
- describe your home
- express likes and dislikes
- describe daily activities
- describe your surroundings

# Bei einer Familie

*Rüdiger:* Was treibst du denn in deinem Zimmer?

*Manuela:* Bis morgen hab' ich noch viel zu tun.

*Rüdiger:* Konntest du deine Arbeit nicht schon gestern machen?

*Manuela:* Du hast gut reden. Musstest du nicht für Englisch ein Buch lesen?

*Rüdiger:* Das war nur eine kurze Geschichte. Mutti hat gesagt, du sollst ihr in der Küche beim Kochen helfen.

*Manuela:* Und du Faulpelz machst nichts?

*Rüdiger:* Keine Angst! Ich muss beim Aufräumen im Keller helfen.

Rüdiger und Manuela

1. **Von wem spricht man hier?** Diese Person...

   1. soll in den Keller gehen.
   2. ist jetzt in der Küche.
   3. hat etwas gelesen.
   4. soll in der Küche etwas tun.
   5. sollte die Arbeit schon gestern machen.
   6. hat gesagt, man soll ihr helfen.

*Mutter:* Na, endlich kommst du. Du wolltest mir doch helfen.

*Manuela:* Bist du schon fertig?

*Mutter:* Ja, mit dem Kochen. Deck doch bitte den Tisch!

*Manuela:* Was gibt's denn heute zu essen?

*Mutter:* Schweinebraten mit Kartoffeln und Rotkohl.

*Manuela:* Mmmh, mein Lieblingsessen.

*Mutter:* Kannst du mir nach dem Essen bitte beim Backen etwas helfen?

*Manuela:* Klar.

Was gibt's denn heute zu essen?

Die Mutter bringt das Essen.

2. *Hier stimmt etwas nicht.* **Was ist die richtige Antwort?**

1. Die Mutter soll den Tisch decken.
2. Manuela soll vor dem Essen beim Backen helfen.
3. Manuelas Mutter will jetzt mit dem Kochen anfangen.
4. Manuelas Mutter isst Schweinebraten sehr gern.
5. Die Mutter fragt, was es zu essen gibt.

Rüdiger spricht mit seinem Vater.

Rüdiger: Das haben wir geschafft, Vati.

Vater: Noch nicht ganz. Ist dein Fahrrad nicht kaputt?

Rüdiger: Ja, schon letzte Woche wollte es nicht mehr.

Vater: Also, dann kannst du mir beim Reparieren mit Rat und Tat zur Seite stehen.

Rüdiger: Wo sind die Werkzeuge?

Vater: Wo sie immer sind — in der Garage.

Rüdiger: Ich hol' sie gleich.


3. **Welches Wort fehlt hier?**

1. Mit ____ kann man ein Auto reparieren.
2. Rüdigers Fahrrad ist schon seit letzter Woche ____.
3. Rüdiger soll seinem ____ beim Reparieren helfen.
4. Sie haben es noch nicht ganz ____.
5. Das Fahrrad ist schon seit letzter ____ kaputt.

## 4. Beantworte diese Fragen!

1. Wer holt die Werkzeuge aus der Garage?
2. Was soll Manuela in der Küche machen?
3. Was will die Mutter nach dem Essen tun?
4. Warum ist Manuela in ihrem Zimmer?
5. Wie lange ist Rüdigers Fahrrad schon kaputt?
6. Für welches Fach mußte Rüdiger etwas lesen?
7. Was braucht man, wenn man etwas reparieren will?
8. Was soll Manuela noch vor dem Essen machen?

Sprichwort

# Ich stehe dir mit Rat und Tat zur Seite.

(I'm standing by you with word and deed.)

# Für dich

Whatever their dwelling, house or apartment, most Germans live behind closed doors. Not only are the outside doors to their homes closed (locked and bolted in urban areas), but within their homes, most of the doors to the individual rooms are kept closed. Since people do come and go, it leads to the constant opening and closing of doors, which is a characteristic sound of German households.

For the visitor, this closed-door syndrome can cause confusion and give an occasional nasty shock. Since you never know who is lurking behind doors, people sometimes pop out unexpectedly and surprise you. Americans have been known to suffer discomfort because they thought the room containing the toilet (often separate from the bathroom) was permanently occupied behind the closed door, when in fact it was empty all the time.

# Rollenspiel

Imagine that you are an exchange student and you live with a family (classmates) that has a son or daughter (your classmate's role) your age. Prepare a list of chores that likely need to be taken care of. Then discuss these items with family members (your classmates). Some sample questions may be: *Kann ich in der Küche (in der Garage, im Garten) helfen? Welche Arbeit kann ich tun? Was gibt's für mich zu tun? Kann ich das Fahrrad (Auto, Moped) reparieren?*

# Aktuelles

## Where Do Germans Live?

Since Germany is one of the most densely populated countries in Europe, people have to live relatively close together, mainly in

ein Mietshaus

apartment buildings *(Mietshäuser)* or in houses divided for the use of several families *(Mehrfamilienhäuser)*. One-family houses *(Einfamilienhäuser)* standing in splendid isolation are a particular luxury. To accommodate the many Germans who still want to live in a private house, despite the space problem, a lot of modern residential developments consist of two-story-plus-attic houses joined together and known as row houses *(Reihenhäuser)*. Each *Reihenhaus* has its

*Wohnen*

Viele Deutsche wohnen in Wohnungen.

own yard—sometimes one in the front and one in the back. The most coveted houses in the row are at the two ends, because the yards can extend around the side, and there is only one attached neighbor to share a wall and fence with.

As land is scarce and expensive, houses *(Häuser)* cost considerably more than they do in most parts of this country. Many houses have been passed on from generation to generation. Germans cherish their privacy. Therefore, most families define their property lines with various types of separations, ranging from iron-rod fences to wood fences or hedges.

There is a heavy demand for new apartment buildings, particularly in eastern Germany. Although living conditions have improved, not all the newer apartment complexes are luxurious by any means. Many provide adequate living space, but have limited facilities such as playgrounds and parks. Most apartments are small. The lack of space is particularly evident in the kitchen. Most bedrooms don't have built-in closets, but have a closet or wardrobe *(Schrank)* as a separate piece of furniture. By the way, most Germans have feather beds *(Federbetten)* which are extremely comfortable to sleep under.

Federbetten

Kleingärten

Since most apartment dwellers do not have a yard of their own, there has been a demand for tiny gardens or small lots called *Kleingärten* or *Schrebergärten*. Usually there are hundreds of these lots at the edge of the city. Here Germans can relax in tiny cottages in their spare time, plant vegetables, fruits and flowers, and enjoy some privacy away from their congested apartment buildings.

Most of the newly built houses are found outside the city. The land often costs as much as the house itself. Many of the Germans who build their houses are fairly well-to-do. Because of the high cost of property, Germans who cannot afford to buy or build a house may be able to buy a condominium *(Eigentumswohnung)*. These facilities offer most of the conveniences of a house.

The small towns in Germany have not seen as rapid growth as the cities. About one-fifth

Eigentumswohnungen

of all Germans live in towns with a population of 10,000 or less. Many of these farmhouses have been well maintained and are as attractive as city homes.

ein Haus mit einem Strohdach (thatched roof) in Norddeutschland

Houses are markedly different in style from the North Sea to Bavaria. In northern Germany most houses are built with brick and many have thatched roofs. In Lower Saxony most houses have red-tiled roofs. From there on, all the way to the southern part of Germany, many houses are half-timbered, called *Fachwerkhäuser*.

Even though many houses have similar styles, they are uniquely designed to preserve the architectural style of the area. This is true all over Germany. Renovated, rebuilt and newly constructed houses are subject to strict building codes and inspection. Any new houses within an older part of town must be built in the original style, thus blending in with houses that may be several hundred years old.

The Black Forest homes have a unique style of their own. They are built to withstand harsher weather conditions: it rains and snows here often. Therefore, the rooflines slope steeply to protect against snow accumulation. Whereas many houses

Fachwerkhäuser in Schwäbisch Hall (Süddeutschland)

Häuser in der Nähe von Celle (Norddeutschland)

in northern Germany are mostly built with brick, many homes in the southern part, particularly in Bavaria, use wood in the structure. Regardless of where Germans live, they decorate their homes inside and outside with flowers and keep their front- and backyards in impeccable shape.

## Kannst du die richtige Antwort finden?

1. *Fachwerkhäuser* are
2. *Federbetten* are
3. Many Bavarians build
4. Houses in the northern part are
5. The roofs in the Black Forest have
6. *Reihenhäuser* are
7. Most houses are
8. Most roofs in Lower Saxony are
9. *Mietshäuser* have many
10. *Schrebergärten* are

a. a steep slope
b. surrounded by fences and hedges
c. usually located on the outskirts of a city
d. found in bedrooms
e. apartments
f. half-timbered houses
g. tiled red
h. houses joined together
i. mostly built with brick
j. their houses with wood

# Ergänzung

Das Haus

Was hat ein Haus?

das Dach
das Fenster
der Balkon
das Schlafzimmer
das Bad
die Garage
das Wohnzimmer
das Esszimmer
die Küche
die Tür
der Keller
Was findet man in einem Haus?
der Garten
der Zaun

**5. Identifiziere die Wörter!**

1. Familie Krüger wohnt in einem Haus. Man kann nicht direkt zum nächsten Haus über den Rasen laufen. Man geht um Krügers Haus herum.

2. Heikos und Sonjas Mutter hat heute Geburtstag. Deshalb will Sonja dort einen Kuchen backen.

3. Hier macht Peter seine Hausaufgaben, trifft sich manchmal da mit seinen Freunden und schläft auch dort.

4. Dort sind zwei Fahrräder, ein alter Fernseher, viele alte Zeitungen und Kleidungsstücke. Da ist es auch dunkel.

5. Herr Taler geht am Morgen nicht hinein. Er fährt mit dem Bus zur Arbeit. Frau Taler fährt lieber mit dem Auto. Sie parkt es immer dort.

6. Wenn es schneit, dann liegt viel Schnee da. Da oben soll man auch nicht laufen. Wenn man die Stadt von oben sieht, dann kann man von dort tausende sehen.

7. Besonders am Wochenende kommt die Familie hier zusammen. Der Vater sieht sich die Zeitung an, die Mutter liest ein Buch und die Kinder sehen dort fern.

## Sag's mal! Was gefällt dir an deiner Wohnung oder deinem Haus?

Es ist alt und schön.

Die Farbe von unserem Haus.

Unser Wohnzimmer mit Balkon.

Ich mag die große Terrasse und die tolle Küche.

Im Sommer ist es kühl darin.

Es ist gemütlich.*

Die Einrichtung.*

Der Hobbyraum.*

Ich habe mein eigenes Zimmer.

Unsere Wohnung ist gut eingerichtet.*

Es ist groß und hat viele Zimmer.

Es hat freie Sicht auf die Alpen.*

Es liegt zentral.

Es ist schön groß und hat auch einen großen Garten.

Alles.

Die neue Küche und meine Stereoanlage.*

# Sprache

## Past Tense of Modal Auxiliaries

The three forms of the modal auxiliaries are as follows:

| Infinitive | Past | Meaning |
|---|---|---|
| dürfen | durfte | may, to be permitted to |
| können | konnte | can, to be able to |
| mögen | mochte | to like |
| müssen | musste | must, to have to |
| sollen | sollte | should, to be supposed to |
| wollen | wollte | to want to |

**6. Sag, was die einzelnen Leute wollten!**

◆ Paul / nach Deutschland fliegen
◆ Paul wollte nach Deutschland fliegen.

1. Erika / zur Party gehen
2. die Kinder / Eis essen
3. die Jugendlichen / Karten spielen
4. Ulis Mutter / einen Brief schreiben
5. die Eltern / ihre Tochter besuchen
6. Anke / den Rasen mähen

**7. *Bilde Sätze!* (Form sentences!) Use a different subject for each sentence.**

◆ Briefmarken sammeln wollen
◆ Maria wollte Briefmarken sammeln.

1. ein Paket schicken müssen
2. den Film sehen dürfen
3. gut Gitarre spielen können
4. ein Geschenk kaufen wollen
5. Kalte Platte nicht essen mögen
6. die Arbeit machen sollen

8. *Was passt hier?* **Complete each sentence using an appropriate past tense form of a modal auxiliary. You may be able to use several modal auxiliaries for each sentence. Can you tell the difference in meaning?**

1. Am Wochenende ____ Anne mit ihrer Freundin zu einem Campingplatz fahren.
2. Ich ____ meinen Mantel nicht finden.
3. Nach der Schule ____ alle Schulfreunde ins Eiscafé gehen.
4. Robert ____ das Essen gar nicht.
5. Wir ____ bis zwölf Uhr am Abend auf der Party bleiben.
6. Renate ____ ihre Arbeit schon früher machen.
7. ____ du das Geschirr nicht spülen?

Am Wochenende mussten Aki und Lisa ihrer Mutter
bei der Arbeit helfen.

9. **Kombiniere...**

Wollte
Konnten
Musstet
Durftest

ihr
du
Renate
die Leute

am Sonntag
gestern
früher
in den Ferien

schon
nicht
vielleicht
beim Backen

helfen
nach Hause
ins Kino
kommen

Was macht die ganze Familie während der Woche?

**Sonntag**

Schlafzimmer

Wohnzimmer  Esszimmer  Küche

Esszimmer: Brandts haben Gäste zu Besuch.
Wohnzimmer: Katrin sieht sich ein Fernsehprogramm an.
Schlafzimmer: Mario spielt mit seinen Freunden Karten.
Küche: Frau Brandt macht das Essen.

Wohnzimmer: Herr Brandt liest eine Zeitschrift. Frau Brandt strickt einen Pullover.
Schlafzimmer: Katrin macht ihre Hausaufgaben. Mario sitzt am Computer.

**Montag**

Schlafzimmer

Wohnzimmer

Wohnzimmer: Frau Brandt ruht sich auf dem Sofa aus.
Küche: Mario und Katrin sehen sich ein Fotoalbum an. (Herr Brandt muss heute länger in der Firma arbeiten.)

**Dienstag**

Wohnzimmer  Küche

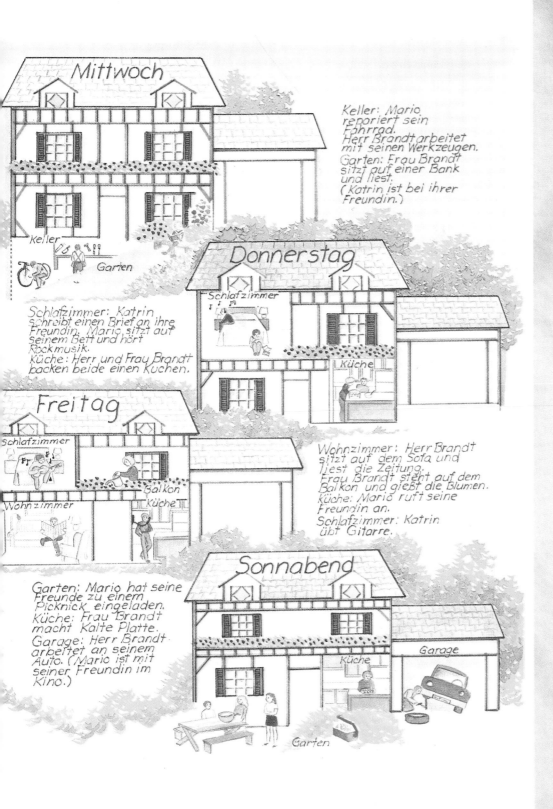

**Mittwoch**

Keller: Mario
repariert sein
Fahrrad.
Herr Brandt arbeitet
mit seinen Werkzeugen.
Garten: Frau Brandt
sitzt auf einer Bank
und liest.
(Katrin ist bei ihrer
Freundin.)

Keller

Garten

**Donnerstag**

Schlafzimmer

Küche

Schlafzimmer: Katrin
schreibt einen Brief an ihre
Freundin. Mario sitzt auf
seinem Bett und hört
Rockmusik.
Küche: Herr und Frau Brandt
backen beide einen Kuchen.

**Freitag**

Schlafzimmer

Balkon

Wohnzimmer

Küche

Wohnzimmer: Herr Brandt
sitzt auf dem Sofa und
liest die Zeitung.
Frau Brandt steht auf dem
Balkon und gießt die Blumen.
Küche: Mario ruft seine
Freundin an.
Schlafzimmer: Katrin
übt Gitarre.

**Sonnabend**

Garage

Küche

Garten

Garten: Mario hat seine
Freunde zu einem
Picknick eingeladen.
Küche: Frau Brandt
macht Kalte Platte.
Garage: Herr Brandt
arbeitet an seinem
Auto. (Mario ist mit
seiner Freundin im
Kino.)

10. **An welchem Tag ist das gewesen?**

   1. Katrins Mutter hat etwas auf einer Bank gelesen.
   2. Marios Vater hat etwas an seinem Auto gemacht.
   3. Herr Brandt ist später nach Hause gekommen.
   4. Ein paar Gäste sind zu Besuch gewesen.
   5. Katrins Bruder hat am Telefon gesprochen.
   6. Katrin hat ihre Arbeit für die Schule gemacht.
   7. Beide Eltern sind in der Küche gewesen.

11. *Ergänze diese Sätze mit den richtigen Wörtern von der Liste!* **Du wirst nicht alle brauchen.**

   | | | | | |
   |---|---|---|---|---|
   | ferngesehen | gestrickt | gehört | gelesen | gemacht |
   | gebacken | gearbeitet | gespielt | geübt | gegangen |

   1. Sie haben einen Geburtstagskuchen ____.
   2. Mario hat mit seinen Freunden Karten ____.
   3. Wann hat Katrin Gitarre ____?
   4. Mario hat in seinem Zimmer Rockmusik ____.
   5. An welchem Tag hat Katrin im Wohnzimmer ____?
   6. Marios Vater hat im Keller ____.
   7. Wo hat Frau Brandt ein Kleidungsstück ____?
   8. Katrin hat ihre Arbeit für die Schule ____.

## Sprache

## Infinitives Used as Nouns

An infinitive of a verb becomes a noun when it is preceded by the preposition *beim (bei dem)*, *zum (zu dem)* or *mit (mit dem)*.

◆ *Beim Spielen haben wir viel Spaß.* While playing, we have a lot of fun.

◆ *Das Wetter ist gut zum Fotografieren.* The weather is good for taking pictures.

◆ *Bist du mit dem Schreiben fertig?* Have you finished writing?

## 12. Wann geht es besser?

◆ Beim Sprechen geht es besser.

1.

2.

3.

4.

5.

6.

### 13. Was brauchst du dazu?

◆ schreiben
◆ Ich brauche den Bleistift zum Schreiben.

1. laufen

2. sitzen

3. hören

4. sehen

5. schreiben

6. arbeiten

7. kochen

8. reparieren

## 14. Beende die Sätze!

1. Beim Stricken ____.
2. Zum Arbeiten ____.
3. Mit dem Mähen ___.
4. Zum Tanzen ____.
5. Beim Spielen ____.
6. Mit dem Üben ____.

Zum Arbeiten braucht Rüdiger ein paar Werkzeuge.

Beim Essen sprechen sie sehr wenig.

Beim Lesen hat sie viel Spaß.

## Praktische Situation

In groups of three, each of you make up a weekly schedule indicating activities you have planned for each day. Try to leave open at least one or two days. After you are finished, you decide that you still want to meet with the other two students during the week. Ask each student what his or her plans are for each day, and jot down the day (including time) when the others can get together for some activity that you think they may enjoy. Select a spokesperson who will tell the rest of the class on which day you are planning to get together and for what activity.

## Auf dem Land

Gerd Becker wohnt mit seinen Eltern, seinen Großeltern und seiner kleinen Schwester auf einem Bauernhof auf dem Land. Jeden Morgen, Montag bis Freitag, steht er um fünf vor sieben auf°. Er duscht sich, frühstückt° und ist schon um halb acht auf dem Weg zur Arbeit. Gerd ist Azubi° bei einer Firma° in Soest, einer kleinen Stadt östlich° von Dortmund. Er will später Elektrotechniker werden. Es wird noch drei Jahre dauern, bis er mit seiner Lehre° fertig ist.

Um wie viel Uhr steht Gerd auf?

Gerd ist Azubi bei einer Firma.

Nach der Arbeit und auch am Wochenende hilft er meistens seinem Vater auf dem Bauernhof. Da gibt's immer viel zu tun. Beckers haben viele Schweine, ein paar Kühe und auch ein paar Kaninchen°. Er muss oft beim Füttern° helfen.

Gerd hilft seinem Vater oft auf dem Bauernhof.

Was macht Gerd Spaß?

Seine kleine Schwester macht manchmal auch mit, aber meistens sieht sie nur zu. Besonders viel Spaß macht es, mit einem Traktor auf dem Bauernhof herumzufahren°. Das darf er aber nur auf dem Bauernhof; er darf natürlich nicht auf der Straße fahren.

Am Abend kommt die ganze Familie zum Abendessen zusammen. Dann gibt es meistens Kalte Platte — Wurst, Käse und Butter. Zum Trinken gibt's Kaffee, Kakao oder Milch. Nach dem Abendessen trifft sich Gerd oft mit seinen Freunden in einem Sportklub. Billard ist dort das beliebteste Spiel. Deshalb müssen Gerd und seine Freunde fast immer warten, bis sie spielen können. Ein anderes beliebtes Spiel ist Tischfußball. Auf einem kleinen Tisch bewegen sie sich° schnell mit ihren Händen und versuchen, den kleinen Ball ins Tor zu schießen°.

Die ganze Familie kommt am Abend zum Abendessen zusammen.

Was ist das beliebteste Spiel im Sportklub?

Aber den echten Fußball spielt Gerd am Sonntag. Er und seine Freunde gehören zu einer Jugendmannschaft in Soest. Sie spielen immer gegen andere Mannschaften in der Gegend°. Gerd ist der beste Spieler und schießt viele Tore für seine Mannschaft. Manchmal kommt auch seine Freundin, sieht dem Spiel zu und gratuliert ihm, besonders wenn seine Mannschaft gewonnen hat.

*aufstehen* to get up; *frühstücken* to have breakfast; *der Azubi (Auszubildende)* apprentice; *die Firma* firm, company; *östlich* east; *die Lehre* apprenticeship; *das Kaninchen* rabbit; *füttern* to feed; *herumfahren* to drive/ride around; *sich bewegen* to move; *ins Tor schießen* to shoot into the goal; *die Gegend* area

Gerd ist der beste Spieler für seine Mannschaft.

## 15. Welche Wörter fehlen hier?

1. Er will den Ball ins ____ schießen.
2. Gerd ____ sich mit seinen Freunden in einem Sportklub.
3. Am ____ isst er oft Kalte Platte.
4. Gerd hat eine kleine ____.
5. Gerd und seine Freunde ____ auf einem kleinen Tisch Fußball.
6. Manchmal ____ Gerds Schwester beim Füttern zu.
7. Gerd steht jeden ____ kurz vor sieben Uhr auf.
8. Wenn Gerds Mannschaft ____ hat, dann gratuliert ihm seine Freundin.
9. Die ganze ____ kommt zum Abendessen zusammen.
10. Gerd ____ gern mit dem Traktor auf dem Bauernhof herum.

## 16. *Das stimmt nicht.* **Kannst du die richtige Antwort geben?**

1. Im Sportklub ist Fußball das beliebteste Spiel.
2. Gerd ist Azubi auf einem Bauernhof.
3. Am Wochenende hilft er meistens seinen Freunden.
4. Gerd schießt nur ein oder zwei Tore.
5. Dortmund liegt östlich von Soest.
6. Gerd fährt auf der Straße herum.
7. Fünf Tage die Woche steht Gerd um halb acht Uhr auf.
8. Auf dem Bauernhof gibt es Pferde und Hunde.

# Übung macht den Meister!

1. *Was ich während der Woche tun muss.* Make up a typical weekly calendar on which you indicate at least two different tasks that you have to take care of each day.

2. *Am Morgen.* Schreib einen Dialog über das Thema „Am Morgen"! Was trinkst du und isst du zum Frühstück? Wann musst du zur Schule? Wie kommst du zur Schule? Wie lange dauert es? Wann beginnt die Schule?

3. *Dein Zimmer.* Wie sieht dein Zimmer zu Hause aus? Beschreib es!

4. *Verkauf ein Haus!* Be a real estate agent (*Makler[in]*) and try to sell a house. Describe all the features of the house.

# Aktuelles

## In einer Kleinstadt

Ursula Romanowski ist sechzehn. Sie wohnt mit ihren Eltern und ihrem Hund Bruno in Heidelberg. Diese Stadt liegt südlich von Frankfurt. Ursulas Vater ist Architekt und arbeitet oft in seinem Büro zu Hause. Ihre Mutter arbeitet zwanzig Stunden die Woche in einer Bank.

In welcher Stadt wohnt Ursula?

Ursula mit ihrem Hund

Ursula ist in der elften Klasse auf einem Gymnasium. Sie will später einmal auf die Universität. Zuerst muss sie aber in zwei Jahren ihr Abitur machen. Erst dann kann sie auf der Universität studieren. Sie will Mathe und Informatik° studieren. In der Schule ist sie in diesen Fächern schon jetzt sehr gut. Sie hat auch vor, in drei oder vier Jahren bei einer amerikanischen Firma in Boston zu arbeiten. Ihr Vater hat dort Kontakte. Ursula glaubt, dass sie dort praktische Erfahrung sammeln° kann.

Ursulas Hobby ist ihr Computer. Jeden Tag sitzt sie ein oder zwei Stunden vor ihrem Computer. Sie hat verschiedene Kontakte durch das Internet, besonders mit Amerika. Durch E-Mail hat sie auch ihre Brieffreundin Carla gefunden. Carla wohnt in Amerika, im Staat New York. Sie wird nächstes Jahr einen Monat im Sommer nach Heidelberg kommen. Ursula freut sich schon sehr auf den Besuch, denn dann kann sie mit ihr englisch sprechen. Bestimmt wird Ursula ihre amerikanische Freundin Carla in ein paar Jahren auch in Amerika besuchen.

Ursulas Vater arbeitet oft in seinem Büro zu Hause.

Was macht Ursula gern in den Ferien? Im Sommer fährt sie jedes Jahr für zwei Wochen mit ihren Eltern und natürlich mit Bruno zur spanischen Insel Mallorca°. Dort wohnen sie immer in einer kleinen Pension, direkt am Strand. Es gefällt ihnen dort sehr. Ursula kann auch schon etwas Spanisch sprechen. Die Spanier dort sprechen aber auch etwas Deutsch, denn jedes Jahr kommen viele deutsche Touristen dorthin.

Nach Weihnachten fahren sie manchmal eine Woche nach Kitzbühel in Österreich. Dort kann man besonders gut Ski laufen. Im Frühling macht sie mit ihrer Klasse immer eine kurze Reise, meistens nur drei Tage. Dieses Jahr waren sie am Schluchsee im Schwarzwald. Sie haben da in einer Jugendherberge übernachtet.

Ursulas Mutter hat auch zu Hause viel zu tun.

Ursulas Freundin Beate wohnt nicht weit von ihr entfernt. Deshalb kann sie mit dem Fahrrad fahren oder, wenn sie etwas mehr Zeit hat, zu Fuß gehen. Beate wohnt mit ihrer Mutter und mit ihrem Stiefvater° in einer Wohnung. Sie kennt ihren Vater nicht so gut. Er wohnt

Dieses Jahr waren sie im Schwarzwald.

schon seit zehn Jahren in Lüneburg und besucht sie auch nie°. Beate kocht gern. Das gefällt Ursula besonders. Sie geht oft zu ihr rüber und kostet ihre delikaten Speisen°.

*die Informatik* computer science; *praktische Erfahrung sammeln* to get some practical experience; *die Insel Mallorca* island off the coast of Spain; *der Stiefvater* stepfather; *nie* never; *ihre delikaten Speisen kosten* to taste her delicious meals

**Was weißt du über Ursula?**

1. Ihre Brieffreundin wohnt in ____.
2. Ihre Mutter arbeitet in einer ____.
3. Ihr Hund heißt ____.
4. Ihre Eltern wohnen in ____.
5. Ursula will ____ auf der Universität studieren.
6. Die Insel Mallorca liegt nicht weit von ____ entfernt.
7. Dort wohnen sie zwei Wochen in einer ____.
8. Ursula hat mit ihren Schulfreunden in einer ____ übernachtet.
9. Beate wohnt mit ihrer Mutter und ihrem ____.
10. Beate kocht oft delikate ____.

Wie heißt Ursulas Hund?

Wo arbeitet Ursulas Mutter?

# Erweiterung

17. **Etwas Persönliches.**

1. Was machst du im Keller?
2. Wem sollst du manchmal helfen?
3. Was gibt's heute bei dir zum Abendessen?
4. Was musstest du in letzter Zeit reparieren?
5. Wen möchtest du einladen? Warum?
6. Wen rufst du manchmal an? Warum?

## 18. Wovon spricht man hier?

1. Man kann hier in den Ferien übernachten. Das Haus gehört einer Familie. Es ist kein Hotel. Was ist es?

2. Am Rad ist etwas locker. Was brauche ich vielleicht?

3. Mein Vater oder meine Mutter kocht dort das Essen. Wo ist das?

4. Da sitzen die Leute manchmal auf einer Bank, besonders wenn es warm ist. Es ist nicht vor dem Haus oder im Park. Es gibt da viele Blumen. Wo sitzen sie manchmal?

5. Da kann man jeden Morgen lesen, was es Neues gibt. Was ist das?

6. Manchmal ist Helmut ein Faulpelz. Er schreibt nicht gern Briefe. Deshalb ruft er seine Freundin in Berlin lieber an. Was braucht er?

7. Familie Kaiser wohnt nicht in einer Stadt. Es gibt in ihrer Gegend wenige Häuser. Sie haben auf ihrem Land viele Kühe, Schweine und auch zwei Pferde. Wo wohnen sie?

8. Annemarie spielt mit anderen Schulfreundinnen einmal die Woche Fußball. Sie gehört zu einer Gruppe von elf Spielern. Wie heißt solch eine Gruppe?

Wo hilft Herr Romanowski manchmal seiner Frau?

Was für einen Sport treiben sie?

Wo füttert Gerd die Kühe?

19. *Was hast du heute vor?* **Beende diesen Dialog!**

    *Freund(in):*  Hast du heute Nachmittag Zeit?

    *Du:* ____

    *Freund(in):*  Kannst du das nicht morgen machen?

    *Du:* ____

    *Freund(in):*  Wohnt deine Tante hier in der Gegend?

    *Du:* ____

    *Freund(in):*  Kannst du mit deinem Fahrrad fahren?

    *Du:* ____

    *Freund(in):*  Wie kommst du denn dorthin?

    *Du:* ____

    *Freund(in):*  Wann kommst du wieder zurück?

    *Du:* ____

20. *Was war am Wochenende alles los?* **Change the following paragraph to the narrative past.**

    Monika hat am Samstag wenig Zeit. Sie muss für ihre Mutter am Morgen einkaufen. Zuerst soll sie zum Markt gehen. Es ist dort viel preiswerter. Dann geht sie zu Müllers. Dort kauft sie ein paar Blumen. Auf dem Weg nach Hause will sie ein Schokoeis essen. Das schmeckt besonders gut. Kurz vor ihrem Haus trifft sie Kerstin, ihre Freundin. Beide unterhalten sich ein paar Minuten. Monika kann aber nicht lange mit Kerstin sprechen. Sie sagt „Tschüs" und beeilt sich dann. Sie muss um drei Uhr wieder zu Hause sein.

21. *Ich möchte im Sommer auf einem Bauernhof wohnen.* **Imagine that you would like to spend a few weeks during the summer on a farm. Briefly describe where you would want to go, reasons for your choice (weather, friends, animals), what you would do there, and so forth.**

    Möchtest du wie Gerd auf einem Bauernhof wohnen?

## 22. Welche Wörter passen in den folgenden Sätzen?

| | | | | |
|---|---|---|---|---|
| Abendessen | Monaten | füttern | bist | herumfahren |
| machen | Billard | Firma | Kühe | Großvater |
| Rasen | wohnen | Wurst | Schule | treffen |
| Bauernhof | gibt | tust | | |

1. – Welche Tiere gibt es auf Ihrem ____?
   – Wir haben Schweine, Hühner, Pferde — ja natürlich auch ____ für die Milch.
   – Wie lange ____ Sie schon hier?
   – Schon immer. Meine Großmutter und mein ____ haben schon vor sechzig Jahren hier gewohnt.

2. – Darfst du mit dem Traktor hier ____?
   – Auf dem ____ hier darf ich, aber nicht auf der Straße.
   – Was ____ du später?
   – Ich muss die Kaninchen ____.

3. – Gehst du noch zur ____?
   – Nein, ich bin Azubi bei einer ____ in der Stadt.
   – Wie lange ____ du schon Azubi?
   – Seit drei ____.

4. – Kommt bitte gleich zum ____!
   – Was ____ es zu essen?
   – Käse und ____ mit Brot und Brötchen.

5. – Sie ____ sich oft im Sportklub.
   – Was ____ sie denn da?
   – Sie unterhalten sich mit ihren Freunden und spielen da Fußball oder ____.

Sie treffen sich oft im Sportklub.

*Kapitel 4*

# Land und Leute

## Das Fürstentum Liechtenstein

Das Fürstentum° Liechtenstein ist ein sehr kleines Land. Liechtenstein ist ungefähr so groß wie Washington, D.C. Das Land grenzt im Osten und Norden an° Österreich, im Süden und Westen an die Schweiz.

In Liechtenstein gibt es viele Berge.

In Liechtenstein gibt es viele Berge. Der höchste Berg ist die Grauspitze (2 599 m). Liechtenstein liegt auf der östlichen Seite vom Rhein. Ungefähr 30 000 Einwohner wohnen in diesem Land. Liechtenstein ist schon seit 1719 ein Fürstentum.

*Wohnen*

# FÜRSTENTUM LIECHTENSTEIN

BOHLINGER ©

Tausende von Touristen besuchen jedes Jahr das Fürstentum Liechtenstein. Es gibt nur einen Grenzübergang° zwischen Österreich und Liechtenstein, aber keinen zwischen der Schweiz und Liechtenstein. In diesem Land gibt es keinen Flughafen und es gibt nur einen kleinen Bahnhof. Die meisten Touristen kommen mit dem Auto oder mit dem Bus. Mit dem Auto kommt man am besten von Norden oder von Süden in die Hauptstadt.

Gleich bei der Einfahrt in Vaduz sieht man das Schloss auf dem Berg.

Vaduz ist die Hauptstadt von Liechtenstein. Ungefähr 5 000 Einwohner wohnen da. Gleich bei der Einfahrt° in Vaduz sieht man das Schloss° auf dem Berg. Es ist schon 700 Jahre alt. Heute wohnt dort der Fürst° mit seiner Familie. In der Stadt und in der Gegend gibt es ein paar Hotels, Restaurants, zwei Campingplätze und eine Jugendherberge.

Seit 1912 hat Liechtenstein seine eigenen Briefmarken. Diese schönen und oft bunten Briefmarken sind in der ganzen Welt beliebt und bekannt. Die

offizielle Währung° in Liechtenstein ist der Schweizer Franken°.

Von der Hauptstadt aus kann man auf ein paar Straßen in die Berge fahren. Eine Landkarte vor dem Verkehrsbüro° informiert die Besucher, wohin die Straßen führen. Ein Besuch in Liechtenstein dauert meistens nicht sehr lange. Eine Reise dorthin ist aber für jeden Besucher ein besonderes Erlebnis°.

*das Fürstentum* principality; *grenzen an* to border on; *der Grenzübergang* border crossing; *die Einfahrt* entrance; *das Schloss* castle, palace; *der Fürst* prince; *die offizielle Währung* official currency; *der Franken* franc; *das Verkehrsbüro* tourist office; *das Erlebnis* experience

**Was passt hier am besten?**

1. Vor dem Verkehrsbüro ist
2. Ein Berg ist ungefähr
3. Vaduz hat ungefähr
4. Die Währung von Liechtenstein ist
5. Das Schloss steht auf
6. Liechtenstein hat seine
7. Mit dem Auto fährt man am besten von
8. Das Land ist so groß wie
9. Liechtenstein grenzt im Osten an
10. Liechtenstein ist seit

a. Süden oder von Norden in die Hauptstadt
b. Washington, D.C.
c. 2 600 m hoch
d. eine Landkarte
e. eigenen Briefmarken

f. 5 000 Einwohner
g. ungefähr 280 Jahren ein Fürstentum
h. der Schweizer Franken
i. Österreich
j. einem Berg

**Beantworte diese Fragen!**

1. Welche Nachbarländer hat Liechtenstein?
2. Wie viele Einwohner hat das Land?
3. Wie kommen die meisten Touristen nach Liechtenstein?
4. Warum kann man nicht nach Liechtenstein fliegen?
5. Wie heißt die Hauptstadt?
6. Was steht auf einem Berg?
7. Was ist in der ganzen Welt bekannt?
8. Was ist die Währung dort?
9. Was finden die Touristen vor dem Verkehrsbüro?
10. Bleiben die Touristen lange in Liechtenstein?

Wie kommen die meisten Touristen nach Liechtenstein?

*Wohnen*

## Was weißt du?

1. *Was ich zu Hause machen muss.* Describe three activities or things that you need to do at home either after school or on weekends.

2. *Ein Haus oder eine Wohnung.* Identify five items that are related to a house or an apartment and write something about each of them. *Beispiel: der Garten — Ich sitze im Garten auf der Bank und lese. Ich muss da manchmal den Rasen mähen.*

3. *Unterhalte dich mit einem Schulfreund über das Thema „Ein Tag bei mir zu Hause"!* In your discussion, talk about such things as your family, daily activities for you and your family (including work, leisure time), where and with whom you have breakfast, lunch and dinner, and what else you like to do on a typical day.

4. *Schreib etwas über diese Wörter!* Write a sentence or two about each of the following words: *die Garage, die Zeitschrift, das Lieblingsessen, aufstehen, kochen.*

5. Write about some of the similarities and differences between where and how Germans and Americans live? You also may want to compare and contrast German and U.S. cities, towns and houses.

Was müssen alle in einer Jugendherberge machen?

Was macht Daniel manchmal?

# Vokabeln

**aufstehen** *(stand auf, ist aufgestanden)* to get up
sich **ausruhen** to relax, rest
der **Azubi,-e** apprentice
der **Balkon,-s** balcony
sich **bewegen** to move
das **Billard** billiards
das **Dach,¨er** roof
der **Elektrotechniker,-** electrotechnician
das **Essen,-** meal, food
das **Esszimmer,-** dining room
der **Faulpelz** lazybones
das **Fenster,-** window
**fertig** ready, finished
die **Firma,-men** firm, company
**frühstücken** to have breakfast
**füttern** to feed
die **Garage,-n** garage
der **Garten,¨** garden, yard

die **Gegend,-en** area
die **Geschichte,-n** story
**gießen** *(goß, gegossen)* to water (flowers), pour
**herumfahren** *(fährt herum, fuhr herum, ist herumgefahren)* to drive around
das **Kaninchen,-** rabbit
**kaputt** broken
der **Keller,-** cellar, basement
**kochen** to cook
das **Land,¨er** country; *auf dem Land* in the country
die **Lehre,-n** apprenticeship
das **Lieblingsessen,-** favorite meal
**östlich** eastern, east (of)
der **Rat** advice; *Du stehst mir mit Rat und Tat zur Seite.* You stand by me with word and deed.

**reden** to talk, speak; *Du hast gut reden.* It's easy for you to talk.
der **Rotkohl** red cabbage
**schießen** *(schoss, geschossen)* to shoot; *ins Tor schießen* to shoot into the goal
der **Schweinebraten** roast pork
der **Spieler,-** player
**stricken** to knit
die **Tat** deed; *Du stehst mir mit Rat und Tat zur Seite.* You stand by me with word and deed.
der **Tischfußball** table soccer
die **Tür,-en** door
das **Werkzeug,-e** tool
der **Zaun,¨e** fence
die **Zeitschrift,-en** magazine

Rüdigers Vater hat viele Werkzeuge.

Simon gießt die Blumen.

143

Kapitel **5**

# Guten Appetit!

## In this chapter you will be able to:

- describe an eating establishment
- identify foods
- order meals in a restaurant
- express likes and dislikes
- discuss a menu

# Im Restaurant

Herr und Frau Döbler sind so gegen ein Uhr in einer kleinen Stadt in Süddeutschland angekommen. Vor einem Reisebüro haben sie ihr Auto geparkt. Im Reisebüro haben sie Auskunft über die Stadt bekommen. Man hat ihnen dort auch einen Stadtplan gegeben. Beide haben Hunger und möchten zuerst etwas essen. Auf der Straße fragen sie einen Herrn nach einem Restaurant. Es soll nicht zu teuer sein. Der Herr zeigt ihnen, wo es gleich in der Nähe ein gutes Restaurant in einem Gasthof gibt. Sie bedanken sich und sind schon in zwei Minuten vor dem Restaurant.

Herr und Frau Döbler haben im Reisebüro e' Stadtplan bekommen.

Die Preise sind auch nicht schlecht.

*Frau Döbler:*  Dieses Restaurant hat eine gute Auswahl.

*Herr Döbler:*  Die Preise sind auch nicht schlecht. Wir wissen aber nicht, was die Spezialität des Restaurants ist.

*Frau Döbler:*  Hier steht's. Heute empfehlen sie Sauerbraten und Spätzle.

*Herr Döbler:*  Das ist doch dein Lieblingsessen. Ich esse lieber Rinderbraten mit Knödeln. Also, gehen wir hinein!

## 1.  *Das ist falsch!* Gib die richtigen Antworten!

1. Am Abend sind Herr und Frau Döbler in der kleinen Stadt angekommen.
2. Sie haben ihr Auto vor einem Restaurant geparkt.
3. Das Restaurant ist weit entfernt.
4. Alles ist im Restaurant sehr teuer.
5. Die Spezialität des Restaurants ist Rinderbraten mit Knödeln.

*Frau Döbler:*  Ganz schön voll, nicht wahr?

*Herr Döbler:*  Na, da sind noch zwei Plätze. Entschuldigung! Ist hier noch frei?

| | |
|---|---|
| *Dame am Tisch:* | Natürlich. Bitte. |
| *Kellnerin:* | Hier sind die Speisekarten. |
| *Herr Döbler:* | Ich weiß schon, was ich will. Bringen Sie mir bitte den Rinderbraten mit Knödeln! |
| *Frau Döbler:* | Ich möchte gern den Sauerbraten. |
| *Kellnerin:* | Leider ist der schon weg. Der Schweinebraten ist aber auch sehr gut. |
| *Frau Döbler:* | Na gut. Sie haben mich überzeugt. |
| *Dame am Tisch:* | Ich glaube, ich esse auch den Schweinebraten. |

Entschuldigung! Ist hier noch frei?

**2. Beantworte diese Fragen!**

1. Wer sitzt an einem Tisch?
2. Was bringt die Kellnerin?
3. Was möchte Herr Döbler essen?
4. Warum kann Frau Döbler keinen Sauerbraten bekommen?
5. Was empfiehlt die Kellnerin?

| | |
|---|---|
| *Frau Döbler:* | Schmeckt's? |
| *Herr Döbler:* | Sehr gut. |
| *Dame am Tisch:* | Sie kommen bestimmt nicht aus dieser Gegend. |
| *Frau Döbler:* | Da haben Sie recht. Wir wollten nur zum Essen anhalten. Vielleicht sehen wir uns noch die Altstadt an. Diese Broschüre beschreibt ja alles. |
| *Dame am Tisch:* | Ja, besonders müssen Sie das Rathaus sehen. Man hat es vor einem Jahr renoviert. Jetzt kommen viele Besucher her. |

Was essen diese drei Personen?

Nach dem Essen bestellen Döblers noch zwei Tassen Kaffee und die Dame am Tisch isst ein Eis mit Schlagsahne. Herr und Frau Döbler bezahlen. Gleich neben der Tür gibt es eine Auswahl von Ansichtskarten der Stadt. Frau Döbler kauft ein paar Karten. Dann verlassen alle das Restaurant. Die Dame zeigt Döblers noch, wie sie am besten zur Altstadt kommen. Dann wünscht sie ihnen eine gute Reise.

Dann verlassen alle das Restaurant.

**3. Wähle die richtigen Antworten!**

1. Das Essen schmeckt
2. Döblers sind
3. Herr und Frau Döbler wollen
4. Eine Broschüre beschreibt
5. Das Rathaus hat
6. Die Dame am Tisch isst
7. Nach dem Essen bezahlen
8. Frau Döbler kauft
9. Alle drei verlassen
10. Die Dame wünscht

a. Döblers
b. die Stadt und Umgebung
c. das Restaurant
d. zum Nachtisch ein Eis mit Schlagsahne
e. Ansichtskarten
f. Döblers eine gute Reise
g. nicht aus dieser Gegend
h. man vor einem Jahr renoviert
i. Herrn Döbler
j. sich später vielleicht die Altstadt ansehen

**4. _Von wem spricht man hier?_ (Herr Döbler, Frau Döbler, der Herr, die Dame, die Kellnerin) Wer...?**

1. möchte Sauerbraten essen
2. zeigt, wie man zur Altstadt kommt
3. bringt das Essen
4. sagt, wo es ein gutes Restaurant gibt
5. isst lieber Rinderbraten
6. fragt, ob es am Tisch noch einen Platz gibt
7. kauft Ansichtskarten
8. bekommt Geld für das Essen

Was bringt die Kellnerin?

# Sprichwort

## Zu viele Köche verderben den Brei.

(Too many cooks spoil the broth.)

## Für dich

A *Gasthof* is a modest hotel that is likely to serve German food in traditional German surroundings. Other local restaurants that regularly serve local dishes are *Gasthaus, Gaststube, Gastwirtschaft* and *Gaststätte*.

Every restaurant has the menu (*Speisekarte*) prominently displayed in front, usually right next to the entrance. Prices listed on the menu include value-added-tax or VAT (*Mehrwertsteuer*) as well as service charge (*Bedienung*) and a tip (*Trinkgeld*).

Except for high-priced restaurants, the practice of sharing tables (if there is no other table available) is quite common. Of course, you must ask permission of those seated at the table before sitting down. The typical expression is *Ist hier noch frei?*, to which the reponse is *Bitte sehr!* or something similar.

*Guten Appetit!*

# Rollenspiel

Simulate a restaurant situation. Having studied the menu, you and another classmate decide to go into a restaurant. The table is occupied by one or two others; so you ask if you may sit at their table. The food server brings the menu and suggests the house specialty. Both you and your classmate ask several questions concerning the various dishes, beverages and desserts, and then you decide what to order. After you have eaten, you pay your bill and leave the restaurant.

# Aktuelles

## Foods

In the past few decades, the German diet has been greatly influenced by other European countries with such foods as pizza, pasta and French fries as well as by American fast foods such as hamburger, and by their own food chain offerings, usually featuring sausages or chicken. Nevertheless, regional foods certainly do exist. For example, dumplings (*Knödel*) and short-cut noodles (*Spätzle*) are eaten mostly in southern Germany.

What do Germans typically eat for breakfast, lunch and dinner? Breakfast used to be quite simple including *Brötchen (Semmeln)*, *Butter*, *Marmelade* or perhaps a soft-boiled egg (*weichgekochtes Ei*); however, during the last 20 to 30 years breakfast preferences have changed to include cereals, fruits, yogurt and various sausages and cheeses.

Most Germans eat a hot meal for lunch. An important part of many hot meals is the potato. Germans make numerous dishes with potatoes, ranging from potato dumplings with pork and carrots (*Klöße mit Schweinefleisch und Möhren*) to potatoes fried with sauerkraut (*Kartoffel-Sauerkrautauflauf*) or a simple dish consisting of spiced potatoes mixed with vegetables called *Saures Kartoffelgemüse*.

Klöße mit Schweinefleisch und Möhren

Kartoffel-Sauerkrautauflauf

The evening meal, appropriately called *Abendbrot*, served in most German households and restaurants alike generally consists of cold plates (*Kalte Platten*), which are cold cuts and breads. Germans are great bread eaters. There are more than 200 different kinds of breads and 30 kinds of rolls from which to choose. The variety of sausages is also mind-boggling.

Zum Abendbrot gibt's Kalte Platte.

*Kapitel 5*

It is said that there are 1,500 different types of sausages in Germany. The selection of cheeses is not far behind.

Germans eat a variety of vegetables—peas, beans, beets, tomatoes, carrots, red cabbage, cauliflower, sauerkraut and, probably the greatest delicacy of all vegetables, asparagus (*Spargel*). Unlike American asparagus, German asparagus is white.

Spargel

What are some of the more popular German dishes? Undoubtedly, the dish most frequently found on a German menu is *Schnitzel*. It can

be prepared in many different ways, depending on one's preference. For example, a dish called *Gefülltes Schweineschnitzel* is a stuffed pork cutlet. Besides *Schnitzel*, the *Sauerbraten* is another familiar German dish. The *Rheinischer Sauerbraten*, as an example, is roast beef that is marinated for three to four days and then eaten with a sauce containing raisins, accompanied by potato dumplings. Another common dish—not every gourmet's delight as a main dish—is *Schweinshaxe*, which is roasted pork hocks.

Rheinischer Sauerbraten

Germans love venison, a rather expensive dish. In all first-rate restaurants you will find at least one venison dish, such as saddle of venison (*Rehrücken*). More frequently hunted, and therefore less expensive, is rabbit. There are several kinds of rabbit dishes such as *Hasenkeule mit Spätzle* (rabbit leg with noodles).

At Christmastime, a dish that long has been a specialty is roast goose (*Gebratene Gans*) which is served with red cabbage, dumplings and a soup called *Ochsenschwanzsuppe* (oxtail soup). Traditionally, the carp has been a favorite Christmas dish for many Germans. *Geschmorter Karpfen* (braised carp) is served with vegetables and wild rice.

Geschmorter Karpfen

Desserts, or *Nachspeisen*, are also listed on most menus. Selections differ according to individual tastes. Almost all restaurants serve ice

Vanilleeis mit flambierten Erdbeeren

cream. Some are more elaborate than others such as vanilla ice cream with strawberries flambé (*Vanilleeis mit flambierten Erdbeeren*).

A discussion of German foods is not complete without mentioning the tremendous variety of cakes and pastries found throughout the country.

*Guten Appetit!*

A very common cake in all parts of Germany is the *Apfelstreuselkuchen*. But the most sought-after cake or pastry is the Black Forest Cherry Torte (*Schwarzwälder Kirschtorte*).

A wide range of cookies are found in all regions of Germany. Originating in Nürnberg, southern Germany, the *Lebkuchen* (almond spiced cookies) are known worldwide.

Apfelstreuselkuchen

Stollen

Perhaps the largest selection of baked goods in a typical German household can be found during the Christmas season. Children's eyes light up when the Christmas cookies (*Weihnachtsgebäck*) are displayed. Many cookies are baked in special forms, adding to the spirit of this festive time. The most popular German Christmas bread is *Stollen* filled with raisins, orange and lemon peel, and almonds and then covered with powdered sugar—a tradition in most German households during the Christmas season.

**Was ist die richtige Antwort?**

1. usually eaten after a meal
2. Christmas cookies
3. stuffed pork cutlet
4. a popular evening meal
5. a cake named after a forest
6. originated in Nürnberg
7. marinated roast beef
8. a favorite Christmas fish entree
9. popular Christmas bread
10. vegetable considered a delicacy
11. an expensive venison dish
12. a dish found on almost all menus

a. *Stollen*
b. *Rehrücken*
c. *Sauerbraten*
d. *Nachspeise*
e. *Schwarzwälder Kirschtorte*
f. *Weihnachtsgebäck*
g. *Schnitzel*
h. *Kalte Platte*
i. *Geschmorter Karpfen*
j. *Spargel*
k. *Lebkuchen*
l. *Gefülltes Schweineschnitzel*

# Ergänzung

## Was gibt's zu essen?

**Zum Schwarzen Bock**
RESTAURANT ✦ SPEISEKARTE

### Suppen

Tagessuppe
Gulaschsuppe
Gemüsesuppe
Tomatensuppe

### Fleisch

Wiener Schnitzel
Schweinebraten
Rinderbraten
Sauerbraten
Bratwurst
Würstchen

### Fisch

Forelle
Karpfen
Fischfilet

### Beilagen

Pommes frites
Bratkartoffeln
Salzkartoffeln
Knödel
Spätzle

### Gemüse und Salat

Bohnen
Erbsen
Karotten (Möhren)
Spargel
Spinat
Champignons
Gemischter Salat
Tomatensalat
Gurkensalat

### Nachtisch

Eis
Kompott
Pudding
Obst
Apfelkuchen

### Getränke

Bier
Wein
Kaffee
Tee
Kakao
Apfelsaft
Cola
Mineralwasser
Limonade

*Guten Appetit!*

5. *Was hat Erika gegessen?* Erika ist mit ihrem Freund essen gegangen. Du musst raten *(guess)*, was sie gegessen hat. Sie hat ein Getränk, eine Suppe, ein Hauptgericht *(main meal)* mit Beilagen und einen Nachtisch gehabt. Für deine Antwort brauchst du die folgenden Silben *(syllables)*.

> ~~BRA~~ ~~BRAT~~ ~~DE~~ ~~DER~~ ~~DING~~ ~~FELN~~ ~~GE~~ ~~GE~~ ~~KAR~~
> ~~LAT~~ ~~LI~~ MISCH MO MÜ ~~NA~~ ~~PE~~ ~~PUD~~ ~~RIN~~ ~~SA~~
> ~~SE~~ SUP ~~TEN~~ TER ~~TOF~~

6. *Was möchtest du zum Mittagessen?* Du hast 12 Mark. Was kannst du dafür in einem Imbiss bestellen? Hier ist eine Liste mit den Preisen. Was ist deine Auswahl?

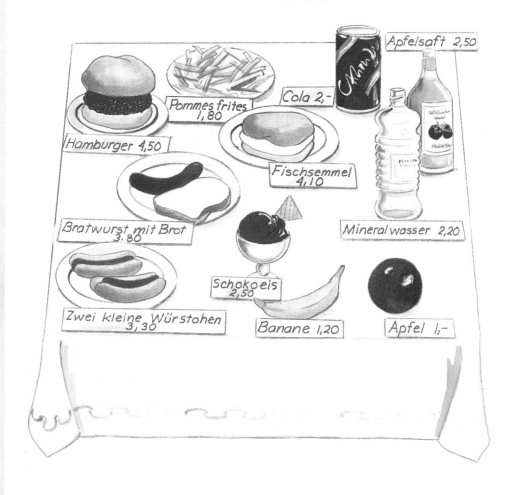

# Sag's mal! Was möchtest du essen oder trinken?

Pommes frites

Schweinebraten mit Knödel

Gemüse

einen Orangensaft

ein Spezi

einen Hamburger

Spaghetti

eine Cola

Apfelstrudel

Salat

nichts

eine Pizza

Schokolade

7. **Etwas Persönliches.**

 1. Was isst und trinkst du gern?
 2. Wohin gehst du gern essen?
 3. Wie kommst du von deiner Schule nach Hause?
 4. Was braucht man alles, wenn man einen Tisch für ein Abendessen deckt?
 5. Hast du schon einmal ein Picknick gemacht? Wo und mit wem bist du da gewesen?

# Sprache

## Genitive

### Definite and Indefinite Articles and Possessive Adjectives

Up to now you have been acquainted with three cases in German: the nominative (subject case), the accusative (direct object case) and the dative (indirect object case). Besides these three cases, there is a fourth case: the *genitive*.

*Guten Appetit!*

Was ist die Spezialität dieses Restaurants?

The genitive shows possession or relationship. The genitive forms of the definite and indefinite articles and the possessive adjectives are as follows:

| | Singular | | Plural |
| masculine | feminine | neuter | |
|---|---|---|---|
| des | der | des | der |
| eines | einer | eines | — |
| meines | meiner | meines | meiner |
| deines | deiner | deines | deiner |
| seines | seiner | seines | seiner |
| ihres | ihrer | ihres | ihrer |
| seines | seiner | seines | seiner |
| unseres* | unserer* | unseres* | unserer* |
| eueres* | euerer* | eueres* | euerer* |
| ihres | ihrer | ihres | ihrer |
| Ihres | Ihrer | Ihres | Ihrer |

*The *e* in front of the *r* in *unser* and *euer* is often omitted if the ending begins with a vowel.

An *-es* is added to one-syllable masculine and neuter nouns, whereas an *-s* is added to masculine and neuter nouns with two or more syllables. Note that no ending is added to feminine plural nouns.

◆ *Auf welcher Seite deines Buches steht das?* On which page of your book is that?

◆ *Warte bei der Tür des Hauses!* Wait at the door of the house!

◆ *Die Farbe seines Anzugs gefällt mir.* I like the color of his suit.

◆ *Wer ist die Freundin ihres Bruders?* Who is her brother's girlfriend?

8. **Wem gehört das?**

◆ die Speisekarte / das Restaurant
◆ Das ist die Speisekarte des Restaurants.

1. das Auto / mein Freund
2. der Stadtplan /das Reisebüro
3. die Gitarre / ihr Bruder
4. der Reisepass / der Amerikaner
5. der Fahrplan / die Dame
6. das Geld / unsere Freundin

## 9. Wie viel kosten diese Sachen?

◆ sein Vater
◆ Das Buch seines Vaters kostet dreißig Mark.

1. meine Schwester

2. sein Cousin

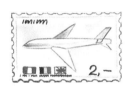

3. die Dame

4. der Brief

5. ihre Mutter

## 10. *Welche Farben haben diese Autos?* Paul will von seinen Freunden wissen, welche Farben die Autos der Leute haben. Kannst du ihm helfen?

◆ mein Bruder / gelb
◆ Das Auto meines Bruders ist gelb.

1. die Spanierin / rot
2. sein Freund / schwarz
3. euer Lehrer / dunkelblau
4. meine Tante / weiß
5. die Kellnerin / grün
6. ihre Freundin / grau

11. *Haben diese Leute etwas verloren?* **Several people have lost things which have been recovered.**

◆ Die Italienerin hat einen Reisepass verloren.
◆ Ach, da ist der Reisepass der Italienerin.

1. Der Fahrer hat einen Stadtplan verloren.
2. Seine Schwester hat eine Uhr verloren.
3. Die Dame hat einen Fahrplan verloren.
4. Der Kellner hat einen Kuli verloren.
5. Die Lehrerin hat ein Buch verloren.
6. Der Azubi hat eine Tasche verloren.

# Prepositions

The following prepositions require the genitive case:

| | |
|---|---|
| *anstatt* | instead of |
| *trotz* | in spite of |
| *während* | during |
| *wegen* | because of |

◆ *Während meiner Reise hatte ich viel Spaß.* During my trip I had a lot of fun.

◆ *Er kam trotz des Wetters zu uns.* He came to us in spite of the weather.

# Interrogative Pronoun: *Wessen?*

The interrogative pronoun in the genitive is *wessen* (whose), which is used in asking for persons in the singular as well as in the plural.

◆ *Wessen Fahrrad ist das? Das ist das Fahrrad meines Freundes.* Whose bicycle is this? That's my friend's bicycle.

◆ *Wessen Briefe sind das? Das sind die Briefe unserer Großeltern.* Whose letters are these? These are our grandparents' letters.

# Names

The genitive case of proper names is usually formed by adding -*s*. Contrary to English, there is no apostrophe added.

◆ *Rainers Freundin* Rainer's girlfriend

◆ *Giselas Bruder* Gisela's brother

◆ *Deutschlands Städte* Germany's cities

12. *Auf einer Schulparty.* Du bist auf einer Schulparty. Du hast ein paar Fragen. Deine Schulfreunde beantworten sie.

- ◆ Wann geht ihr ins Kino? (Woche)
- ◆ Während der Woche.

1. Wann fliegst du nach Deutschland? (Sommer)

2. Wann besucht Tina ihren Freund? (Nachmittag)

3. Wann lesen wir unsere Zeitschrift? (Reise)

4. Wann essen wir? (Arbeit)

5. Wann fährst du in die Stadt? (Woche)

6. Wann schreibst du deinen Brief? (Abend)

13. *Auf einer Reise.* Du bist mit deiner Familie und mit ein paar Freunden nach Deutschland geflogen. Auf dem Flughafen, kurz vor der Reise zurück nach Amerika, fragt dein Vater oder oder deine Mutter „Wessen...ist das?"

- ◆ meine Freundin
- ◆ Das ist der Reisepass meiner Freundin.

1. Freund

2. Cousine

3. Schwester

4. Onkel

5. Bruder

*Guten Appetit!*

## 14. Ergänze die folgenden Sätze mit den Wörtern in Klammern!

1. Hast du das Rathaus (die Stadt) ____ gesehen?
2. Während (der Abend) ____ hat er keine Zeit.
3. Was macht die Schwester (dein Freund)____?
4. Wir hören die Musik (die Gäste) ____.
5. Hier sind die Fotos (seine Familie) ____.
6. Gehen Sie nicht wegen (die Jugendlichen) ____?
7. Sie fahren trotz (das Wetter) ____.
8. Anstatt (meine Tante) ____ ist mein Onkel gekommen.

## 15. Bilde Fragen!

◆ *Rolands* Freund besucht uns.
◆ *Wessen* Freund besucht uns?

1. Ich habe *Petras* Buch gelesen.
2. Webers haben *Frau Bäckers* Haus gekauft.
3. Peter isst *Angelikas* Kuchen gern.
4. Der Kellner hat die Handtasche *des Gastes* gefunden.
5. Wir haben die Karten *der Touristen* bekommen.
6. Sie haben die CD *meines Bruders* gehört.
7. Er wird mir die Fahrkarte *seines Freundes* geben.
8. Frau Meier hat das Auto *ihrer Tante* gekauft.

## 16. Kombiniere...

Während der Woche
Wegen des Wetters
Am Abend
Gestern

sind
haben
ist
hat

Katrin
meine Eltern
wir
mein Freund

ins Restaurant gegangen
keine Arbeit gehabt
in der Altstadt gewesen
nichts gegessen

# Ergänzung

Was liegt oder steht auf dem Tisch?

das Salz
der Pfeffer
die Tasse
der Zucker
die Schüssel
die Untertasse
die Serviette
der Suppenlöffel
der Teelöffel
die Gabel
der Teller
das Glas
das Messer

17. **Was braucht man dafür?** **Sag, was man hier zum Essen oder Trinken braucht!**

◆ Ich möchte Zucker in den Tee tun. Ich brauche ____.
◆ einen Teelöffel

1. Wenn man Kuchen schneidet, dann braucht man ____.
2. Wir essen die Gulaschsuppe mit ____.
3. Für die Milch braucht ihr ____.
4. Eine Tasse und ____ gehören zusammen.
5. Hast du ____ für die vielen Kartoffeln?
6. Bring mir bitte ____ Kaffee!
7. Für die Bratwurst musst du ein Messer und ____ haben.
8. Ich brauche ____, sonst kommt vielleicht die Suppe auf meine neuen Jeans.

*Guten Appetit!*

# Sprache

## Additional *der*-words

The endings for the *der*-words, i.e., *dieser* (this), *jeder* (every, each) and *welcher* (which), are the same as those of the definite article.

| | Singular | | | Plural |
|---|---|---|---|---|
| | masculine | feminine | neuter | |
| nominative | die*ser* | die*se* | die*ses* | die*se* |
| accusative | die*sen* | die*se* | die*ses* | die*se* |
| dative | die*sem* | die*ser* | die*sem* | die*sen* |
| genitive | die*ses* | die*ser* | die*ses* | die*ser* |

Since *jeder* does not have a plural form, you may substitute the word *alle* (all). Use the same endings.

18. *Wie findest du das?* **Du gehst mit Britta einkaufen. Sie will wissen, ob die Kleidungsstücke schön sind. Du zeigst ihr andere Sachen.**

    ◆ Wie findest du den Pulli?
    ◆ Dieser Pulli hier ist schöner.

    1. Wie findest du die Bluse?
    2. Wie findest du den Mantel?
    3. Wie findest du das Kleid?
    4. Wie findest du den Rock?
    5. Wie findest du die Schuhe?
    6. Wie findest du das T-Shirt?

Wie findet Christine den roten Pulli?

19. *Alles ist teuer.* **Beim Einkaufen sagt dir Günter, dass alles sehr teuer ist.**

    ◆ Diese CD ist teuer.
    ◆ Jede CD ist teuer.

    1. Dieses Buch ist teuer.
    2. Dieser Pulli ist teuer.
    3. Dieser Computer ist teuer.
    4. Diese Klarinette ist teuer.
    5. Dieses Geschenk ist teuer.

20. *Das ist mir nicht klar.* Ulrike spricht über verschiedene Sachen. Du verstehst aber nicht, was sie meint. Frag sie!

◆ Ich habe die Arbeit gemacht.
◆ Welche Arbeit?

1. Ich habe den Flugschein bezahlt.
2. Ich habe meine Freundin besucht.
3. Ich habe die Rockmusik gehört.
4. Ich habe das Spiel gewonnen.
5. Ich habe die Ansichtskarte gekauft.
6. Ich habe den Kellner gefragt.

21. **Nein, ich mache das nicht.**

◆ Sammelst du die Briefmarken?
◆ Nein, nicht diese Briefmarken.

1. Siehst du den Film?
2. Liest du das Buch?
3. Packst du den Koffer?
4. Kennst du das Mädchen?
5. Siehst du dir die Speisekarte an?
6. Kaufst du die Zeitung?
7. Verstehst du die Hausaufgaben?
8. Machst du die Arbeit?

Aki hat diese Rollerskates
zum Geburtstag bekommen.

Schmeckt diese Bratwurst?

## 22. Welche Endungen brauchst du hier?

1. Dies____ Film gefällt mir gar nicht.
2. Welch____ Kellner musst du fragen? Ich glaube, es ist dieser junge Mann.
3. Wir fahren jed____ Jahr zu dies____ Stadt.
4. Welch____ Koffer brauchen wir denn? Dies____zwei.
5. Die Farbe dies____ Krawatte gefällt mir nicht.
6. Warum fragen sie jed____ Verkäuferin?
7. Wartet bitte bei dies____ Tür hier!
8. Welch____ Lehrerinnen hast du in der Schule?
9. Ich kenne den Bruder dies____ Mädchens.
10. Ich weiß jed____ Antwort.
11. Möchten Sie dies____ Anzug kaufen?
12. Welch____ Freunde wirst du besuchen?

## Praktische Situation

Form groups of three or four and select one classmate to be the food server; the others play the role of the guests. As a group, create a menu in German that includes beverages, soups, vegetables, meat and fish dishes, and desserts. Include the price for each item and then determine how much money (in marks) each classmate can spend for dinner. The server (*Kellner/Kellnerin*) secretly determines which items are not available today. The guests (*Gäste*) place their orders (staying within the price ranges) while the server writes them down. Then the server reads back everything for verification, including the final cost of each dinner. The guests make sure that the cost does not exceed their expectations.

der Kellner

die Kellnerin

# Lesestück

## Machen wir ein Picknick!

Heute ist ein schöner Tag. Deshalb hat Nicole Lust, mit ihrer Freundin Cornelia ein Picknick zu machen. Beide haben es schon ein paar Mal versucht, aber das Wetter ist in den letzten Wochen nicht besonders gut gewesen. Nicole ruft ihre Freundin an. Sie ist froh, dass sie zu Hause ist.

| | |
|---|---|
| *Nicole:* | Hast du Lust, heute Nachmittag ein Picknick zu machen? |
| *Cornelia:* | Ich weiß nicht. Jürgen und ich wollten gern zum See. |
| *Nicole:* | Das kannst du auch. Bring doch Jürgen mit und wir machen dann ein Picknick am See. |
| *Cornelia:* | Na gut. Kannst du ein paar Äpfel, Birnen oder Bananen mitbringen? |
| *Nicole:* | Das ist mir recht. |
| *Cornelia:* | Ich bringe Brot, Wurst, Käse und etwas zu trinken mit. |
| *Nicole:* | Prima, dann machen wir ein paar belegte Brote°. |
| *Cornelia:* | Gut, ich brauche meinen alten Kocher dann nicht. Jürgen und ich fahren also in einer halben Stunde zum See. |
| *Nicole:* | Ich komme etwas später. Bis dann. |
| *Cornelia:* | Tschüs! |

...bringe Brot, Wurst, Käse und etwas zu trinken mit.

Prima, dann machen wir ein paar belegte Brote.

Gegen drei Uhr kommen Cornelia und Jürgen mit ihren Fahrrädern am See an. Sie breiten eine Decke° aus, setzen sich hin und spielen dann Schach. Kurz vor vier Uhr kommt Nicole.

Ist Cornelia Schach und matt?

Wer kommt mit den Fahrrädern?

Was musste Nicole noch kaufen?

*Cornelia:* Das hat aber lange gedauert.

*Nicole:* Ich musste noch ein paar Bananen kaufen. Auf dem Markt ist heute viel los. Wer gewinnt denn?

*Jürgen:* Meistens gewinnt Cornelia, aber heute bin ich etwas besser. Siehst du's? Schach und matt!°

*Cornelia:* Jürgen hat mal wieder mehr Glück als Verstand°.

*Nicole:* Da bin ich zur rechten Zeit gekommen. Schach können nur zwei spielen. Ich habe Karten mitgebracht. Spielen wir doch Skat°.

*Cornelia:* In dem Spiel bist du doch immer die Beste.

Die drei spielen ein paar Runden Skat. Dann unterhalten sie sich über die Schule, Freunde und Freundinnen. Langsam haben sie Hunger und packen alles aus. Sie schneiden das Brot, streichen° etwas Butter auf das Brot und legen Wurst oder Käse darauf°. Die belegten Brote schmecken ihnen sehr gut. Cornelia hat zwei Flaschen° mitgebracht — Limo und Orangensaft.

Wie schmecken die belegten Brote?

Nach dem Essen packen sie alles in den Rucksack und fahren mit ihren Rädern am See entlang. An diesem schönen Tag sind viele Leute da. Die meisten gehen zu Fuß, manche sitzen auf Bänken und andere fahren — wie Cornelia, Nicole und Jürgen — mit den Rädern. Kurz bevor es dunkel wird, fahren sie nach Hause. Alle drei haben am See viel Spaß gehabt.

*belegte Brote* sandwiches; *die Decke* blanket; *Schach und matt!* Checkmate! *Er hat mal wieder mehr Glück als Verstand!* Again he has more luck than brains!; *das Skat* German card game; *streichen* to spread; *darauf legen* to put on; *die Flasche* bottle

Nach dem Picknick fahren sie nach Hause.

23. *Von wem spricht man hier?* **Diese Person...**

1. hat heute Schach gewonnen.
2. ruft an.
3. will den Kocher nicht mitnehmen.
4. bringt Orangensaft mit.
5. kauft Bananen.
6. kommt mit Jürgen.
7. bringt etwas zum Essen mit.
8. ist auf dem Markt gewesen.

24. **Beantworte diese Fragen!**

1. Warum konnten Cornelia und Nicole schon lange nicht zum See?
2. Warum ist Nicole froh?
3. Was soll Nicole zum See mitbringen?
4. Was will Cornelia nicht mitbringen?
5. Um wie viel Uhr kommen Cornelia und Jürgen zum See?
6. Warum kommt Nicole so viel später?
7. Was sagt man, wenn eine Person beim Schach gewonnen hat?
8. Warum will Nicole nicht, dass Cornelia und Jürgen mit Schach weitermachen?
9. Was machen sie nach dem Skatspiel?
10. Was essen und trinken sie?
11. Was machen sie nach dem Essen?
12. Was machen die Leute am See?

Was spielen Jürgen und Cornelia?

Was gibt's alles zum Picknick?

*Guten Appetit!*

## Übung macht den Meister!

1. *Wo ist das beste Restaurant?* Besprich die folgende Situation mit einem deiner Schulfreunde: Du (ein Tourist) bist gerade in einer Stadt angekommen und suchst *(are looking for)* ein Restaurant. Du fragst eine Person auf der Straße (dein Schulfreund), wo es hier in der Stadt Restaurants gibt. Diese Person aus der Stadt möchte wissen, was du gern isst. Du gibst der Person ein paar Ideen and fragst auch, wie teuer die Speisen sind und wie du zu den Restaurants hinkommst. Zuletzt fragst du noch, was es in dieser Stadt alles zu sehen gibt. Die Person gibt dir noch ein paar Tips.

2. *Im Restaurant.* Schreib einen kurzen Dialog einschließlich *(including)* der folgenden Einzelheiten: Du und dein Freund (deine Freundin) stehen vor einem Restaurant. Ihr seht euch die Speisekarte an, geht ins Restaurant hinein, setzt euch hin. Der Kellner kommt. Er fragt, was ihr wünscht; ihr fragt nach der Spezialität und jeder bestellt ein anderes Essen. Ihr unterhaltet euch. Dann bezahlt ihr.

3. *Meine Lieblingsspeisekarte.* Du und deine Freunde haben eine Idee: ihr wollt ein authentisches deutsches Restaurant starten. Natürlich schreibt ihr die Speisekarte auf Deutsch. Seid so kreativ wie möglich, aber vergesst nicht euere Lieblingsessen!

4. *Die Gäste kommen bald.* Du hast ein paar Freunde zum Essen eingeladen. Du musst noch schnell den Tisch decken. Beschreib, was du alles auf den Tisch stellen musst!

5. *Wir machen ein Picknick.* Du und deine Freunde haben vor, am nächsten Wochenende ein Picknick zu machen. Ihr kommt zusammen und besprecht, was ihr alles braucht. Entwickle *(develop)* einen Dialog über dieses Thema!

# Aktuelles

## Wie und wo essen die Deutschen?

Wenn man nach Deutschland kommt, sieht man gleich den Unterschied° zwischen den deutschen und amerikanischen Mahlzeiten°. Schon das Frühstück ist sehr verschieden. In den meisten Hotels bekommen die Gäste zum Frühstück Brötchen, Butter, Marmelade und Kaffee. Manchmal gibt es auch ein gekochtes Ei° und eine Auswahl von Käse und Wurst. Zum Mittag- und Abendessen trinken Deutsche Bier, Wein, Cola oder Mineralwasser. Man stellt kein Wasser auf den Tisch wie in Amerika.

Was essen viele Deutsche zum Frühstück?

Deutsche halten während der Mahlzeit die Gabel in der linken Hand und das Messer in der rechten. Beim Bezahlen nach der Mahlzeit gibt man dem Kellner oder der Kellnerin kein großes Trinkgeld°. Die Rechnung enthält° schon 10% (Prozent) oder 15% Bedienungsgeld°. Das steht auch auf der Speisekarte.

Wo essen die Deutschen, wenn sie nicht zu Hause sind? Es kommt natürlich darauf an°, ob man viel oder wenig Geld ausgeben will und wie viel Zeit man hat. Viele Restaurants machen Reklame° und versuchen, neue Gäste zu finden. Wenn man wenig Zeit hat und sich nicht hinsetzen will, dann bietet ein Imbiss ein schnelles und preiswertes Essen. Manche Imbisse, besonders im Einkaufszentrum°, spezialisieren sich° auf Bratwürste, Fischsemmeln, belegte Brote und anderes.

Während der Sommermonate sitzen viele Leute gern im Freien.

Während der Sommermonate gehen die Deutschen gern in ein Gartenlokal°. Dort sitzen sie im Freien°, essen und trinken und unterhalten sich. Hamburger-Restaurants sind heute auch sehr beliebt. Diese Restaurants zeigen den amerikanischen Einfluss.

Die Gaststätte oder das Gasthaus ist für viele Deutsche immer noch das beliebteste Restaurant. Am Eingang vor dem Gasthaus kann man immer die Speisekarte finden. Manche Restaurants schreiben die Speisekarte auf eine Tafel und stellen sie neben den Eingang. Ein Ratskeller ist ein Keller-Restaurant im Rathaus. Dort bekommt man immer ein gutes Essen. Im Ratskeller ist es aber oft sehr teuer.

Ein Ratskeller ist ein Keller-Restaurant im Rathaus

Wer nicht in der Stadt essen will, hat auch eine gute Auswahl außerhalb° der Stadt. Auf dem Land gibt es Restaurants mit lokalen Spezialitäten. Manche Restaurants liegen direkt am See oder am Fluss und haben einen schönen Ausblick aufs Wasser. Meistens kosten die Mahlzeiten dort etwas mehr. In den großen Städten kann man heute auch viele Spezialitäten aus anderen Ländern kosten. Besonders beliebt sind Speisen aus Italien, Griechenland, der Türkei und China.

Es ist eine Tradition, in ein Café oder in eine Konditorei zu gehen.

Für Deutsche ist es eine Tradition, in ein Café oder in eine Konditorei° zu gehen. An warmen Tagen kann man da im Freien sitzen, Kaffee trinken und ein Stück Kuchen, Torte oder ein Eis essen. Die Auswahl an Kuchen und Torten in einer Konditorei ist phantastisch.

*der Unterschied* difference; *die Mahlzeit* meal; *ein gekochtes Ei* a boiled egg; *das Trinkgeld* tip; *die Rechnung enthält* the bill/check includes; *das Bedienungsgeld* service charge; *kommt...darauf an* depends on; *Reklame machen* to advertise; *das Einkaufszentrum* shopping center; *sich spezialisieren auf* to specialize in; *das Gartenlokal* outdoor restaurant; *im Freien* outside; *außerhalb* outside; *die Konditorei* café

**Beantworte diese Fragen!**

1. Was essen und trinken die Deutschen meistens zum Frühstück?
2. Was trinken viele Deutsche zum Mittagessen?
3. Wie essen die Deutschen? Was machen sie mit dem Messer und der Gabel?
4. Wie viel Trinkgeld muss man dem Kellner oder der Kellnerin geben?
5. Was ist ein Imbiss?
6. Wo können die Gäste die Speisekarte zuerst lesen, bevor sie ins Restaurant gehen?
7. Wo sitzen die Deutschen gern im Sommer?
8. Welches Restaurant ist für viele Deutsche noch heute sehr beliebt?
9. Was ist ein Ratskeller und wo findet man ihn?
10. Welche Speisen sind bei den Deutschen heute beliebt?

## Erweiterung

25. **Ergänze diese Sätze mit passenden Antworten!**

1. Zum Nachtisch möchte ich ____.
2. Auf der Speisekarte stehen ____.
3. Zum Frühstück essen wir ____.
4. Ich habe Appetit auf ____.
5. Trinkst du ____ gern?
6. Bringen Sie uns bitte ____!
7. Für eine Suppe brauche ich ____.
8. Ich möchte ein ____.

*Was steht auf der Speisekarte?*

*Guten Appetit!*

26. **Form complete sentences, incorporating the words in parentheses.**

 ◆ die Klarinette (mein Freund)
 ◆ Ich spiele die Klarinette meines Freundes.

1. die Farbe (der Mantel)
2. das Dach (das Haus)
3. das Radio (das Mädchen)
4. die Poster (mein Zimmer)
5. die Karten (die Jungen)
6. der Name (die Amerikanerin)
7. die Reise (mein Großvater)
8. die Fahrräder (seine Eltern)
9. die Wohnung (ihre Großmutter)
10. der Garten (unsere Tante)

27. **Supply the proper form of *dieser* or *welcher*.**

1. _____ Musikinstrument spielst du?
2. Wann sehen Sie _____ Film?
3. _____ Kassetten möchtest du hören?
4. _____ Heft brauchst du denn?
5. Ich verstehe _____ Amerikanerin gar nicht.
6. Wegen _____ Arbeit kann ich nicht rüberkommen.
7. _____ Jungen werden gewinnen?
8. Kennst du _____ drei Spieler?
9. Zu _____ Städten sollen wir fahren?
10. Habt ihr mit _____ Gästen viel zu tun?
11. Aus _____ Zimmer kommen sie?
12. Trotz _____ Wetters spielen wir Tennis.

Um wie viel Uhr ist dieses Restaurant geöffnet?

*Kapitel 5*

**28.** **Beende diesen Dialog!**

*Kellner:* Was möchtest du essen?

    *Du:* ____

*Kellner:* Wiener Schnitzel.

    *Du:* ____

*Kellner:* Ja, Bratwurst haben wir.

    *Du:* ____

*Kellner:* Spezi, Cola und Mineralwasser.

    *Du:* ____

*Kellner:* Sonst noch etwas?

    *Du:* ____

*Kellner:* Pudding, Eis und Kompott.

    *Du:* ____


**29.** **Beschreib jedes Wort mit einem ganzen Satz!**

1. die Ansichtskarte
2. die Broschüre
3. der Gasthof
4. das Getränk
5. das Reisebüro
6. die Speisekarte


**30.** *Möchten Sie bei uns im Restaurant arbeiten? Bewerben* (apply) *Sie sich doch!* **Du liest diese Anzeige** (ad) **in der Zeitung. Du willst während der Sommermonate Geld verdienen** (earn). **Du willst dich deshalb für diesen Job bewerben. Du gehst zum Restaurant und sprichst mit dem Manager. Schreib einen Dialog mit allen Fragen und Antworten!**

## Was weißt du?

1. *Im Reisebüro.* Imagine that you are driving through a German town. You stop at a travel agency. Come up with five questions that you would ask the travel agent.

2. *In welches Restaurant sollen wir gehen?* You and your friend are deciding in which restaurant you want to eat. Give at least three reasons why you want to eat at the restaurant of your choice.

3. *Mein Lieblingsessen.* Develop a short menu listing some of the foods that you like to eat for lunch or dinner.

4. *Das gehört mir nicht.* Pretend that you have borrowed several items from family members, friends and schoolmates. Describe what you have in your possession. *Beispiel: Ich bin mit dem Fahrrad meiner Schwester in die Schule gefahren.*

5. *Was sind ein paar Unterschiede zwischen einem deutschen und einem amerikanischen Restaurant?* Describe a few differences that you have observed between German and American restaurants. In your description *(auf Deutsch)* include the restaurant, foods and service.

6. *Was ich zum Picknick mitnehme.* Make a list of at least six items that you would take along on a picnic.

# Vokabeln

die **Altstadt,-̈e** old town
**anhalten** *(hält an, hielt an, angehalten)* to stop
die **Ansichtskarte,-n** picture postcard
**anstatt** instead of
der **Apfelkuchen,-** apple cake
sich **bedanken** to thank
die **Beilage,-n** side dish
**belegt** covered; *belegte Brote* sandwiches
**beschreiben** *(beschrieb, beschrieben)* to describe
**bestellen** to order
**bevor** before
das **Bier,-e** beer
die **Bohne,-n** bean
die **Bratkartoffeln** (pl.) fried potatoes
die **Broschüre,-n** brochure
der **Champignon,-s** mushroom
die **Dame,-n** lady
die **Decke,-n** blanket
**empfehlen** *(empfiehlt, empfahl, empfohlen)* to recommend
die **Erbse-n** pea
das **Fischfilet** fish fillet
die **Flasche,-n** bottle
das **Fleisch** meat
die **Forelle,-n** trout
**fragen** to ask; *fragen nach* to ask for
**frei** free, available; *Ist hier noch frei?* Is there still room?, May I join you?

die **Gabel,-n** fork
der **Gasthof,-̈e** restaurant, inn
die **Gemüsesuppe,-n** vegetable soup
das **Getränk,-e** beverage
die **Gulaschsuppe,-n** goulash soup
der **Gurkensalat** cucumber salad
**hineingehen** *(ging hinein, ist hineingegangen)* to go inside
die **Karotte,-n** carrot
der **Karpfen,-** carp
der **Knödel,-** dumpling
das **Kompott** stewed fruit
**leider** unfortunately
die **Limonade,-n** lemonade, soft drink
das **Messer,-** knife
die **Möhre,-n** carrot
**neben** beside, next to
**parken** to park
der **Pfeffer** pepper
der **Preis,-e** price
der **Pudding** pudding
das **Rathaus,-̈er** city hall
das **Reisebüro,-s** travel agency
**renovieren** to renovate
der **Rinderbraten,-** beef roast
der **Salat,-e** salad; *gemischter Salat* tossed salad
das **Salz** salt
die **Salzkartoffel,-n** boiled potato
das **Schach** chess; *Schach und matt!* Checkmate!
die **Schüssel,-n** bowl

die **Serviette,-n** napkin
das **Skat** German card game
der **Spargel,-** asparagus
die **Spezialität,-en** specialty
der **Spinat** spinach
der **Stadtplan,-̈e** city map
**streichen** *(strich, gestrichen)* to spread
die **Suppe,-n** soup
der **Suppenlöffel,-** soupspoon
die **Tagessuppe,-n** soup of the day
der **Teelöffel,-** teaspoon
der **Tomatensalat** tomato salad
die **Tomatensuppe,-n** tomato soup
**trotz** in spite of
sich **überzeugen** to convince
die **Untertasse,-n** saucer
**verlassen** *(verlässt, verließ, verlassen)* to leave
der **Verstand** understanding; *mehr Glück als Verstand haben* to have more luck than brains
**weg sein** to be gone
**wegen** because of
der **Wein,-e** wine
**wessen** whose
der **Zucker** sugar

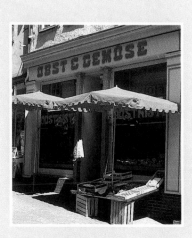

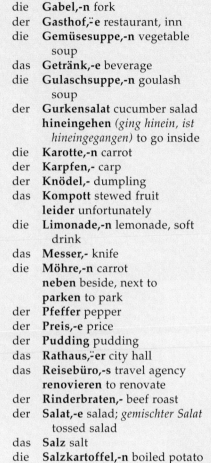

*Guten Appetit!*

Kapitel **6**

# Lebensmittel

## In this chapter you will be able to:

- make a shopping list
- talk about going shopping
- request and pay for items
- convert metric measures
- identify fruits and vegetables

# In der Bäckerei

Am Nachmittag begrüßt Anneliese ihre Freundin Heidi vor Heidis Haus. Anneliese muss für ihren Vater zur Bäckerei in die Stadt. Zur Bäckerei sind es nur zehn Minuten zu Fuß. Nach dem Einkauf wollen beide zu Anneliese. Ein paar andere Jugendliche werden auch rüberkommen.

Zur Bäckerei sind es nur zehn Minuten zu Fuß.

*Anneliese:* Grüß dich, Heidi!

*Heidi* Hallo! Ich habe dich schon aus dem Fenster gesehen.

*Anneliese:* Von deinem Balkon hast du ja einen Ausblick auf die ganze Umgebung.

*Heidi:* Nicht ganz. Aber dein Haus kann ich von hier aus sehen.

*Anneliese:* Mein Vati hat vergessen, zur Bäckerei zu gehen. Er hat mich gebeten, noch ein paar Backwaren zu holen.

*Heidi:* Ich soll auch noch im Supermarkt Milch, Butter und Käse holen.

*Anneliese:* Bringen wir deine Lebensmittel erst zu dir nach Hause!

*Heidi:* Die kann ich auch bei dir im Kühlschrank lassen und dann später mitnehmen.

## 1. Wähle die richtigen Antworten!

1. Annelieses Vater ist
2. Nach dem Einkauf gehen
3. Heidi will
4. Heidi kann
5. Die beiden müssen
6. Anneliese trifft
7. Heidi hat
8. Jugendliche werden

a. Anneliese von ihrem Haus aus sehen
b. nicht zur Bäckerei gegangen
c. beide zu Anneliese
d. Heidi vor ihrem Haus
e. später zu Anneliese kommen
f. zur Bäckerei nur ein paar Minuten zu Fuß gehen
g. von ihrem Balkon einen guten Ausblick
h. die Lebensmittel bei Anneliese lassen

Anneliese und Heidi treffen Toni vor der Bäckerei.

Vor der Bäckerei treffen Heidi und Anneliese Toni, einen Schulfreund.

| | |
|---|---|
| *Toni:* | Was macht ihr denn hier? |
| *Anneliese:* | Ich muss bei Teufmatts ein paar Backwaren kaufen. |
| *Heidi:* | Du kommst doch später auch zu Annelieses Party? |
| *Toni:* | Die werde ich bestimmt nicht verpassen. Das letzte Mal bin ich nicht gekommen, aber ich hab' viel davon gehört. |
| *Anneliese:* | Es geht so gegen fünf los. |
| *Toni:* | Wie viele kommen denn? |
| *Anneliese:* | Ich glaube acht bis zehn. |
| *Heidi:* | Bring doch deine Gitarre mit! Du spielst so gut. |
| *Toni:* | Mal sehen. Jetzt muss ich schnell zu Sturzeneggers. |
| *Heidi:* | Da gehen wir auch noch hin. Vielleicht sehen wir dich dort. |
| *Toni:* | Bis später! |

2. *Hier stimmt etwas nicht.* **Was ist die richtige Antwort?**

1. Die Party wird um acht Uhr beginnen.
2. Toni wird bestimmt seine Gitarre mitbringen.
3. Anneliese wird bei Sturzeneggers Backwaren kaufen.
4. Toni ist das letzte Mal auf Annelieses Party gewesen.
5. Mehr als zehn Jugendliche werden kommen.

*Lebensmittel*

| Verkäuferin: | Was darf's sein? |
| --- | --- |
| Anneliese: | Ich möchte ein Roggenbrot. Es soll frisch sein. |
| Verkäuferin: | Das ist es. Wir haben es heute Morgen gebacken. Sonst noch etwas? |
| Anneliese: | Vier Semmeln. Geben Sie uns bitte noch zwei von diesen Keksen. Heidi, du kannst sie halten. Das sind tolle Leckerbissen. |
| Verkäuferin: | Ist das alles? |

Was möchte Anneliese?

| Anneliese: | Ja, danke. Das ist alles, was wir brauchen. |
| --- | --- |
| Verkäuferin: | Das macht zusammen 6 Franken 20. |
| Anneliese: | Hier sind 10 Franken. |
| Verkäuferin: | Und 3 Franken 80 zurück. Ich danke bestens. |

Hier sind zehn Franken.

Auf dem Weg zum Supermarkt sprechen Anneliese und Heidi über die Schule. Bis Montag haben sie viel auf. Morgen, am Samstag, haben sie mehr Zeit für die Hausaufgaben. Heute denken sie aber an die Party. Sie müssen sich beeilen. In einer Stunde kommen alle zu Anneliese und es gibt noch so viel zu tun.

## 3. Ergänze diese Sätze!

1. Man hat das Brot heute ____ gebacken.
2. Die Backwaren ____ 6 Franken 20.
3. Heidi und Anneliese ____ an die Party.
4. Anneliese möchte ein frisches ____ kaufen.
5. Sie werden die ____ morgen machen.
6. Anneliese kauft ____ Kekse.
7. Vor der ____ gibt es noch viel zu tun.
8. Anneliese gibt der ____ zehn Franken.

## 4. Beantworte diese Fragen!

1. Wo treffen sich Heidi und Anneliese?
2. Wer hat Anneliese zur Bäckerei geschickt?
3. Was wollen sie nach dem Einkauf machen?
4. Wie weiß Heidi, dass Anneliese vor ihrem Haus ist?
5. Was soll Heidi bei Sturzeneggers kaufen?
6. Wo ist Toni das letzte Mal nicht gewesen?
7. Warum soll Toni seine Gitarre mitbringen?
8. Wo werden sich Heidi, Anneliese und Toni vielleicht noch einmal vor der Party sehen?
9. Was ist frisch?
10. Was für Leckerbissen kaufen Anneliese und Heidi?
11. Wie viel kostet alles zusammen?
12. An welchem Tag sind die beiden Mädchen bei der Bäckerei?

*Sprichwort*

## Sie werfen das Geld zum Fenster hinaus.

(They are throwing the money down the drain.)

# Für dich

Many people in Germany, Switzerland and Austria still prefer to get their bakery goods from the *Bäckerei* instead of the supermarket. In Germany alone, there are some 200 different kinds of bread, 30 kinds of rolls (*Brötchen, Semmeln*) and no less than 1,200 different kinds of pastries.

The scenes in this chapter's dialogs and *Lesestück* take place in the area of Lucerne *(Luzern)*, Switzerland, therefore the currency paid there is the Swiss franc *(Schweizer Franken)*. The Swiss franc is not only the official currency of Switzerland, but also of the little principality of Liechtenstein.

# Rollenspiel

You and a classmate role-play the part of the customer *(der Kunde/die Kundin)* and the baker *(der Bäcker/die Bäckerin)*. The customer, who needs to get baked goods for a party, prepares a list of all the baked goods to be purchased. The baker also prepares a list of all baked goods (including prices in marks or Swiss francs) offered in the bakery. The customer asks for specified baked goods, whereas the baker informs the customer what the cost is and if the requested items are available. At the end, the baker adds up all the purchased items and lets the customer know the total. Be as creative as possible in your conversational exchange.

# Aktuelles

## The Metric System

If you travel in Germany or any other European country, you'll have to understand the metric system. Remember first that all metric measurements are based on 100, and second, that the prefix *centi* means hundred and *kilo* means thousand. When you're given a distance in kilometers, you should be able to estimate the total distance initially by comparing it to miles.

Long distances are indicated in kilometers *(1 Kilometer = 0.62 Meile)*. The numbers are usually followed by the letters *km*, the abbreviation for kilometers. Drivers must be able to estimate distances accurately and to understand speed limit signs. A speed limit sign marked "80 km," for example, means that you must not travel faster than the equivalent of about 50 miles per hour.

A unit of measurement smaller than the kilometer is the meter *(Meter)*, usually abbreviated by the letter *m*, although sometimes the letters *mtr*

Wie schnell darf man hier fahren?

are used. Many signs indicate to the visitors the distances to local points of interest. For instance, if you're standing in front of a sign pointing to a specific guest-house or hotel 200 meters away, you should be able to estimate the distance to be slightly more than 200 yards. There are 100 centimeters *(Zentimeter)*, abbreviated *cm*, in one meter. The centimeter is an important unit if you buy clothing items.

Wie weit ist die Bäckerei von hier entfernt?

When buying groceries, it's important to know the metric weight units. Many groceries are packaged to make it convenient to follow

Wie viel kostet ein Pfund Pfirsiche?

recipes that have standard measures. German recipes list ingredients by weight rather than by volume as in the United States. Germans commonly measure by the metric pound *(Pfund)* or *Kilo*. A *Pfund* is half a kilo, or 500 grams *(Gramm)*. This makes it slightly more than a U.S. pound (454 grams). A *Kilo* is two *Pfund* or 1,000 *Gramm*. When a package is marked *50 Gramm*, you should be able to estimate the contents to be one-tenth of a *Pfund* or slightly less than two ounces.

All liquids such as gasoline are measured by the liter *(Liter)*, which is a little over a quart. German service stations always advertise the cost of gas by the liter. Some products, such as eggs, are sold by the piece *(Stück)* or in cartons of 10, not 12 like in the United States. The same is true for fruit, such as apples, and the wide assortment of rolls and cookies sold in bakeries. This makes it easy to figure out the unit price.

Finally, you may wonder why you aren't shivering when you see a thermometer reading of *24*. It is because the temperature is indicated in centigrade *(Celsius)*. So relax—the temperature of 24°C is equivalent to 75°F.

Wie warm oder wie kalt ist es?

**Weißt du die Antworten?**

1. 750 Gramm = ____ Pfund
2. 200 Zentimeter = ____ Meter
3. 120 Kilometer = ____ Meilen
4. 10 Pfund = ____ Kilo
5. 2,500 Meter = ____ Kilometer
6. 3 Kilo = ____ Gramm

# Ergänzung

5. *Uwes Schwester hat ihm eine Einkaufsliste gegeben, aber leider kann er sie nicht lesen. Sie hat nur die Silben aufgeschrieben. Sie will testen, wie klug ihr Bruder ist. Was muss er alles kaufen? Kannst du ihm helfen? Er soll sechs verschiedene Sachen kaufen.*

BEE  BEN  BOH  ERD  KIR  MA  NAT  NEN
REN  SCHEN  SPI  TEN  TO  TRAU  WEIN

## Sag's mal! Was darf's sein?

ein Paar Tennisschuhe

Klamotten*

diese Ohrringe hier

3 Pfund Äpfel

eine kurze Hose

das grüne Kleid in einer Nummer kleiner

100 Gramm Käse und 150 Gramm Schinken*

ein paar von den knusprigen Semmeln*

ein Paar schöne Laufschuhe*

den Regenmantel dort drüben, bitte*

## Sprache

### Demonstrative Pronouns

Demonstrative pronouns refer to a person or thing just mentioned that needs to be referred to in more detail. In English the demonstrative pronouns are **this** (one), **that** (one), **these** and **those**. The most common demonstrative pronouns in German are forms of *der, die* and *das*. You will notice that the forms are the same as the definite article, except for the dative plural, which adds an *-en* to *den*, thus becoming *denen*.

◆ *Siehst du das Auto dort?* **Das** *möchte ich gern haben.* Do you see the car there? That's the one I would like to have.

◆ *Kennst du diese Leute? Ja,* **die** *kenne ich gut.* Do you know these people? Yes, I know them well.

*Lebensmittel*

The demonstrative pronouns are used especially in conversation. Because they refer to a previously discussed person or thing, they should always be emphasized.

| | Singular | | | Plural |
|---|---|---|---|---|
| | masculine | feminine | neuter | |
| nominative | der | die | das | die |
| accusative | den | die | das | die |
| dative | dem | der | dem | denen |

6. **Hast du die Leute verstanden?**

   ◆ der Italiener
   ◆ Nein, den habe ich nicht verstanden.

   1. die Amerikanerin
   2. der Verkäufer
   3. die Österreicherin
   4. die Jungen
   5. der Lehrer
   6. die Mädchen

Hat Anneliese das Brot gekauft

7. **Sag, dass du diese Personen gut kennst!**

   ◆ Kennst du diese Jugendlichen?
   ◆ Ja, die kenne ich gut.

   1. Kennst du diese Mädchen?
   2. Kennst du diesen Mann?
   3. Kennst du diesen Azubi?
   4. Kennst du diese Rockband?
   5. Kennst du diesen Fußballspieler?

8. *Haben sie dir geschrieben?* **Nein, von denen habe ich nichts gehört.**

   1. Hat dir Angelika geschrieben?
   2. Hat dir deine Mutti geschrieben?
   3. Hat dir dein Freund geschrieben?
   4. Haben dir deine Verwandten geschrieben?
   5. Hat dir Wolfgang geschrieben?

9. **Sag, dass du das gern machst!**

   ◆ Zu meinem Onkel fahre ich gern.
   ◆ Zu dem fahre ich gern.

   1. Von meiner Mutter erzähle ich gern.
   2. Bei meiner Tante wohne ich gern.
   3. Mit den Jugendlichen tanze ich gern.
   4. Außer Monika lade ich Susi gern ein.
   5. Von meiner Freundin spreche ich gern.

10. *Du bist gerade aus den Ferien zurückgekommen.* **Dein Freund oder deine Freundin will wissen, was du alles getan hast. Beantworte ihre Fragen mit „ja"!**

   ◆ Bist du mit Heinz ins Kino gegangen?
   ◆ Ja, mit dem bin ich ins Kino gegangen.

   1. Hast du für deine Freunde etwas gekauft?
   2. Bist du mit deiner Freundin im Klub gewesen?
   3. Hast du deine Verwandten besucht?
   4. Hast du bei deinen Großeltern gewohnt?
   5. Bist du mit deiner Tante Fahrrad gefahren?

11. **Beantworte die folgenden Fragen mit „ja" oder mit „nein"!**

   ◆ Kennst du die Verkäuferin? Nein,...
   ◆ Nein, die kenne ich nicht.

   ◆ Schreibst du die Karte? Ja,...
   ◆ Ja, die schreibe ich.

   1. Verstehen die Amerikaner das auf Deutsch? Nein,...
   2. Ist der Herr bald dran? Ja,...
   3. Kennst du die Jungen? Nein,...
   4. Läuft der Fußballspieler schnell? Ja,...
   5. Ist das Museum sehr bekannt? Ja,...
   6. Hast du die Musik schon gehört? Nein,...
   7. Glaubst du deiner Freundin? Ja,...
   8. Kaufst du deinen Eltern ein paar Ansichtskarten? Ja,...
   9. Fährst du ohne deinen Bruder an den See? Nein,...
   10. Hast du das Buch gefunden? Ja,...

# Ergänzung

188

Kapitel 6

**12. Wie heißen diese Sachen und wo kann man sie kaufen?**

◆ Das sind CDs. Die kann man in der Musikabteilung kaufen.

◆ Das ist ein Kuli. Den kann man in der Schreibwarenabteilung kaufen.

1.                                  2.

3.                                  4.

5.                                  6.

**13. Wähl drei Abteilungen und beschreib, was du dort alles kaufen möchtest!**

# Sprache

## Question Words

As you have learned in previous chapters, the question word *wer* asks for persons and *was* for objects. After accusative prepositions you must use *wen* and after dative prepositions you must use *wem* if the question refers to persons.

◆ *Mit wem spielst du Schach? Mit meinem Freund.* With whom do you play chess? With my friend.

◆ *Für wen arbeitest du? Ich arbeite für meine Tante.* For whom do you work? I work for my aunt.

The question word *wessen* (whose) is used when asking for possession.

◆ *Wessen Haus ist das? Das ist Renates Haus.* Whose house is that? That's Renate's house.

14. *Du bist auf einer Party.* Die Musik ist zu laut. Du kannst nicht alles verstehen. Deshalb fragst du sehr viel.

    ◆ Die nächste Party ist bei *Monika*.
    ◆ Bei wem ist die nächste Party?

    1. Angelika dankt *ihrer Schwester* für das Geschenk.
    2. Ich habe viel von *Klaus* gehört.
    3. Rosi wohnt jetzt bei *ihrem Onkel*.
    4. Wir haben *unserer Lehrerin* geholfen.
    5. Ich glaube *der Verkäuferin* nicht.
    6. Peter hat *seiner Freundin* geschrieben.
    7. Wir gehen zu *Ingrid* rüber.
    8. Der Pulli steht *Ali* sehr gut.

15. *Wessen Sachen sind das?* Nach der Schule fragt dich deine Lehrerin, wessen Sachen das sind.

    1. Wessen Kulis sind das? (Rainer)
    2. Wessen Jacke ist das? (Monika)
    3. Wessen Englischbuch ist das? (Günter)
    4. Wessen Hefte sind das? (Katrin)
    5. Wessen Kekse sind das? (Tanja)
    6. Wessen Schuh ist das? (Daniel)

Wessen Haus ist das?

**16. Wen oder Was?**

1. Ich habe *das Fußballspiel* gesehen.
2. Wir haben *seinen Freund* angerufen.
3. Holger hat *meine Tante* besucht.
4. Herr Meier hat *nichts* gesagt.
5. Ich habe *die Musik* nicht gehört.
6. Tina hat *ihre Mutter* gefragt.

**17. Ergänze die folgenden Sätze mit diesen Fragewörtern: *Was? Wer? Wen? Wem? Wessen?***

1. _____ Hemd ist das hier auf dem Stuhl?
2. _____ kannst du nicht glauben? Der Monika.
3. _____ gibt's im Fernsehen?
4. _____ triffst du nach dem Kino?
5. _____ Handschuh hast du gefunden?
6. _____ hat er dir gesagt?
7. _____ ist der neue Schüler?
8. _____ willst du einen Brief schreiben?
9. _____ kommt zum Flughafen?
10. _____ hast du angerufen?
11. _____ habt ihr bei der Arbeit geholfen?
12. _____ wirst du morgen besuchen?

**18. Kombiniere...**

| | | | |
|---|---|---|---|
| **Wem** | **habt** | | **im Supermarkt** |
| **Was** | **haben** | | **in der Tanzschule** |
| **Wer** | **hat** | **ihr** | **heute Nachmittag** |
| **Wen** | **hast** | **sie** | **vor einer Stunde** |
| | | **die beiden** | **im Herbst** |
| | | **Anne** | |
| | | **du** | |

gemacht
eingekauft
gesehen
geholfen
angerufen

### Toni geht einkaufen

Toni steht vor dem Schaufenster° des Supermarkts und liest die Sonderangebote°. Auf seine Einkaufsliste schreibt er noch ein paar von den preiswerten Lebensmitteln. Bestimmt können sie die zu Hause gebrauchen. Dann geht er ins Geschäft°, nimmt einen Einkaufswagen° und geht von einer Reihe° zur anderen. Er legt die Milch in den Einkaufswagen und geht zu einer Theke°.

Was schreibt Toni auf die Einkaufsliste?

| | |
|---|---|
| *Toni:* | Geben Sie mir bitte ein halbes Pfund von diesem Käse hier! |
| *Verkäuferin:* | Soll ich den Käse schneiden? |
| *Toni:* | Nein, geben Sie mir bitte das ganze Stück. Ich brauche noch Obst. Soll ich mich selbst bedienen°? |

Was kauft Toni an dieser Theke?

Die Verkäuferin hilft Toni bei der Auswahl der Bananen.

| | |
|---|---|
| *Verkäuferin:* | Ich kann dir bei der Auswahl helfen. |
| *Toni:* | Vier Bananen, bitte. |
| *Verkäuferin:* | Einen Moment. Die kannst du noch nicht nehmen. Ich muss sie erst wiegen°. |
| *Toni:* | Ich brauche auch Gemüse. Ein Kilo von den frischen Bohnen, bitte. |

Die Verkäuferin packt die Bohnen in eine Plastiktüte°, wiegt sie und gibt sie Toni. Toni sagt der Verkäuferin, was er alles braucht. Tomaten und Äpfel stehen auch auf der Einkaufsliste. Er sucht sich die besten Tomaten aus°. Die Pfirsiche sehen auch ganz frisch aus. Er hat schon vor dem Schaufenster das Sonderangebot gelesen. Deshalb kauft er sechs Pfirsiche. Bestimmt werden sie seinen Eltern auch schmecken. Toni ist jetzt mit seinem Einkauf fertig. Er geht mit seinem Einkaufswagen zur Kassiererin° an der Kasse°.

| Kassiererin: | Tag, Toni! Wie geht's deinen Eltern? |
|---|---|
| Toni: | Mein Vater ist eine Woche in England und meine Mutter hat zu Hause viel zu tun. Deshalb schickt sie mich wieder zum Einkaufen. |
| Kassiererin: | Ich habe deine Mutter schon ein paar Wochen nicht gesehen. Sie kommt doch sonst immer so oft hierher°. |
| Toni: | Nächste Woche wird sie wieder etwas mehr Zeit haben. Dann bin ich auch froh, sonst muss ich immer unsere Einkäufe machen. |
| Kassiererin: | Du scheinst° ja deiner Mutter mit Rat und Tat zur Seite zu stehen. |
| Toni: | Na ja, ab und zu muss ich schon mal zu Hause helfen. |
| Kassiererin: | Das macht 25 Franken 20. |
| Toni: | 30 Franken. |
| Kassiererin: | Und 4 Franken 80 zurück. Viele Grüße an deine Mutter. |

Was macht Toni an der Kasse?

Toni packt die Lebensmittel in eine Einkaufstasche und geht dann schnell aus dem Geschäft. Er muss sich beeilen. Er bringt alles nach Hause, nimmt seine Gitarre und fährt mit seinem Fahrrad zu Anneliese. Dieses Mal will er die Party nicht verpassen.

*das Schaufenster* display window; *das Sonderangebot* special (offer); *das Geschäft* store; *der Einkaufswagen* shopping cart; *die Reihe* row; *die Theke* counter; *sich selbst bedienen* to help oneself; *wiegen* to weigh; *die Plastiktüte* plastic bag; *sich aussuchen* to select; *die Kassiererin* cashier; *die Kasse* cash register; *hierher* here; *scheinen* to seem

Warum geht Toni schnell aus dem Geschäft?

19. *Etwas stimmt hier nicht.* **Kannst du die richtigen Antworten geben?**

1. Toni hat die Sonderangebote in einer Zeitung gelesen.
2. Bevor Toni beim Supermarkt ankommt, weiß er nicht genau, welche Lebensmittel er kaufen muss.
3. Im Geschäft trägt er alles in seinen Armen.
4. An einer Theke kauft er Wurst.
5. Toni wiegt die Bananen.
6. Toni packt die Bohnen in eine Einkaufstasche.
7. Das Sonderangebot der Tomaten hat Toni vor dem Schaufenster gelesen.
8. Tonis Mutter kommt fast nie zu diesem Supermarkt.
9. Die Lebensmittel kosten etwas mehr als 25 Mark.
10. Toni fährt mit dem Bus zu Anneliese.

20. **Beantworte diese Fragen!**

1. Hat seine Mutter alles, was Toni kauft, auf eine Einkaufsliste geschrieben?
2. Was kauft er zuerst?
3. Von wem bekommt Toni ein halbes Pfund Käse?
4. Was für Gemüse kauft er?
5. Wie weiß Toni, dass die Pfirsiche heute preiswert sind?
6. Wie lange ist sein Vater von zu Hause weg?
7. Warum ist Toni froh?
8. Hat Toni nach seinem Einkauf noch viel Zeit?

21. **Etwas Persönliches.**

1. Gibt es in deiner Nähe eine Bäckerei? Was kannst du dort alles kaufen?
2. Musst du manchmal in einem Geschäft oder Supermarkt einkaufen? Was kaufst du da?
3. Was für Obst schmeckt dir am besten?
4. Was für Gemüse isst du gern?
5. Wo kann man die Sonderangebote von einem Supermarkt lesen?

Was für Obst und Gemüse schmeckt dir am besten?

## Praktische Situation

You are planning a party for eight friends this weekend. You plan to serve a cold-cut platter, ice-cream sundaes and beverages. Do you have everything you need? With two or three classmates, first make a list of everything that you'll need and mark it *Was wir brauchen*. Your list should include food, beverages, dishes, silverware and so on. Then make a second list (again, using your imagination) of those items that you already have on hand, and mark it *Was wir haben*. Compare your first list with your second list to create a third list, called *Was wir kaufen müssen*, which tells you what you need to buy for the party. Keep the conversation going while you develop your third list.

## Übung macht den Meister!

1. *Wir brauchen eine Einkaufsliste.* Stell dir vor *(imagine)*, dass deine Klasse während einer Deutschlandreise ein Essen für die Gastgeberfamilien *(host families)* zubereiten soll! Du sollst die ganze Liste planen. Schreib auf eine Liste, was du alles für das Essen kaufen musst!

2. *Bitte schön?* Du bist in einem Kaufhaus und willst dort ein Geschenk für den Geburtstag deines Freundes oder deiner Freundin kaufen. Entwickle einen Dialog zwischen dir und einer Verkäuferin oder einem Verkäufer! Besprich solche Einzelheiten *(details)* wie Farben, Preise usw!

3. *In welcher Abteilung ist das?* Du arbeitest bei der Information in einem Kaufhaus. Natürlich kennst du das Kaufhaus sehr

*Lebensmittel*

gut. Deshalb hilfst du den Kunden *(customers)*. Ein Mitschüler oder eine Mitschülerin spielt die Rolle eines Kunden oder einer Kundin. Hier sind ein paar mögliche Fragen: *Wo kann ich Hemden kaufen?, Können Sie mir sagen, wo die Lebensmittelabteilung ist?, Wo gibt's die preiswerten Jeans? Wo ist die Kasse?*

4. *Auf dem Markt finde ich das bestimmt.* Du willst etwas Besonderes kaufen. Auf dem Markt gibt es viele Stände. Einige davon haben vielleicht das, was du kaufen willst. Entwickle einen kurzen Dialog zwischen dir und den Verkäufern bei zwei oder drei verschiedenen Ständen! Frag sie, ob sie den Artikel haben! Wenn nicht, können sie dir sagen, wo du es kaufen kannst? Wie viel kostet der Artikel? usw.

5. *Was kann ich dafür kaufen?* Stell dir vor, du hast 300 Mark und kannst kaufen, was du willst. Schreib die Sachen und die Preise auf eine Liste!

## Aktuelles

### Wo kaufen die Deutschen ein?

Deutsche Geschäfte sind nicht so lange geöffnet° wie amerikanische. Von Montag bis Freitag sind sie von 8.00 oder 9.00 Uhr morgens bis 20.00 Uhr abends geöffnet. Am Sonnabend schließen° die Geschäfte um 16.00 Uhr, außer während der Adventszeit. Dann schließen die Geschäfte erst um 18.00 Uhr.

Die meisten Deutschen gehen ein paar Mal die Woche einkaufen. Schilder und Poster vor den Geschäften oder in den Schaufenstern beschreiben die Sonderangebote. Die Leute kaufen frisches Brot und frische Brötchen meistens in der Gegend, wo sie wohnen. Wo es eine Bäckerei gibt, ist auch eine Metzgerei° nicht weit entfernt.

Wo ist der Markt?

Mehr als 60% aller Deutschen gehen auf den lokalen Markt zum Einkaufen. Markttag ist ein- oder zweimal die Woche. Dann kaufen die Leute frisches Gemüse, Obst und Blumen. Den größten Einkauf machen die meisten Deutschen im Supermarkt. Da kann man alles kaufen, was man zu Hause braucht.

Die Kaufhäuser — viele sind den amerikanischen Kaufhäusern ähnlich° — spielen auch eine wichtige Rolle. Das deutsche Kaufhaus hat aber auch eine große Lebensmittelabteilung. Die findet man meistens im untersten Stockwerk°.

Eine Drogerie ist nicht dasselbe wie ein amerikanischer „Drugstore". Eine Drogerie verkauft° Toilettenartikel, Filme und Kameraartikel und vieles anderes. Zu einer Drogerie kann man keine Rezepte bringen. Medikamente bekommt man nur in einer Apotheke.

Was bekommt man in einer Apotheke?

Es gibt viele Bekleidungsgeschäfte° für Damen und Herren. Schuhe kauft man in Schuhgeschäften. Bei Kleidung und Schuhen muss man aufpassen. Die deutschen Maßeinheiten° sind anders als die amerikanischen. Amerikanische Jeans sind bei den Deutschen besonders beliebt.

Die Deutschen haben heute mehr Freizeit als früher. Deshalb findet man in Deutschland viele Geschäfte, die° sich auf Freizeitartikel spezialisiert haben. Für Touristen gibt es überall Souvenirgeschäfte, besonders in beliebten Gegenden.

Was kann man hier kaufen?

Lesen ist ein beliebtes Hobby.

Lesen ist ein beliebtes Hobby. Es gibt viele Zeitungsstände, wo man lokale, nationale und manchmal auch internationale Zeitungen und Zeitschriften sowie Postkarten und auch Briefmarken bekommen kann. Überall sieht man auch Video- und Computergeschäfte mit den modernsten Sachen. Man kann eigentlich alles, was man braucht, in deutschen Kaufhäusern und Geschäften kaufen.

*geöffnet* open; *schließen* to close; *die Metzgerei* butcher shop; *ähnlich* similar; *das unterste Stockwerk* the lowest level; *verkaufen* to sell; *das Bekleidungsgeschäft* clothing store; *die Maßeinheit* measuring unit; *die* which

*Lebensmittel*

**Identifiziere jedes Wort mit einem ganzen Satz!**

1. die Metzgerei
2. der Zeitungsstand
3. die Apotheke
4. die Drogerie
5. der Markt
6. die Bäckerei
7. das Souvenirgeschäft
8. das Sonderangebot

Heute gibt's Sonderangebote.
(Kirchheim/Teck)

Eine Apotheke ist gleich an der Ecke. (Goslar)

## Erweiterung

22. **Beantworte jede Frage mit einem ganzen Satz!**

1. Gibt es in der Nähe, wo du wohnst, ein Lebensmittelgeschäft?
2. Wie oft geht deine Familie dort einkaufen?
3. Was steht alles auf der Einkaufsliste?
4. Brauchst du beim Einkaufen eine Einkaufstasche?
5. Beschreib, wie du zum Kaufhaus kommst!

23. *Obst, Gemüse oder Backwaren?* **Identifiziere die einzelnen Wörter! Jedes Wort gehört zu einer dieser drei Kategorien: Backwaren, Obst oder Gemüse.**

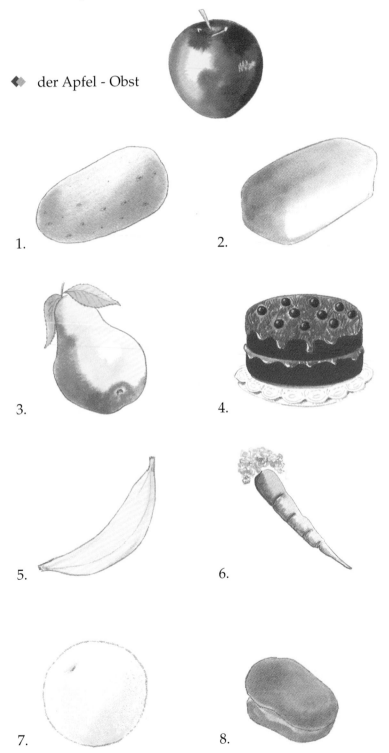

◆ der Apfel - Obst

1.

2.

3.

4.

5.

6.

7.

8.

24. **Gib eine passende Antwort! Es ist wichtig, dass der ganze Dialog sinnvoll ist!**

*Verkäufer:* Was möchtest du?

*Du:* ____

*Verkäufer:* Die großen oder kleinen?

*Du:* ____

*Verkäufer:* Ja, die sind etwas preiswerter.

*Du:* ____

*Verkäufer:* Sonst noch etwas?

*Du:* ____

*Verkäufer:* Wir haben heute ein Sonderangebot.

*Du:* ____

*Verkäufer:* Jede Banane kostet nur 80 Pfennig.

*Du:* ____

*Verkäufer:* Das macht DM 6,10 zusammen.

*Du:* ____

*Verkäufer:* Und DM 3,90 zurück.

*Du:* ____

25. **Stell dir vor, du verkaufst Obst und Gemüse auf einem Markt! Du sprichst mit vielen Kunden und hilfst ihnen beim Einkaufen. Hier sind ihre Fragen. Beantworte sie!**

1. Wie sind Ihre Tomaten?
2. Haben Sie noch Pfirsiche?
3. Warum sind Ihre Erdbeeren so teuer?
4. Wie viel kosten die Kartoffeln?
5. Wo gibt es hier Blumen?
6. Sind die Äpfel preiswert?
7. Können Sie diese Karotten wiegen?
8. Wann bekommen Sie wieder die Apfelsinen aus Spanien?

Wie viel kosten die Möhren?

**26.** *Uwes Freund Rolf kommt am Wochenende zu Besuch.* **Rolf wird zwei Tage bei Uwe bleiben. Uwes Mutter bittet ihren Sohn, eine Einkaufsliste zu machen. Uwe weiß besser, was Rolf gern isst. Kannst du Uwe dabei helfen? Schreib acht Lebensmittel mit den Preisen auf. Uwes Mutter will wissen, wie viel alles kostet.**

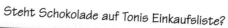
Steht Schokolade auf Tonis Einkaufsliste?

**27. Wie sagt man's?**

| | | | |
|---|---|---|---|
| finden | Einkaufsliste | Nachmittag | gekauft |
| Gäste | einkaufen | Woche | Fußball |
| gern | essen | ist | Käse |
| Zeit | Wurst | Mal | Rolltreppe |

1. Diese ____ schmeckt mir nicht.
   Du brauchst sie ja nicht zu ____
   Kann ich den ____ kosten?
   Ja, ____.

2. Hast du schon alles ____?
   Nein, ich habe meine ____ noch nicht geschrieben.
   Hast du denn keine ____?
   Leider weiß ich nicht, wann die ____ kommen.

3. Ich möchte einen ____ kaufen.
   Den ____ Sie in der Sportabteilung.
   Wo ____ die denn?
   Fahren Sie mit der ____ zum dritten Stock.

4. Wie oft gehen Sie denn ____?
   Zwei- oder dreimal die ____.
   Wann gehen Sie das nächste ____?
   Bestimmt morgen ____.

1. **Change these sentences to the past tense.**

    1. Willst du das bezahlen?
    2. Ich darf kein Geld ausgeben.
    3. Das kann ich nicht verstehen.
    4. Wir sollen zwei Karten kaufen.
    5. Ihr müsst schon früh zum Bahnhof.

2. *Was braucht man?* **Kombiniere die folgenden Wörter!**

    ◆ Fußball / spielen
    ◆ Man braucht einen Fußball zum Spielen.

    1. Zucker / backen
    2. Rad / fahren
    3. Flugzeug / fliegen
    4. Kuli / schreiben
    5. Musik / tanzen
    6. Geld / bezahlen

3. **Beantworte die folgenden Fragen mit „ja"!**

    ◆ Brauchst du deine Einkaufsliste?
    ◆ Ja, die brauche ich.

    1. Glauben Sie der Kellnerin?
    2. Fragen Sie die Verkäuferin?
    3. Hast du die Lebensmittel bezahlt?
    4. Kannst du deinen Freunden helfen?
    5. Hast du deine Tante besucht?
    6. Verstehen die Gäste das?
    7. Ist dein Freund sehr sportlich?
    8. Kennst du seinen Lehrer?

Die Preise und die Qualität sind in diesem
Geschäft immer gut.

Was ist das Angebot der Woche?

4. **Wer? Wen? Wem? Wessen?** Ergänze die Sätze mit einem dieser vier Fragewörtern!

   1. ____ Schuhe sind das?
   2. ____ kommt morgen zu Besuch?
   3. ____ hast du zur Party eingeladen?
   4. Von ____ hat Susi Post bekommen?
   5. Für ____ wirst du spielen?
   6. ____ Bruder heißt Rudi?
   7. ____ geht heute einkaufen?
   8. Bei ____ wohnt sie jetzt?
   9. ____ haben Sie denn angerufen?
   10. ____ soll ich später helfen?

5. **Wem gehören diese Sachen?** Nach dem Fußballspiel hat Heinz ein paar Sachen gefunden. Er fragt Hartmut, wessen Sachen das sind. Beantworte die Fragen!

   ◆ die Jacke / meine Freundin
   ◆ Das ist die Jacke meiner Freundin.

   1. das Buch / unser Lehrer
   2. die Zeitschrift / mein Opa
   3. die Einkaufstasche / ihre Mutter
   4. das Brot / sein Freund
   5. der Brief / ihr Bruder
   6. das Auto / der Verkäufer

6. **Ergänze die folgenden Sätze!**

   1. Während des Tages ____.
   2. Trotz des schlechten Wetters ____.
   3. Ich besuche ____.
   4. Die Fahrkarten der Besucher ____.
   5. Wessen Brief ____?
   6. Werners Reise nach Salzburg ____.
   7. Wegen deiner Eltern ____.
   8. Anstatt der Jungen ____.

# Was weißt du?

1. *Meine Einkaufsliste.* Make up a list of 10 grocery items that includes at least two each of dairy products, baked goods, fruits and vegetables. Determine an appropriate price for each item and add up the total of all 10 items.

2. *Wo ist der nächste Supermarkt?* Write at least five sentences describing where the closest supermarket is in your area. Your description should include directions on how to get from your home to that store.

3. *Diese Früchte esse ich gern.* Pick three fruits that you like to eat. Give reasons why you like them, and tell how often you eat these fruits.

4. *Wie unser Kaufhaus aussieht.* Describe a department store close to your home. Indicate where in the store you can find at least five departments, and list some of the items that you can purchase in each department.

5. *Wo können wir diese Lebensmittel finden?* Imagine that you work in a grocery store. Here are some sample questions that customers might ask you, to which you should give answers:

   a. *Können Sie mir sagen, wo die Milch ist?*
   b. *Wo ist die Obstabteilung?*
   c. *Wie teuer sind die Bananen?*
   d. *Wo sind die Einkaufswagen?*
   e. *Was für Sonderangebote haben Sie heute?*

6. *Warum sollen die Geschäfte früh oder spät am Abend schließen?* Should stores stay open late at night? Give two reasons for and against.

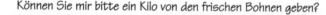

Können Sie mir bitte ein Kilo von den frischen Bohnen geben?

# Vokabeln

**ab und zu** once in a while

die **Abteilung,-en** department

die **Apfelsine,-n** orange

**aufhaben** (*hat auf, hatte auf, aufgehabt*) to have homework to do

der **Ausblick** view

sich **aussuchen** to select, choose, pick out

die **Bäckerei,-en** bakery

die **Backwaren** (pl.) baked goods

sich **bedienen** to help oneself; *Soll ich mich selbst bedienen?* Should I help myself?

die **Brombeere,-n** blackberry

**davon** about it, of it

**dürfen:** *Was darf's sein?* May I help you?

der **Einkauf,-̈e** purchase, shopping

der **Einkaufswagen,-** shopping cart

die **Einkaufsliste,-n** shopping list

das **Elektrogerät,-e** electric appliance

die **Erdbeere,-n** strawberry

das **Erdgeschoss,-e** ground floor, first floor (in America)

der **Fahrstuhl,-̈e** elevator

**frisch** fresh

das **Geschäft,-e** store, shop

**halten** (*hält, hielt, gehalten*) to hold

**hierher** here

**hingehen** (*ging hin, ist hingegangen*) to go there

die **Kasse,-n** cash register

die **Kassiererin,-nen** cashier

der **Keks,-e** cookie

das **Kilo,-s** kilo

die **Kirsche,-n** cherry

die **Lebensmittel** (pl.) groceries

der **Leckerbissen,-** treat, delicacy

**machen:** *Das macht zusammen...* That comes to...

der **Pfirsich,-e** peach

die **Pflaume,-n** plum

das **Pfund,-e** pound

die **Plastiktüte,-n** plastic bag

die **Reihe,-n** row

das **Roggenbrot,-e** rye bread

die **Rolltreppe,-n** escalator

das **Schaufenster,-** display window

**scheinen** (*schien, geschienen*) to seem, appear

die **Schreibwaren** (pl.) stationery

die **Semmel,-n** hard roll

das **Sonderangebot,-e** special (offer), bargain price

die **Spielwaren** (pl.) toys

der **Stock, Stockwerke** floor, story

das **Stück,-e** piece

der **Supermarkt,-̈e** supermarket

die **Theke,-n** counter, bar

**vergessen** (*vergisst, vergaß, vergessen*) to forget

die **Verkäuferin,-nen** saleswoman

**verpassen** to miss

das **Video,-s** video

die **Weintraube,-n** grape, bunch of grapes

**wiegen** (*wog, gewogen*) to weigh

die **Zwiebel,-n** onion

Backwaren

Sonderangebote

Geschäfte mit Schaufenstern (Schwäbisch Hall)

Kapitel **7**

# Alltag

In this chapter you will be able to:

- describe daily routines
- sequence daily events
- discuss activities
- name opposites
- talk about past events

# Ein typischer Tag

Es ist halb sieben. Im Radio spielt Musik. Bastian weiß sofort, dass er aufstehen muss. Nach zwanzig Minuten ist er in der Küche, wo seine Mutter das Frühstück zubereitet. Wie jeden Tag hat sie schon Kaffee gekocht und den Tisch gedeckt. Sie selbst wird erst in einer Stunde ins Büro fahren. Deshalb hat sie noch viel Zeit.

*Mutter:* Ich habe gerade den Kaffee gekocht.

*Bastian:* Hmm, der riecht wirklich gut.

*Mutter:* Die frischen Semmeln kommen direkt von der Bäckerei. Ich habe sie vor einer halben Stunde geholt.

*Wie lange schläft Bastian?*

*Bastian:* Wir haben doch sonst fast immer nur Brot am Morgen.

*Mutter:* Aber heute hatte ich mal Appetit auf Semmeln.

*Bastian:* Die Erdnussbutter schmeckt echt gut.

*Mutter:* Versuch doch mal den Honig hier! Der soll besonders gut schmecken. Was meinst du?

*Bastian:* Der ist mir zu süß.

*Was isst Bastian zum Frühstück?*

1. **Beantworte diese Fragen!**

   1. Wie weiß Bastian, dass er aufstehen muß?
   2. Was macht seine Mutter in der Küche?
   3. Warum hat sie noch viel Zeit?
   4. Essen sie oft am Morgen Semmeln?
   5. Warum soll Bastian den Honig essen?

Um viertel nach sieben geht Bastian aus dem Haus. Sein Freund Uli kommt auch schon. Jeden Schultag treffen sie sich um diese Zeit.

*Uli:* Grüß dich!

*Bastian:* Hat dein Vater den neuen Sportwagen bekommen?

*Uli:* Ja, gestern. Das neue Modell ist klasse, sag ich dir.

*Bastian:* Bist du denn schon mit deinem Vater gefahren?

*Uli:* Ja, heute Morgen in der Stadt und dann eine kurze Strecke auf der Autobahn.

*Bastian:* Was macht ihr mit dem alten Auto?

*Uli:* Mein Onkel will es haben. Sein Auto ist seit einem Monat kaputt.

*Bastian:* Hast du die Lateinaufgaben gemacht?

*Uli:* Na, du machst mal wieder Witze! Aber vielleicht kannst du mir noch vor der Klasse schnell helfen.

Uli ist auf dem Weg zu Bastians Haus.

Bastian trifft sich jeden Schultag mit Uli.

2. **Ergänze diese Sätze mit passenden Wörtern!**

1. Bastian und Uli treffen sich ____.
2. Ulis Vater hat gestern ____.
3. Uli ist schon einmal ____.
4. Ulis Onkel will ____.
5. Das Auto von Ulis Onkel ____.
6. Bastian soll Uli ____.

Um halb zwei gehen beide nach Hause. Heute sind sie froh. Bis Montag haben sie nur etwas für Englisch und Mathe auf.

Bastian: Endlich ist die Woche vorüber. Ich freue mich schon auf die Disko heute Abend.

Uli: Hast du Steffie gefragt, ob sie mitkommt?

Bastian: Sie weiß es noch nicht. Sie will erst mit Anke sprechen.

Uli: Dann kommt sie bestimmt. Anke hat mir gesagt, dass der amerikanische Diskjockey wieder da ist. Der spielt immer die tollsten Hits.

Bastian: Am besten rufe ich Steffie an. Ich will sicher sein, dass sie auch kommt.

Um wie viel Uhr gehen Uli und Bastian wieder nach Hause?

Bastian geht schnell nach Hause. Bevor seine Mutter aus dem Büro kommt, spielt er noch eine halbe Stunde Klavier. Sein Musiklehrer kommt morgen. Bis dann muss er noch viel üben. Danach macht er seine Mathe- und Englischaufgaben, liest ein Buch und sieht sich die neue Autozeitschrift an. Hoffentlich wird er den Sportwagen von Ulis Vater bald sehen.

Welche Hausaufgaben muss Bastian fü Montag machen?

Was macht Bastian, bevor seine Mutter nach Hause kommt?

3. **Was passt hier am besten?**

1. Bastian wird
2. Uli und sein Vater sind
3. Der amerikanische Diskjockey wird
4. Uli und Bastian haben
5. Bastian spielt
6. Steffie kommt
7. Beide gehen
8. Steffie will

a. bestimmt zur Disko
b. noch vor der Disko mit Anke sprechen
c. Klavier
d. eine kurze Strecke auf der Autobahn gefahren
e. Steffie anrufen
f. bis Montag nicht viel auf
g. um 1 Uhr 30 nach Hause
h. wieder in der Disko sein

4. **Von wem spricht man hier?** Identifiziere die Personen, von denen man hier spricht! Diese Person...

   1. hat den Tisch gedeckt.
   2. kommt morgen zu Bastian.
   3. hat gestern ein neues Auto bekommen.
   4. hat ein paar Semmeln gekauft.
   5. spielt die tollsten Hits.
   6. hat ein kaputtes Auto.
   7. sieht sich eine Zeitschrift an.
   8. weiß noch nicht, ob sie kommt.

Sprichwort

## Es ist noch nicht aller Tage Abend.

(That's not the last we have heard of that.)

# Für dich

Almost six million young people between the ages of 14 and 21 live in Germany. According to a survey conducted by a German social research institute, this age group's favorite hobbies are sports, movies, listening to music, going to discos or just meeting friends. Their greatest concerns are unemployment, destruction of the environment, crime and xenophobia, right-wing radicalism and violence. When speaking of the future, 75 percent want to get married and 83 percent would like to have children. As much as 74 percent of the young people think various cultures living together in Germany is a good thing, while 73 percent have friends who are not German. As far as money is concerned, 64 percent think very carefully about what they do with their money; 76 percent have at one time or another saved money for a specific reason.

Was für Hobbys haben viele Jugendliche?

# Rollenspiel

Pretend that you and one of your classmates are planning a typical day. Both of you would like to spend some time together, but you have conflicts. One of you expresses interest in leisure-time activities such as sports and hobbies. The other indicates that there are a number of chores that have to be done. Compromise by agreeing to participate in at least two leisure-time activities as well as doing two chores.

# Aktuelles

## A Portrait of a German

Germans typically are very time conscious and schedule oriented. They will object to anything that disrupts their carefully planned schedules. Spur-of-the-moment visits, last-minute cancellations or surprise parties are almost unheard of. Consequently, it's not surprising that Germans plan everything well in advance.

Organizing one's life according to the clock is an attitude that prevails particularly in smaller communities, where there are unwritten rules that regulate what residents should do and when. There is a time to go shopping and do the household chores (weekdays), a time to take care of the garden and a time to go for walks (Sundays). In many of these smaller communities it's customary to obey the *Mittagsruhe*, or afternoon peace, between 1 P.M. and 3 P.M. During that two-hour period, most stores are closed, children are not supposed to play outside and any noise must be kept to a minimum.

This is also true of weekday evenings and Sundays. As of 8:30 P.M. apartment dwellers must not practice any musical instruments or hammer nails into the walls, thus disturbing the neighbors. Sunday is considered a day of rest and quiet, and the whole country basically shuts down. All weekday activities, such as housecleaning and doing the laundry, should be put off until Monday. Mowing the lawn and washing the car are jobs that are reserved for Saturdays or the weekdays.

Germans are home-bound and very private people. They consider their dwelling, whether a house or an apartment, to be their castle. That's one reason why Germans hate to move. It's not uncommon for one generation after another to live in the same house or apartment.

Zu Hause gibt's immer etwas zu tun.

ein Bauernhaus mit vielen Blumen

As described earlier, German houses typically are surrounded by fences to keep outsiders out and to define their property lines. When you go through the gate to the house and ring the bell, unless you are expected, don't hope to be greeted with open arms. Germans do not react well when people drop in unexpectedly.

Most Germans take care of their possessions and are not happy to part with anything they own. What belongs to them is an extension of themselves—and is treated accordingly. Coming from a different cultural background, you may not mind lending or borrowing items. Germans, however, don't understand the practice. If Germans borrow an item, they are burdened with the responsibility for something that belongs to others. Furthermore, they may be expected to reciprocate sometime. Most likely they will decline regretfully. Should you ask to borrow something from Germans, they'll be even more embarrassed. You will put them on the spot.

German people are great energy savers. Lights are turned on only when needed. The last person to leave a room typically turns off the lights. Central heating systems are often regulated to run at lower

Dieses Gerät heizt (heats) sofort das Wasser.

temperature at night. Water is used sparingly. It's not unusual to have a small hot water tank; when it runs out (after a few minutes), you have to wait for a new tank of water to be heated. Air-conditioning is a luxury rarely found in private homes. When it gets really hot, shades are pulled down. Houses are generally very well insulated to save energy.

To the surprise of many Americans, most bedrooms have no heating system. Germans consider it healthy to sleep in an unheated room with the window open, even during the coldest months. However, most beds are covered by thick feather- or down-filled comforters *(Federbetten)* which are stuffed inside a large bag-like sheet.

Germans work an average of 37 hours a week, and most workers have 5 to 6 weeks of vacation. There are 15 legal holidays, secular or religious, that dot the annual calendar as well. Long weekends are spent in a variety of ways, often catching up on all the household activities that don't fit into the weekly schedule. In the summertime, those who have garden plots *(Kleingärten* or *Schrebergärten)* are out digging and planting. Whatever time is left is generally spent doing what is usually done on weekends. This includes doing the shopping on Saturday morning, mowing the lawn or washing the car on Saturday afternoon, going out to a cinema or theater performance on Saturday evening, going to a museum or art gallery on Sunday morning, going for a brisk walk in the woods or through town on a Sunday afternoon, and ending up in a café *(Konditorei)* for coffee and cake.

Im Sommer sind viele Deutsche in ihren
Kleingärten.

***Was sind fünf Unterschiede und Ähnlichkeiten zwischen Deutschen und Amerikanern?* Describe five differences and five similarities between a typical German and a typical American.**

# Ergänzung

## Was machen diese Leute während des Tages?
### am Morgen     am Nachmittag     am Abend

| Paul... | Tina... | Tina und Paul... |
|---|---|---|

**Paul...**

liegt im Bett und schläft.

wacht auf.

steigt aus dem Bett.

wäscht sich.

putzt sich die Zähne.

zieht sich an.

Kämmt sich das Haar.

frühstückt.

geht in die Schule.

**Tina...**

kommt aus der Schule.

macht ihre Hausaufgaben.

besucht ihre Freundin.

liest eine Zeitschrift.

hört Musik.

ruft ihren Freund Paul an.

**Tina und Paul...**

sehen fern.

spielen Tischtennis.

KINO

gehen mit anderen Freunden ins Kino.

tanzen in der Disko.

lernen zusammen.

sehen sich Fotos im Fotoalbum an.

5. Beschreib, was du an einem typischen Tag alles machst, vom Morgen bis zum Abend!

6. *Sabine hat am Freitag viel gemacht. Was ist die richtige Reihenfolge?* Put the following sentences in the most logical sequence according to Sabine's activities on Friday.

   1. Nach der zweiten Klasse hat Sabine dieselbe Klasse wie Renate.
   2. Sabine duscht sich.
   3. Um 20 Uhr ist im Fernsehen ein toller Krimi.
   4. Sabine wacht auf. Die Schule beginnt um 8 Uhr, in ungefähr einer Stunde.
   5. Ihre Mutter deckt den Tisch für das Abendessen.
   6. Die Uhrzeit auf dem Wecker ist 6.45 Uhr.
   7. Sie macht ihre Englischaufgaben von drei bis fünf.
   8. Sabine kämmt sich das Haar.
   9. Nach 22 Uhr liegt Sabine im Bett und schläft.
   10. Sabine trifft sich mit Renate, ihrer Freundin, auf dem Weg zur Schule.
   11. Sabine frühstückt.
   12. Kurz nach zwei kommt Sabine nach Hause.

## Sag's mal! Was findest du heutzutage modisch?

Das was ich anhabe.

Markenkleidung.*

Nichts, weil nichts lange hält von der Zeit her.*

Bunte Pullis und Hemden.

Jeans und lange T-Shirts.

Modisch ist das, was ich selbst anziehe.

Was „in" ist.

Kapuzenpullis.*

Die neusten Röcke.

# Sprache

## Adjectives after *der*-words

The endings of adjectives in the singular following *der*-words are *-en*, except in the nominative (all genders) and in the accusative (feminine and neuter) where they are *-e*. In the plural, all adjective endings are *-en*.

|  | Singular | | | Plural |
|---|---|---|---|---|
|  | masculine | feminine | neuter |  |
| nominative | -e | -e | -e | -en |
| accusative | -en | -e | -e | -en |
| dative | -en | -en | -en | -en |
| genitive | -en | -en | -en | -en |

In order for you to understand the adjective endings more clearly, look carefully at the chart. It incorporates the adjective endings above as well as articles and corresponding nouns.

|  | Singular | | | Plural |
|---|---|---|---|---|
|  | masculine | feminine | neuter |  |
| nominative | der alte Film | die junge Dame | das neue Haus | die alten Filme |
| accusative | den alten Film | die junge Dame | das neue Haus | die jungen Damen |
| dative | dem alten Film | der jungen Dame | dem neuen Haus | den neuen Häusern |
| genitive | des alten Filmes | der jungen Dame | des neuen Hauses | der alten Filme |

The adjective endings listed above follow these *der*-words: *dieser* (this), *jeder* (every, each), *welcher* (which), *mancher* (some, many a), *solcher* (such, such a). *Alle* and *beide* can only be used in the plural with their corresponding adjective endings for *der*-words.

Aki will das gelbe Buch von deutschen Autos lesen.

### Singular

**nominative:** *Wo ist der neue Schüler?* Where is the new student?

*Die junge Verkäuferin ist an der Kasse.* The young saleswoman is at the cash register.

*Welches rote Fahrrad gefällt dir?* Which red bicycle do you like?

**accusative:** *Er sieht jeden deutschen Film.* He is watching every German film.

*Kaufst du diese teure Gitarre?* Are you buying this expensive guitar?

*Wir fahren ohne das große Zelt ab.* We are leaving without the large tent.

**dative:** *Ich spreche mit dem netten Österreicher.* I'm speaking with the nice Austrian.

*Aus welcher großen Stadt kommen Sie?* Which large city are you from?

*Die Tante gibt jedem kleinen Mädchen ein Geschenk.* The aunt is giving every little girl a present.

**genitive:** *Wir besuchen euch während des schönen Sommers.* We'll visit you during the beautiful summer.

*Das ist das Auto der netten Frau.* That's the car of the nice woman.

*Trotz dieses schlechten Wetters fahren wir in die Ferien.* In spite of this bad weather, we'll go on vacation.

### Plural

**nominative:** *Die guten Restaurants sind nicht immer teuer.* The good restaurants are not always expensive.

**accusative:** *Habt ihr diese deutschen Filme gesehen?* Did you see these German films?

**dative:** *Wir wohnen bei den netten Verwandten.* We are living with the nice relatives.

**genitive:** *Während der schlechten Tage spielen wir nicht.* During the bad days we aren't playing.

NOTE: For an adjective ending in *-el*, the *e* is omitted if an added ending begins with the letter *e*.

◆ *dunkel, das dunkle Zimmer* dark, the dark room

The same is true for adjectives with an *-er* ending whereby the *-e* of the last syllable can be omitted.

◆ *das teure Auto, das teure Auto* the expensive car

7. *Wo ist...?* Du bereitest dich auf eine Reise mit deinen Freunden vor. Ihr besprecht, was für Sachen ihr mitnehmen wollt. Frag sie, wo sie alle sind.

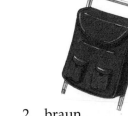

◆ neu
◆ Wo ist der neue Schlafsack?

1. klein

2. braun

3. groß

4. schwarz

5. bunt

6. weiß

8. *Peter geht mit seiner Freundin Gisela einkaufen.* Gisela will ein paar Kleidungsstücke kaufen. Gisela will von Peter wissen, wie ihr alles steht.

◆ Ist dieser Pulli zu rot?
◆ Nein, der rote Pulli steht dir gut.

1. Ist dieser Rock zu lang?
2. Ist dieses Kleid zu bunt?
3. Sind diese Schuhe zu blau?
4. Sind diese Jeans zu modisch?
5. Ist dieser Mantel zu kurz?
6. Ist dieses T-Shirt zu groß?

9. **Beantworte die folgenden Fragen!**

   ◆ Was möchtest du sehen? (See / groß)
   ◆ Den großen See.

   1. Wen möchtest du
      besuchen?
      (Lehrerin / nett)
   2. Was musst du lesen?
      (Buch / interessant)
   3. Was willst du trinken?
      (Kaffee / heiß)
   4. Was kannst du nicht
      finden?
      (Schultasche / braun)
   5. Wen wirst du fragen?
      (Mann / alt)
   6. Was sollst du machen?
      (Arbeit / ganz)

Aki muss die schweren Geometrieaufgaben bis
morgen machen.

10. **Du sprichst mit deinen Freunden, was du alles auf deiner
    Reise gemacht hast.**

    ◆ das Buch lesen / deutsch
    ◆ Ich habe das deutsche Buch gelesen.

    1. den Film sehen / neu
    2. die Gitarre mitnehmen / alt
    3. den Brief von Tante Anna lesen / nett
    4. das Geschenk schicken / schön
    5. die Erdbeeren essen / frisch
    6. die Bilder kaufen / klein

11. *Was schickt ihr eueren Verwandten zum Geburtstag?* **Während
    des Jahres schickt Ursulas Mutter ihren Verwandten zum
    Geburtstag ein paar Sachen. Ursulas Freundin will wissen, was
    sie dieses Jahr geschickt hat.**

    ◆ Fotos / neu
    ◆ Sie hat die neuen Fotos geschickt.

    1. Bilder / teuer
    2. Ohrringe / bunt
    3. Uhren / schön
    4. Kekse / lecker
    5. CDs / französisch
    6. Servietten / weiß

12. **Was trägt jeder zum Zug?** Die Schüler des Lessing Gymnasiums in Nürnberg machen eine Reise zu einer Jugendherberge in Mainz. Herr Kunze, der Lehrer, ist mit seiner Klasse auf dem Bahnhof. Er sagt den Schülern, was jeder zum Zug tragen soll.

◆ Bruno / der Koffer / alt
◆ Bruno, trag doch den alten Koffer!

1. Christine / das Paket / klein
2. Dieter und Petra / das Schachspiel / neu
3. Martin / die Gitarre / teuer
4. Hans / die Schultasche / dunkel
5. Karl / der Rucksack / groß
6. Heidi und Steffie / die Tasche / grün

13. **Sie machen eine Campingtour in den Schwarzwald.** Beende die Sätze mit den richtigen Endungen!

1. Nimmst du den groß____ Koffer mit?
2. Ja, ich habe alle diese neu____ Sachen gekauft.
3. Nicht alles ist neu. Wo ist das alt____ Zelt?
4. Von welchem alt____ Zelt sprichst du denn?
5. Du hast es bei der letzt____ Party von Rolf bekommen.
6. Mein Vater hat mir dieses grün____ Zelt geliehen.
7. Sollen wir die schwarz____ Jacke in den Koffer packen?
8. Ich nehme lieber dieses grau____ Sweatshirt mit.
9. Willst du nicht die englisch____ Zeitschriften lesen?
10. Nein, aber ich werde das deutsch____ Buch da lesen.

14. **Ergänze die Sätze mit den Wörtern in Klammern!**

◆ Wo ist ____? (Auto, toll)
◆ Wo ist das tolle Auto?

1. Hast du ____ gesehen? (Film, italienisch)
2. Welches ____ möchtest du kaufen? (Fahrrad, preiswert)
3. Die Touristen kommen aus ____. (Museum, bekannt)
4. Der Herr besucht ____. (Rathaus, alt)
5. Ich möchte ____ besuchen. (Stadt, interessant)
6. Der Bruder ____ wohnt in Leipzig. (Dame, alt)
7. Wir gehen zu ____. (Café, teuer)
8. ____ gefällt mir nicht. (Kleid, rot)
9. Was macht ihr nach ____? (Spiel, lang)
10. Während ____ sitzen wir gern auf der Wiese. (Tag, schön)
11. Möchten Sie lieber ____? (Mantel, braun)
12. Habt ihr ____ geschrieben? (Arbeit, schwer)

# Ergänzung

Gegenteile

$1 + 1 = 2$

leicht   schwer

$9^2 \cdot [4x - y^{29}] + 6^3 xy^3 = ?$

neu   alt

dunkel   hell

lang

kurz

hinten   vorne

weich   hart

nass   trocken

kalt   heiß

offen   zu

schmutzig   sauber

hoch   niedrig   nah   weit

**15.** *Beschreib diese Zeichnungen!* Schreib mindestens (at least) zwei Sätze für jede Zeichnung!

◆ Es regnet heute. Es ist sehr nass. Die zwei Leute wollen schnell nach Hause gehen.

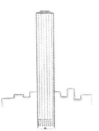

1.

2.

3.

4.

5.

**16.** *Was ist das Gegenteil von diesen Wörtern?* Bilde einen ganzen Satz mit jedem neuen Wort!

1. groß
2. rechts
3. spät
4. da
5. plus
6. preiswert

Deutsch ist leicht, aber Englisch ist schwer.

# Sprache

## Adjectives Used as Nouns

Adjectives can be used as nouns. Although these adjectives are capitalized, they still have the same endings as if they were preceding nouns.

◆ *Suchst du den Kleinen?* Are you looking for the little one?

◆ *Ich kenne die Kluge.* I know the smart one.

17. *Erika ist neu in der Schule.* **Bei einem Tanz fragt sie Daniela oft über verschiedene Jungen und Mädchen.**

    ◆ Wen kennst du? (groß — die)
    ◆ Die Große.

    1. Mit wem tanzt er? (neu — die)
    2. Wer ist das dort? (klug — der)
    3. Bei wem steht sie? (bekannt — der)
    4. Wen fragt der Lehrer? (klein — der)
    5. Wen brauchen wir? (sportlich — die)

18. **Günter will etwas über die Leute in der Gegend seiner Tante wissen.**

    ◆ Wo arbeitet er? (alt)
    ◆ Meinst du den Alten?

    1. Wo wohnt sie? (klein)
    2. Wo tanzt er gern? (deutsch)
    3. Wo sitzt sie denn? (nett)
    4. Wohin fährt er? (groß)
    5. Wohin geht sie? (langsam)

19. **Kombiniere...**

Hast
Habt
Hat
Haben

Sie
du
Peter
ihr

die neue
die tollsten
den frischen
das große

Kuchen
Museum
Hits
Zeitschrift

gelesen
gehört
besucht
gegessen

## Endlich ist das Wochenende da

Aki wacht auf. Er sieht auf seinen Wecker. „Was? Schon halb acht?" denkt er. Er steht schnell auf. Plötzlich erinnert er sich°. „Heute ist ja Sonnabend. Endlich ist das Wochenende da. Ich muss mich nicht beeilen," meint er. Er legt sich noch einmal ins Bett. Müde° ist er nicht mehr. Er denkt daran, was er heute vorhat. Dann sagt er sich: „Also, los! Keine Zeit mehr verlieren°!"

Aki wacht auf.

Dann steht er wieder auf und geht ins Bad. Er duscht sich, putzt sich die Zähne und trocknet sich° das Haar. Dann macht er sein Bett und geht in die Küche.

Was gibt's zum Frühstück?

In der Küche steht das Frühstück schon auf dem Tisch. Heute Morgen gibt es Kaffee, Milch und Orangensaft. Zum Essen gibt es Brötchen, Butter, Honig und Marmelade.

*Mutter:* Du stehst ja heute schon früh auf. Vati und Lisa schlafen noch.

*Aki:* Warum soll ich den ganzen Tag schlafen? Ich habe noch viel zu tun.

*Mutter:* Du hast recht. Du hast viele Hausaufgaben und musst auch noch Klavier üben. Am Nachmittag könnt ihr, du und Lisa, mir aber etwas helfen.

*Aki:* Muss ich denn das ganze Wochenende arbeiten?

*Mutter:* Oh nein, das brauchst du nicht. Morgen kannst du machen, was du willst.

Gleich nach dem Frühstück geht Aki in sein Zimmer zurück. Er setzt sich° an seinen Schreibtisch, nimmt seine Hausaufgaben aus der Schultasche und fängt an° zu arbeiten. Außer Englisch und Deutsch hat er noch viel Geometrie. Nach zwei Stunden ist er mit den Hausaufgaben fertig und geht ins Wohnzimmer. Dort wartet schon seine Mutter. Sie spielt selbst Klavier und gibt Aki Tips, wie er seine Fingertechnik verbessern° kann. Er hat schon seit fünf Jahren Klavierunterricht° gehabt. Seine Mutter ist ganz stolz°, wie gut er spielt.

Wie lange spielt Aki schon Klavier?

Um halb eins hilft Aki beim Kochen in der Küche. Das macht er eigentlich° ganz gern. So gegen eins sitzen endlich alle — Herr und Frau Krüger, Lisa und Aki — am Tisch im Eßzimmer. Lisa hat auch schon einige Sachen erledigt°. Sie ist in der Stadt einkaufen gewesen. Herr Krüger hat im Garten gearbeitet. Das ist für ihn ein Hobby. Nach dem Essen bringen alle das schmutzige Geschirr in die Küche. Frau Krüger steckt° es in die Geschirrspülmaschine.

Während Lisa ihre Freundin Katrin besucht, will sich Aki etwas ausruhen. In seinem Zimmer setzt er sich hin und liest die Cartoonzeitschrift *In geheimer Mission*°. Er bekommt sie jede Woche und liest sie immer von A bis Z. Auf seinem Bücherregal stehen alle Cartoonzeitschriften von den letzten drei Jahren. Akis anderes Hobby ist Modellbau°. Er hat schon verschiedene° Modelle gebaut° — drei Flugzeuge, einen Hubschrauber° und einen Lastwagen°. Dieses Hobby macht ihm besonders viel Spaß. Er ist auch ganz stolz, wie gut die Modelle aussehen.

Spät am Nachmittag müssen Lisa und Aki die Wäsche° waschen. Aki weiß genau, wie viel Waschpulver° in die Waschmaschine kommt. Nach einer Stunde nimmt Lisa die saubere Wäsche aus der Waschmaschine und Aki hängt sie zum Trocknen auf eine Leine°.

Was muss Aki am Nachmittag tun?

Was hat Robert zum Geburtstag bekommen?

Nach dem Abendessen geht Aki zu seinem Freund Robert, während Lisas Freundin kurz zu ihr rüberkommt. Robert hat von seinen Eltern zum Geburtstag eine Modelleisenbahn° bekommen. Robert und Aki lassen die Züge um eine kleine Stadt herumfahren. Manchmal halten sie die Züge an und lassen sie dann wieder weiterfahren. Bei Robert ist immer viel los. Deshalb geht Aki gern zu ihm.

Gegen zehn Uhr geht Aki wieder nach Hause. Seine Schwester kommt erst später. Sie ist heute Abend mit ihrer Freundin und anderen Jugendlichen ins Kino gegangen. Um elf Uhr ist endlich Ruhe° im Haus.

Am nächsten Tag steht Aki erst um halb zehn auf. Lisa kommt noch später ins Wohnzimmer. Zum Frühstück haben beide keinen Hunger. Sie warten, bis es Mittagessen gibt. Lisa will am Nachmittag mit Katrin zusammenkommen. Deshalb ruft sie Katrin an und fragt, was sie heute Nachmittag macht. Sie kann aber nicht kommen. Sie will mit ihren Eltern ihre Oma besuchen. Aki versucht auch, Robert anzurufen. Er ist aber nicht zu Hause.

Lisa geht in ihr Zimmer, hört Kassetten und liest dann noch eine Zeitschrift. Aki ist auch in seinem Zimmer; er liest ein Buch und hört Musik. Beide finden den Nachmittag sehr langweilig.

Lisa liest eine Zeitschrift.

Aki hört Musik.

Aki:   Weißt du, es ist mir ganz langweilig.

Lisa:   Mir auch.

Aki:   Ich habe eine Idee. Spielen wir doch *Europareise*.

Lisa:   Das letzte Mal hast du mich ganz klar geschlagen°.

Aki:   Da hatte ich aber viel Glück.

Lisa:   Das stimmt. Also, los! Hol das Spiel! Vielleicht habe ich heute mehr Glück.

Aki:   Das glaube ich nicht. So, du bist dran. Würfle° erst.

Lisa:   Eine Sechs. Noch eine Frage?

Auf dem Brettspiel° liegen viele Karten. Aki muss jetzt auf einer Karte eine Frage über europäische Städte stellen°. Lisa weiß die Antwort sofort und kann ihren Stift° sechs Plätze bewegen. Am Ende ist Lisa heute doch besser.

Sie spielen Europareise.

Wie spielt man Europareise?

Herr Krüger arbeitet am Wochenende gern an seinem zweiten Wagen. Es ist ein Trabi aus der ehemaligen DDR°. Er hat ihn vor ein paar Jahren ganz preiswert gekauft, aber heute gibt es nicht mehr so viele von diesen Autos. In ein paar Jahren glaubt er, mehr Geld zu bekommen, als er dafür bezahlt hat. Aki hilft manchmal beim Reparieren. Es gibt an diesem Wagen immer etwas zu tun. Aber es macht ihm viel Spaß. In ein paar Jahren hofft° er, selbst ein Auto fahren zu können.

Am Trabi gibt's immer viel zu tun.

*sich plötzlich erinnern* to remember suddenly; *müde* tired; *verlieren* to lose; *sich trocknen* to dry oneself; *sich setzen* to sit down; *anfangen* to begin; *seine Fingertechnik verbessern* to improve his fingering technique; *der Klavierunterricht* piano lessons; *stolz* proud; *eigentlich* actually; *einige Sachen erledigen* to take care of some things; *stecken* to put; *in geheimer Mission* on a secret mission; *der Modellbau* model-making; *verschieden* different; *bauen* to build; *der Hubschrauber* helicopter; *der Lastwagen* truck; *die Wäsche* laundry; *das Waschpulver* laundry detergent; *auf die Leine hängen* to hang on a clothesline; *die Modelleisenbahn* model train; *die Ruhe* silence; *schlagen* to beat; *würfeln* to throw the dice; *das Brettspiel* board game; *eine Frage stellen* to ask a question; *der Stift* peg; *ein Trabi aus der ehemaligen DDR* a "Trabi" (car) from former East Germany; *hoffen* to hope

20. *Welche Wörter fehlen in diesen Sätzen?* **Gebrauche die richtige Form der Verben aus der Liste!**

| | | | |
|---|---|---|---|
| warten | fahren | helfen | besuchen |
| arbeiten | putzen | stellen | geben |
| waschen | stecken | kommen | müssen |
| wissen | essen | wachen | sein |
| lesen | haben | spielen | stehen |

1. Aki ____ um sieben Uhr dreißig auf. Dann steht er auf.
2. Heute ____ er sich nicht beeilen.
3. Er ___ heute viel vor.
4. Im Bad ____ er sich die Zähne.
5. Alles ____ schon auf dem Frühstückstisch.
6. Aki soll seiner Mutter und seiner Schwester später ____.
7. Er ____ an seinem Schreibtisch.
8. Im Wohnzimmer ____ Akis Mutter auf ihn.
9. Gegen ein Uhr ____ alle im Esszimmer.
10. Akis Mutter ____ das schmutzige Geschirr in die Geschirrspülmaschine.
11. Aki ____ eine Zeitung in seinem Zimmer.
12. Modellbau ____ eins von Akis Hobbys.
13. Lisa und Aki ____ Wäsche am Nachmittag.
14. Die Züge ____ um die Stadt herum.
15. Robert ____ gern zu Aki.
16. Katrin ____ heute Nachmittag ihre Oma.
17. Aki und Lisa ____ Europareise.
18. Aki ____ Lisa eine Frage.
19. Lisa ____ die Antwort.
20. Es ___ nicht mehr viele Trabis.

Modellbau ist eins von Akis Hobbys.

*Alltag*

**21. Beantworte diese Fragen!**

1. Wie weiß Aki, wie viel Uhr es ist?
2. Warum geht Aki heute nicht in die Schule?
3. Was macht er im Bad?
4. Was gibt es zum Frühstück zu trinken?
5. Muss Aki am Sonntag etwas tun?
6. Für welche Fächer hat Aki Hausaufgaben?
7. Was macht Aki in der Küche gern?
8. Was hat Lisa vor dem Mittagessen gemacht?
9. Was hat Aki auf seinem Bücherregal gesammelt?
10. Was für Modelle hat Aki gebaut?
11. Was macht Aki mit der sauberen Wäsche?
12. Was macht Aki nach dem Abendessen?
13. Warum kommen Aki und Robert am Sonntag nicht zusammen?
14. Wer gewinnt das Brettspiel?
15. Woher kommt Herr Krügers zweiter Wagen?

**22. Etwas Persönliches.**

1. Was machst du meistens, wenn du aus der Schule kommst?
2. Was machst du gern am Wochenende?
3. Mit wem kommst du manchmal zusammen? Was macht ihr dann?
4. Was isst und trinkst du meistens zum Frühstück?
5. Wer hat in deiner Familie ein Hobby? Was für ein Hobby ist es?

## Praktische Situation

Form groups of three. Working on your own, Student 1 outlines what he or she considers an ideal day, describing only enjoyable activities; Student 2 details an average day, including enjoyable activities as well as chores that need to be done; and Student 3 describes what would be a very bad day, listing only chores that must be completed. (Each student must give at least eight activities/chores in sequence of importance.) Then discuss the lists as a group and create a fourth list that reflects most realistically a student's efficient use of time, family obligations and personal responsibilities.

# Übung macht den Meister!

1. *Vor der Schule.* Beschreib, was du am Morgen vor der Schule machst! Besprich das mit einem anderen Schüler in deiner Klasse und vergleiche (compare), was ähnlich (similar) und was verschieden ist!

2. *Mein Hobby.* Hast du ein Hobby? Schreib ganz kurz darüber!

3. *Komm doch rüber!* Du möchtest ganz gern, dass dein Freund oder deine Freundin am Sonntagnachmittag rüberkommt. Er oder sie will dich aber nicht besuchen. Versuch deinen Freund oder deine Freundin zu überzeugen (convince), dass es bei dir viel Spaß machen wird! Gib fünf Gründe (reasons) dafür!

4. *Was ich alles zu Hause tun muss.* Bestimmt gibt es bei dir zu Hause Arbeit, die (which) du machen musst. Beschreib drei von diesen Arbeiten während der Woche oder am Wochenende!

Was muss Aki am Morgen tun?

# Aktuelles

## Auf dem Markt

Einen Markt gibt es in fast jeder deutschen Stadt. In den Großstädten findet man nicht nur einen Markt in der Stadtmitte, sondern auch in den großen Vororten°. Für Touristen ist es ein interessantes Erlebnis, einmal einen Markt zu besuchen. Dort gibt es immer eine persönliche Atmosphäre, und die Auswahl an verschiedenen Waren ist meistens gut. Der meiste Betrieb° ist am Morgen.

Markt in Waldkirch

Gibt es hier eine große Auswahl an Obst?

An den Obstständen findet man eine große Auswahl an Obst, wie zum Beispiel Bananen, Pfirsiche, Erdbeeren und Kirschen. Manche Stände verkaufen nur eine Obstsorte°. Dort kann man vielleicht saftige° Äpfel kaufen oder auch reife° Erdbeeren, besonders im Juli. Wenn man damit noch nicht zufrieden ist°, kann man auch das Obst kosten°. Die Verkäufer lassen ihre Kunden° gerne kosten. Sie wollen, dass ihre Kunden zufrieden sind und wiederkommen.

Während sich einige Stände auf Obst spezialisieren°, bieten andere Gemüse an. Hier findet man zum Beispiel Karotten, Zwiebeln und viele andere Gemüsearten. Die Preise sind klar markiert°. Jeder Stand hat eine Waage°. Da wiegt die Verkäuferin das Obst oder Gemüse und packt es in eine Tüte. Viele Kunden bringen ihre eigenen Einkaufstaschen mit; dann kann die Verkäuferin das Obst oder Gemüse direkt in die Einkaufstasche legen.

Außer den Obst- und Gemüseständen gibt es auch noch andere Stände. Deutsche essen sehr gern Brot. Es ist deshalb nicht erstaunlich°, dass man auf dem Markt einen Brotstand findet. Die Brote und die anderen Backwaren sind frisch und

Was kauft die Dame auf dem Markt?

knusprig°. Sie kommen am Morgen direkt von den Bäckereien. Möchten Sie Wurst kosten? Das kann man auch auf vielen Märkten bei einem Wurststand oder bei einem Imbiss. Wenn man gern Käse isst, findet man auch davon eine gute Auswahl. An den Käseständen kann man oft verschiedene Käsesorten kosten, bevor man sich entscheidet. Manche Stände bieten nur Eier und Butter an. Die Eier und Butter sind natürlich ganz frisch, denn sie kommen direkt von den Bauernhöfen.

An diesem Stand kann man viel kaufen.

Die Deutschen kaufen gern Blumen und schenken sie oft ihren Verwandten und Freunden. Deshalb ist ein Markt ohne Blumenstand undenkbar. Die Auswahl ist auch hier gut. Manchmal kann man außer Obst, Gemüse und verschiedenen Lebensmitteln sogar Kleidungsstücke kaufen. Deshalb ist ein Besuch auf einem deutschen Markt für jeden zu empfehlen.

Die Deutschen kaufen gern Blumen.

*der Vorort* suburb; *der Betrieb* traffic; *die Obstsorte* kind of fruit; *saftig* juicy; *reif* ripe; *damit nicht zufrieden sein* not to be satisfied with it; *kosten* to taste; *der Kunde* customer; *sich spezialisieren auf* to specialize in; *klar markiert* clearly marked; *die Waage* scale; *erstaunlich* amazing; *knusprig* crispy, crunchy

## Beende die folgenden Sätze!

1.  Es gibt Märkte in Städten und großen ____.
2.  Auf einem Markt ist die Atmosphäre sehr ____.
3.  Die meisten Leute kommen am ____.
4.  Alle Preise sind klar ____.
5.  Die Verkäuferin wiegt das Obst oder Gemüse auf einer ____.
6.  Zum Einkaufen bringen viele Kunden ihre ____ mit.
7.  Die Backwaren kommen schon früh am Morgen von den ____.
8.  Die Eier und Butter kommen direkt von den Bauernhöfen. Deshalb sind sie ____.
9.  Deutsche schenken ihren Freunden und Verwandten gern ____.
10. Man kann einen ____ auf einem Markt sehr empfehlen.

## Beschreib ganz kurz einen deutschen Markt!

*Alltag*

# Erweiterung

**23.** **Was ist das Gegenteil von den einzelnen Wörtern?**

◆ lang
◆ kurz

1. nein
2. interessant
3. schnell
4. vor
5. richtig
6. offen
7. hell
8. teuer
9. schwer
10. sauber

Woher kommt das Obst? Aus dem Süden oder Norden?

**24.** **Bilde Sätze mit den folgenden Wörtern!**

1. können / du / tragen / groß / Koffer
2. deutsch / Flugzeug / acht Uhr / abfliegen
3. lesen / dein / Mutter / lang / Brief
4. morgen / sehen / wir / interessant / Film
5. Karsten / kaufen / preiswert / Backwaren
6. wir / holen / gelb / Bananen
7. wie / gefallen / du / neu / Geschäft
8. Jungen / nicht spielen / während / schlecht / Wetter
9. verstehen / ihr / einfach / Aufgabe
10. wollen / du / halb / Stück / Kuchen / essen

**25.** *Wo wohnst du?* **Du bist neu in deiner Schule und willst wissen, wo die anderen Schulfreunde wohnen.**

◆ Museum / groß
◆ Ich wohne beim großen Museum.

1. Kino / neu
2. Pizzeria / italienisch
3. Rathaus / alt
4. Haus / grün
5. Straße / lang

## 26. Beende diesen Dialog!

*Julia:* Du musst jetzt aufstehen.

*Maria* ____

*Julia:* Es ist schon Viertel nach sieben.

*Maria:* ____

*Julia:* Was? Heute ist Freitag.

*Maria:* ____

*Julia:* Möchtest du frühstücken?

*Maria:* ____

*Julia:* Willst du etwas zu essen auf den Weg mitnehmen?

*Maria:* ____

*Julia:* Und etwas zu trinken?

*Maria:* ____

## 27. Ergänze die folgenden Sätze mit den richtigen Endungen!

1. Dies____ klug____ Schüler wissen immer alles.
2. D____ amerikanisch____ Touristen fliegen direkt nach München.
3. D____ bunt____ Kleid gefällt mir sehr.
4. Während d____ warm____ Tages brauche ich d____ schwarz____ Mantel nicht.
5. Kannst du d____ gut ____ Freundin nicht helfen?
6. Er fährt mit d____ neu____ Auto.
7. Hast du d____ alt____ Fahrrad gekauft?
8. Anstatt dies____ teur____ Krawatte kaufe ich lieber dies____ blau____ Hemd.
9. Wir lesen d____ interessant____ Bücher.
10. Ich will dies____ preiswert____ Karten holen.

Kaufen die Leute die frischen Früchte?

Die italienischen Tomaten schmecken besonders gut.

28. **Was hat Elisabeth gestern gemacht?** Lies, was Elisabeth gestern gemacht hat. Du musst aber alle Sätze richtig mit den Wörtern aus der Liste ergänzen.

| | | | |
|---|---|---|---|
| gemacht | angesehen | angekommen | gegessen |
| gefahren | bestellt | getroffen | aufgestanden |
| gegangen | gewartet | geschmeckt | angerufen |
| zubereitet | gehabt | getrunken | beeilt |

Am Morgen ist sie um acht Uhr ____. In der Küche hat ihre Mutter das Frühstück ____. Elisabeth ist nach einer halben Stunde in die Küche ____ und hat noch schnell ein Brot mit Marmelade ____ und ein Glas Milch ____.

Ihre Freundin Brigitte hat schon ein paar Minuten vor dem Haus ____; dann sind beide mit ihren Rädern zur Schule ____. In der Schule hat Elisabeth sechs Fächer ____. Am Nachmittag haben sich Elisabeth und Brigitte mit zwei Freunden in einem Café ____. Dort haben die vier Jugendlichen Eis ____. Das hat sehr gut ____.

Am späten Nachmittag hat Elisabeth Brigitte ____ und sie gefragt, ob sie rüberkommen möchte. Das hat sie auch ____. Beide haben sich bis zehn Uhr ein Fernsehprogramm ____. Dann hat sich Elisabeth ____. Um halb elf ist sie wieder zu Hause ____.

29. **Was hast du am Wochenende vor?** Beschreib kurz, was du am Wochenende machen wirst! Wenn du noch nichts geplant hast, dann beschreib, was du gern machen möchtest!

## Was weißt du?

1. *Am Morgen.* Describe in at least six sentences what you do before you go to school in the morning.

2. *Das möchte ich gern machen.* State three activities that you would like to do. Give reasons why you cannot do them.

3. *Meine Lieblingszeit.* Describe which time of the day you like best, and why.

4. List three cultural differences that you have observed in comparing a typical German with a typical American. (*Auf Englisch!*)

5. *Der Markt.* Write a short paragraph describing a German market.

6. *Gegenteile.* Gib das Gegenteil von den folgenden Wörtern und beschreib jedes Wort mit einem ganzen Satz! Hier sind fünf Wörter: *kurz, sauber, weich, nass, hoch.*

# Vokabeln

der **Alltag,-e** everyday life
**anfangen** (*fängt an, fing an, angefangen*) to begin, start
die **Aufgabe,-n** problem, exercise, assignment
**aufwachen** to wake up
die **Autobahn,-en** German freeway
die **Autozeitschrift,-en** car magazine
**bald** soon
**bauen** to build, construct
das **Brettspiel,-e** game board
die **Cartoonzeitschrift,-en** comic magazine
**danach** after (that), afterward(s)
die **DDR (Deutsche Demokratische Republik)** former East Germany
der **Diskjockey,-s** disc jockey, DJ
**ehemalig** former
**eigentlich** actually
das **Ende** end; *am Ende* at the end
die **Erdnussbutter** peanut butter
sich **erinnern** to remember
**erledigen** to take care of
**europäisch** European
**fast** almost
die **Fingertechnik** finger technique
das **Foto,-s** photo
die **Frage,-n** question; *eine Frage stellen* to ask a question
das **Gegenteil,-** opposite
**geheim** secret; *in geheimer Mission* on a secret mission
die **Geometrie** geometry
**hängen** to hang
**hart** hard (wood, stone)

**heutzutage** today, nowadays
**hinten** in the back
der **Hit,-s** hit (song, tune)
**hoffen** to hope
der **Honig** honey
der **Hubschrauber,-** helicopter
der **Klavierunterricht** piano lessons
der **Lastwagen,-** truck
die **Leine,-n** rope, clothesline
**meinen** to mean, think
das **Modell,-e** model
der **Modellbau** model-building
die **Modelleisenbahn,-en** model train
**modisch** fashionable
**müde** tired
der **Musiklehrer,-** music teacher
**nah** near
**nass** wet
**niedrig** low
**offen** open
**plötzlich** suddenly
**riechen** (*roch, gerochen*) to smell
die **Ruhe** peace, silence
die **Sachen** (pl.) things, items; *die Sachen erledigen* to take care of things (matters)
**sauber** clean
**schlafen** to sleep (*schläft, schlief, geschlafen*)
**schlagen** (*schlägt, schlug, geschlagen*) to beat, hit
**schmutzig** dirty
die **Schularbeit,-en** schoolwork, homework
der **Schultag,-e** school day
**selbst** oneself
sich **setzen** to sit down

**sofort** right away, immediately
der **Sportwagen,-** sports car
**stecken** to put, stick
**steigen** (*stieg, ist gestiegen*) to climb; *aus dem Bett steigen* to get out of bed
der **Stift,-e** peg
**stolz** proud
die **Strecke,-n** stretch, distance
**süß** sweet
der **Trabi,-s** former East German car
**trocken** dry
sich **trocknen** to dry; *sich das Haar trocknen* to dry one's hair
**typisch** typical
**verbessern** to improve
**verlieren** (*verlor, verloren*) to lose
**verschieden** different
**vorne** in front
**vorüber** be over; *Die Woche ist vorüber.* The week is over.
die **Wäsche** laundry
die **Waschmaschine,-n** washer
das **Waschpulver** soap powder, laundry detergent
**weich** soft
**weiterfahren** (*fährt weiter, fuhr weiter, ist weitergefahren*) to continue on, drive on
der **Witz,-e** joke; *Witze machen* to make jokes
**würfeln** to throw the dice
**zu** closed

*Aki liest In geheimer Mission.*

Robert spielt mit seiner Modelleisenbahn.

*Aki weiß genau, wie viel Waschpulver in die Waschmaschine kommt.*

# Feste und Feiertage

## In this chapter you will be able to:

- ask for information
- talk about a special event
- identify holidays
- describe a trip
- tell what you did in the past

# Auf zum Oktoberfest!

Matthias und Falko haben heute vor, mit Birgit nach München zum Oktoberfest zu fahren. Schon früh am Sonntagmorgen ruft Matthias seinen Freund Falko und seine Freundin Birgit an und sagt ihnen, dass sie sich bald bei ihm treffen sollen. Es dauert auch nicht lange, bis Falko und Birgit da sind.

Wen ruft Matthias an?

**Matthias:** Beeilen wir uns! Die S-Bahn kommt in zwanzig Minuten.

**Falko:** Hier ist mein Geld. Du kannst die Fahrkarten kaufen.

**Birgit:** Ich habe passendes Geld.

**Matthias:** Da kommt ja schon die S-Bahn.

**Birgit:** Steigen wir hier ein!

**Falko:** Warum setzt du dich nicht neben Birgit?

**Matthias:** Die Birgit ist heute schlechter Laune.

**Birgit:** Das kannst du wohl sagen. Meine Eltern haben mir gestern kein Taschengeld gegeben.

**Matthias:** Und warum, wenn ich fragen darf?

**Birgit:** Du weißt das ganz genau. Ich bin am Sonntag zu spät nach Hause gekommen.

Alle drei sind auf dem Weg zur S-Bahn.

Warum sitzt Matthias nicht neben Birgit?

1. **Ergänze diese Sätze! Manchmal brauchst du mehr als ein Wort.**

   1. Matthias, Falko und Birgit fahren heute ____.
   2. Sie wollen sich bald bei Matthias ____.
   3. Die drei fahren mit ____.
   4. Falko sitzt neben ____.
   5. Matthias' Freundin ist heute ____.
   6. Birgit hat von ihren Eltern kein ____.

Die Fahrt von Kirchheim nach München dauert eine halbe Stunde. Dann gehen sie zur Theresienwiese, wo das Oktoberfest stattfindet. Jeden Tag — während der sechzehn Tage des Oktoberfests — kommen hunderttausende von Menschen hierher. Besonders am Wochenende geht es auf der Theresienwiese drunter und drüber.

Endlich sind sie auf der Theresienwiese.

Falko: Ich möchte gern mit der Achterbahn da drüben fahren.

Matthias: Warum laufen wir nicht erst mal herum und sehen uns an, was es da alles gibt?

Birgit: Du bist wirklich ein weiser Mensch! Das Herumlaufen kostet wenigstens nichts.

Falko: Du hast doch zwei Freunde mitgebracht. Die können dich bestimmt ab und zu einladen.

Matthias: Für eine tolle Fahrt bezahle ich gern. Ich kann dir aber auch etwas Geld leihen.

Birgit: Das werde ich wohl brauchen.

Ich möchte gern mit der Achterbahn da drüben fahren.

2. **Was passt hier?**

1. Matthias will
2. Das Oktoberfest ist
3. Falko möchte
4. Birgit, Falko und Matthias wohnen
5. Das Oktoberfest findet
6. Birgit kann

a. auf der Theresienwiese statt
b. sich von Matthias Geld leihen
c. in Kirchheim
d. für eine tolle Fahrt bezahlen
e. mit der Achterbahn fahren
f. sechzehn Tage lang

*Feste und Feiertage*

Zuerst fahren sie mit der Achterbahn und dann mit der Wildwasserbahn. Sie müssen auf einer Treppe ganz nach oben steigen. Dann setzen sie sich in ein Boot. Es fährt erst langsam, aber plötzlich geht's im Wasser steil nach unten. Sie jubeln und schreien. Dann spritzt das Wasser ganz toll und die drei werden etwas nass.

*Birgit:* Das hat wirklich Spaß gemacht.

*Falko:* Leider war es zu kurz.

Es geht ganz steil nach unten.

*Matthias:* Ich schlage vor, wir gehen zur „Wilden Maus". Es ist dieses Jahr etwas Neues und soll super sein.

*Birgit:* Und wenn es mir schlecht wird?

*Falko:* Das glaube ich nicht. Du machst doch bei allem mit.

*Matthias:* Seht ihr? Da steht die „Wilde Maus" direkt vor euch.

*Birgit:* Ach du meine Güte!

*Falko:* Also, los!

*Birgit:* Machen wir schnell! Es sieht so aus als wenn's bald regnen wird.

Was steht darauf?

Alle drei haben den ganzen Tag auf dem Oktoberfest viel Spaß. Kurz bevor sie nach Hause fahren, überrascht Matthias die Birgit mit einem Lebkuchenherz. Darauf steht: „Ich mag Dich."

Von wem bekommt Birgit das Lebkuchenher

3. **Was ist die richtige Reihenfolge?**

1. Das Wasser hat gespritzt.
2. Sie sind zur „Wilden Maus" gegangen.
3. Falko, Birgit und Matthias sind nass geworden.
4. Sie sind schnell nach unten gefahren.
5. Sie haben sich in ein Boot gesetzt.
6. Matthias hat Birgit ein Lebkuchenherz gegeben.
7. Alle drei haben geschrieen.
8. Sie sind mit der Achterbahn gefahren.

4. **Wovon spricht man hier?**

   1. Sie kommt in fünfzehn Minuten.
   2. Viele Eltern geben es ihren Töchtern und Söhnen. Dann können sie es ausgeben.
   3. Wenn man vom ersten Stock zum zweiten gehen will, dann muss man sie gebrauchen.
   4. Man muss sie kaufen, wenn man mit dem Zug fahren will.
   5. Dorthin kommen jedes Jahr ein paar Millionen Menschen.
   6. Es fährt auf einem See.
   7. Darauf steht, dass er seine Freundin gern hat.
   8. An diesem Tag gehen sie zur Theresienwiese.

Sprichwort

## Du bist wohl die Treppe hinuntergefallen.

(What's happened to your hair?)

# Für dich

Although called *Oktoberfest*, most of this gigantic festival takes place during the latter part of September and ends in early October. Several million people visit the *Oktoberfest* every year drinking beer and eating many tons of pork sausages and roasted chickens. At the beginning of

das Trachtenfest am Anfang des Oktoberfests

the festival, there is a great *Trachtenfest* parade with thousands of participants in folk costumes with bands, floats and decorated wagons pulled by the famous brewery horses. The parade winds through Munich's downtown streets and ends on the festival grounds, the *Theresienwiese*, or simply called by the Bavarians, the *Wies'n*.

The *Oktoberfest* originated over 160 years ago, when Princess Therese of Saxe-Hildburghausen was married to Bavaria's Crown Prince Ludwig, later crowned King Ludwig I. To celebrate the wedding, it was suggested that a horse race be held. This met the king's approval, and horsemen from all of Bavaria came to take part with 40,000 visitors looking on. The celebration following the race on the next day was such a great success that it was decided to call the place *Theresienwiese* in honor of the princess, and that the festival be repeated each year. Thus, the *Oktoberfest* has become what it is today—Europe's biggest folk festival.

# Rollenspiel

You and a classmate are in the midst of the *Oktoberfest*. One of you takes the role of a tourist, the other plays the role of a local guide. The tourist asks about the location of the festivities, how to get there and the various activities that will take place. The local guide attempts to give as much information as possible to keep the conversation going. Who is the funniest, best informed guide in class?

# Aktuelles

## Holidays and Festivals

The German calendar is filled with religious and secular holidays, as well as numerous local and regional festivals. The four Sundays of Advent mark the beginning of the Christian celebration and with it the beginning of the Christian church year. On each Sunday, many families gather around the Advent wreath (*Adventskranz*) and light one candle until all four candles are burning together. Most German children have

die ganze Familie um den Weihnachtsbaum herum

a colorful Advent calendar (*Adventskalender*). Every morning, starting with the first day of December, they get to open one of the 24 numbered windows or doors until the last one is opened on Christmas Eve. The German Santa Claus, called *der Weihnachtsmann*, appears before and during the Christmas holiday to the delight of the children.

Welches Fest feiert man hier?

Christmas markets with their colorful displays offer shoppers and curiosity seekers many opportunities to absorb the festive atmosphere. Famous among the Christmas markets is the *Christkindlesmarkt* in Nuremberg (*Nürnberg*). Christmas trees are usually bought just a few days before Christmas. Most children don't see the fully decorated tree (*Weihnachtsbaum*) until Christmas Eve (*Heiliger Abend*). Christmas Eve is the focal point of the celebration in Germany, and both December 25 and 26 (*1. Weihnachtstag und 2. Weihnachtstag*) are national holidays.

The German New Year's Eve, called *Silvester*, is usually celebrated with close friends and relatives. Many towns also schedule fireworks to welcome the new year.

One of the most famous German festivals is the *Karneval* in Cologne (*Köln*). Although the carnival season lasts several weeks, the climax is reached on *Rosenmontag*, the Monday before Ash Wednesday. On Rose Monday, a five-mile parade with floats, horses and bands winds through the city. Prince Carnival (*Prinz Karneval*), elected by the festival committee, reigns over the city. Although Cologne's celebration is known locally as *Karneval*, the celebration is called *Fassenacht* in Mainz and *Fasching* in Munich (*München*). As in Cologne, Munich has a spectacular, colorful parade.

During the Lenten season there are almost no celebrations in Germany. Easter activities center around the Easter eggs (*Ostereier*). It is quite common for families to spend many hours decorating the eggs, using elaborate techniques. These colorful eggs are placed together with chocolate and nougat eggs into a basket or, as the Germans call it, an "Easter nest" (*Osternest*). Children eagerly look forward to hunting Easter eggs which are usually hidden inside or outside the home.

Karneval

Between Easter and Pentecost (*Pfingsten*), which is celebrated between May 9 and June 13 (the seventh Sunday and Monday after Easter), there are numerous religious celebrations and processions, particularly in the southern part of Germany.

Wie heißt das Fest in Rothenburg?

On Pentecost Monday *(Pfingstmontag)*, the small romantic town of Rothenburg resembles a medieval military camp. Townspeople dressed in picturesque uniforms sit around a campfire recreating the historical *Meistertrunk*. During the Thirty Years' War (1618-1648), the Swedish army intended to destroy the town unless someone could be found to drink a huge jug of wine. The mayor agreed and accomplished this feat, thus saving the town from certain destruction. A similar festival, called *Kinderzeche*, takes place in Dinkelsbühl, near Rothenburg. In Dinkelsbühl, the children saved the town from destruction during the Thirty Years' War by pleading with a Swedish general.

Another event, which involves the participation of an entire town is called "Landshut Wedding" *(Landshuter Hochzeit)*. The event takes place every three years, recreating the legendary wedding of Georg, the son of Duke Ludwig, and Hedwig, the daughter of the Polish King Kasimir in the year 1475. It is said that 10,000 people, mostly friends and relatives of the royal families, had to be fed and housed for a whole week, thus creating an event that was talked about throughout Europe.

One of the oldest festivals, taking place every four years and going back to the 15th century, is the tilting contest in Ulm *(Ulmer Fischerstechen)*. Groups of two men try to push each other off fishing boats into the water, using a pole. Thousands of spectators watch from the shore of the Danube River.

Ulmer Fischerstechen

Among the summer festivals is the Shepherds' Run of Urach *(Uracher Schäferlauf)*, a tradition that dates back several hundred years. At that time, after the shepherds of Urach completed their work, they competed in various games, including a 300-meter run. The winner received a sheep.

The annual Sausage Fair *(Wurstmarkt)* in Bad Dürkheim, which takes place in September, claims proudly to be the "world's largest wine festival." Originally, during the 15th century, it was a flea market. In the middle of the 18th century it turned into a festival.

The Cannstatt Folk Festival *(Cannstatter Volksfest)* near the city of Stuttgart is the second largest festival in Germany next to the *Oktoberfest*. It lasts

In Deutschland gibt's viele Volksfeste. (Cannstatt)

for 16 days and is attended by several million people. Besides merry-go-rounds, thrill-seeking rides, a Ferris wheel and other amusements, there are numerous beer and wine stands. So popular is this festival that the Swabians from that area who immigrated to America are continuing their tradition in celebrating their annual Cannstatt Festival in Chicago, Brooklyn and Philadelphia.

*Wo finden diese Feste statt?* **Nenne Städte auf Deutsch!**

1. Schäferlauf
2. Karneval
3. Oktoberfest
4. Wurstmarkt
5. Fassenacht
6. Fischerstechen
7. Meistertrunk
8. Volksfest bei Stuttgart
9. Kinderzeche
10. Fasching
11. Christkindlesmarkt
12. Hochzeit

Wo findet der Karneval statt?

*Beantworte diese Fragen!* **Auf Deutsch, bitte!**

1. An welchem Tag findet der Meistertrunk statt?
2. Wie heißt der deutsche „Santa Claus"?
3. Was war im Jahre 1475?
4. Was sehen die Kinder erst am Heiligen Abend?
5. Was ist das größte Volksfest in Deutschland?
6. Was bekommen viele Kinder am 1. Dezember?
7. Was dekorieren Familien zu Ostern?
8. Wann ist Pfingsten?

*Feste und Feiertage*

und andere besondere Tage

### 5. Wann sind diese besonderen Tage in diesem Jahr?

1. dein Geburtstag
2. Weihnachten
3. Kolumbustag
4. Washingtons Geburtstag
5. Muttertag
6. Neujahr
7. Martin Luther Kings Geburtstag
8. Vatertag
9. Beginn der Schule
10. Ostern

Viele schicken Ansichtskarten zu Weihnachten.

### 6. Etwas Persönliches.

1. Wann ist der nächste Feiertag?
2. Was wirst du an dem Tag machen?
3. Bekommst du ab und zu Taschengeld? Von wem?
4. Gibt es in deiner Stadt oder in deiner Gegend während des Jahres ein Fest? Wie heißt es?
5. Wann ist dein Geburtstag? Was möchtest du an diesem besonderen Tag machen?

## Praktische Situation

Assume that you and your classmates have been given an additional holiday during the school year. Form groups of three. Each of you picks a different day and gives reasons why you would like to have that day off. Your list should include at least five reasons. When you are finished, discuss your list with the others. Each person presents his or her choice and gives reasons. A spokesperson decides who has given the best reasons. After your group has decided on one specific holiday, the spokesperson presents your group's selection to the rest of the class. The whole class may want to take a survey to determine which day is the favorite.

Das Oktoberfest feiert man schon im September.

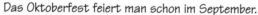

# Sag's mal! Was sagt man zu den verschiedenen Festen oder Feiertagen?

Herzlich willkommen!

Alles Gute zur Hochzeit!*

Frohe Weihnachten und ein gesundes Neues Jahr!*

Frohe Ostern!*

Herzlichen Glückwunsch zum Geburtstag!

Prost Neujahr!*

Viel Glück!

Alles Gute!

Guten Rutsch!*

## Sprache

### Adjectives after *ein*-words

The endings of adjectives following *ein*-words differ in only three places from those following *der*-words. In the nominative singular (masculine) the ending is *-er* and in the nominative and accusative singular (neuter) the endings are *-es* in both cases. *Ein*-words are *ein*, *kein* and all possessive adjectives *(mein, dein, sein, ihr, sein, unser, euer, ihr, Ihr)*.

|  | **Singular** | | | **Plural** |
|---|---|---|---|---|
|  | masculine | feminine | neuter |  |
| nominative | -er | -e | -es | -en |
| accusative | -en | -e | -es | -en |
| dative | -en | -en | -en | -en |
| genitive | -en | -en | -en | -en |

Sie spielen in einer Kapelle.

The following charts further illustrate these endings, together with corresponding nouns.

| masculine | | | | |
|---|---|---|---|---|
| Singular | nominative | ein | alter | Freund |
| | accusative | einen | alten | Freund |
| | dative | einem | alten | Freund |
| | genitive | eines | alten | Freundes |

| feminine | | | | |
|---|---|---|---|---|
| Singular | nominative | eine | nette | Dame |
| | accusative | eine | nette | Dame |
| | dative | einer | netten | Dame |
| | genitive | einer | netten | Dame |

| neuter | | | | |
|---|---|---|---|---|
| Singular | nominative | ein | neues | Haus |
| | accusative | ein | neues | Haus |
| | dative | einem | neuen | Haus |
| | genitive | eines | neuen | Hauses |

| | | | | |
|---|---|---|---|---|
| Plural | nominative | keine | neuen | Häuser |
| | accusative | keine | neuen | Häuser |
| | dative | keinen | neuen | Häusern |
| | genitive | keiner | neuen | Häuser |

*Singular*

**nominative:** Ein kleiner Junge steht dort.
Meine große Schwester ist siebzehn Jahre alt.
Sein neues Auto fährt sehr gut.

**accusative:** Er will keinen alten Film sehen.
Magst du meine braune Krawatte?
Sie gehen durch ein deutsches Museum.

**dative:** Gib deinem alten Freund ein Geschenk!
Wir sprechen mit unserer netten Lehrerin.
Die Jugendlichen gehen im Herbst zu ihrer neuen Schule.

**genitive:** Anstatt eines billigen Mantels kaufe ich mir lieber einen Anzug.
Die Tochter meiner alten Tante besucht uns.
Ist die Tür Ihres großen Zimmers zu?

*Plural*

**nominative:**  Meine neuen Schuhe gefallen mir sehr gut.

**accusative:**  Habt ihr keine interessanten Bücher gelesen?

**dative:**  Er hat von seinen alten Freunden lange nichts gehört.

**genitive:**  Die Preise seiner neuen Kassetten sind toll.

7. *Was für ein Tag ist heute in...?* **Beschreib, wie das Wetter in den verschiedenen Teilen Deutschlands ist!**

 ◆ Nürnberg / schlecht
 ◆ In Nürnberg ist heute ein schlechter Tag.

 1. Münster / kalt
 2. Köln / schön
 3. Hamburg / warm
 4. Frankfurt / kühl
 5. Berlin / heiß

Was für ein Tag ist es am Rhein?

8. *Tante Frieda zeigt dir ihr Haus.* **Mach ein paar Komplimente!**

 ◆ Ist die Farbe nicht toll?
 ◆ Ja, das ist eine tolle Farbe.

 Ist die Küche nicht schön?

 Ist das Wohnzimmer nicht hell?

 Ist der Sessel nicht groß?

 Ist das Bild nicht interessant?

 Ist der Computer nicht toll?

9. **Was kauft Rüdiger seinem Freund Timo zum Geburtstag?**

◆ gelb
◆ Er kauft ihm vielleicht
ein gelbes Sweatshirt.

1. bunt

2. preiswert

3. interessant

4. neu

5. toll

6. hellblau

10. *Was hast du gestern gemacht?* **Du erzählst, was du gestern
gemacht hast.**

◆ einen langen Brief schreiben
◆ Ich habe einen langen Brief geschrieben.

1. meine deutsche Zeitschrift lesen
2. ein neues Zelt kaufen
3. seinen schweren Koffer zum Bahnhof tragen
4. unsere französische Tante besuchen
5. ihren netten Cousin anrufen

11. *Wie gefällt dir...?* **Deine Eltern gehen mit dir in die Stadt. Sie wollen wissen, wie dir verschiedene Sachen gefallen. Sag ihnen, was dir lieber ist!**

    ◆ Wie gefällt dir die braune Schultasche? (rot)
    ◆ Ich möchte lieber eine rote Schultasche.

    1. Wie gefällt dir das alte Auto? (neu)
    2. Wie gefällt dir die teure Jacke? (preiswert)
    3. Wie gefällt dir der preiswerte Fernseher? (gut)
    4. Wie gefällt dir das große Haus? (klein)
    5. Wie gefällt dir die graue Hose? (dunkelblau)
    6. Wie gefällt dir der kurze Mantel? (lang)

12. **Und du? Machst du das auch?**

    ◆ Ich gebe ihm ein schönes Geschenk. Und du?
    ◆ Ich gebe ihm keine schönen Geschenke.

    1. Ich kaufe eine bekannte Cartoonzeitschrift. Und du?
    2. Ich lese ein interessantes Buch. Und du?
    3. Ich fotografiere eine deutsche Familie. Und du?
    4. Ich esse eine spanische Apfelsine. Und du?
    5. Ich hole mir ein frisches Brötchen. Und du?

13. *Beende diese Sätze!* **Use an *ein*-word with an adjective and a noun. Use a different adjective in each sentence.**

    1. Kaufst du ____?
    2. Habt ihr ____ gesehen?
    3. Ich brauche ____.
    4. Er wohnt bei ____.
    5. Die Touristen fahren durch ____.
    6. Haben Sie ____?
    7. Wo bekommen wir ____?
    8. Hast du ____ gebacken?
    9. Ich habe ____ gelesen.
    10. Seht ihr euch ____ an?

Sie hat einen komischen Helm auf dem Kopf.

## 14. Kombiniere...

Wann
Wo
Woher
Wie viel

haben
hast
wollt
wird
musst

Sie
ihr
Katrin
du

den tollen Film
die schweren Aufgaben
für die schöne Bluse
den langen Brief

bezahlen
bekommen
gesehen
gemacht

## Sprache

### Adjectives Not Preceded by Articles

Whenever an adjective is not preceded by an article, the adjective ending itself is identical to the ending of the definite article as if it had appeared. This is true for all four cases you have learned (nominative, accusative, dative and genitive). Note the variations in the neuter (nominative and accusative), where the ending actually is *-es* instead of *-as* as it appears in the article *das*, and in the masculine and neuter (genitive), where the ending is *-en*. Genitive masculine and neuter endings are not those of the article, but of preceded adjectives.

|  | Singular | | | Plural |
|---|---|---|---|---|
|  | masculine | feminine | neuter |  |
| nominative | alter Mann | rote Bluse | neues Auto | kleine Kinder |
| accusative | alten Mann | rote Bluse | neues Auto | kleine Kinder |
| dative | altem Mann | roter Bluse | neuem Auto | kleinen Kindern |
| genitive | alten Mannes | roter Bluse | neuen Autos | kleiner Kinder |

◆ *Die Band hat diese tolle Musik gespielt.* The band played this terrific music.

◆ *Die Band hat tolle Musik gespielt.* The band played terrific music.

◆ *Das braune Haar gefällt mir gut.* I like the brown hair.

◆ *Braunes Haar gefällt mir gut.* I like brown hair.

15. *Nein, das stimmt nicht.* **Beim Einkaufen bespricht Erich die verschiedenen Sachen mit seinem Freund.**

    ◆ Das lange Buch gefällt mir.
    ◆ Nein, lange Bücher gefallen mir nicht.

    1. Die braune Hose habe ich gern.
    2. Die bunte Tasse sieht gut aus.
    3. Das grüne Auto finde ich toll.
    4. Der große Fernseher kostet viel.
    5. Die kalte Kartoffel schmeckt mir.
    6. Das frische Brot gibt es am Nachmittag in der Bäckerei.

16. **Bilde neue Sätze mit den Wörtern in Klammern!**

    ◆ Das Brot schmeckt gut. (deutsch)
    ◆ Deutsches Brot schmeckt gut.

    1. Ich esse die Brötchen sehr gern. (frisch)
    2. Wir sehen nicht sehr oft die Fußballspiele. (toll)
    3. Das Haar gefällt mir nicht. (dunkelbraun)
    4. Das Wetter habe ich gern. (schön)
    5. Lesen Sie die Zeitschriften gern? (bekannt)
    6. Das Essen schmeckt mir nicht. (kalt)
    7. Ich kann den Kaffee nicht trinken. (heiß)
    8. Hörst du die Musik gern? (spanisch)

## Adjectives after *nichts, etwas* and *viel*

Adjectives following the words *nichts, etwas* or *viel* and appearing without a noun are always in the singular and are capitalized. Adjective nouns always use the ending -es.

◆ *Ich habe viel Gutes über ihn gehört.* I heard a lot of good things about him.

◆ *Wir lesen nichts Besonderes.* We are reading nothing special.

## Adjectives Following Quantity Words

There are a number of quantity words such as *viele, wenige, einige, andere, ein paar* and all numbers *(zwei, drei...)*. If these quantity words are followed by adjectives, then the adjective endings are the same as the *der*-word *dieser*.

◆ *Woher sind diese schönen Briefmarken?* Where are these beautiful stamps from?

◆ *Viele schöne Briefmarken kommen aus Liechtenstein.* Many beautiful stamps come from Liechtenstein.

◆ *Kannst du sechs neue CDs mitbringen?* Can you bring six new CDs along?

◆ *Bring mir diese neuen Bälle!* Bring me these new balls!

◆ *Bring mir ein paar neue Bälle!* Bring me a few new balls!

NOTE: Whenever these quantity words are followed by adjectives, the adjective endings are either *-e* (nominative and accusative) or *-en* (dative).

17. ***Was hast du denn da gemacht?* Du bist mit deiner Familie in den Ferien gewesen. Jetzt erzählst du deinen Freunden, was du da alles gemacht hast.**

◆ viel essen (gut)
◆ Ich habe viel Gutes gegessen.

Sie hat heute nichts Besonderes gekocht.

1. nichts machen (besonders)
2. viel lesen (interessant)
3. etwas kaufen (neu)
4. etwas mitbringen (schön)
5. nichts essen (lecker)

18. **Bilde Sätze mit den folgenden Wörtern!**

1. Liechtenstein / sein / ein / klein / Land
2. sein / groß / Bruder / spielen / Tennis / gern
3. ich / können / du / nichts / interessant / sagen
4. werden / die Mädchen / ein / teuer / Kleid / kaufen
5. haben / Sie / kein / warm / Mantel
6. mein / Onkel / sprechen / von / sein / lang / Reise
7. sich aussuchen / wir / ein / schön / Platz
8. wollen / du / nicht / ein paar / deutsch / Städte / fotografieren
9. haben / Sie / ein / gut / und preiswert / Karte
10. ich / schreiben / er / nichts / besonderes

## Ein Schulausflug

Die Schüler der achten Klasse einer Realschule in Düsseldorf haben ihren Schulausflug° schon vor ein paar Wochen geplant. Ihr Lehrer, Herr Ludwig, und zwei Eltern begleiten° die Gruppe von 25 Schülern. Sie haben vor, von Düsseldorf bis nach Koblenz zu fahren und dort in einer Jugendherberge zu übernachten.

Am Morgen gegen acht Uhr fahren sie mit dem Zug ab und kommen nach zwei Stunden auf dem Koblenzer Bahnhof an. Zuerst besichtigen° sie die Stadt und fahren dann mit einem Bus zum Deutschen Eck° am Rhein. An diesem bekannten Ort° fließt die Mosel in den Rhein. Manche Schüler laufen von der Mosel zum Rhein und sehen wie die langsame Mosel

*n sind die Schüler auf ihrem Schulausflug gefahren?*

in den schnellen Rhein fließt. Andere Schüler interessiert das weniger° — sie sitzen auf Bänken oder stehen in kleinen Gruppen und unterhalten sich mit ihren Schulfreunden.

*Die Schüler sitzen oder stehen und unterhalten sich.*

*Am Rhein gibt's viele Schlösser und Burgen. (Marksburg)*

Am Nachmittag machen die Schüler und die Erwachsenen° eine kurze Rheinfahrt°. Auf der Fahrt kommen sie an Weinbergen, Schlössern und Burgen vorbei°. Herr Ludwig gibt seinen Schülern Auskunft über die Geschichte des Rheins. Vor zwei- oder dreihundert Jahren haben hier Fürsten in den Schlössern und Burgen gewohnt. Heute sind viele dieser Schlösser und Burgen Ruinen.

Ihre Jugendherberge in Koblenz ist ganz in der Nähe vom Rhein. Deshalb können sie dorthin zu Fuß gehen. Die Schüler tragen ihre Rucksäcke oder große

Taschen. Herr Ludwig hat schon vor einem Monat Zimmer reserviert. Während der Herbstferien kommen viele Touristen und Schulgruppen hierher. Dann ist es schwer, in einer Jugendherberge Platz zu finden.

Beim Herbergsvater müssen alle ihre Mitgliedskarten zeigen. Dann bekommen sie ihre Bettwäsche° und Decken. Manche sind mit vier Personen in einem Zimmer, andere müssen sogar° mit sechs oder mehr Personen in einem Zimmer übernachten. Ein paar Mädchen haben Spiele mitgebracht. Sie sitzen in ihrem Zimmer und spielen Brettspiele.

Was spielen ein paar Jugendliche draußen?

Ein paar Jugendliche hören Musik im Radio.

Ein paar Jungen hören Musik im Radio. Die anderen Jugendlichen sind draußen° und spielen Tischtennis.

Um halb sieben sind alle zum Abendessen im Speisesaal. Sie essen Pizza oder Kalte Platte und trinken Cola, Milch oder Kaffee. Nach dem Essen können alle bis halb zehn machen, was sie wollen. Dann sagt Herr Ludwig seinen Schülern, dass sie auf ihre Zimmer gehen müssen. Am nächsten Tag wollen sie über Bonn und Köln wieder nach Düsseldorf zurückfahren°.

Was gibt's zum Abendessen?

*der Schulausflug* field trip; *begleiten* to accompany; *besichtigen* to visit, view; *der Ort* town, place; *wenig* little; *der Erwachsene* adult; *die Rheinfahrt* Rhine trip; *an Weinbergen, Schlössern und Burgen vorbeikommen* to pass by vineyards, castles and fortresses; *die Bettwäsche* bed linen; *sogar* even; *draußen* outside; *zurückfahren* to go/drive back

*Kapitel 8*

**19. Was stimmt hier nicht?**

1. Zwei Erwachsene begleiten die Schüler.
2. Die Schulgruppe fährt zwei Stunden mit dem Bus.
3. Das Deutsche Eck ist ein bekannter Ort in Düsseldorf.
4. Am Nachmittag machen die Schüler und die Erwachsenen eine Moselfahrt.
5. Herr Ludwig beschreibt die Stadt Koblenz.
6. Heute wohnen noch Fürsten in den Burgen und Schlössern.
7. Die Schüler machen ihren Schulausflug im Mai.
8. Die Schüler zeigen ihrem Lehrer die Mitgliedskarten.
9. Ein paar Mädchen spielen im Speisesaal Brettspiele.
10. Um zehn Uhr dreißig müssen alle auf ihr Zimmer gehen.

**20. Beantworte diese Fragen!**

1. Was hat Herr Ludwig schon lange geplant?
2. Aus welcher Stadt kommen sie?
3. Was machen sie in Koblenz zuerst?
4. Welche beiden Flüsse fließen in Koblenz zusammen?
5. Was sehen sie alles auf dem Rhein?
6. Warum hat Herr Ludwig schon vor einem Monat Zimmer in der Jugendherberge reserviert?
7. Was brauchen alle zum Übernachten?
8. Was machen ein paar Mädchen und Jungen?
9. Wann fahren sie wieder nach Hause?

Wo übernachten Herr Ludwig und seine Klasse?

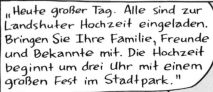

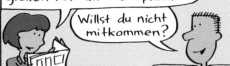

# Übung macht den Meister!

1. *Wir möchten einen Schulausflug machen.* Du und deine Schulfreunde möchten gern einen Schulausflug machen. Beschreib kurz (1) wohin ihr fahren möchtet, (2) was ihr mitnehmen müsst, (3) wie lange ihr dort bleibt, (4) wo ihr übernachten könnt, (5) was ihr da alles machen wollt und (6) wann ihr wieder zurückkommt!

2. *Wir planen unser Schulfest.* Bestimmt hast du während des Jahres in deiner Schule ein Fest. Wenn nicht, dann stell dir vor, dass ihr (du und deine Schulfreunde) irgendein Fest plant. Mit einem Klassenkameraden bereite solch ein Fest vor. Beantwortet folgendes auf einer Liste: Wann und wo wird es sein? Wer kommt? Was müsst ihr vor dem Fest alles machen (Einkäufe machen, Platz reservieren)? Was wird das Fest kosten und wer wird dafür bezahlen?

3. *An dem Tag haben wir keine Schule.* Such dir einen Feiertag während des Jahres aus und beschreib, was man diesen Tag feiert und was du an solch einem Tag machen wirst!

# Aktuelles

## Karneval oder Fasching

Karneval ist ein sehr beliebtes Fest in Deutschland. Der Kölner Karneval hat seinen Höhepunkt° am Rosenmontag. An diesem Tag ist in allen großen und kleinen Städten am Rhein und auch in Süddeutschland sehr viel los. Der Rosenmontag ist sogar ein Feiertag. Alle Geschäfte sind geschlossen° und niemand arbeitet. Schon früh am Morgen gehen Tausende in die Stadtmitte. Die meisten müssen ihre Autos weit entfernt parken. In der Stadt selbst gibt es an diesem Tag einfach keine Parkplätze°.

Die Leute suchen sich schon früh die besten Plätze aus. Sie müssen lange warten, bevor der Umzug° beginnt. Manche Leute haben sogar Kostüme° an. Man sieht besonders viele Clowns. Viele Leute laufen die Straßen auf und ab° und versuchen, noch einen guten Platz zu bekommen. Die besten Plätze sind aber schon weg. Die meisten Leute müssen stehen, aber einige haben sich Sitzplätze auf der Tribüne° gekauft. Von dort kann man den Umzug besonders gut sehen.

ein Kind mit einem Kostüm

Viele Kapellen machen Musik.

Endlich geht es los. Viele Kapellen° machen Musik. Es ist nicht nur auf den Straßen viel zu sehen, sondern auch in der Luft. Dort fliegen Flugzeuge und machen Reklame°. Die Zuschauer sind von den Festwagen begeistert° und jubeln und schreien. Der Höhepunkt beim Karneval ist der Prinzenwagen°. Die Kölner begrüßen ihn mit einem „Alaaf".

Als was hat er sich angezogen?

Während in Köln der Karneval stattfindet, feiern die Münchner den „Fasching". Wie in Köln stehen auch in München Tausende von Menschen in der Stadtmitte und sehen dem Faschingszug zu. Nicht nur Erwachsene machen mit; auch die Jugendlichen und Kinder haben beim Fasching viel Spaß.

*der Höhepunkt* highlight; *geschlossen* closed; *der Parkplatz* parking space; *der Umzug* parade; *das Kostüm* costume; *auf und ab* up and down; *die Tribüne* grandstand; *die Kapelle* band; *Reklame machen* to advertise; *von den Festwagen begeistert* are thrilled by the floats; *der Prinzenwagen* prince's float

*Feste und Feiertage*

**Beantworte diese Fragen!**

1. Was ist der beliebteste Tag des Karnevals?
2. Kann man an diesem Tag einkaufen gehen?
3. Wo parken die meisten Leute ihre Autos? Warum?
4. Wo findet man die besten Plätze?
5. Was ist der Höhepunkt beim Karnevalszug?
6. Wie heißt das Fest in München?
7. Machen nur die Erwachsenen mit?

## Erweiterung

21. *Gib die passenden Endungen an!* **Nicht alle Sätze gebrauchen Endungen.**

    1. Mein_____ Eltern kaufen ein_____ klein_____ Haus.
    2. Wo sind euer_____ deutsch_____ Bücher?
    3. Er fährt mit sein_____ neu_____ Auto durch Europa.
    4. Hast du mein_____ alt_____ Kamera gesehen?
    5. Heute ist kein_____ schön_____ Tag.
    6. Sie besuchen kein_____ groß_____ Städte.
    7. Er gibt sein_____ gut_____ Freundin ein_____ klein_____ Geschenk.
    8. Die Touristen gehen durch ein bekannt_____ Museum.
    9. Sie gehen zu ein_____ interessant_____ Film.
    10. Mein englisch_____ Freund kommt zu Besuch.
    11. Wir haben viel von sein_____ nett_____ Schwester gehört.
    12. Ihr_____ braun_____ Schuhe gefallen mir gut.

22. **Beende die folgenden Sätze mit den Wörtern in Klammern!**

    ◆ Hast du _____ gesehen? (dein Bruder, klein)
    ◆ Hast du deinen kleinen Bruder gesehen?

    1. Er liest _____. (mein Buch, neu)
    2. Wir besuchen _____. (ein Ort, bekannt)
    3. Ich habe _____. (seine Krawatte, bunt)
    4. Frau Schulz kauft _____. (keine Zeitschriften, deutsch)
    5. Gibst du _____ ein Geschenk? (dein Bruder, groß)
    6. Haben Sie _____ mitgebracht? (Ihre Kamera, teuer)
    7. Was macht ihr mit _____? (euer Fernseher, alt)
    8. Ich kann _____ nicht finden. (meine Ansichtskarte, schön)

23. *Wie war sein Ausflug?* **Herr Johann beschreibt seinen Ausflug in den Schwarzwald.**

 ◆ Es regnet oft.
 ◆ Es hat oft geregnet.

 1. Wir fahren nach Freiburg.
 2. Dort findet am Sonntag ein Fest statt.
 3. In der Stadtmitte sehen wir uns die Geschäfte an.
 4. Ich wandere gern im Schwarzwald.
 5. Manchmal machen wir ein Picknick.
 6. Deine Tante und ich essen jeden Abend in einem Restaurant.
 7. Einmal fahren wir an den Schluchsee.
 8. Ich kaufe am Ende noch ein Buch von der Gegend.

24. **Beende diesen Dialog!**

 *Freund(in):* Warum bist du schlechter Laune?
 *Du:* ____
 *Freund(in):* Wofür brauchst du jetzt Geld?
 *Du:* ____
 *Freund(in):* Mit der Achterbahn? Hast du das schon einmal gemacht?
 *Du:* ____
 *Freund(in):* Ich kann dir etwas Geld leihen.
 *Du:* ____
 *Freund(in):* Warte, ich komme auch mit. Wie lange dauert die Fahrt denn?
 *Du:* ____

Matthias wird Birgit etwas Geld leihen.

25. *Wo ist Peters Geld?* Peter hat von seinen Eltern 200 Mark zum Geburtstag bekommen. Er hat das Geld noch vor ein paar Minuten gehabt, aber er kann es einfach nicht finden. Kannst du ihm helfen? Schreib die richtigen Antworten! Die ersten Buchstaben von jedem Wort gibt dir die Antwort, wo Peters Geld ist.

1. Damit fahren viele Leute gern. Es geht steil nach oben und nach unten.
2. Dort findet das Fischerstechen statt.
3. Ein anderes Wort für „Reise".
4. Ein bekannter Ort in Koblenz.
5. Wenn eine Person kein Kind mehr ist.
6. Das sind viele Schlösser und Burgen am Rhein.
7. Das bekommen die Schüler vom Herbergsvater zum Übernachten.
8. Ein anderes Wort für „Information".
9. Der erste Januar.
10. Ein bekanntes Fest in Dinkelsbühl.

Wie heißt dieser bekannte Ort in Koblenz?

26. **Ergänze die folgenden Sätze!**

Am früh____ Morgen packen Roland und Peter ihr____ Rucksäcke und fahren mit ihr____ Fahrrädern nach Rothenburg. Sie fahren schon um sechs Uhr weg. Zu dies____ Zeit sehen sie auf den klein____ Landstraßen noch kein____ Autos. Nach zwei Stunden wollen sie ein klein____ Picknick machen. Sie setzen sich auf ein____ groß____Bank und essen ein paar lecker____ Brötchen. Dann geht's weiter. Sie fahren nicht lange, bis sie in der bekannt ____ alt____ Stadt ankommen. Sie übernachten dort in ein____ beliebt____ Jugendherberge.

# Land und Leute

## Das Oktoberfest

Das größte Fest Bayerns° ist das Oktoberfest in München. Das Oktoberfest beginnt schon im September und endet nach sechzehn Tagen am ersten Sonntag im Oktober. Ein paar Millionen Menschen besuchen jedes Jahr das bekannte Oktoberfest auf der Theresienwiese — oder auf der „Wies'n", wie es in Bayern heißt. Gleich am Eingang° heißt man die Besucher willkommen°. Manche Leute haben ihre bayrischen Trachten° an. Die sehen besonders schön aus.

auf der Wies'n

Außer den Deutschen kommen auch viele Ausländer° zum Oktoberfest. Alle kommen hierher, um ein paar frohe Stunden zu verbringen°. Besonders beliebt sind die verschiedenen Karussells°. Da kann man durch die Luft schweben° oder sehr schnell im Kreis° herumfahren. Wenn man auf

Sie schweben durch die Luft.

Alle kommen zum Oktoberfest, um ein paar frohe Stunden zu verbringen.

der Erde° bleiben will, dann kann man sich die Umgebung auch von unten ansehen. An einer Schießbude° versuchen manche ihr Glück. Wer ein gutes Auge hat, bekommt bestimmt einen Preis.

Die Verkäufer an den Ständen° haben viel zu tun. Die Kinder möchten natürlich einen Ballon°. Erwachsene kaufen gern ein oder zwei Andenken°. Viele kaufen die beliebten T-Shirts. Man will ja seinen Freunden und Verwandten zeigen, dass man auf dem Oktoberfest gewesen ist. Wie wär's° mit einem leckeren Lebkuchenherz für die Freundin oder den Freund? Die Auswahl ist immer groß.

Da wir schon vom Essen sprechen, gibt es auch hier eine große Auswahl. An warmen Tagen schmeckt ein Eis besonders gut. Viele Stände verkaufen Bratwürste, Hamburger und Fisch. Auch gebackener° Fisch ist bei den Bayern beliebt. Den bekommt der Besucher mit Kartoffelsalat° oder auf Semmeln. Backwaren verkauft man überall°. Da gibt es viele verschiedene Sorten. Am beliebtesten sind die Brezeln°.

Was kann man hier kaufen?

Wenn die Besucher vom Laufen müde sind, können sie sich an lange Tische setzen, ihre Brezeln essen und ein Getränk bestellen. Andere gehen gern in ein Bierzelt°. Dort ist immer viel los. Eine Kapelle spielt den ganzen Tag. Die Leute singen, essen und trinken. Am Wochenende ist es dort meistens schwer, einen Platz zu finden.

Jede große Brauerei° in München hat ein Bierzelt auf der Theresienwiese. Vor dem Zelt zeigen sie die schön geschmückten Pferde°. Jedes Fest geht aber doch einmal zu Ende°. Ein Besuch in München während der letzten zwei Wochen im September oder in der ersten Woche im Oktober ist undenkbar°, ohne zum Oktoberfest zu gehen. Es ist für alle Besucher ein großes Erlebnis.

*Bayern* Bavaria; *der Eingang* entrance; *heißt...willkommen* to welcome; *die bayrischen Trachten* Bavarian costumes; *der Ausländer* foreigner; *verbringen* to spend; *das Karussell* carousel, merry-go-round; *durch die Luft schweben* to soar through the air; *der Kreis* circle; *die Erde* earth; *die Schießbude* shooting gallery; *der Stand* stand; *der Ballon* balloon; *das Andenken* souvenir; *Wie wär's...?* How about...?; *gebacken* baked; *der Kartoffelsalat* potato salad; *überall* everywhere; *die Brezel* pretzel; *das Bierzelt* beer tent; *die Brauerei* brewery; *die schön geschmückten Pferde* the beautifully decorated horses; *geht...zu Ende* comes to an end; *undenkbar* unthinkable

Sie zeigen die schön geschmückten Pferde.

**Was weißt du vom Oktoberfest?**

1. Das Oktoberfest findet
2. Wer ein gutes Auge hat, geht
3. Die Brauereien haben
4. Am Eingang heißt
5. Das Oktoberfest beginnt
6. Manche Leute schweben auf Karussells
7. Viele Stände verkaufen
8. Die Leute sitzen
9. Die Verkäufer haben
10. Gebackenen Fisch kann man

a. im September
b. viel zu tun
c. schön geschmückte Pferde
d. mit Kartoffelsalat bekommen
e. auf der Wies'n statt
f. an langen Tischen
g. durch die Luft
h. man die Besucher willkommen
i. zu einer Schießbude
j. Bratwürste

Wo findet das Oktoberfest in München statt?

**Beantworte diese Fragen!**

1. Wie lange dauert das Oktoberfest?
2. In welcher Stadt findet es statt?
3. Kommen nur Deutsche zum Oktoberfest?
4. Was ist bei den Besuchern besonders beliebt?
5. Was für Andenken kaufen manche?
6. Was schmeckt an einem warmen Tag sehr gut?
7. Wo sitzen Leute, wenn sie müde sind?
8. Was machen die Besucher im Bierzelt?
9. Wann können viele Leute keinen Platz finden?
10. Was zeigen die Brauereien vor dem Bierzelt?

## Was weißt du?

1. *Ich bin guter Laune.* You have received a gift certificate for $500. Describe what you will buy for it.

2. *Das mache ich gern.* Which ride would you want to go on if you were at an amusement park? Give reasons why.

3. *Der Feiertag gefällt mir am besten.* Choose any holiday during the year and list some of the activities that you would do at that time.

4. *Was ist bei unserem Fest anders?* Pick a holiday or festival in Germany and compare it to a similar event in this country. What are some of the differences and similarities? *(Auf Englisch!)*

5. *Ein Ausflug.* Have you been on a field trip or any other trip during the past year? Describe it, including such details as place, time of year, who went along and the various activities that you participated in.

Von oben können sie den Rhein und die kleinen Städte besser sehen.

Sie machen einen Ausflug am Rhein.

# Vokabeln

die **Achterbahn-en** roller coaster
**begleiten** to accompany
**besichtigen** to visit, view
die **Bettwäsche** bed linen
die **Burg,-en** fortress, castle
das **Deutsche Eck** name of place where Rhine and Moselle rivers join
**draußen** outside
**drunter und drüber: Es geht drunter und drüber.** It's topsy-turvy.
die **Einheit** unity; *Tag der Einheit* Day of Unity
der **Erwachsene,-n** adult
die **Fahrt,-en** trip
der **Feiertag,-e** holiday
**glücklich** happy; *Ein glückliches Neues Jahr!* Happy New Year!
die **Güte** goodness; *Du meine Güte!* Oh my goodness!
**herumlaufen** (*läuft herum, lief herum, ist herumgelaufen*) to walk/run around
**Himmelfahrt** Ascension Day
der **Karfreitag** Good Friday
die **Laune,-n** mood; *in schlechter Laune sein* to be in a bad mood

das **Lebkuchenherz,-en** gingerbread heart
**leihen** (*lieh, geliehen*) to loan, lend
der **Muttertag** Mother's Day
das **Neujahr** New Year
**oben** top, up(stairs); *nach oben* to the top
der **Ort,-e** town, place
**Ostern** Easter; *Frohe Ostern!* Happy Easter!
**passend** suitable, right; *das passende Geld* the right change
**Pfingsten** Pentecost
die **Rheinfahrt** trip on the Rhine
die **Ruine,-n** ruin(s)
die **S-Bahn,-en** city train, suburban express train
**schlecht: Mir wird's schlecht dabei.** It makes me sick.
das **Schloss,-̈er** castle
der **Schulausflug,-̈e** field trip
**sogar** even
**spritzen** to splash
**stattfinden** (*fand statt, stattgefunden*) to take place
**steil** steep
die **Treppe,-n** stairs, stairway
**überraschen** to surprise

**unten** down; *nach unten* to the bottom
der **Valentinstag** Valentine's Day
der **Volkstrauertag** Day of National Mourning
**vorbeikommen** (*kam vorbei, ist vorbeigekommen*) to come by
**vorschlagen** (*schlägt vor, schlug vor, vorgeschlagen*) to suggest
**Weihnachten** Christmas; *Fröhliche Weihnachten!* Merry Christmas!
der **Weinberg,-e** vineyard
**weise** wise
**wenig** little; *weniger* less
**wohl: Das kannst du wohl sagen.** You can say that again.
die **Wildwasserbahn,-en** wild water ride
**zurückfahren** (*fährt zurück, fuhr zurück, ist zurückgefahren*) to go/drive back

die Achterbahn

Heidelberger Schloss

P O S T A M

Kapitel **9**

# Post

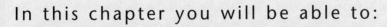

## In this chapter you will be able to:

- inquire about other people
- identify items related to the post office
- write a letter
- describe postal services
- discuss activities

# Die Post kommt

Die Brieftägerin kommt.

Jeden Morgen bringt die Brieftägerin zwischen elf und zwölf Uhr die Post. Sie kommt immer auf ihrem Fahrrad. Wenn sie von einem Haus zum anderen geht, schiebt sie es meistens. Wenn aber die Strecken etwas länger sind, dann setzt sie sich aufs Rad und fährt zum nächsten Haus. Frau Dietrich kann schon von ihrem Wohnzimmer aus sehen, wenn die Brieftägerin kommt. Oft begrüßt sie sie vor dem Haus. Die Brieftägerin stellt ihr Fahrrad neben sich.

*Frau Dietrich:* Grüß Gott, Frau Wörner! Wie immer sind Sie ja ganz pünktlich.

*Brieftägerin:* Das muss ich auch. Um diese Zeit warten viele Leute auf ihre Post.

*Frau Dietrich:* Sind Sie nicht schon fast mit Ihrer Arbeit fertig?

*Brieftägerin:* Noch nicht. In zwei Stunden geht's erst nach Hause. Wie Sie wissen, ist bei uns am Morgen immer viel los.

Ich hoffe, heute haben Sie interessantere Post.

*Frau Dietrich:* Gestern haben Sie mir nichts Besonderes gebracht. Ich hoffe, heute haben Sie interessantere Post.

*Brieftägerin:* Darauf habe ich leider keinen Einfluss.

## 1. Welche Wörter fehlen hier?

1. Die Brieftägerin ____ jeden Morgen ganz pünktlich.
2. Frau Dietrich ____ Frau Wörner vor dem Haus.
3. Sie ____ sich auf ihr Fahrrad.
4. Frau Wörner hat gestern nichts Besonderes ____.
5. Frau Dietrich ____ die Brieftägerin vom Fenster aus.
6. Am Morgen ____ die Leute auf ihre Post.
7. Die Brieftägerin ____ keinen Einfluss, was für Post die Leute bekommen.
8. Frau Wörner ____ Frau Dietrich die Post zwischen elf und zwölf Uhr.

Welche Zeitung bekommt Frau Dietrich?

| | |
|---|---|
| *Briefträgerin:* | Zuerst bekommen Sie diese Zeitschrift. |
| *Frau Dietrich:* | Darüber freue ich mich jeden Monat. Darin gibt es immer gute Rezepte. Viele davon probiere ich mit meinem Mann aus. |
| *Briefträgerin:* | Ich weiß, Sie sind eine gute Köchin. Davon hat mir schon Ihre Nachbarin Frau Glemnitz erzählt. |
| *Frau Dietrich:* | Wissen Sie, für mich ist es einfach ein Hobby. |
| *Briefträgerin:* | Hier ist Ihre *Landshuter Zeitung*. |
| *Frau Dietrich:* | Die will ich gleich lesen. Bei Reuters soll's morgen Sonderangebote geben. Mein Mann hat am Sonntag Geburtstag und ich will ihn mit einer Kamera überraschen. |
| *Briefträgerin:* | Ist Ihr Mann denn ein guter Fotograf? |
| *Frau Dietrich:* | Nein, eigentlich nicht. Ich möchte aber in unserem Urlaub nicht allein fotografieren. |

2. ***Von wem spricht man hier?* Diese Person...**

   1. kocht sehr gern und gut.
   2. hat am Sonntag Geburtstag.
   3. bringt eine Zeitschrift.
   4. liest oft die Rezepte in den Zeitschriften.
   5. ist kein besonders guter Fotograf.
   6. liest, wer am nächsten Tag Sonderangebote hat.

*Post*

Das sind bestimmt Rechnungen oder Werbung.

| | |
|---|---|
| *Frau Dietrich:* | Haben Sie sonst noch etwas? |
| *Briefträgerin:* | Ja, hier sind zwei Briefe und ein großer Briefumschlag. |
| *Frau Dietrich:* | Was heißt Briefe? Das sind bestimmt Rechnungen oder Werbung. Die können Sie gern wieder mitnehmen. |
| *Briefträgerin:* | Ja, ich kann nicht jeden Tag gute Nachrichten bringen. |
| *Frau Dietrich:* | Moment mal! Da habe ich zu früh gesprochen. Hier ist ein Brief von meiner Schwester in Wien. Sie will uns im Herbst besuchen. Bestimmt steht alles darin. |
| *Briefträgerin:* | Sie haben eine Schwester in Österreich? |
| *Frau Dietrich:* | Sie wohnt bei ihrer Tochter und ihrem Schwiegersohn. Ihr Mann ist letztes Jahr gestorben. Wir sind froh, dass sie ein paar Wochen zu uns kommt. |
| *Briefträgerin:* | Mein Mann und ich haben vor, nächsten Monat nach Salzburg zu fahren. Wir haben Verwandte dort. |
| *Frau Dietrich:* | Während der Zeit kommt wohl die Post etwas später? |
| *Briefträgerin:* | Das glaube ich nicht. Ein Kollege wird dafür sorgen, dass die Post pünktlich ankommt. Also, bis morgen, Frau Dietrich! |

**3. Was beschreibt man hier?**

1. Wenn man einer Person schreibt, dann schickt man einen ____ mit der Post.
2. Wenn man in Deutschland einen Fernseher hat, dann muss man dafür bezahlen. Einmal im Monat kommt eine ____.
3. Wenn ich einen Onkel oder eine Cousine habe, dann sind das ____ von mir.
4. Wenn eine Firma Sonderangebote hat, dann sieht man oft die ____ in der Zeitung.
5. Die ____ sorgt dafür, dass Briefe und Pakete an die richtige Anschrift kommen.
6. Man steckt einen Brief in einen ____ und bringt ihn zur Post.
7. Wenn man etwas Besonderes kochen will, dann braucht man vielleicht ein ____. Das findet man im Kochbuch.

## 4. Beantworte diese Fragen!

1. Was macht Frau Wörner meistens, wenn sie von einem Haus zum anderen geht?
2. Was macht Frau Dietrich vor ihrem Haus?
3. Gegen wie viel Uhr ist Frau Wörner jeden Tag mit ihrer Arbeit fertig?
4. Wie oft bekommt Frau Dietrich eine Zeitschrift?
5. Was liest sie gern in der Zeitschrift?
6. Was hat Frau Glemnitz der Briefträgerin gesagt?
7. Warum liest Frau Dietrich die Sonderangebote in der Zeitung?
8. Warum will Frau Dietrich, dass ihr Mann im Urlaub fotografiert?
9. Von wem hat Frau Dietrich einen Brief bekommen?
10. Wohin fährt Frau Wörner nächsten Monat?

Sprichwort

# Er hat Geld wie Heu.

(He's got money to burn.)

# Für dich

Das Posthorn des
Deutschen Postdiensts

Most mail carriers in Germany deliver the mail on foot (in cities) or on bikes (in smaller towns). The symbol of the *Postdienst* (Postal Services) is the postal horn which is usually found on cars, trucks and at the local post office (*Post* or *Postamt*).

The unification of Germany confronted the postal services with the historic task of introducing a new zip code system for the whole country. The new system became effective in 1993. Now there is no longer a division between the east and the west mail service. Previously, there had been two separate systems, each using four digits, which meant that about 800 towns in East and West Germany had the same zip codes. The new system has five digits and makes for quicker delivery.

# Rollenspiel

You are at a post office and need to mail a package and some letters. You talk to a postal clerk (a classmate) and inquire about such details as the fastest way of mailing this package, the cost, the cost of stamps to mail a letter and a postcard that you are sending to a foreign country, and any other information that you need to know.

# Aktuelles

## Postal Service and Telecommunications

In 1490 the first teams of horsemen were relaying mail between Innsbruck, Austria and Mechelen in what is now Belgium. That was the birth of the postal service in Germany. Today, more than 500 years later, the German postal and telecommunications systems have been completely reorganized. Three services formerly controlled by the Federal Ministry of Posts and Telecommunications (*Bundespost*) were transferred to the three newly formed public enterprises: *TELEKOM* (Telecommunications), *POSTBANK* (Banking Services) and *POSTDIENST* (Postal Services).

These three enterprises have now been converted into corporations. They are being operated as private companies

Diese Briefmarke ist schon ein paar Jahre alt.

in order to provide efficient postal, banking and telecommunication services for the public. The system has been restructured in order to keep postal services competitive in a fast-growing European market. This applies especially to telecommunications, where new technology is being introduced at an ever-increasing pace and services must meet customer demand.

*TELEKOM* builds and operates all telecommunication facilities for the exchange of news and data. It includes the mobile and stationary telephone network and the global satellite communications. Whereas the telephone network is the sole responsibility of *TELEKOM*, the satellite communications network has to compete with private firms in the field.

All telephone calls in Germany—as well as to 215 foreign countries—can be dialed by the subscriber. Telefax, a fiber-optics network for video conferences, picture telephone and high-speed data transmission, is being rapidly expanded. Telephone cards were introduced in 1989 and are widely used throughout Germany.

Was wirft er in den Briefkasten ein?

Cable television has become the second largest communications service. More than 60 percent of all households can receive public and private cable television and radio programs.

The German *POSTBANK* maintains a comprehensive banking service even though it is not permitted to offer credit or investment services. Nevertheless, almost a third of the population has a post office savings account. Money can be deposited or withdrawn at any post office counter. The *POSTBANK* is trying to attract new customers by improving and extending its services. For several years, it has been possible to use a *POSTBANK* card to obtain money from any post office and cash dispenser. The *POSTBANK* is already Germany's largest institution specializing in deposits and payments, managing more than 5 million post office checking accounts and nearly 24 million savings accounts.

ein alter Briefkasten

The *POSTDIENST* is one of the largest service enterprises in Europe. It is required to carry letters and freight at a standard price for all. Its continuous goal is to ensure that 90 out of 100 letters mailed within Germany reach their destination the next day.

The official name for "post office" is either *Die Post* or *Das Postamt*. In major cities, the main post office is always found in a central downtown location. Many people can take care of their immediate needs right at what the Germans call the "silent post office" *(Stummes Postamt)*. Here they find not only stamp machines and mailboxes, but also phone booths. By the way, if you buy from these stamp machines, you will get stamps worth the full amount you deposit.

*Post*

Upon entering a large post office, you may find an information desk called *Information*. Here, a postal clerk will answer your questions. You'll be confronted with several stations, usually labeled with numbers and indicating what particular service they offer. If you need some stamps, look for the counter marked *Briefmarken* or *Wertzeichen*. The postal clerk will take care of your needs.

If you intend to send a package, you should find the counter marked *Pakete*. There are two classes of packages, the *Paket* and the *Päckchen*. The *Paket* is a normal package sent by parcel post, the rate depending on the weight and the distance to the destination. In addition to the address on the package itself, a separate card (*Paketkarte*) must be filled out. If a package is small (less than two kilos or about four pounds), it will go as a *Päckchen*. A *Päckchen* goes first class, but at a much cheaper rate in comparison to the letter weight. No *Paketkarte* is required when sending a *Päckchen*. Most major post offices also have fax machines which customers can use for their convenience.

Was steht auf der Paketkarte?

Telephone calls to anywhere in the world can be placed at a German post office. Simply go to the counter marked *Telefon* or *Fernsprecher* and tell the clerk that you would like to make a long-distance call (*Ferngespräch*). The clerk will direct you to a phone booth. You may be asked to pay a deposit before the call; you'll pay the final bill after your call. By the way, long-distance calls from the post office are considerably cheaper than from other places, particularly from hotels. You can also purchase *Telefonkarten* for 12 marks or 50 marks at the post office. These cards are conveniently used in most public telephone booths which no longer accept coins.

Was kann man alles bei der Post bekommen?

Early in the morning, the letter carriers pick up their mail for their specified delivery district and head in different directions all over the city. Packages are delivered either by the familiar yellow vans or passenger cars. In big cities they will use public transportation to get to their assigned area, whereas in smaller towns the mail carriers will come on bicycle or even on foot. Most mail carriers do not wear a uniform as in the past, except in some smaller towns where it is still traditional.

**Wovon spricht man hier?**

1. Ulla will ihre Freundin in Hannover anrufen. Sie braucht ein
   ____.

2. Wenn man einen Brief oder eine Karte schickt, dann muss
   man ____ auf den Briefumschlag kleben.

3. Bei der ____ beantworten die Angestellten deine Fragen.

4. Ein anderes Wort für Telefon ist ____.

5. Früher gehörten *POSTDIENST, POSTBANK* und *TELEKOM*
   zur ____.

6. Wenn man ein Paket schickt, dann muss man die Anschrift
   auf das Paket und auf eine ____ schreiben.

7. Ein ____ ist kleiner als ein Paket.

8. Wenn man Wertzeichen braucht oder Telefongespräche
   führen will, dann kann man das bei der Post oder beim ____
   machen.

# Ergänzung

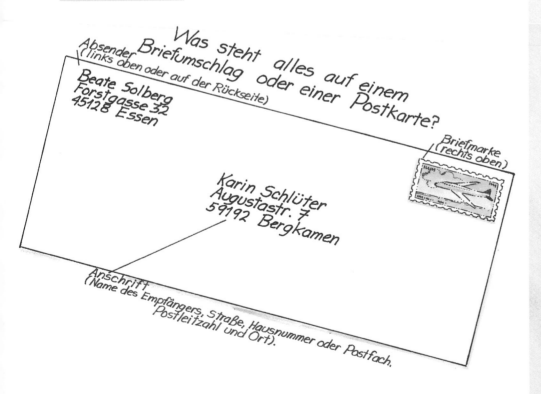

Was steht alles auf einem Briefumschlag oder einer Postkarte?

Absender (links oben oder auf der Rückseite)
Beate Solberg
Forstgasse 32
45128 Essen

Briefmarke (rechts oben)

Karin Schlüter
Augustastr. 7
59192 Bergkamen

Anschrift (Name des Empfängers, Straße, Hausnummer oder Postfach, Postleitzahl und Ort).

5. **Was beschreibt man hier? Kannst du die richtigen Wörter auf der Liste aussuchen? Du wirst nicht alle Wörter brauchen.**

| | | | |
|---|---|---|---|
| Postleitzahl | Brief | Absender | Briefmarken |
| Postamt | Ort | Hausnummer | Straße |
| Briefumschlag | Ansichtskarte | | |

1. Der ____ steht links oben.
2. In welcher ____ in der Stadt wohnen Sie?
3. Ich schreibe einen langen ____.
4. Die ____ von München ist sehr bunt.
5. Auf dem Briefumschlag steht die ____ vor dem Ort.
6. Ohne ____ kann man die Post nicht schicken.
7. Der Brief ist in einem ____.
8. Nach der Straße steht die ____.

# Sag's mal! Was für Post haben Sie?

ein Einschreiben*

eine Rechnung

einen Brief

einen Luftpostbrief*

einen Eilbrief*

eine Zeitung

Neuigkeiten*

eine Postkarte

eine Zeitschrift

ein Päckchen

Werbung

ein Paket

Reklame*

ein paar Prospekte*

# Sprache

## Prepositions with Dative or Accusative

A number of prepositions use the dative or the accusative case, depending on the particular situation. These prepositions are as follows:

> *an* on, at, to
> *auf* on, on top of
> *hinter* behind
> *in* in, into, to
> *neben* beside, next to
> *über* above, over, across
> *unter* under, below
> *vor* before, in front of
> *zwischen* between

*Der Bus steht an der Haltestelle.*

Any of these prepositions require the dative case when used with a verb that does not indicate motion into or out of a place. The dative case can be determined by asking the question, Where? *(Wo?)*

Any of these nine prepositions require the accusative case when used with a verb that indicates motion toward a specific point or direction. The accusative case can be determined by asking the question, Where to? or, In which direction? *(Wohin?)*

| *Wo?* (Dative) | *Wohin?* (Accusative) |
|---|---|
| *Er wohnt an der Ecke.* | *Er geht an die Ecke.* |
| He lives at the corner. | He goes to the corner. |
| *Der Teller steht auf dem Tisch.* | *Sie stellt den Teller auf den Tisch.* |
| The plate is on the table. | She puts the plate on the table. |
| *Das Auto steht hinter dem Haus.* | *Er fährt das Auto hinter das Haus.* |
| The car is behind the house. | He is driving the car behind the house. |
| *Wohnst du in der Stadt?* | *Gehst du in die Stadt?* |
| Do you live in the city? | Are you going downtown? |
| *Sie stehen neben dem Auto.* | *Sie stellen das Rad neben das Auto.* |
| They are standing next to the car. | They are placing the bike next to car. |

*Post*

*Das Flugzeug ist über dem Flughafen.*

The airplane is over the airport.

*Das Flugzeug fliegt über den Flughafen.*

The airplane flies over (past) the airport.

*Das Kind ist unter dem Tisch.*

The child is under the table.

*Das Kind läuft unter den Tisch.*

The child runs under the table.

*Die Schüler warten vor der Schule.*

The students are waiting in front of the school.

*Der Lehrer bringt die Schüler vor die Schule.*

The teacher takes the students in front of the school.

*Der Koffer steht zwischen der Tür und dem Eingang.*

The suitcase is standing between the door and the entrance.

*Er stellt den Koffer zwischen die Tür und den Eingang.*

He is putting the suitcase between the door and the entrance.

NOTE: A sentence expressing motion within a given area or in general terms, without indicating a specific destination, requires the dative case.

◆ *Er fährt in der Stadt herum.* He is driving around town.

◆ *Schwimmst du im See?* Are you swimming in the lake?

◆ *Bist du am Kino vorbeigegangen?* Did you go past the movie theater?

Some of the prepositions can be contracted with definite articles. These contractions are used more frequently in spoken German.

| Dative Contractions | Accusative Contractions |
| --- | --- |
| *an dem = am* | *an das = ans* |
| *in dem = im* | *in das = ins* |

The contractions *hinterm, hinters; überm, übers; unterm, unters; vorm, vors* occur primarily in colloquial German.

Natascha und Heike sitzen am Tisch.

6. **Wo ist alles im Haus?** Sag, wo alle diese Sachen sind!

◆ Wo steht das Sofa? (Wohnzimmer / in)
◆ Es steht im Wohnzimmer.

1. Wo liegt die Schultasche? (Bett / auf)
2. Wo ist der Brief? (Fernseher / hinter)
3. Wo steht das Auto? (Haus / vor)
4. Wo steht das Bücherregal? (Ecke / in)
5. Wo ist der CD-Spieler? (Wohnzimmer / in)
6. Wo ist der Wecker? (Schreibtisch / auf)

7. *Ralf hat seine Freunde und Bekannten zu seinem Geburtstag eingeladen.* Er hat nicht viel Platz in seinem Haus und sagt allen, wohin sie sich setzen sollen.

◆ Hans / mein Stuhl / auf
◆ Hans, setz dich auf meinen Stuhl!

1. Christa / dieser Sessel / auf
2. Roland / mein Tisch / an
3. Heike / diese Lampe / vor
4. Monika / der Schrank / neben
5. Angelika / das Fenster / vor
6. Timo / der Computer / hinter
7. Peter / das Sofa / auf

8. *Wohin sollen wir heute Nachmittag gehen?* Ihr besprecht, was ihr heute Nachmittag alles vorhabt. Deine Schulfreunde schlagen vor, zu verschiedenen Plätzen zu gehen. Aber alles könnt ihr natürlich nicht schaffen.

◆ Kino
◆ Gehen wir doch ins Kino!

1. das Café
2. das Kaufhaus
3. die Post
4. der Park
5. der Bahnhof
6. die Tanzschule

Gehen sie ins Kino?

*Post*

9. *Familie Schubert hat ein neues Haus.* Ihre Verwandten helfen der Familie, alles an den richtigen Platz zu stellen.

◆ Fahrrad / in / Garage
◆ Stellt das Fahrrad in die Garage!

1. Kühlschrank / in / Küche
2. Fernseher / vor / Sofa
3. Stuhl / neben / Sessel
4. Geschirr / auf / Tisch
5. Bett / in / Schlafzimmer
6. Schreibtisch / vor / Fenster

10. *Hast du das getan?* Frau Löser hat ihre Tochter Maria gebeten, ein paar Sachen zu erledigen. Jetzt fragt sie Maria, ob sie das getan hat.

◆ Liegt das Kleid auf dem Bett?
◆ Ja, ich habe es aufs Bett gelegt.

◆ Steht der Stuhl am Tisch?
◆ Ja, ich habe ihn an den Tisch gestellt.

Das ist im Computer!

1. Liegt der Brief auf dem Schreibtisch?
2. Steht das Auto vorm Haus?
3. Liegt die Zeitung im Wohnzimmer?
4. Steht das Fahrrad neben der Tür?
5. Liegt das Buch auf dem Bücherregal?
6. Steht der Koffer vorm Eingang?

11. *Wissen Sie, wo er wohnt?* Petra will ihren Onkel in einem kleinen Ort besuchen. Sie fragt einige Leute, aber sie wissen auch nicht genau, wo er wohnt.

◆ das alte Museum / hinter
◆ Ich glaube, hinter dem alten Museum.

1. die kleine Straße / in
2. das neue Rathaus / hinter
3. die bekannte Jugendherberge / neben
4. der schöne Park / vor
5. das weiße Haus / in

12. *Wohin gehst du?* **Frag deine Freunde, wohin sie heute Nachmittag gehen! Deine Freunde geben dir die folgenden Antworten.**

◆ Gehst du in die Stadt? (Kino)
◆ Nein, ich gehe ins Kino.

1. Gehst du ins Geschäft? (Disko)
2. Gehst du ins Café? (Restaurant)
3. Gehst du in die Tanzschule? (Museum)
4. Gehst du in die Schule? (Kaufhaus)
5. Gehst du ins Rathaus? (Klub)
6. Gehst du in die Bäckerei? (Post)

Boris und Alex stehen vor dem Kiosk.

13. **Ergänze die folgenden Sätze!**

1. Warum hast du dein Auto nicht vor ____ Haus geparkt?
2. Der Bus hält hinter ____ Schule an.
3. Er stellt sein Rad zwischen ____ Auto und ____ Motorrad.
4. Wir sind über ____ See geschwommen.
5. Hast du Lust, auf ____ Fußballplatz zu gehen?
6. Die Gäste sitzen an ____ Tisch.
7. Bleibt ihr bis drei Uhr in ____ Schule?
8. Die Zeitung liegt unter ____ Stuhl.
9. Die Touristen treffen sich vor ____ Bahnhof.
10. Um wie viel Uhr gehen Sie in ____ Kino?
11. Siehst du das schöne Bild über ____ Klavier?
12. Der Briefträger steht vor ____ Tür.

**14. Was passt hier am besten?**

| führen | schicken | kaufen |
|--------|----------|--------|
| einwerfen | aufgeben | schreiben |

1. Briefmarken für die Karte ____
2. Briefe in den Briefkasten ____
3. ein Päckchen zur Post bringen und dort ____
4. zwei Telefongespräche ____
5. den Absender links oben ____
6. einen Brief mit Luftpost ____

**15.** *Du musst drei Sachen auf der Post erledigen.* **Beschreib, was du alles auf der Post machen musst!**

# Sprache

## *da-* and *wo-*compounds

*Da-* is combined with a preposition in place of a prepositional phrase that refers to an inanimate object. It can never be used with a person. If the preposition begins with a vowel, an *-r-* is added to *da-* (*darüber, darunter, daran,* etc.).

◆ *Ich schreibe **mit dem Kuli**.* I'm writing with a pen.

◆ *Ich schreibe **damit**.* I'm writing with it.

◆ *Stell den Teller **auf den Tisch**!* Put the plate on the table!

◆ *Stell den Teller **darauf**!* Put it on it!

◆ *Sprecht ihr **über die Party**?* Are you talking about the party?
*Sprecht ihr **darüber**?* Are you talking about it?

*Wo-*compounds are used in questions in which they replace a prepositional phrase. An *-r-* is also added to *wo-* if the preposition begins with a vowel.

◆ *Peter hat **auf den Zug** gewartet.* Peter waited for the train.

◆ ***Worauf** hat er gewartet?* What did he wait for?

◆ *Sie denken **an die schönen Ferien**.* They are thinking about the nice vacation.

◆ ***Woran** denken sie?* What are they thinking about?

◆ *Ich bezahle viel Geld **für die Reise**.* I'm paying a lot of money for the trip.

◆ ***Wofür** bezahle ich viel Geld?* What am I paying a lot of money for?

*Post*

16. *Das habe ich nicht richtig gehört.* **Du hörst, was diese Leute alles sagen, aber du bist nicht ganz sicher und fragst noch einmal.**

◆ Die Kinder laufen über die Straße.
◆ Laufen sie wirklich darüber?

1. Herr Richter steht vor der Tür.
2. Rudi muss lange auf sein Geschenk warten.
3. Anne spricht über die Schule.
4. Die Touristen fragen nach dem bekannten Restaurant.
5. Fritz schreibt mit dem Kuli.
6. Die Jugendlichen freuen sich schon jetzt auf die nächsten Ferien.

17. *Erika erzählt über ihre Sommerferien.* **Du willst viel darüber wissen. Sie spricht so schnell, dass du nicht alles verstehen kannst.**

◆ Wir sind oft mit dem Boot gefahren.
◆ Womit seid ihr oft gefahren?

1. Wir haben schon viel von Rügen gehört.
2. Wir schreiben über die lange Reise.
3. Wir denken manchmal an die schönen Tage.
4. Wir haben Monika von dem tollen Ausflug erzählt.
5. Wir wissen nichts über die Geschichte der Stadt.

18. **Bilde neue Sätze!**

◆ Marc sieht darauf.
◆ Marc sieht auf einen Fahrplan.

1. Daneben stehen viele Leute.
2. Das bunte Kleid liegt darauf.
3. Dein Buch liegt darunter.
4. Dazwischen steht ein Auto.
5. Ich habe nichts darin.
6. Die Schüler erzählen davon.
7. Wir haben uns darüber gefreut.
8. Um sieben Uhr stehen schon viele Jugendliche davor.

Auf dem Automaten sieht er die Fahrkartenpreise.

## 19. Stell Fragen!

◆ Die Gäste haben oft *an langen Tischen* gesessen.
◆ Woran haben die Gäste oft gesessen?

1. Dieter hat nichts *von Fußball* verstanden.
2. Sie haben am Nachmittag *auf der Wiese* gespielt.
3. Wir haben die Räder *aus dem Keller* geholt.
4. Heidi ist auch schon *mit dem tollen Auto* gefahren.
5. *Für die Kinokarten* mussten die Jugendlichen nicht viel bezahlen.
6. Ihr freut euch schon jetzt *auf die nächsten Ferien*.
7. Susi hat viel *über die schöne Zeit* geschrieben.

## 20. Kombiniere...

## Erst die Arbeit, dann das Vergnügen

Timos Vater hat seinen Sohn gebeten, noch vor vier Uhr zur Post zu gehen und einen Brief und ein Paket mitzunehmen. Timo muss sich beeilen. Es ist schon Viertel vor vier und die Post macht um vier Uhr zu°. Sein Vater hat die Anschrift und den Absender auf das Paket geschrieben. Auf der Post füllt Timo schnell eine Paketkarte aus° und geht mit seinem Paket zu einem Schalter.

Der Beamte wiegt° das Paket, sagt Timo was es kostet und gibt ihm eine Quittung°. An einem anderen Schalter kauft er Briefmarken und klebt°

Was kauft Timo am Schalter?

Was füllt er aus?

sie auf einen Briefumschlag. Timo wirft den Brief in einen Briefkasten vor der Post ein.

Von der Post geht Timo wieder nach Hause. Zu Hause ruft er seine beiden Freunde an. Er will wissen, was sie heute Abend machen wollen. Jens will zu Timo rüberkommen, aber Rudi möchte lieber ins Kino gehen. Dafür interessiert sich Timo auch. Deshalb ruft er Jens noch einmal an und schlägt ihm vor, dass sie sich um fünf Uhr vor dem Kino in der Stadt treffen sollen. Der Film beginnt in zehn Minuten.

Timo:   Na endlich! Es ist höchste Zeit, dass ihr kommt.

Rudi:   Immer mit der Ruhe!° Ich will mir nicht die Werbung ansehen.

Jens:   Ich hatte nicht genug Geld und meine Mutter wollte mir nichts leihen.

Na endlich! Es ist höchste Zeit, dass ihr kommt.

*Rudi:* Deshalb spiele ich mal wieder Bank.

*Timo:* Du hast immer Geld wie Heu.

*Rudi:* Gib mir dein Geld, Timo! Ich hole die Karten.

*Timo:* Hier sind meine acht Mark.

*Rudi:* Damit kannst du wenig anfangen. Die Vorstellung° kostet zwölf Mark.

*Jens:* Jetzt hab' ich nicht einmal° Geld für das Popcorn.

*Rudi:* Dieses Mal kaufe ich es. Vergiss das nicht!

Rudi geht an die Kasse und kauft drei Karten. Gleich neben der Kasse ist eine Theke mit Süßwaren°, Getränken und Popcorn. Dort kauft Rudi eine Tüte° Popcorn. Dafür bezahlt Rudi noch vier Mark. Dann gehen sie ins Kino hinein. Es dauert auch nicht lange, bis der Film beginnt.

Wer geht an die Kasse?

Nach dem Kino treffen sie sich mit Freunden in einem Jugendklub° in der Nähe. Am Wochenende ist da viel los. Viele ihrer Schulfreunde gehen immer dorthin. Manche spielen Karten oder Billard, andere sitzen an Tischen und unterhalten sich. Um zehn macht der Klub zu. Dann müssen alle nach Hause.

*zumachen* to close; *ausfüllen* to fill out; *Der Beamte wiegt...* The official (clerk) weighs...; *die Quittung* receipt; *kleben* to stick; *Immer mit der Ruhe!* Take it easy!; *die Vorstellung* performance, show; *nicht einmal* not even; *die Süßwaren* sweets; *die Tüte* bag; *der Jugendklub* youth club

Was kauft Rudi gleich neben der Kasse?

Post

**21. Was ist die richtige Reihenfolge?**

1. Timo kauft Briefmarken.
2. Rudi kauft Popcorn.
3. Um zehn Uhr gehen alle nach Hause.
4. Alle drei gehen ins Kino hinein.
5. Timo ruft Jens noch einmal an.
6. Jens, Rudi und Timo gehen zu einem Jugendklub.
7. Der Beamte wiegt das Paket.
8. Timo füllt eine Paketkarte aus.
9. Timo ruft seine Freunde an.
10. Timos Vater hat die Anschrift und den Absender auf das Paket geschrieben.
11. Rudi geht an die Kasse.
12. Timo wirft den Brief in den Briefkasten ein.

**22. Beantworte diese Fragen!**

1. Warum soll Timo noch schnell zur Post gehen?
2. Was steht auf dem Paket?
3. Was muss Timo auf der Post ausfüllen?
4. Was macht der Beamte mit dem Paket?
5. Was kauft Timo an einem anderen Schalter?
6. Was macht er mit dem Brief?
7. Wofür interessiert sich Timo?
8. Wo wollen sich Jens, Rudi und Timo treffen?
9. Was will sich Rudi nicht ansehen?
10. Wie viel bezahlen sie für alle Kinokarten?
11. Was kauft Rudi an einer Theke?
12. Wohin gehen sie nach dem Kino?
13. Was machen die Jugendlichen da?

**23. Etwas Persönliches.**

1. An wen schreibst du ab und zu?
2. Schreibst du lieber einen Brief oder eine Karte? Warum?
3. Gibt es in deiner Gegend eine Post? Wer in deiner Familie geht manchmal dorthin?
4. Wie oft gehst du ins Kino?
5. Kaufst du manchmal an der Theke im Kino etwas? Was kaufst du da?

# Praktische Situation

Working in groups of three or four, develop a direct-mail flyer that advertises one particular product. Examples include luggage, musical instruments, and sporting goods. First, write down the items that you want to include. Then assign each item a price and write a short description (including headline) for each item advertised. Finally, come up with a company name (including address, phone and fax numbers). As a group, present your newly created brochure or flyer to the class. After all the groups have made their presentations, the whole class should vote on the best *Werbung* or *Reklame*.

Wer hat dir denn das Paket geschickt?

Ich weiß auch nicht. Da steht kein Absender drauf. Geburtstag habe ich erst in drei Monaten. Hm, ich weiß wirklich nicht. Das Paket ist auch ganz leicht.

Der Poststempel ist von Chemnitz. Bist du nicht vor einem Monat dort gewesen?

Da hast du recht. Meine Tante wohnt in Chemnitz. Die habe ich während der Herbstferien besucht.

Warum schickt sie dir ein Paket? Ist es ein Geschenk? Mach es doch auf!

Hast du etwas zum Aufmachen?

Hier ist ein Messer. Sei aber vorsichtig! Du weißt nicht, was im Paket ist.

Was? Nichts im Paket?

Sieh! Da ist ein Umschlag. Bestimmt von deiner Tante.

Was schreibt sie denn?

"Lieber Willi! Jedes Mal, wenn du mich besuchst, sagst du mir, dass du mir gern ein Geschenk zu Weihnachten schicken möchtest aber leider keinen Karton hast. Deshalb schicke ich dir einen Karton, so dass du ihn in ein paar Monaten gebrauchen kannst. Ich freue mich schon jetzt auf Weihnachten! Mit herzlichen Grüßen! Tante Hilda."

*Post*

## Übung macht den Meister!

1. *Schreib einen Brief an deinen Brieffreund oder deine Brieffreundin!* In deinem Brief solltest du nach ihren Interessen fragen: Sport, Hobbys, Schule usw. Besprich auch deine Interessen mit deinem Brieffreund oder deiner Brieffreundin! Sei so kreativ wie möglich!

2. *Was ist denn alles in dem Paket?* Stell dir vor, dass du gleich nach der Ankunft in Deutschland durch den Zoll (customs) musst. Außer deinem Koffer, hast du noch ein Paket. Der Zollbeamte oder die Zollbeamtin (customs official) fragt dich, was du in dem Paket hast. In diesem Rollenspiel bist du der Tourist und einer deiner Mitschüler oder deiner Mitschülerinnen spielt die Rolle des Zollbeamten oder der Zollbeamtin. Dann macht es umgekehrt (reverse roles)!

3. *Der Briefträger kommt.* Schreib einen Dialog über das Thema „Der Briefträger kommt"! Was bringt er? Worüber sprecht ihr? Dann übe diesen Dialog mit anderen Schülern in der Klasse.

4. *Das ist nicht meine Post.* Der Briefträger oder die Briefträgerin hat dir ein Paket gebracht. Es ist aber nicht für dich, sondern für eine andere Person. Entwickle (develop) einen Dialog und gib darin Auskunft, wo diese Person wohnt und wie der Briefträger oder die Briefträgerin hinkommt.

## Aktuelles

### Am Zeitungsstand

Die Deutschen beziehen° ihre tägliche° Information vom Fernsehen, Rundfunk° oder aus Zeitungen und Zeitschriften. Viele Deutsche lesen am liebsten die tägliche oder die wöchentliche° Zeitung. Im Vergleich zum° Fernsehen bieten die Zeitungen bessere und ausführlichere° Informationen.

Was lesen viele Deutsche am liebsten?

Die bekanntesten deutschen Zeitungen sind:

*Bild Zeitung (Hamburg)*

*Westdeutsche Allgemeine (Essen)*

*Hannoversche Allgemeine (Hannover)*

*DIE ZEIT (Hamburg)*

*Sächsische Zeitung (Dresden)*

*Die Welt (Hamburg)*

*Süddeutsche Zeitung (München)*

*Rheinische Post (Düsseldorf)*

*Frankfurter Allgemeine (Frankfurt)*

Welche Tageszeitungen kann man
hier kaufen?

Die meisten Familien haben eine Tageszeitung, die° über
internationale, nationale und lokale Ereignisse° und Nachrichten
berichtet°. Oft bekommen Familien auch noch eine Wochenzeitschrift,
die einmal in der Woche die Ereignisse der Woche zusammenfasst°.
Die Illustrierten oder Magazine wie zum Beispiel *Der Stern, Der Spiegel,
Die Bunte Illustrierte* und das Nachrichtenmagazin *Focus* sind sehr
beliebt.

Sind diese beiden
Zeitschriften beliebt?

Alle diese Zeitungen und Zeitschriften und viele andere kann man im
Abonnement° bekommen oder direkt an einem Zeitungsstand kaufen.
Zeitungsstände gibt es überall, besonders in der Stadtmitte, aber auch
in kleineren Städten und Orten.

Die *Bild Zeitung*, die größte Tageszeitung in Deutschland (4,5 Millionen
Exemplare° pro Tag), kann man aber nur an einem Kiosk oder
Zeitungsstand kaufen. Viele Deutsche kaufen diese Zeitung am
Morgen auf dem Weg zur Arbeit. Die *Bild Zeitung* liest sich schnell, hat
nicht viel Inhalt° aber dafür viele Fotos und ist voller Sensationen, was
Deutschland und andere Länder angeht°. Wegen des Formats kann
man die Zeitung leicht in Bussen, Straßenbahnen und Zügen lesen,
ohne andere Fahrgäste zu stören°.

Gibt es viele verschiedene deutsche
Zeitschriften und Zeitungen?

Es gibt ungefähr 10 000 verschiedene
Zeitschriften in Deutschland. Die
größte ist die Monatszeitschrift des
*Allgemeinen Deutschen Automobil-Clubs
(ADAC)*. Mehr als 8 Millionen
bekommen diese Zeitschrift.

In den letzten Jahren gibt es mehr und
mehr Stadtteilzeitungen°. Diese kann
man kostenlos° bekommen. Sie
machen meistens viel Werbung für die
verschiedenen Geschäfte und
Restaurants in diesem Stadtteil. Ein

wichtiger Teil jeder Zeitung sind die Anzeigen°. Wie wichtig die Zeitungen für die Deutschen sind, kann man daraus erkennen°, dass fast jede Schule eine Schüler- oder Schulzeitung hat. Darin bieten die Schüler ihren Mitschülern°, Lehrern, Eltern und auch der Gemeinde° Nachrichten und Interessantes aus der Arbeit der Schule.

*beziehen* to get; *täglich* daily; *der Rundfunk* radio; *wöchentlich* weekly; *im Vergleich zu* in comparison to; *ausführlich* detailed, comprehensive; *die* which; *das Ereignis* event; *berichten* to report; *zusammenfassen* to summarize; *im Abonnement bekommen* to get by subscription; *das Exemplar* copy; *der Inhalt* content; *was...angeht* that concerns; *Fahrgäste stören* to disturb passengers; *die Stadtteilzeitung* city area newspaper; *kostenlos* without cost; *die Anzeige* ad; *erkennen* to see, recognize; *der Mitschüler* classmate; *die Gemeinde* community

*Eine Umfrage* (survey). **Frag deine Klassenkameraden, Freunde und Verwandten, welche Zeitungen und Zeitschriften sie bekommen. Schreib alle auf eine Liste! Deine Klassenkameraden machen auch diese Umfrage. Wenn alle mit der Umfrage fertig sind, dann kombiniert ihr die Listen. Die Endliste soll zeigen, welche Zeitungen und Zeitschriften die beliebtesten in deiner Gegend sind.**

## Erweiterung

24. *Wohin hast du mein Buch gelegt?* **Monikas kleiner Bruder Heiko will ihr nicht sagen, wohin er ihr Buch gelegt hat. Er sagt ihr, sie soll es raten** (guess).

    ◆ das große Zimmer / in
    ◆ Ins große Zimmer?

    1. die braune Schultasche / neben
    2. der kleine Tisch / auf
    3. die alte Zeitung / unter
    4. das neue Bücherregal / auf
    5. die schöne Lampe / hinter
    6. der große Schrank / in

Herr Stein hat seine wichtigen Papiere auf den großen Schreibtisch gelegt.

**25. Bilde neue Sätze im Plural!**

◆ Er geht ins Zimmer.
◆ Sie gehen in die Zimmer.

1. Das Kind spielt vor dem Haus.
2. Musst du in die Stadt fahren?
3. Setz dich auf den Stuhl!
4. Er steht zwischen dem Jungen und dem Mädchen.
5. Der Lehrer hat die Klasse an den Zug gebracht.
6. Hast du das Buch auf die Zeitung gelegt?
7. Das Flugzeug fliegt über das Land.
8. Kannst du hinter dem Garten warten?
9. Sie ist in die Straßenbahn eingestiegen.
10. Das Boot fährt auf dem See herum.

**26. Welche Antworten passen zu den Fragen?**

1. Haben Sie die Rechnung bezahlt?
2. Was hast du zur Post gebracht?
3. Wie hast du es geschickt?
4. Was steht gleich links vor dem Ort auf einem Briefumschlag?
5. Was steht links oben?
6. Was hast du in den Briefkasten eingeworfen?
7. Was ist da rechts oben?
8. Was steht auf dem Briefumschlag?

  a. Der Absender.
  b. Die Briefmarke.
  c. Die Postleitzahl.
  d. Leider nicht. Ich habe im Moment kein Geld.
  e. Die Anschrift.
  f. Einen Brief und ein Paket.
  g. Mit Luftpost natürlich.
  h. Ein paar Ansichtskarten.

Was steht alles auf
dem Paket?

**27.** *Warum hat er das nicht getan?* **Ergänze den Dialog mit den folgenden Wörtern!**

| | | | |
|---|---|---|---|
| sagen | verstehen | Briefmarken | Arbeit |
| Zeit | früher | bekommen | Brief |
| kennt | weißt | spät | tun |

*Uwe:* Warum hast du den ____ nicht in den Briefkasten eingeworfen?

*Karin:* Ich hatte keine ____ zu Hause.

*Uwe:* Du kannst sie doch beim Postamt ____.

*Karin:* Ja, aber es war schon zu ____.

*Uwe:* Warum bist du nicht ____ zur Post gegangen?

*Karin:* Ich hatte leider keine ____.

*Uwe:* Das kann ich nicht ____. Du hast doch immer so wenig zu ____.

*Karin:* Wie ____ du denn das?

*Uwe:* Dein Bruder sagt oft, du hast keine ____.

*Karin:* Wie kann er das ____?

*Uwe:* Er ____ dich sehr gut.

**28. Wie sagt man's?**

| | | | |
|---|---|---|---|
| Bleistift | geschrieben | Anschrift | dauert |
| geführt | Briefe | gehabt | Geburtstag |
| Rechnung | leihen | Freundin | gebe |
| Karte | Schreiben | gewusst | Beamtin |
| brauche | | | |

1. Von wem ist diese ____?

   Von meiner ____.

   Was hat sie denn ____?

   Ich soll sie zum ____ besuchen.

2. Was hat die ____ gesagt?

   Ich soll meine ____ auf die Paketkarte schreiben.

   Hast du das nicht ____?

   Ja, aber ich habe keine Paketkarte ____.

3. Diese ____ ist aber sehr hoch.

Ich habe viele Telefongespräche ____.

Warum hast du keine ____ geschickt?

Das ____ immer viel zu lange.

4. Hast du etwas zum ____?

Ja, einen ____.

Kannst du ihn mir ____?

Nicht lange, ich ____ ihn auch gleich.

Ich ____ ihn dir sofort zurück.

29. **Beschreib jedes Wort mit einem ganzen Satz!**

1. Briefträger
2. Postamt
3. Päckchen
4. Telefongespräch
5. Briefumschlag
6. Luftpost

Zehra führt ein Telefongespräch.

## Rückblick

1. *Wo ist sie?* **Ändere** (change) **diese Sätze von** *Sie ist...* **zu** *Sie geht...*

◆ Sie ist im großen Zimmer.
◆ Sie geht ins große Zimmer.

1. Sie ist am langen Tisch.
2. Sie ist auf der kleinen Straße.
3. Sie ist im neuen Kino.
4. Sie ist vor der großen Tür.
5. Sie ist hinter dem alten Postamt.
6. Sie ist im bekannten Museum.
7. Sie ist in der tollen Disko.

Sie stehen vor der Information.

*Post*

2. *Sie machen eine Reise.* **Ergänze die folgenden Sätze mit den richtigen Endungen, wo nötig** (necessary).

Heute ist ein____ schön____ Tag. Bruno trinkt ein____ Tasse Kaffee und isst ein____ Stück frisch____ Brot dazu. Er muss sich beeilen. In ein paar Minuten kommt sein____ gut____ Freund Hans, und beide werden dann zusammen mit ihr____ neu____ Fahrrädern zur Schule fahren.

Bruno holt sein____ interessant____ Bücher und geht schnell aus dem Haus. Auf der Straße ist viel los. Beide Jungen sehen viele alt____ und neu____ Autos und Motorräder. Alle wollen pünktlich zu ihr____ täglich____ Arbeit kommen. Seit einigen Wochen gehen Bruno und Hans in ein____ modern____ Schule. Diese neu____ und groß____ Schule gefällt ihnen sehr gut.

Nach der englisch____ Klasse kommt Herr Uhland, ihr Deutschlehrer. Er ist ein____ älter____ Lehrer. Bruno hat die deutsch____ Stunde gern. Er bekommt in Deutsch ein____ besser____ Note als in Englisch.

Am Nachmittag fahren Willi und Hans um ein____ klein____ See herum, nicht weit von ihr____ Haus. Sie sitzen dort oft bei dem schön____ See und sprechen über die Schule.

3. **Gib die richtigen Endungen an! Nicht alle Wörter haben Endungen.**

   1. Bad Homburg ist ein____ klein____ Stadt.
   2. Gisela kommt mit ihr____ neu____ Freund zur Party.
   3. Ihr____ beid____ Töchter wohnen im Süden.
   4. Heute läuft kein____ interessant____ Film.
   5. Komm doch in unser____ schön____ Zimmer!
   6. Mir gefällt dein____ bunt____ Hemd.
   7. Julia ist ein____ gut____ Schülerin.
   8. Warum bringst du jeden Tag dein____ alt____ Schultasche?
   9. Im Frühling gibt es fast kein____ warm____ Tage.
   10. Wir besuchen ihr____ nett____ Tante.

4. **Bilde Sätze mit den folgenden Wörtern!**

   1. ich / besuchen / dein / groß / Bruder
   2. wo / sein / euer / deutsch / Reisepässe
   3. wir / werden / am Sonntag / zu / mein / alt / Freund / fahren
   4. mein / englisch / Bücher / gefallen / ich
   5. warum / schreiben / du / dein / nett / Cousine / kein / lang / Brief
   6. mein / preiswert / Karte / geben / ich / mein / klein / Schwester

5. **Ergänze die Sätze mit den Wörtern in Klammern!**

   1. Trinken Sie diesen (Kaffee, heiß) ____?
   2. Hat Ihnen unser (Restaurant, neu) ____ gefallen?
   3. Wir freuen uns, dass deine (Verwandten, deutsch) ____ zu Besuch kommen.
   4. Frau Krüger wohnt in einem (Haus, alt) ____.
   5. Können wir durch die (Zimmer, groß) ____ gehen?
   6. Mit welchem (Kleid, bunt) ____ kommst du zur Disko?
   7. Leider kenne ich dieses (Museum, bekannt) ____ nicht.
   8. Wir steigen in die (Straßenbahn, voll) ____ ein.
   9. Stell den Teller auf den (Tisch, braun) ____!
   10. Er kommt heute ohne seinen (Freund, gut) ____ in die Schule.

6. **Ergänze die folgenden Sätze!**

   1. Hast du lange an ____ Ecke gewartet?
   2. Steig schnell in ____ Boot ein!
   3. Der Zug steht schon auf ____ Bahnhof.
   4. Stell den Teller zwischen ____ Gabel und ____ Löffel!
   5. Ist das Gabriele da drüben neben ____ Eingang?
   6. Das Schulfest findet in ____ Park statt.
   7. Geh bitte an ____ Tür!
   8. Sein Boot steht hinter ____ Haus.

## Was weißt du?

1. *Schreib einen kurzen Brief an deinen Freund, deine Freundin oder deine Verwandten!* This letter can be real or imaginary. Be as creative as possible.

2. *Die Post.* Describe who brings the mail every day and when it arrives. Include such details as where your mailbox is located and who usually brings in the mail.

3. *Das Abonnement.* Pick three newspapers and/or magazines that you would like to subscribe to, and tell why.

4. *Was kosten die Sachen mit Lustpost?* Imagine that you have three items (letters, cards, packages, etc.) to mail to three different countries. Assign a certain weight to each item and find out from your local post office what the cost would be for sending these items by air mail.

5. *Wie kommt die Post dorthin?* You have just written a card or letter to a pen pal in Germany. Describe what you need to do to send it off, and what happens to the item from the time it leaves your home until it arrives at your pen pal's home.

6. *Der Weg einer Briefmarke.* Write at least five sentences describing what happens to a stamp from the time it is printed until it is discarded. Here are two possibilities: *Ich kaufe die Briefmarke auf der Post. Ich sammle die Briefmarken mit meinen anderen Briefmarken.*

Simon schreibt seiner Cousine eine Karte.

Petra schreibt ihrer Freundin einen langen Brief.

# Vokabeln

der **Absender,-** sender
**allein** alone
die **Anschrift,-en** address
**aufgeben** *(gibt auf, gab auf, aufgegeben)* to dispatch, send
**ausfüllen** to fill out
**ausprobieren** to try out
die **Bank,-en** bank
der **Beamte,-n** official, clerk (male)
der **Briefkasten,-̈** mailbox
die **Briefträgerin,-nen** mail carrier
der **Briefumschlag,-̈e** envelope
der **Einfluss,-̈e** influence; *Einfluss haben auf* to have influence on
**einmal: nicht einmal** not even
**einwerfen** *(wirft ein, warf ein, eingeworfen)* to mail (letter)
der **Empfänger,-** recipient, addressee
**erzählen** to tell; *erzählen von* to tell about

der **Fotograf,-en** photographer
die **Frau** wife
die **Hausnummer,-n** house number
der **Jugendklub,-s** youth club
**kleben** to stick, paste, glue
die **Köchin,-nen** cook (female)
der **Kollege,-n** colleague
die **Luftpost** airmail
der **Mann,-̈er** husband
die **Nachbarin,-nen** neighbor
die **Nachrichten** (pl.) news
das **Päckchen,-** parcel
das **Popcorn** popcorn
die **Post** post office, mail
das **Postamt,-̈er** post office
das **Postfach,-̈er** post office box
die **Postkarte,-n** postcard
die **Postleitzahl,-en** zip code
die **Quittung,-en** receipt
die **Rechnung,-en** bill
das **Rezept,-e** recipe
die **Rückseite,-n** back, reverse side

die **Ruhe** peace, silence; *Immer mit der Ruhe!* Take it easy!
**schieben** *(schob, geschoben)* to push
der **Schwiegersohn,-̈e** son-in-law
**sorgen für** to take care of; provide for
**stellen** to place, put
**sterben** *(stirbt, starb, ist gestorben)* to die
die **Süßwaren** (pl.) sweets
das **Telefax,-e** telefax
das **Telefongespräch,-e** phone call; *ein Telefongespräch führen* to make a phone call
die **Tüte,-n** bag
die **Vorstellung,-en** performance
**wenn** if, when, whenever
die **Werbung,-en** advertising
**zumachen** to close

der Briefkasten

die Post oder das Postamt

Hier gibt's Süßwaren.

# Gesundheit

## In this chapter you will be able to:

- explain a problem
- describe how you feel
- make a complaint
- identify occupations
- name some medical items

307

# Wer fühlt sich nicht wohl?

*Mutter:* Aki, wach auf!

*Aki:* Ich bin schon lange wach.

*Mutter:* Hast du deinen Wecker nicht gehört?

*Aki:* Doch. Ich habe ihn abgestellt.

*Mutter:* Warum denn das? Du musst schon in zehn Minuten zur Schule.

Aki, wach auf!

*Aki:* Ich kann heute nicht. Ich fühle mich heute gar nicht wohl.

*Mutter:* Ja, du scheinst hohes Fieber zu haben. Gestern hast du dich aber noch wohl gefühlt.

*Aki:* In der Nacht habe ich fast nicht geschlafen. Mein Kopf tut mir auch weh.

*Mutter:* Ich hatte dir doch gestern Abend gesagt, du solltest nicht ohne Jacke aus dem Haus gehen. Du hast dich bestimmt erkältet.

*Aki:* Mein ganzer Körper ist steif.

*Mutter:* Ich rufe am besten den Arzt an.

Ich fühle mich heute gar nicht wohl.

1. **Ergänze diese Sätze!**

   1. Akis Mutter ruft den Arzt ____.
   2. Sein Kopf tut ____.
   3. Aki wacht schon früh ____.
   4. Er fühlt sich gar nicht ____
   5. Sein Körper ist sehr ____.
   6. Aki stellt seinen Wecker ____.
   7. Er ist schon eine lange Zeit ____.

Wen ruft Akis Mutter an?

Frau Tucholsky ruft sofort Doktor Siebert an. Sie beschreibt, wie Aki sich im Moment fühlt. Der Arzt hört sich alles an und sagt ihr dann, dass er in zwei Stunden vorbeikommen wird. Gegen zehn Uhr ist Doktor Siebert auch da. Er untersucht Aki und sagt Frau Tucholsky, was für Medikamente sie von der Apotheke holen soll. Der Arzt schlägt Frau

Der Arzt sagt ihr, dass er in zwei Stunden vorbeikommen wird.

Tucholsky vor, dass sie ihn in zwei Tagen wieder anrufen soll, wenn Aki sich nicht besser fühlt und er noch immer Fieber haben sollte.

| | |
|---|---|
| *Frau Tucholsky:* | Grüß Gott! |
| *Apotheker:* | Was darf's sein? |
| *Frau Tucholsky:* | Doktor Siebert hat dieses Rezept verschrieben. |
| *Apotheker:* | Ja, gut. Sie können die Medikamente gleich mitnehmen. Da haben wir sie schon. |
| *Frau Tucholsky:* | Ich habe manchmal furchtbare Kopfschmerzen. Haben Sie etwas dafür? |
| *Apotheker:* | Ja, Aspirin ist dafür ganz gut. Möchten Sie 25 oder 50 Tabletten? |
| *Frau Tucholsky:* | Geben Sie mir die größere Packung. |
| *Apotheker:* | Sonst noch etwas? |
| *Frau Tucholsky:* | Nein, das ist alles. |

Möchten Sie 25 oder 50 Tabletten?

2. *Das ist falsch!* **Gib die richtigen Antworten!**

   1. Frau Tucholsky wird Medikamente vom Arzt bekommen.
   2. Aki soll seinen Arzt anrufen, wenn er sich in zwei Tagen nicht besser fühlt.
   3. Der Apotheker hat ein Rezept verschrieben.
   4. Frau Tucholsky muss lange warten, bis die Medikamente fertig sind.
   5. Der Apotheker gibt Frau Tucholsky 25 Tabletten.

*Gesundheit*

Am Nachmittag kommt Akis Schwester aus der Schule. Sie klopft an Akis Tür und geht hinein.

Na, du Faulenzer!

Lisa: Na, du Faulenzer! Renate hat mir gesagt, dass ihr heute in Englisch eine Prüfung hattet. Da hast du mal wieder Glück gehabt.

Aki: Was heißt Glück? Heute Morgen konnte ich gar nicht aufstehen. Mein ganzer Körper hat wehgetan.

Lisa: Und jetzt geht's dir viel besser?

Aki: Ganz bestimmt! Mein Fieber ist etwas runtergegangen und ich habe nicht mehr solche furchtbaren Kopfschmerzen.

Lisa: Mutti hat Tee für dich gemacht. Du sollst ihn trinken. Der wird dir bestimmt gut tun.

Aki: Ja, Frau Doktor Tucholsky. Ich folge Ihrem Rat. Außer dem Tee möchte ich noch ein Stück Kirschkuchen. Ich habe den ganzen Tag noch nichts gegessen.

Lisa: Na hör mal! Ich bin doch keine Kellnerin. Wenn es dir so gut geht, dann kannst du auch aufstehen und dich in der Küche selbst bedienen.

Aki: Wozu habe ich denn eine große Schwester?

3.  **Was passt hier?**

1. Lisa klopft      a. jetzt viel besser
2. Aki konnte      b. sich selbst bedienen
3. Sein Körper hat      c. jetzt etwas essen
4. Es geht Aki      d. er furchtbare Kopfschmerzen
5. Sein Fieber ist      e. großen Hunger
6. Am Morgen hatte      f. wehgetan
7. Der Tee wird      g. an seine Tür
8. Aki möchte      h. ihm gut tun
9. Er hat      i. jetzt nicht mehr so hoch
10. Aki soll      j. am Morgen nicht aufstehen

## 4. Beantworte diese Fragen!

1. Warum hat Aki seinen Wecker abgestellt?
2. Wie fühlt er sich am Morgen?
3. Was hatte ihm seine Mutter gesagt?
4. Wen ruft Akis Mutter an?
5. Was sagt ihr der Arzt?
6. Was soll Frau Tucholsky tun, wenn sich Aki in zwei Tagen nicht besser fühlt?
7. Wie weiß der Apotheker, welche Medikamente Frau Tucholsky braucht?
8. Was ist in der großen Packung?
9. Ist Akis Fieber noch so hoch wie am Morgen?
10. Was für ein Getränk bekommt Aki?
11. Was möchte er dazu essen?
12. Was soll Aki selbst machen?

### Sprichwort

# Du fällst mir auf den Wecker!

(You are driving me up the wall!)

# Für dich

Health protection is better today than ever before in Germany. Most Germans have excellent medical plans that cover all doctors' and hospital expenses, regardless how minor or major the illness may be. Doctors and hospitals have the most modern medical technology and facilities at their disposal. The cost of health care is rising at an accelerated pace, however, and has become a serious threat to the economy. One problem is that many Germans take advantage of the system by visiting the doctor even for minor illnesses that do not require medical attention.

# Rollenspiel

You and a classmate role-play the following situation. One of you suggests some activities that both of you should be involved in. The other complains about the fact that he or she doesn't feel good today and that the activities should be postponed. Both of you give valid reasons for doing or not doing the planned activities. Be as creative as possible in your conversational exchange, and reach a satisfactory compromise.

# Aktuelles

## Occupations

Germany is one of the world's leading industrial countries. In terms of overall economic performance Germany ranks fourth in the world; in world trade it ranks second. The German economy relies primarily on heavy industry, most of which is located in the North Rhine-Westphalia region. Germany is the third largest automobile producer in the world, following the United States and Japan.

Not only is Germany highly industrialized, its agricultural production takes care of about 80 percent of the country's food requirements. In order to be more competitive, most farms have been consolidated and are part of cooperatives. Many farms are specialized and grow only certain crops such as vegetables or grapes

Frankfurt, das Geschäftszentrum Deutschlands

for wine, such as those farms along the Rhine and Moselle rivers. More than a quarter of Germany's land is forest. The law demands that forest areas be properly managed. Land laws require forest owners to replant harvested areas or replace dead trees with new ones. Areas like Lower Saxony, Schleswig Holstein and Bavaria are extensively involved in raising cattle and producing dairy products.

The computer and electronic media industry is ever changing in Germany. It requires specially trained personnel willing and able to keep up with the most recent technology. Specialists in the computer field are sought after by many companies, particularly in the medical profession. There the computer is used in various specialized areas. The fact that there is one physician to every 400 inhabitants makes Germany one of the best equipped countries in the world as far as medical personnel.

auf dem Land in Bayern

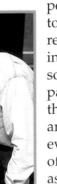

Viele Firmen suchen junge Leute, die sich in der Informatik gut auskennen.

Germans place major emphasis on the quality of education. For many years, an acute shortage of teachers meant that every applicant who passed the proper examinations was accepted with open arms. For the past 15 years, however, many teachers have been without jobs, which poses a difficult problem for the country.

Every sixth person is employed by the federal, state or local government, providing services for the communities such as the police (Polizei), fire department (Feuerwehr) and postal service Postdienst).

The German monetary system, based on the mark (Mark), has become an important factor in international trade. Financial institutions such as banks (Banken) employ specialists from the different areas of business finance. The stock exchange in Frankfurt, for example, keeps a careful eye on the constantly fluctuating stocks on the national and international scene. Managers in small and large companies provide the guidance and administration necessary to run their companies effectively.

Tourism has become an important economic opportunity for Germans. Therefore, it is not surprising to find an abundance of travel agencies (Reisebüros) who plan tours and vacations for groups and individuals. There are about 1.5 million jobs dependent on tourism either directly or indirectly. Lufthansa, the German national airline, requires its flight attendants *(Flugbegleiter)* to speak at least one or two foreign languages. It is no longer rare to see women in jobs that were once considered to be typically male occupations. Every second woman is now employed outside of the home.

eine Angestellte und eine Kundin

Although many Germans go shopping in the local supermarkets today, specialty shops are still extremely popular. The shop owner *(Ladenbesitzer)* and clerks *(Angestellten)* know their customers *(Kunden)*, therefore providing a more personalized atmosphere. Many of these smaller stores, like the local butcher shop *(Fleischerei* or *Metzgerei)* and the local bakery *(Bäckerei)* are family owned. The butcher takes special pride in offering homemade sausages and preparing the meats to the customers' requests. Two-thirds of the German people shop once or twice a week at the local markets where they can find fresh fruits and vegetables, much preferred over packaged products.

Germans love flowers; therefore, it's not surprising to find that the professional florist *(Blumenhändler)* and gardener *(Gärtner)* hold important positions in the German work force.

der Blumenhändler

The success of any restaurant business depends to a large extent on the skill of the cook *(Koch)*. In Germany, there is an abundance of various types of eating establishments, ranging from the very elegant and expensive to the simple and reasonably priced. Food servers *(Kellner/Kellnerinnen)* can be seen serving food in both indoor and outdoor restaurants. Many food servers are also employed by cafés. Germans love to sit in these cafés, relax, drink coffee and eat delicious German cakes.

Wer serviert das Essen?

Upon entering a town, particularly in southern Germany, the visitor will see a tall pole that is colorfully decorated with figures designating the crafts and trades of the town. This traditional pole dates back to the Middle Ages, a time when many apprentices and tradeworkers would go from town to town searching for jobs. However, today's apprentices are those who have chosen to enter the world of work after ninth or tenth grade.

Both folk arts and the formal arts flourish throughout Germany. Handicrafts are traditional, particularly in smaller towns and villages. In southern Germany *(Bayern)* and in eastern Germany *(Erzgebirge)*, the art of woodcarving is still practiced today and is evidenced by the smaller woodcarving shops frequented by many local people and tourists alike.

ein Holzschnitzer in Oberammergau

**Was weißt du?**

| | |
|---|---|
| one-fourth of 1 percent | 80 percent |
| automobiles | North Rhine-Westphalia |
| southern Germany | Lufthansa |
| tourism | trades |
| ninth or tenth grade | Frankfurt |
| a job | 25 percent |

1. The steel industry is located in _____.
2. Many teachers today are without _____.
3. A colorfully decorated pole often designates the _____ offered by the town.
4. The city of _____ is a financial center.
5. There are only two other countries ahead of Germany in producing _____.
6. The official German airline is called _____.
7. One and a half million jobs depend on _____.
8. A young person usually starts an apprenticeship after _____.
9. German farms produce _____ of the country's food consumption.
10. _____ of all Germans are physicians.
11. About _____ of the land in Germany is forest.
12. Woodcarving is especially popular in _____.

# Ergänzung

5. *Barbara fühlt sich heute nicht wohl.* Barbaras Mutter hat an die Lehrerin einen Brief geschrieben. Barbaras Freundin, Hannelore, soll ihn zur Schule mitnehmen. Auf dem Weg zur Schule regnet es und der Brief fällt auf die Straße. Deshalb dauert es lange, bis die Lehrerin alles ganz klar lesen kann. Kannst du alles lesen?

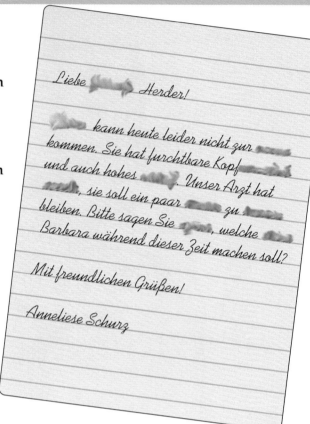

Liebe ~~~~ Herder!

~~~ kann heute leider nicht zur ~~~ kommen. Sie hat furchtbare Kopf~~~ und auch hohes ~~~. Unser Arzt hat ~~~, sie soll ein paar ~~~ zu bleiben. Bitte sagen Sie ~~~, welche Barbara während dieser Zeit machen soll?

Mit freundlichen Grüßen!

Anneliese Schurz

6. **Etwas Persönliches.**

1. Wann bist du das letzte Mal krank gewesen?
2. Was hast du gehabt?
3. Wie lange bist du dann nicht in der Schule gewesen?
4. Wie hast du deine Schularbeit nachgeholt (nachholen = *to make up*)?
5. Haben dich während dieser Zeit deine Freunde besucht?

Was tut ihnen weh?

# Sag's mal! Was fehlt dir denn?

Ich habe die Grippe.*

Mein Bauch tut weh.

Mir ist es übel.*

Ich habe Husten und Schnupfen.*

Ich bin krank.

Ich habe eine Erkältung.*

Ich habe Kopfschmerzen.

Mir geht's nicht so toll.

Mir ist schlecht.

Mir tut alles weh.

## Sprache

### Past Perfect Tense

The formation of the past perfect tense in German is quite simple. All you have to do is use the past tense of *haben* or *sein* and add the past participle.

| | |
|---|---|
| ich *hatte* gelesen | ich *war* gegangen |
| du *hattest* gefragt | du *warst* geschwommen |
| er, sie, es *hatte* gegessen | er, sie, es *war* gewesen |
| wir *hatten* geschrieben | wir *waren* geflogen |
| ihr *hattet* gesprochen | ihr *wart* gelaufen |
| sie, Sie *hatten* geholt | sie, Sie *waren* geblieben |

The past perfect tense expresses an event or action that has taken place prior to an event or action that occurred in the past.

◆ *Wir fuhren in die Ferien. Vor unserer Abreise hatten wir schon unsere Koffer gepackt.*

◆ We went on vacation. Before our departure, we had already packed our suitcases.

◆ *Mein Freund hat mich gefragt. Leider hatte ich ihn nicht verstanden.*

My friend asked me. Unfortunately, I didn't understand him.

Remember that verbs with separable prefixes have the *ge-* between the prefix and the past participle.

*angekommen, eingeladen, eingestiegen*

7. ***Was hatte ihnen gefehlt?*** **Während des Schuljahres sind verschiedene Schulkameraden krank gewesen. Sag, was mit ihnen los gewesen war!**

◆ Jutta / im Januar
◆ Jutta hatte im Januar Bauchschmerzen gehabt.

1. Günter / September  2. Elisabeth und Tanja / April

3. Sophia und Wolf / Dezember  4. Gisela / Oktober

8. *Meine Ferien im Sommer.* Gestern erzählte Dieter von seinen Ferien vor ein paar Wochen.

   ◆ vor vier Wochen abfahren
   ◆ Wir waren vor vier Wochen abgefahren.

   1. in einem schönen Haus wohnen
   2. viel schwimmen
   3. Tante Frieda besuchen
   4. ein paar Filme sehen
   5. um den See laufen
   6. Freunde einladen

9. **Was war gestern passiert?**

   ◆ Paul hatte kein Glück.
   ◆ Paul hatte kein Glück gehabt.

   1. Christine aß zu viel.
   2. Wir schrieben eine Arbeit.
   3. Unsere Klasse ging zum See.
   4. Wir waren auf einer Party.
   5. Uli und Christian machten Musik.
   6. Sie spielten Fußball.

Letzte Woche hatten sie Tischtennis gespielt.

Am Wochenende waren viele Leute im Museum gewesen.

10. *Was für ein Erlebnis das war!* Stell dir vor, du bist gerade aus Deutschland zurückgekommen. Deine Freunde wollen natürlich wissen, wie es dir gefallen hat. Du erzählst ihnen von deiner Reise. Bilde Sätze!

◆ wir / an einem Sonntag ankommen
◆ Wir waren an einem Sonntag angekommen.

1. meine deutsche Freundin / mich am Flughafen begrüßen
2. wir / dann zu ihrem Haus fahren
3. ich / dort ihre Eltern besuchen
4. die Eltern / natürlich einen Kuchen backen
5. der Kuchen / sehr gut schmecken
6. wir / am nächsten Tag in den Bergen wandern
7. das / viel Spaß machen
8. mein Besuch / ein großes Erlebnis sein

11. **Bilde Sätze mit den folgenden Wörtern!**

◆ essen / ihr
◆ Hattet ihr gegessen?

1. sein / du / zu Hause
2. wir / besuchen / das Museum
3. Herr Reuter / oft fliegen
4. warten / ihr
5. die Gäste / lange bleiben
6. Renate und Ingrid / fragen / ihr Lehrer
7. kommen / sein Bruder / später
8. abfahren / die Touristen / früh
9. die Jugendlichen / Fußball spielen
10. trinken / die Gäste / Kaffee

Die Dame war vor ein paar Minuten mit dem Zug angekommen.

*Kapitel 10*

# Ergänzung

## Was willst du werden?

| | | | |
|---|---|---|---|
| Apotheker / Apothekerin | | Arzt / Ärztin | Bäcker / Bäckerin |
| | Briefträger / Briefträgerin | Computerspezialist / Computerspezialistin | Elektriker / Elektrikerin |
| Fleischer (Metzger) / Fleischerin (Metzgerin) | | Fotograf / Fotografin | Flugbegleiter / Flugbegleiterin |
| Friseur / Friseuse | Ingenieur / Ingenieurin | Krankenpfleger / Krankenschwester | Maler / Malerin |
| Mechaniker / Mechanikerin | | Musiker / Musikerin | Pilot / Pilotin | Polizist / Polizistin |
| Rechtsanwalt / Rechtanwältin | Schauspieler / Schauspielerin | Sekretär / Sekretärin | Verkäufer / Verkäuferin | Zahnarzt / Zahnärztin |

12. *Welche Berufe passen zu den Wörtern?* **Du wirst nicht alle Wörter verstehen. Kannst du die Antworten geben?**

◆ Sie fotografiert.
◆ Sie ist Fotografin.

1. Er fliegt das Flugzeug.
2. Sie steht an der Kasse.
3. Er arbeitet mit Computerprogrammen.
4. Sie spielt in einem Theater.
5. Sie bekommt Rezepte von kranken Leuten.
6. Er repariert Autos.
7. Sie weiß viel über Elektrizität.
8. Er bringt die Post.
9. Sie sieht sich die Zähne an.
10. Er spielt in einem Konzert.
11. Sie hilft den Fluggästen im Flugzeug.
12. Er macht das Haar schön.

13. *Ich möchte einen Job.* **Während des Sommers und vielleicht auch während des Schuljahres hast du Zeit, einen Job zu nehmen. Schreib eine kurze Anzeige** (ad) **in einer lokalen Zeitung, was für einen Job du suchst!**

# Sprache

## *da/dahin* and *dort/dorthin*

The words *da* (there) and *dort* (there) indicate that there is no motion. The person or object referred to stays in a predetermined area. Therefore, the question word *wo?* is used to ask for the location of the person or object.

◆ *Wo ist die nächste Bäckerei? Die nächste Bäckerei ist da (dort).*
Where is the closest bakery? The closest bakery is there.

The words *dahin* (there, to that place) and *dorthin* (there, to that place) indicate motion to a specific place. Therefore, the question word *wohin?* is used to ask for the direction.

◆ *Wohin stellst du dein Rad? Ich stelle es dahin (dorthin).* Where are you putting your bike? I'm putting it there.

14. *Bei einer Schulparty soll Susanne ihrer Lehrerin helfen.* **Sie soll den anderen Schülern Informationen geben.**

◆ Wo ist das Mathezimmer?
◆ Es ist da.

◆ Wohin soll ich gehen?
◆ Geh dahin!

1. Wohin soll ich mich setzen?
2. Wo sitzt Erich?
3. Wohin soll ich die Bücher legen?
4. Wo ist das Klavier?
5. Wohin soll ich den Stuhl stellen?
6. Wo steht die Cola?

15. **Was soll ich damit machen?**

◆ mit dem Auto
◆ Stell das Auto dorthin!

1. mit der Gitarre
2. mit dem Glas
3. mit der Lampe
4. mit den Büchern
5. mit dem Computer
6. mit der Schultasche

16. **Kombiniere...**

Im Sommer
Während des Winters
Am Wochenende
Gestern

waren
hatten
war
hatte

die Jugendlichen
Brigitte
ich
die Angestellten
wir

in einer Band gespielt
in den Alpen gewesen
Ferien gemacht
ihre Schule beendet
Halsschmerzen gehabt

*Gesundheit*

## Lesestück

# Beim Arzt

Gabi hat schon seit zwei Tagen Halsschmerzen. Heute Morgen ist sie aufgewacht und konnte fast gar nicht schlucken°. Ihre Eltern haben ihr gesagt, dass sie zu Doktor Böhme, ihrem Arzt, gehen soll. Ihre Mutter ruft früh am Morgen an. Gabi hat Glück. Sie kann schon um acht Uhr bei Doktor Böhme vorbeikommen.

Bei der Anmeldung° sagt sie ihren Namen. Ein Herr schreibt ihren Namen auf eine Liste und bittet° Gabi, sich ins Wartezimmer zu setzen. Es dauert auch nur zehn Minuten, bis sie ihren Namen hört. Sie steht sofort auf und folgt einer jungen Dame ins Arztzimmer.

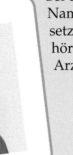

Ich habe furchtbare Halsschmerzen.

*Arzt:* Hallo, Gabi! Was fehlt dir denn?

*Gabi:* Ich habe furchtbare Halsschmerzen. Es hatte vorgestern° angefangen und scheint auch nicht besser zu werden. Etwas Fieber habe ich auch.

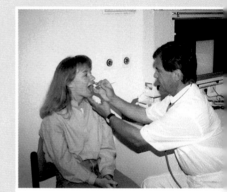

Sag „Aah!"

*Arzt:* Also, dann messen° wir erst einmal den Blutdruck°. Leg deinen Arm ganz locker auf den Tisch!

*Gabi:* Und wie ist mein Blutdruck?

*Arzt:* Ganz normal. Jetzt noch den Puls° messen. Ja, der ist auch gut. Mach doch mal deinen Mund auf° und sag „Aah!"

*Gabi:* Aaah! Ich glaube, meine Mandeln° sind etwas rot.

Doktor Böhme misst den Blutdruck.

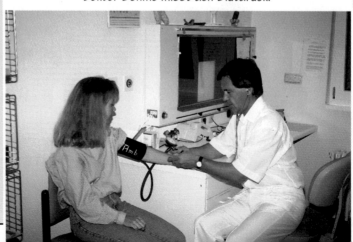

326

**Arzt:** Nicht nur das. Sie sind auch etwas geschwollen°. Du hast eine Halsentzündung°. Und nun die Ohren. Deine Ohren sehen aber klar aus.

**Gabi:** Wir haben nur noch bis Mittwoch Ferien. Dann fängt die Schule wieder an.

**Arzt:** Ich kann dir heute noch nicht sagen, ob du bis dann wieder in die Schule kannst.

**Gabi:** Ausgerechnet in meinen Ferien passiert das°. Wir wollten morgen schwimmen gehen.

**Arzt:** Das darfst du natürlich nicht. Bleib drei Tage zu Hause und ruh dich aus. Hoffentlich fühlst du dich in ein paar Tagen wieder besser. Wenn° nicht, dann komm bitte wieder vorbei.

Doktor Böhme schreibt ein Rezept und sagt Gabi, dass sie die nächsten zehn Tage täglich zwei Tabletten nehmen soll. Er glaubt, dass sie sich bis Mittwoch viel besser fühlen wird. Er lächelt°.

**Arzt:** Arbeit ist die beste Medizin. Wenn du die Schule gern hast, dann bist du bestimmt früher gesund.

**Gabi:** Wer will denn nach den kurzen Ferien wieder zur Schule zurück? Eigentlich freue ich mich aufs Wochenende in zwei Wochen. Ich will mit meinen Freundinnen campen.

Doktor Böhme verschreibt ein Rezept.

**Arzt:** Bis dann wirst du ganz bestimmt wieder gesund sein. Mit einer Halsentzündung darfst du natürlich nicht im Zelt schlafen.

**Gabi:** Also, ich versuche mein Bestes.

**Arzt:** Das höre ich sehr gern. Gute Besserung!°

**Gabi:** Danke.

*schlucken* to swallow; *die Anmeldung* reception; *bitten* to ask; *vorgestern* day before yesterday; *messen* to measure; *der Blutdruck* blood pressure; *der Puls* pulse; *aufmachen* to open; *die Mandel* tonsil; *geschwollen* swollen; *die Halsentzündung* throat infection; *Ausgerechnet passiert das...* Of all things, this happens...; *wenn* if; *lächeln* to smile; *Gute Besserung!* Get well!

*Gesundheit*

17. **Was passt hier am besten?**

1. Gabi hat
2. Heute Morgen konnte
3. Sie gibt
4. Gabi soll
5. Sie folgt
6. Die Halsschmerzen scheinen
7. Der Arzt misst
8. Die Mandeln sehen
9. Die Ohren sind
10. Gabi wollte
11. Doktor Böhme schreibt
12. Gabi freut

a. sich ins Wartezimmer setzen
b. ein Rezept
c. rot aus
d. nicht besser zu werden
e. seit zwei Tagen Halsschmerzen
f. morgen schwimmen gehen
g. den Blutdruck
h. sich aufs nächste Wochenende
i. bei der Anmeldung ihren Namen
j. sie nicht schlucken
k. einer jungen Dame ins Arztzimmer
l. klar

18. **Beantworte diese Fragen!**

1. Was konnte Gabi heute Morgen nicht machen?
2. Was haben ihr die Eltern vorgeschlagen?
3. Was hat ein Herr an der Anmeldung gemacht?
4. Musste Gabi lange im Wartezimmer warten?
5. Was macht Doktor Böhme zuerst?
6. Wie sind die Mandeln?
7. Wann sind Gabis Ferien zu Ende?
8. Was darf Gabi morgen nicht tun?
9. Was soll sie machen, wenn sie sich in ein paar Tagen nicht besser fühlt?
10. Wie viele Tabletten muss Gabi in den nächsten zehn Tagen zusammen nehmen?
11. Was will Gabi in zwei Wochen machen?

## Praktische Situation

Working in groups of three, compile a list of at least eight school and after-school activities and write them in the left-hand column of a sheet of paper. (Each student should write the list on their own sheet.) Then, horizontally across the right-hand column of the sheet of paper, describe at least six medical problems that a person might have. Working individually, for each activity listed decide if you would be able to participate, depending on the various medical problems given. If you can participate, mark the space with *Das geht*; if you cannot participate, write in *Das geht nicht*. After each student has completed the exercise, compare your answers as a group.

## Übung macht den Meister!

1. *Ein Besuch beim Arzt.* Seit ein paar Tagen fühlst du dich nicht wohl. Endlich gehst du zum Arzt. Schreib einen kurzen Dialog darüber!

2. *Der Unfall.* Dein Freund hat einen Unfall (accident) gehabt. Beschreib wie dieser Unfall passiert ist und wie du ihm geholfen hast!

3. *Ich möchte diesen Job.* Du suchst (looking for) einen Job. In der Zeitung siehst du viele Anzeigen (ads). Eine Anzeige interessiert dich. Du möchtest dich für diesen Job bewerben (apply for). Schreib einen kurzen Brief mit diesen Einzelheiten (details): dein Name und Alter, deine Anschrift und Schulfächer und dein Grund (reason) warum du dich für diesen Job bewirbst.

4. *Das will ich werden.* Du weißt genau, welchen Beruf du später einmal ausüben (which profession to have) möchtest. Erzähl davon und gib fünf Gründe, warum du diesen Beruf ausüben willst!

*Gesundheit*

# Aktuelles

## Pläne für die Zukunft

Die Teenager in Deutschland sind nicht anders als die Teenager in anderen Ländern. Schon in frühen Jahren träumen° viele von der Zukunft° und planen, was sie später einmal machen möchten. Wir haben vier Teenager aus veschiedenen Gegenden Deutschlands ausgesucht und sie gefragt, was für Pläne sie für später haben. Hier sind ihre Antworten.

*träumen* to dream; *die Zukunft* future

### Guido (15 Jahre, Konstanz)

Guido

Ich möchte später einmal bei einer Bank arbeiten. Ich interessiere mich für Mathe und bekomme auch sehr gute Noten. Mein Vater arbeitet schon seit vielen Jahren bei der Deutschen Bank. Einmal durfte ich einen halben Tag in seinem Büro sehen, was da alles los ist. Es hat mir sehr gefallen. Er hat meistens mit Kollegen und dem Publikum zu tun. Mit Zahlen muss er auch viel umgehen°, denn eine Bank hat natürlich mit Finanzen zu tun.

Konstanz

Wenn's geht, will ich gleich nach dem Abitur bei einer Bank anfangen. Mein Vater hat viele Kontakte. Vielleicht bekomme ich dann schneller einen Job. Im Moment ist der Arbeitsmarkt° nicht so günstig°. Das kann sich aber in vier Jahren noch ändern°. Heiraten° möchte ich später auch einmal, aber auf keinen Fall° bevor ich 28 bin. Ein Kind gehört dann auch noch dazu.

*mit Zahlen umgehen* to deal with numbers; *der Arbeitsmarkt* employment market; *günstig* favorable; *ändern* to change; *heiraten* to marry; *auf keinen Fall* in no case

### Natalie (17 Jahre, Duderstadt)

Natalie

Mein Berufswunsch° ist Ärztin. Ich möchte Menschen helfen und das kann man natürlich nur, wenn man sich in der Medizin gut auskennt. In zwei Jahren will ich nach dem Abitur Medizin studieren. Das Studium ist mit acht Jahren sehr lang. Danach wird man Assistenzärztin. In dieser Position macht man erst einmal neue Erfahrungen. Mein Traum° ist es, Chefärztin° zu werden. Ich denke oft daran, später in Afrika zu arbeiten, denn dort kann man den Menschen besonders helfen. Viele leben da sehr primitiv und brauchen medizinische Hilfe°. Heute gibt es in manchen Teilen Afrikas wenige Ärzte und deshalb sterben die Menschen schon viel zu früh. Meine Mutter ist seit zehn Jahren Krankenschwester. Sie hat viel damit zu tun, dass ich Medizin studieren will. Wenn ich den richtigen Partner finde, dann möchte ich später auch heiraten. Aber das hat noch lange Zeit, denn zuerst kommt mein Studium°.

Duderstadt

*der Berufswunsch* career goal; *der Traum* dream; *die Chefärztin* chief medical doctor; *die medizinische Hilfe* medical assistance; *das Studium* studies

## Damir (16 Jahre, Berlin)

Damir

Für mich ist es ganz klar. Ich will später Automechaniker werden. Schon als Kind hatte ich mich für Autos interessiert. Leider muss ich noch zwei Jahre warten, bis ich den Führerschein° machen darf. Oft habe ich meinem Vater zugesehen, wie er seinen alten VW repariert hat. Von ihm habe ich die verschiedenen Teile eines Autos kennengelernt°. Jetzt helfe ich meinem Vater manchmal, wenn irgendetwas° an seinem Auto los ist. Mit der Hauptschule bin ich jetzt fertig. Während der nächsten drei Jahre bin ich Azubi bei einer Reparaturwerkstatt°. Dort arbeite ich vier Tage die Woche. Am fünften Tag besuche ich die Berufsschule°, wo ich die Theorie lerne. Meine Freundin und ich haben vor, vielleicht in drei oder vier Jahren zu heiraten. Ich will aber erst meine Lehrzeit° beenden. Dann kann ich gut verdienen°.

Berlin

*der Führerschein* driver's license; *kennenlernen* to get to know; *irgendetwas* anything; *die Reparaturwerkstatt* repair shop; *die Berufsschule* vocational school; *die Lehrzeit* apprenticeship; *verdienen* to earn money

Nadja

## Nadja (16 Jahre, Schwerin)

Computer sind meine große Leidenschaft im Leben°! Mein Vater arbeitet bei Siemens als Informatiker°. Ich möchte später auch einmal Informatikerin werden. Zu Hause haben wir zwei Computer. Einer gehört mir. Wenn ich mit meinen Freundinnen in der Stadt einkaufen gehe, dann gehe ich meistens zu Karstadt. Dort sehe ich mir gern die neusten Elektronikgeräte an und spiele auch ab und zu mit den CD-ROMs. Gefällt mir etwas besonders, dann lasse ich es meine Eltern wissen. Zum Geburtstag

Schwerin

und zu Weihnachten wünsche ich mir immer etwas für meinen Computer. Letztes Jahr habe ich die Realschule beendet. Jetzt bin ich Azubi bei Quelle, einem großen Katalogversandhaus°. Da muss ich viel am Telefon mit den Leuten sprechen und, wenn sie etwas aus dem Katalog bestellen, tippe° ich gleich alle Einzelheiten° in den Computer, damit die Leute ihre Waren° sobald wie möglich° bekommen. Eine Familie mit zwei Kindern wünsche ich mir auch, vielleicht in zehn Jahren oder so.

*meine Leidenschaft im Leben* my passion in life; *der Informatiker* computer scientist; *das Katalogversandhaus* catalog mail-order company; *tippen* to type; *die Einzelheit* detail; *die Waren* goods; *sobald wie möglich* as soon as possible

### Von wem spricht man hier? Diese Person...

1. wünscht sich zum Geburtstag etwas für den Computer.
2. bekommt in Mathe gute Noten.
3. arbeitet in einer Reparaturwerkstatt.
4. möchte später in einer Bank arbeiten.
5. will Medizin studieren.
6. geht einen Tag die Woche in eine Schule.
7. ist seit letztem Jahr nicht mehr auf der Schule.
8. will vor dem Heiraten erst das Studium zu Ende machen.
9. meint, dass der Arbeitsmarkt jetzt nicht so gut ist.
10. will vielleicht mit neunzehn oder zwanzig Jahren heiraten.
11. wohnt in einer Stadt an einem großen See.
12. will später anderen Menschen helfen.

# Erweiterung

**19.** **Rewrite the following paragraph using the past perfect tense.**

Maria und ihre Freundin Karsta planen im Sommer, zum Wörthersee in Österreich zu fahren. Sie sind dort meistens im Juli. Während dieser Jahreszeit scheint die Sonne oft. Sie bringen ihr Zelt mit und übernachten direkt am See. Es gibt dort viele Jugendliche aus allen Teilen Europas. Sie kommen immer gern hierher. Dieses Jahr bleiben sie sogar zwei Wochen da. Es gefällt ihnen so gut. Am Ende der Reise besuchen sie noch Karstas Tante in Klagenfurt. Dann fahren sie wieder nach Hause zurück.

**20.** **Von welchen Berufen spricht man hier?**

◆ Sie spricht mit ihren Schülern englisch in der Klasse.
◆ Das ist eine Lehrerin.

1. Bei ihm kauft man Bratwürste und Salami.
2. Wenn mir etwas sehr wehtut, dann gehe ich zu ihm hin.
3. Sie ist in ganz Deutschland durch ihre Filme bekannt.
4. Er sitzt vorne im Flugzeug und fliegt dreimal die Woche von New York nach Frankfurt.
5. Bei ihr kann man Medizin kaufen.
6. Jeden Tag bringt sie die Post zu uns.
7. Wenn wir zu schnell in unserem Auto fahren, dann wird sie uns anhalten.
8. Für seine tägliche Arbeit gebraucht Herr Schmidt seine Kamera.

**21.** **Ergänze diesen Dialog!**

*Ärztin:* Wie geht's denn?
*Du:* ____
*Ärztin:* Wo tut es weh?
*Du:* ____
*Ärztin:* Dein Arm? Was hast du denn gemacht?
*Du:* ____
*Ärztin:* Ich wusste gar nicht, dass du Tennis spielst.
*Du:* ____
*Ärztin:* So oft spielst du? Hier ist ein Rezept für Salbe.
*Du:* ____
*Ärztin:* In der Apotheke am Markt.
*Du:* ____
*Ärztin:* Wenn dein Arm in drei bis vier Tagen nicht mehr so geschwollen ist, dann musst du nicht wiederkommen.

**22.** *da* oder *dahin*?

1. Wir fahren am Dienstag ____.
2. Meine Großmutter wohnt ____.
3. Seine Gitarre liegt ____.
4. Bist du letzten Sommer ____ gereist?
5. Ich laufe gern ____.
6. ____ ist kein Mensch.

Ja, dahin fahren wir.

**23. Was sind die Gegenteile von diesen Wörtern?**

| | | |
|---|---|---|
| 1. oben | 2. zu | 3. hier |
| 4. links | 5. lang | 6. früh |
| 7. gesund | 8. weit | 9. alles |
| 10. voll | 11. hinten | 12. wenig |

**24.** *Was ist heute passiert?* **Ergänze die folgenden Sätze!**

1. Es ist schon acht Uhr. Ich habe meinen Wecker nicht ____.
2. Ich bin zu spät ____.
3. Ich habe Fieber ____.
4. Mein Bein ist ganz steif ____.
5. Meine Mutter hat den Arzt sofort ____.
6. Um zehn Uhr hat mich meine Mutter zum Arzt ____.
7. Er hat sich mein Bein ____.
8. Dann hat er mir ein Rezept ____.
9. Damit sind wir dann zur Apotheke ____.

## Was weißt du?

1. *Wann bist du das letzte Mal krank gewesen?* Describe how many days you were ill, if you had to see a doctor and any other details.

2. *Was bekommt man in der Apotheke?* List four items that you can purchase in a pharmacy.

3. *Was willst du werden?* Describe what job you would like to do in the future, and why.

4. *Was ich am Wochenende gemacht hatte.* Using the past perfect tense, explain five activities that you did over the weekend.

5. *Ich brauche gute Angestellte.* Imagine that you are an employer who is looking for good candidates to fill a certain position. Create a short application form that you would want to have all candidates fill out.

# Vokabeln

**abstellen** to turn off
sich **anhören** to listen to
die **Anmeldung** reception, registration
die **Apotheke,-n** pharmacy
der **Apotheker,-** pharmacist
der **Arzt,⸚e** doctor (male)
die **Ärztin,-nen** doctor (female)
das **Aspirin** aspirin
**aufmachen** to open
**ausgerechnet** of all things
der **Bäcker,-** baker
der **Bauch,⸚e** stomach
die **Bauchschmerzen** (pl.) stomachache
die **Besserung** improvement; *Gute Besserung!* Get well!
**bitten (bat, gebeten)** to ask
der **Blutdruck** blood pressure
**campen** to camp
der **Computerspezialist,-en** computer specialist
der **Doktor,-en** physician, doctor
der **Elektriker,-** electrician
sich **erkälten** to catch a cold
der **Faulenzer,-** lazybones; *Du Faulenzer!* You lazybones!
**fehlen** to be missing; *Was fehlt dir?* What's the matter with you?
das **Fieber** fever
das **Fieberthermometer,-** fever thermometer
der **Fleischer,-** butcher
der **Flugbegleiter,-** flight attendant
**folgen** to follow

der **Friseur,-e** hairstylist, barber
die **Friseuse,-n** beautician
**fühlen** to feel; *sich wohl fühlen* to feel well
**furchtbar** terrible
**geschwollen** swollen
**gesund** healthy
die **Gesundheit** health
die **Halsentzündung** throat infection
die **Halsschmerzen** (pl.) sore throat
das **Heftpflaster,-** adhesive bandage
**hören** to listen; *Na hör mal!* Look here!, Now listen!
der **Hustenbonbon,-s** cough drop
der **Hustensaft,⸚e** cough syrup
der **Ingenieur,-e** engineer
**klopfen** to knock
die **Kopfschmerzen** (pl.) headache
der **Körper,-** body
**krank** sick, ill
der **Krankenpfleger,-** nurse (male)
die **Krankenschwester,-** nurse (female)
**lächeln** to smile
der **Maler,-** painter
die **Mandel-n** tonsil
der **Mechaniker,-** mechanic
das **Medikament,-e** medicine, drug
die **Medizin** medicine
**messen** *(misst, maß, gemessen)* to measure

der **Metzger,-** butcher
der **Musiker,-** musician
die **Nacht,⸚e** night
**normal** normal
die **Packung,-en** package
**passieren** to happen
der **Polizist,-en** policeman
die **Prüfung,-en** test, examination
der **Puls** pulse
der **Rechtsanwalt, ⸚e** lawyer, attorney
das **Rezept,-e** prescription
die **Rückenschmerzen** (pl.) backache
**runtergehen** *(ging runter, ist runtergegangen)* to go down
die **Salbe,-n** ointment, salve
der **Schauspieler,-** actor
**schlucken** to swallow
**schwindlig** dizzy; *Mir ist schwindlig.* I'm dizzy.
der **Sekretär,-e** secretary
die **Tablette,-n** tablet, pill
**untersuchen** to examine
der **Verband,⸚e** bandage
**verschreiben** *(verschrieb, verschrieben)* to prescribe
**vorgestern** day before yesterday
**wehtun** *(tut weh, tat weh, wehgetan)* to hurt
**wozu** what for
der **Zahnarzt,⸚e** dentist
die **Zahnschmerzen** (pl.) toothache

die Ärzte

der Mechaniker

Doktor Böhme hat ein Rezept verschrieben.

# Kapitel 11

# Fahren

## In this chapter you will be able to:

- identify objects
- talk about a car
- describe a traffic situation
- talk about driver's training
- discuss renting or purchasing a vehicle

30 ZONE

# Jens und Rudi mieten sich Fahrräder

Jens und Rudi haben sich schon lange auf die Reise nach Bremen gefreut. Sie haben schon vor zwei Wochen an ihren Freund Wieland geschrieben, wann sie ihn besuchen werden. Endlich ist der Tag gekommen. Die Reise mit dem Zug von Hannover nach Bremen hat nur eine Stunde und zwanzig Minuten gedauert. Wieland hatte Jens noch angerufen und ihm vorgeschlagen, dass er und Rudi am Bahnhof Fahrräder mieten sollen. Nach Lilienthal, wo Wieland wohnt, ist es nicht einfach, mit einem Verkehrsmittel hinzukommen. Außerdem ist es preiswerter, fürs Wochenende die Fahrräder zu mieten, anstatt ihre eigenen Fahrräder im Zug mitzubringen.

Gleich beim Bahnhof ist die „Fahrradstation."

Wieland hatte Jens auch genau beschrieben, wo sie ihre Räder gleich am Hauptbahnhof mieten können. Nachdem sie aus dem Zug ausgestiegen sind, gehen beide zum Ausgang und sehen schon auf der linken Seite ein Geschäft mit dem Namen „Fahrradstation".

1. *Das stimmt nicht.* **Gib die richtige Antwort zu den folgenden Sätzen!**

   1. Jens und Rudi fahren mit einem Zug nach Lilienthal.
   2. Sie wollen im Bahnhof Räder mieten.
   3. Bremen liegt südlich von Hannover. (Sieh auf einer Landkarte nach!)
   4. Die Zugreise dauert eine halbe Stunde.
   5. Jens und Rudi wollen auf Fahrrädern vom Bremer Hauptbahnhof zu Wieland fahren. Mit dem Bus dauert es zu lange.
   6. Jens hat im Bahnhof gefragt, wo sie Fahrräder mieten können.

*Jens:* Das war ja ganz einfach zu finden.

*Rudi:* Wir brauchen die Räder heute und morgen, das heißt zwei Tage und eine Nacht.

*Jens:* Auf dem Schild dort stehen die Preise. Es kostet 1 Mark 50 pro Tag und 3 Mark pro Nacht.

*Rudi:* Ich glaube, jeder von uns kann sich bestimmt 6 Mark für die zwei Tage leisten.

*Jens:* Wieland erwartet uns in ungefähr einer Stunde. Wenn wir bis dann nicht bei ihm sind, werden sich seine Eltern bestimmt um uns sorgen.

*Rudi:* Also, rasen brauchen wir doch nicht. Ich nehme an, wir können langsam hinfahren.

*Jens:* Das schon. Bis zu Wielands Haus sind es vielleicht nur 15 Kilometer.

*Rudi:* Das sollten wir leicht in einer halben Stunde schaffen.

*Jens:* Nicht unbedingt. Wir müssen erst aus der Innenstadt raus. Wie du siehst, ist hier viel Verkehr.

*Rudi:* Also, suchen wir uns schnell die Fahrräder aus.

Also, suchen wir uns schnell die Fahrräder aus.

2. **Ergänze diese Sätze!**

1. Vom Bahnhof zu Wielands Haus in Lilienthal sind es ungefähr ____.

2. Wieland glaubt, dass Rudi und Jens bestimmt ____ bei ihm sein werden.

3. Jens und Rudi haben das Fahrradgeschäft sehr schnell ____.

4. Jens meint, dass sie zu Wieland langsam ____.

5. In der Gegend vom Bahnhof gibt es ____.

6. Wenn fünf Personen Fahrräder nur während des Tages mieten wollen, dann kostet das ____ zusammen.

*Was hältst du von diesem schwarzen Rad?*

*Jens:* Ich kann gar nicht warten, bis ich meinen Führerschein bekomme.

*Rudi:* Na, das dauert ja noch zwei Jahre. Bei mir nicht ganz so lange. Aber träum jetzt nicht! Was hältst du von diesem schwarzen Rad?

*Jens:* Mir ist's egal. Die Farbe ist wirklich nicht wichtig.

*Rudi:* Die Lenkstange gefällt mir und die Handbremse ist auch ganz straff.

*Jens:* Hm, es hat auch drei Gänge.

*Rudi:* Die Gänge spielen keine Rolle, denn unsere Strecke ist ganz eben.

*Jens:* Da hast du recht. Letztes Jahr war unsere Familie auf einer Radtour im Schwarzwald. Ich kann dir sagen, war das strapaziös, die Berge hoch zu fahren.

*Rudi:* Das kann ich mir gut vorstellen.

*Jens:* Ich nehme dieses goldene Fahrrad. Es ist fast dasselbe wie deins.

*Rudi:* Gut, dann lass uns an der Kasse bezahlen.

*Jens:* Hier ist mein Geld. Du kannst für uns beide bezahlen.

*Rudi:* Hast du kein passendes Geld?

*Jens:* Leider nicht, aber du kannst es ja an der Kasse wechseln. Mach schnell! Wieland wartet bestimmt schon auf uns.

**3.  Was passt hier?**

| | |
|---|---|
| 1.  Jens hat | a.  eben |
| 2.  Die Handbremse ist | b.  ein schwarzes Fahrrad |
| 3.  Rudi bezahlt | c.  im letzten Jahr im Schwarzwald |
| 4.  Jens war | d.  bestimmt auf Rudi und Jens warten |
| 5.  Jens sucht sich | e.  Geld wechseln |
| 6.  Die Strecke ist | f.  Rudi |
| 7.  An der Kasse kann man | g.  kein passendes Geld |
| 8.  Rudi mietet | h.  an der Kasse |
| 9.  Die Lenkstange gefällt | i.  ein goldenes Rad aus |
| 10.  Wieland wird | j.  ganz straff |

## 4. Beantworte diese Fragen!

1. Wo fährt der Zug ab und wo kommt er an?
2. Warum hatte Wieland Jens vorher angerufen?
3. Warum haben Rudi und Jens nicht ihre eigenen Räder mitgebracht?
4. Wo können sie Räder mieten?
5. Wie wissen Rudi und Jens, wie viel es kostet, die zwei Fahrräder zu mieten?
6. Wann werden sich Wielands Eltern sorgen?
7. Rudi und Jens müssen 15 Kilometer mit ihren Rädern zu Wieland fahren. Wie viele Meilen sind das?
8. Warum wird es etwas länger dauern, aus der Stadtmitte rauszukommen?
9. Will Jens lieber ein schwarzes oder ein goldenes Fahrrad?
10. Warum ist es nicht wichtig, dass die Räder viele Gänge haben?
11. Warum ist es im Schwarzwald strapaziös, mit Rädern zu fahren?
12. Wo wechselt Jens sein Geld?

### Sprichwort

## Sie sind in vollem Gang.

(They are in full swing.)

# Für dich

You are allowed to drive a moped *(das Moped)* at the age of 15 in Germany. However, you have to wait until you are 18 before you can get a driver's license *(der Führerschein)*. To get a driver's license you have to take 20 to 25 lessons offered by a driving school *(die Fahrschule)*, found throughout Germany. These schools offer theoretical as well as practical training in operating an automobile or other motorized vehicle. The lessons are fairly expensive; however, in addition to driving instructions, you also receive instruction in basic auto repair and maintenance. A driver's license in Germany does not need to be renewed every few years; it is good for a lifetime.

Hier kann man Fahrunterricht bekommen.

If you own a car in Germany you keep the same license plate as long as it is registered with the same local traffic authority. If you move to another district, you have to register the car at the new location. License plates identify the city or town where the car is registered. The first group of letters on the license plate stands for the city or district *(HH =* Hansestadt Hamburg, *M =* München, etc.*)*.

Woher kommt dieses Auto?

Und dieses?

# Rollenspiel

Pretend that you own a bicycle, moped or car rental agency *(Fahrrad-, Moped- oder Autovermietung)*. A customer (one of your classmates) is interested in renting one of your vehicles. Your conversation should center around such topics as cost (per hour, day, week), ID needed, length of rental, special equipment needed, map of the area and directions to get to a certain place.

# Aktuelles

## About Driving in Germany

Since Germany is relatively small (137,744 square miles, which is not as big as Montana), the distance between any two places in the country is not that great. To hear Germans describe it, Hamburg to the north and München to the south seem to be worlds apart. Actually, they are separated by only about 500 miles—miles that are easily covered by driving on the *Autobahnen* (freeways).

Germans travel by train and they travel by plane, but most of all, they travel by car. They love their cars—extensions of their personalities—even more than they love most of their other possessions. That explains why, although the Germans are more ecologically minded than their neighbors, they are not readily inclined to turn in their private motor vehicles for environment-friendly means of transportation. And while it is true that many Germans ride bicycles, it's a common sight to see their bicycles perched on top of their cars.

The way many Germans drive, it's no wonder foreigners ask: Do German drivers have a death wish? It would appear so. A ride on a German *Autobahn*, either as a driver or as a passenger, requires nerves of steel. There is no speed limit on most stretches, and the "recommended" limit of 130 kilometers per hour (about 80 miles per hour) is generally ignored. Slower traffic is supposed to keep to the right, and the left lane (there are frequently only two lanes in each

Der Porsche ist eines der schnellsten Autos auf der Autobahn.

direction) is strictly for passing. Even when the traffic flow in the "slow" lane is steady at 130 kilometers per hour, drivers zoom by in the left lane at even higher speeds. The one thing that keeps (some) mad drivers alive is their respect for the powerful automobile pecking order: in the fast (left) lane, where tailgating is the rule, the drivers know who (which car) has the right of way—a VW will relinquish the left lane to an Audi, which will relinquish it to a BMW or Mercedes and so on. King of the road is still the Porsche. Emergency (*Notruf*) call boxes can be found at regular intervals (one to two kilometers apart)

Einen Notruf gibt's wenigstens alle zwei Kilometer.

along the *Autobahn*. When you lift the phone receiver, your call is connected automatically to the authorities.

Aggressive drivers with their egos behind the wheel menace city streets as well as the federal highways (*Bundesstraßen*), but traffic is usually so dense that speeding (by those who ignore the limits) is physically impossible. As the number of automobiles has increased dramatically during the past two decades, it's not uncommon that traffic comes to a virtual standstill (*Stau*) on frequently traveled freeways and in highly populated metropolitan areas.

der ADAC

Not surprisingly, one of the strongest and most efficient interest groups in Germany is the car lobby. The leading automobile club, the *ADAC*, is steadfastly opposed to speed limits on the *Autobahn* and sees no correlation between driving at breathtaking speeds and traffic accidents.

To slow down the speed, many residential neighborhoods have introduced speed bumps, tricky curves and complicated one-way street systems. These mazes also frustrate tourists and other visitors who find themselves driving in circles, unable to get to an address just a few streets away.

Wherever there are too many cars, there is a parking problem. This has become so bad, particularly in the cities, that there are no longer any legal parking spots; in fact, many sidewalks have become partially blocked by vehicles parked with one set of wheels up on the curb. Apartment residents in inner cities sometimes find themselves parking many blocks away from home—an inconvenience that still doesn't convince them to give up their car. A parking permit system has been introduced in some urban areas: only residents with a permit for their immediate vicinity can park between 7 and 10 A.M. and 4 and 7 P.M.

Viele Deutsche haben Probleme, in der Nachbarschaft Parkplätze zu finden.

Supposedly, this system will keep office workers, shoppers and other nonresidents from blocking streets.

It doesn't take visitors to Germany very long to figure out that city streets are not on a grid system, and that finding one's way around town is a game that requires patience. Streets can change their name without warning or come to an abrupt end, only to pick up again somewhere else. House numbers, supposedly arranged with odd and even numbers on different sides of the street, often play tricks on visitors; missing numbers may be tucked away in a courtyard behind the main street. There are historical reasons for this confusion; communities grew over centuries, streets merged into one another and kept their old names, buildings were torn down and replaced, but not always in the same place.

The variety of vehicle types is much greater in Germany than in the United States. Not only must you watch out for bicycles, motorbikes, busses, and extra-large trucks, but there is also a great variety of ordinary passenger cars to compete with for road space. The automobile tax in Germany is fixed according to the size of the engine, thus some smaller cars are not strong enough to accelerate as quickly as the average American car. This is especially noticeable when these smaller cars try to pass on the freeways.

The bicycle has always been a convenient way to move around a country as compact as Germany. With increased concern for the environment and the need to get around town faster than you can in a car, the bicycle has regained its popularity, and bicycle paths now line many of the city streets. Unfortunately, a bicycle path is just too tempting for some though. Bicycle bells ring furiously as their

Fahrrad fahren ist überall in Deutschland beliebt.

owners try to navigate their way through parked cars and pedestrians. In major cities, bicyclers have their own green and red lights at intersections.

*Ähnlichkeiten und Unterschiede.* **Compare and contrast German and U.S. driving habits, speed limits, roads, etc. List at least five of each.**

*Fahren*

# die Teile

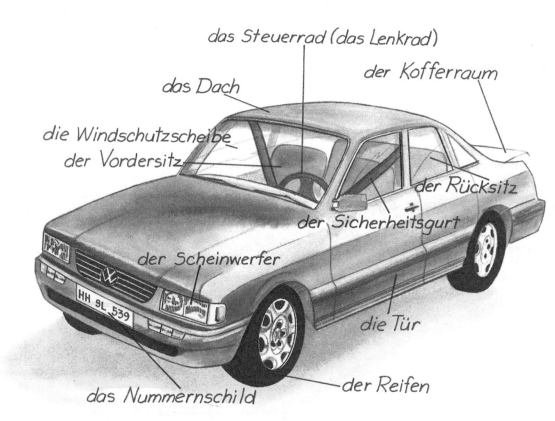

das Steuerrad (das Lenkrad)

der Kofferraum

das Dach

die Windschutzscheibe

der Vordersitz

der Rücksitz

der Sicherheitsgurt

der Scheinwerfer

die Tür

das Nummernschild

der Reifen

# eines Autos

**5. Von welchem Teil des Autos spricht man hier?**

1. Zwei Personen sitzen vorne und zwei andere sitzen auf ____.
2. Wenn es dunkel ist, braucht man ____.
3. Der Herr kommt aus München. Das kann man an ____ sehen.
4. Ein Auto hat vier ____.
5. Wenn man das Auto nach rechts oder links fährt, dann braucht man ____
6. Leg bitte das Gepäck in ____!
7. Ich kann gar nicht durch ____ sehen. Es regnet ganz toll.
8. Mach bitte ____ auf!
9. Du musst ____ befestigen.
10. Der Fahrer sitzt auf ____.

Er macht die Windschutzscheibe sauber.

## Sag's mal! Warum fährt dein Auto nicht?

Die Gänge funktionieren nicht.

Ich weiß es nicht.

Ich habe einen Platten.*

Der Motor läuft nicht.

Ich habe kein Benzin.*

Die Batterie ist leer.

Das Bremspedal ist defekt.*

Ich habe eine Reifenpanne.*

Da ist etwas am Gaspedal.

Am Vergaser ist etwas kaputt.*

# Sprache

## Verbs with Prepositions

### Verbs with Accusative

As in the English language, a number of German verbs are used with certain prepositions. In English, for example, there are verbs (including prepositions) such as: to depend on, to talk about, to ask for. In German, these prepositions that follow certain verbs require either the dative or the accusative case. Below you will find a list of those verbs with their corresponding prepositions that you have learned up to now.

These verbs and prepositions are followed by the accusative case:

| | |
|---|---|
| ***denken an*** to think about | ***sich sorgen um*** to worry about |
| ***sich freuen auf*** to look forward to | ***sprechen über*** to talk about |
| ***grenzen an*** to border on | ***sich vorbereiten auf*** to prepare for |
| ***klopfen an*** to knock at | ***warten auf*** to wait for |
| ***sehen auf*** to look at | |

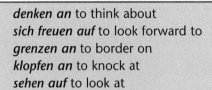

*Warten Sie auf diesen Bus?* Are you waiting for this bus?

Boris und Alex warten auf den Zug.

6. *Worauf freut sich Ingo?* **Ingo hat in zwei Wochen Ferien. Er hat schon lange darauf gewartet. Jetzt kann er planen, was er machen will.**

   ◆ die Reise
   ◆ Er freut sich auf die Reise.

   1. die Berge
   2. der Film
   3. der Besuch
   4. die Ferien
   5. der Geburtstag
   6. das Fest

7. *Sie sprechen über verschiedene Sachen.* **Anne und Rolf sind gute Freunde und sprechen oft über verschiedene Sachen, wofür sich beide interessieren.**

   ◆ Arbeit / schwer
   ◆ Sie sprechen über die schwere Arbeit.

   1. Wetter / schön
   2. Freund / nett
   3. Schloss / alt
   4. Mannschaft / toll
   5. Computer / neu
   6. Auto / teuer

8. **Bilde Sätze mit den folgenden Wörtern!**

    1. Willi / klopfen an / Tür
    2. Leute / warten auf / Zug
    3. Gisela / sich sorgen um / klein / Bruder
    4. Wir / denken / an / toll / Reise
    5. Warum / sprechen über / Paul / immer / Schule
    6. Tina / sich freuen auf / schön / Ferien
    7. Touristen / sehen auf / groß / Landkarte
    8. Land / grenzen an / lang / Fluss

## Verbs with Dative

There are several verbs in German that take the dative case. The following verbs that you have learned fall into this category:

| | |
|---|---|
| *danken* to thank | *helfen* to help |
| *folgen* to follow | *passen* to fit |
| *gefallen* to like | *schmecken* to taste |
| *gratulieren* to congratulate | *stehen* to be, look (clothing) |

9. *Hat es ihnen gefallen?* **Bernd erzählt, was verschiedene Leute gemacht haben. Heike will wissen, ob es ihnen gefallen hat.**

    ◆ Meine Eltern sind in die Schweiz gefahren.
    ◆ Hat es deinen Eltern denn gefallen?

    1. Meine Freunde sind oft im Jugendklub gewesen.
    2. Meine Tante ist viel in den Bergen gewandert.
    3. Meine Mutter hat schon lange bei der Firma gearbeitet.
    4. Mein Bruder ist am See gewesen.
    5. Meine Freundin hat deutsche Briefmarken gesammelt.
    6. Meine Lehrer haben auf dem Schulausflug viel fotografiert.

*Wie gefällt dir diese Bluse?*

*Fahren*

10. *Wem kann ich helfen?* **Stell dir vor, dass du heute viel Zeit hast und du kannst anderen helfen.**

   ◆ deine Großmutter
   ◆ Ich kann deiner Großmutter helfen.

   1. sein Onkel
   2. ihre Mutter
   3. meine Freundin
   4. unsere Tante
   5. dein Lehrer

11. *Schmeckt es ihnen nicht?* **Auf Uwes Geburtstagsparty sagt Dieter, was alle nicht essen. Uwe will wissen, ob es ihnen nicht schmeckt.**

   ◆ Inge isst keinen Fisch.
   ◆ Schmeckt er ihr nicht?

   1. Hans isst kein Obst.
   2. Tanja und Monika essen keine Suppe.
   3. Herr Wolters isst kein Fleisch.
   4. Oma isst keinen Pudding.
   5. Christa und Walter essen kein Gemüse.
   6. Meine Schwester isst keinen Kuchen.

12. **Ergänze die folgenden Sätze mit den Wörtern in Klammern!**

   1. Der Anzug passt (dein Bruder) _____ gut.
   2. Wie gefällt (du) _____ mein Kleid?
   3. Hast du (sein Freundin) _____ bei der Arbeit geholfen?
   4. Gratuliere (er) _____ doch zum Geburtstag!
   5. Du musst (deine Tante) _____ für das schöne Geschenk danken.
   6. Folge bitte (der Arzt) _____.
   7. Das Essen schmeckt (die Gäste) _____ sehr gut.
   8. Der bunte Pullover steht (ihr Vater) _____ ganz toll.

Das rote Kleid steht der Sabine sehr gut.

## Ergänzung

In der Stadt
Sie lassen die Leute die Straße überqueren.
Warum halten die Fahrer an?
Wie läuft der Verkehr?
Da drüben ist ein Unfall.
Es gibt einen Stau.
Dort ist etwas los, denn die Polizei ist auch da.
Sie wollen da parken.
In der Innenstadt ist zu viel Verkehr.
Um diese Zeit kann man nicht durchkommen.

# Was machen die Leute an der Haltestelle?

Sie kaufen Fahrkarten
an einem Automaten.

Andere steigen aus
der Straßenbahn aus.

Einige steigen
in den Bus ein.

Ein Herr sieht sich
den Fahrplan an.

13. **Wovon spricht man hier?** Identifiziere die Wörter mit den richtigen Artikeln!

    1. Wenn man in einen Bus einsteigen will, dann muss man da warten.
    2. Was ist ein anderes Wort für „Stadtmitte"?
    3. Man braucht sie, wenn man mit dem Zug fahren will.
    4. Ein Auto ist in ein anderes Auto gefahren.
    5. Da steht, wann die Busse ankommen und abfahren.
    6. Auf der Autobahn und in der Stadt gibt es das sehr oft, besonders um die Zeit, wenn die Leute zur Arbeit fahren.
    7. Sie kommt in einem grünweißen Auto und folgt einem Fahrer, weil er zu schnell gefahren ist.
    8. Da wirft man Münzen ein.

# Sprache

## Conjunctions

### Coordinating Conjunctions

Coordinating conjunctions are used to connect two words, phrases or clauses. The addition of a coordinating conjunction does not affect the word order of the two main clauses joined together. The most common coordinating conjunctions are:

| | |
|---|---|
| *aber* | but |
| *denn* | for, because |
| *oder* | or |
| *sondern* | but (on the contrary) |
| *und* | and |

◆ *Ich möchte länger bleiben, aber ich habe keine Zeit.* I would like to stay longer, but I don't have any time.

◆ *Rainer fährt nicht nach Köln, denn er hat die Stadt nicht gern.* Rainer isn't going to Köln because he doesn't like the city.

◆ *Fliegt ihr oder fahrt ihr mit dem Auto?* Are you flying, or are you going by car?

◆ *Sie kommen nicht zu uns, sondern wir gehen zu ihnen.* They aren't coming to us, but we are going to them.

◆ *Werner bekommt eine Krawatte und Paul bekommt ein Hemd.* Werner is getting a tie and Paul is getting a shirt.

*Fahren*

NOTE: After a preceding negation, use the conjunction *sondern* instead of *aber*.

◆ *Ich gehe nach Hause, aber Elke geht in die Stadt.* I'm going home, but Elke is going downtown.

◆ *Ich gehe nicht nach Hause, sondern ich gehe in die Stadt.* I'm not going home, but I'm going downtown.

14. ***Heiko möchte rüberkommen, aber er muss zuerst...*** **Heiko hat ein paar Gründe, warum er nicht gleich zu Erich rüberkommen kann.**

    ◆ Ich muss zuerst meine Aufgaben machen.
    ◆ Heiko möchte rüberkommen, aber er muss zuerst seine Aufgaben machen.

    1. Ich muss zuerst meiner Mutter helfen.
    2. Ich muss zuerst meine Arbeit machen.
    3. Ich muss zuerst den Tisch für meine Oma decken.
    4. Ich muss zuerst auf den Markt einkaufen gehen.
    5. Ich muss zuerst mein Zimmer aufräumen.
    6. Ich muss zuerst den Rasen mähen.

Heiko möchte rüberkommen, aber er muss
zuerst zum Fahrunterricht gehen.

15. ***Und was bekommen die anderen?*** **Christa fragt ihre Freunde, was ihre Verwandten und Bekannten als Geschenk bekommen.**

    ◆ Rainer / ein Moped — Tina / eine Bluse
    ◆ Rainer bekommt ein Moped und Tina bekommt eine Bluse.

    1. Hans / Fernseher — Fritz / Jacke
    2. Oma / Bild — Opa / Buch
    3. Britta / Kleid — Rosi / ein Paar Schuhe
    4. Mein Vater / Koffer — meine Mutter / Mantel
    5. Rolf / Krawatte — Susi / Pulli

## 16. Kombiniere diese Sätze!

◆ Karla geht nach Hause. Wir gehen ins Kino. (und)
◆ Karla geht nach Hause und wir gehen ins Kino.

1. Herr Siebert möchte Kaffee. Frau Siebert möchte Tee. (aber)

2. Der Junge schwimmt nicht. Er darf nicht. (denn)

3. Die Jugendlichen fahren zum Campingplatz. Sie gehen zur Jugendherberge. (oder)

4. Wir essen Pizza. Wir bestellen Kuchen. (oder)

5. Meine Schwester fliegt nach Österreich. Ich fliege in die Schweiz. (aber)

6. Die eine Klasse fährt mit dem Zug. Die andere Klasse nimmt den Bus. (und)

## 17. Ergänze die folgenden Sätze mit den richtigen Konjunktionen!

◆ Ich gehe ins Kaufhaus, ____ Rainer geht nach Hause.
◆ Ich gehe ins Kaufhaus, aber Rainer geht nach Hause.

1. Frau Strunk kauft sich kein Kleid, ____ sie hat nicht genug Geld.

2. Peter möchte in die Disko gehen, ____ seine Freundin will lieber einen deutschen Film sehen.

3. Wir gehen heute Morgen auf den Markt ____ wir gehen später einkaufen.

4. Sie möchte kein Eis, ____ sie bestellt sich ein Stück Kuchen.

5. Susi wartet vor der Schule ____ Renate steht an der Ecke.

6. Familie Meier fährt nicht nach Hamburg, ____ es ist zu weit.

## Subordinating Conjunctions

Subordinating conjunctions are used to connect a main clause and a dependent clause. A subordinating conjunction does not affect the word order in English, but in German it does. In a sentence beginning with the main clause, the main verb of the dependent clause appears at the end of the dependent clause or the complete sentence. Clauses are separated by commas.

◆ *Wir gehen ins Restaurant, weil wir Hunger haben.* We are going into the restaurant because we are hungry.

◆ *Christa wird ein Fahrrad kaufen, sobald sie genug Geld hat.* Christa will buy a bicycle as soon as she has enough money.

In a sentence beginning with the dependent clause (the conjunction is at the beginning of the sentence), the conjugated verb of the dependent clause appears at the end of the dependent clause (before the comma) and the inverted word order is applied.

◆ *Weil wir hungrig sind, gehen wir ins Restaurant.* Because we are hungry, we are going into the restaurant.

◆ *Sobald sie genug Geld hat, kauft Christa ein Fahrrad.* As soon as she has enough money, Christa will buy a bicycle.

The most common subordinating conjunctions are:

| | |
|---|---|
| *als* when | *obgleich, obwohl* although |
| *bevor, ehe* before | *seitdem* since |
| *bis* until | *sobald* as soon as |
| *da* since (inasmuch as) | *solange* as long as |
| *damit* so that, in order that | *während* while |
| *dass* that | *weil* because |
| *nachdem* after (having) | *wenn* when, if, whenever |
| *ob* whether, if | |

NOTE: Although the two subordinating conjunctions *als* and *wenn* have similar meanings, *als* refers to a single event in the past and *wenn* refers to an action that is repeated in any tense. You can always say *immer wenn* in order to emphasize this habitual repetition.

◆ *Als ich zehn Jahre alt war, bekam ich von meinem Vater ein Fahrrad.* When I was ten years old, I got a bicycle from my father.

◆ *Wenn ich nach Hause komme, muss ich meiner Mutter helfen.* When I come home, I have to help my mother.

18. *Was machen wir, wenn es regnet?* **Du besprichst mit deinen Freunden, was ihr machen werdet, wenn es regnet.** *Wenn es regnet,...*

◆ Karten spielen
◆ Wenn es regnet, spielen wir Karten.

1. zu Hause bleiben
2. fernsehen
3. CDs hören
4. Bücher lesen
5. Karten spielen
6. ein paar Briefe schreiben
7. einen Kuchen backen
8. unsere Freunde anrufen

Wenn es regnet, bleiben sie lieber zu Hause.

19. *Warum fährt Bernd immer an die Ostsee?* **Jedes Jahr fährt Bernd an die Ostsee. Immer wieder fragen ihn seine Freunde, warum er zu demselben Ort fährt. Kannst du die Antworten geben?**

◆ Die Sonne scheint oft.
◆ Er fährt dorthin, weil die Sonne oft scheint.

1. Da ist immer viel los.
2. Ich schwimme gern.
3. Meine Oma hat da eine Wohnung.
4. Ich fahre gern mit dem Boot.
5. Es ist dort sehr schön.
6. Es ist da nicht so heiß.

20. **Kombiniere diese Sätze zu einem Satz!**

◆ Ich spiele gern Tennis. Es ist warm. (wenn)
◆ Ich spiele gern Tennis, wenn es warm ist.

1. Katrin sieht fern. Helmut macht seine Hausaufgaben. (während)
2. Ich werde Fußball spielen. Es regnet. (obgleich)
3. Herr Hoffmann fährt mit dem Auto. Herr Schulz fliegt mit dem Flugzeug. (aber)
4. Es ist nicht nur kalt. Es schneit auch. (sondern)
5. Sie schreibt. Walter will noch lange in Europa bleiben. (dass)
6. Sie sind nach Berlin gefahren. Sie haben schon viel von dieser Stadt gehört. (da)
7. Essen Sie Schweinebraten? Möchten Sie Sauerbraten? (oder)
8. Er sprach kein Deutsch. Er kam nach Deutschland. (als)
9. Was werden Sie denn machen? Sie haben das Buch gelesen. (nachdem)
10. Wir müssen uns beeilen. Wir haben keine Zeit. (denn)

Sie sind nach Berlin gefahren, da sie schon viel von dieser Stadt gehört haben.

## 21. Bilde neue Sätze!

◆ Er war zu Hause, als seine Verwandten zu Besuch kamen.
◆ Als seine Verwandten zu Besuch kamen, war er zu Hause.

1. Ich bin froh, wenn sie wieder zu uns kommen.
2. Er weiß nicht, ob er dorthin fahren soll.
3. Wir werden warten, bis sie kommt.
4. Ich kann keine Karten kaufen, solange ich kein Geld habe.
5. Das Café hat gutes Eis, obgleich es nicht teuer ist.
6. Sie bekommt viel bessere Noten, seitdem sie ihre Hausaufgaben macht.
7. Er hat nicht gewusst, dass du deutsch sprechen kannst.
8. Die Kinder spielen, während die Eltern mit ihren Gästen sprechen.
9. Sie wollten früh in der Stadt sein, weil die Geschäfte heute schon um neun Uhr aufmachen.
10. Wir freuten uns sehr, als unser Onkel ankam.

## 22. Kombiniere...

Nachdem
Als
Obgleich
Bevor
Weil

ich
die Schülerin
wir
der Verkäufer
sie

wenig arbeitete
viele Gäste einluden
keine Zeit hatte
gute Noten hatten
die Tür zumachte

kamen noch ein paar Leute
blieb sie noch eine Stunde
bekam ich etwas Geld
besuchten uns nur ein paar Leute
durften sie später bleiben

# In der Fahrschule

Wenn man in Deutschland Auto fahren will, muss man einen Führerschein haben. Den kann man aber erst mit achtzehn Jahren bekommen. Der Unterricht° dauert oft einige Monate.

Jeder Fahrschüler muss nach dem Unterricht eine theoretische und eine praktische Prüfung bestehen°. Die praktische Prüfung dauert über eine halbe Stunde. Mehr als 40% aller Fahrschüler fallen bei der ersten Prüfung durch°.

Die Fahrschüler gehen zuerst zum theoretischen Unterricht.

Die Fahrpraxis° bekommen die Fahrschüler in einer Fahrschule. Die Fahrlehrer zeigen ihren Schülern, wie man im normalen Stadtverkehr und auch auf den Autobahnen fahren muss. Dann müssen die Fahrschüler selbst mit ihren Lehrern fahren und zeigen, was sie auf den Straßen können.

Es ist in Deutschland teuer, den Führerschein zu machen. Er kostet heute fast 3.000 DM. Das haben Barbara Schneider und ihre Eltern auch festgestellt°. Vor einem Jahr hat Arno, ihr älterer Bruder, seinen Führerschein gemacht° und jetzt ist sie dran. Die theoretische Prüfung hat sie schon hinter sich°. Einmal die Woche geht sie zur Fahrschule. Herr Braun unterrichtet° dann eine ganze Klasse. In der Klasse lernt sie nicht nur die verschiedenen Verkehrssituationen, sondern sie muss auch Autoteile° kennen. Viele der Autoteile sind auf einer großen Tafel befestigt. Manchmal müssen alle Fahrschüler Fragebogen° ausfüllen, nachdem Herr Braun alles erklärt° hat.

Barbara will ihren Führerschein machen.

*Fahren*

Jede zweite Woche bekommt Barbara von Herrn Braun praktischen Unterricht. Heute hat sie ihre letzte Fahrstunde vor der praktischen Prüfung. Bevor sie einsteigt, sagt Herr Braun, dass Barbara die Motorhaube° aufmachen, den Ölstand° und die Batterie überprüfen° soll. Dann setzt sie sich mit ihrem Fahrlehrer ins Auto. Zuerst befestigt sie ihren Sicherheitsgurt. Dann stellt sie den Innenspiegel ein°, so dass sie alles klar sehen kann. Wenn sie den Schlüssel dreht°, springt der Motor gleich an°. Sie fährt in der Stadt herum und kommt nach einer halben Stunde wieder zur Fahrschule zurück. Herr Braun gratuliert ihr. Er meint, dass Barbara auf die praktische Prüfung gut vorbereitet ist. Er sagt ihr, sie soll in zwei Wochen ihre Prüfung machen.

An dem großen Tag kommt außer ihrem Fahrlehrer ein Prüfer° vom TÜV (Technischer Überwachungsverein)°. Er sitzt hinten im Auto und passt auf°, wie gut Barbara fährt. Nach einer halben Stunde ist sie fertig. Sie fährt in allen verschiedenen Verkehrssituationen, die für die Prüfung wichtig sind. Der Prüfer bespricht° Barbaras Fahren ganz kurz mit Herrn Braun. Es dauert aber gar nicht lange, bis Herr Braun Barbara gratuliert und ihr sagt, dass sie alles gut gemacht hat. In zwei bis drei Wochen kann sie zur Fahrschule zurückkommen und ihren Führerschein abholen°. Erst dann darf sie allein fahren. Ihr Bruder wird sie ab und zu mit seinem Auto fahren lassen. Sie freut sich schon sehr darauf.

Jede zweite Woche bekommt Barbara von Herrn Braun praktischen Unterricht.

*der Unterricht* instruction; *bestehen* to pass; *durchfallen* to fail; *die Fahrpraxis* driving experience; *feststellen* to find out; *den Führerschein machen* to take the driver's test; *hinter sich haben* to have behind oneself; *unterrichten* to instruct; *das Autoteil* automobile part; *der Fragebogen* questionnaire; *erklären* to explain; *die Motorhaube* hood; *der Ölstand* oil level; *überprüfen* to check; *den Innenspiegel einstellen* to adjust the inside mirror; *den Schlüssel drehen* to turn the key; *anspringen* to start (motor); *der Prüfer* examiner; *TÜV* name of technical inspection organization; *aufpassen* to watch out; *besprechen* to discuss; *abholen* to pick up

*Kapitel 11*

**23. Ergänze die folgenden Sätze mit den richtigen Wörtern!**

1. Wenn man achtzehn Jahre alt ist, dann kann man einen ____ bekommen.

2. Manche Fahrschüler schaffen die erste ____ nicht.

3. Bevor man einen Führerschein bekommt, muss man in der Stadt und auch auf der ____ fahren.

4. Barbaras ____ kann schon seit einem Jahr fahren.

5. Barbara geht jede ____ zur Fahrschule.

6. Auf einer Tafel sind viele ____.

7. Barbara soll die ____ aufmachen.

8. Nachdem man in ein Auto einsteigt, muss man gleich den ____ befestigen.

9. Wenn man sehen will, wer hinter dem Auto ist, dann braucht man einen ____.

10. Nachdem Barbara den ____ gedreht hat, springt der Motor an.

11. Wenn Barbara ihre praktische Prüfung macht, sitzt ein ____ hinten im Auto.

12. Barbara soll in drei Wochen zur ____ zurückkommen und ihren Führerschein abholen.

**24. Beantworte diese Fragen!**

1. Wie lange muss man in einer Fahrschule Unterricht haben?

2. Wie viele Schüler schaffen die theoretische Prüfung das erste Mal nicht?

3. Ungefähr wie viel Geld muss man ausgeben, bevor man einen Führerschein bekommt?

4. Wie weiß Barbara sehr gut, dass ein Führerschein teuer ist?

5. Was lernt Barbara in Herrn Brauns Klasse?

6. Warum muss Barbara die Motorhaube aufmachen?

7. Warum gratuliert Herr Braun Barbara?

8. Wer fährt außer Barbara und Herrn Braun am Tag der Prüfung mit?

9. Was macht Herr Braun gleich, nachdem Barbara mit ihrem Fahren fertig ist?

10. Wann wird Barbara selbst mit einem Auto fahren?

## Praktische Situation

Form groups of three. Student 1 prepares a list of the various requirements needed before getting a driver's license in the United States. Student 2 prepares a similar list of items required prior to receiving a driver's license in Germany. Student 3 is the discussion leader and prepares a list with the headings "differences" and "similarities." When everyone is ready, Students 1 and 2 present their list while Student 3 notes the similarities and differences and reads them to the other two. As a culminating activity, all three discuss which preparatory steps toward acquiring a driver's license they like or dislike.

*Kapitel 11*

# Übung macht den Meister!

1. *Ich möchte ein Moped kaufen.* Stell dir vor, du hast genug Geld, um ein Moped zu kaufen! Besprich mit deinen Klassenkameraden, warum du ein Moped kaufen willst! Gib mindestens fünf Gründe (reasons) an!

2. *Was darf es sein?* Spiel die Rolle eines Verkäufers oder einer Verkäuferin in einem Autogeschäft! Ein paar Kunden wollen etwas über die neusten Autos wissen. Gib ihnen Auskunft darüber! Deine Klassenkameraden können die Kunden spielen. Sei so kreativ wie nur möglich!

3. *Ich habe meinen Führerschein bekommen.* Du erzählst deiner deutschen Freundin oder deinem deutschen Freund, dass du den Führerschein bekommen hast. Beschreib, was du alles machen musstest, um ihn zu bekommen!

4. *Da stimmt etwas nicht!* Du fährst mit deinem Freund oder deiner Freundin in die Stadt. Plötzlich will dein Auto nicht mehr weiterfahren. Was ist los? Beschreib ganz kurz, was du jetzt machst!

# Aktuelles

## Verkehr in Deutschland

Auf Deutschlands Straßen fahren heute mehr Autos als früher. Es gibt ungefähr 45 Millionen Fahrzeuge°. Davon sind 39 Millionen PKWs (Personenkraftwagen)°. Das Straßennetz° hat eine Länge von 226 000 km, davon sind 11 000 km Autobahnen. Damit hat Deutschland nach den USA das längste Autobahnnetz der Welt.

Man baut heute nicht mehr so schnell neue Strecken, sondern verbessert alte Strecken. Man beseitigt° Straßen, auf denen zu viele Unfälle passieren. Man versucht durch Geschwindigkeitsbeschränkungen° Unfälle so weit wie möglich zu verhindern°. In Städten und Orten ist die Höchstgeschwindigkeit° meistens 50 km/h (Kilometer die Stunde), auf den Bundesstraßen darf man nur 100 km/h fahren und auf den Autobahnen soll man nicht mehr als 130 km/h fahren. Aber nur wenige Autofahrer auf den Autobahnen achten° darauf.

Bei dem vielen Verkehr ist es natürlich nicht erstaunlich°, dass es viele Tankstellen° gibt. Die meisten Tankstellen haben heute Selbstbedienung°. An vielen Tankstellen muss man nicht mehr in den Laden hineingehen, wenn der Tank voll ist. Man kann mit seiner Kreditkarte gleich neben der Zapfsäule° bezahlen. Die Quittung kommt dann gleich aus einem Automaten.

Wie schnell darf man überall fahren?

*Fahren*

Natürlich kann man auch im Laden der Tankstelle bezahlen. Wenn man in den Laden hineingeht, dann gibt es dort fast alles zu kaufen, was man auf der Reise braucht: Zeitungen, Zeitschriften, Süßwaren, Getränke und vieles mehr. Die deutschen Tankstellen haben einen separaten kleinen Platz, wenn man Luft in die Reifen

Im Laden der Tankstelle gibt es fast alles zu kaufen.

pumpen muss oder im Auto selbst staubsaugen will. Ist das Auto schmutzig, dann gibt es an vielen Tankstellen auch eine „Autowäsche". Die Deutschen sind auf ihre Autos besonders stolz. Deshalb sind die meisten Autos sehr sauber.

Die Benzinpreise sind bei allen Tankstellen ganz klar angeschlagen°. Natürlich sind die Preise pro Liter°. Eine Gallone hat ungefähr vier Liter. Das Benzin kostet in Deutschland viel mehr als in den USA.

Den meisten Verkehr gibt es in den Großstädten. Während der Geschäftszeit am Morgen (zwischen 8 und 9 Uhr) und am Spätnachmittag (zwischen 4 und 6 Uhr) ist es im Zentrum° sowie auf den Straßen aus den Städten heraus sehr voll. Man sagt, dass die durchschnittliche Geschwindigkeit° in Frankfurt, zum Beispiel, nur 20 km pro Stunde ist. Deshalb fahren die meisten Deutschen in den Städten mit öffentlichen° Verkehrsmitteln, um schneller und sicherer° zur Arbeit und nach Hause zu kommen.

*das Fahrzeug* vehicle; *der PKW* passenger car; *das Straßennetz* road network; *beseitigen* to remove; *die Geschwindigkeitsbeschränkung* speed limit; *verhindern* to prevent; *die Höchstgeschwindigkeit* maximum speed; *darauf achten* to pay attention; *erstaunlich* astonishing; *die Tankstelle* service station; *die Selbstbedienung* self-service; *die Zapfsäule* gas pump; *angeschlagen* posted; *pro Liter* by the liter; *das Zentrum* center (of city); *die durchschnittliche Geschwindigkeit* the average speed; *öffentlich* public; *sicher* safe

*Wie ist der Verkehr, wo du wohnst?* **Fahren die meisten Leute mit dem Auto oder mit öffentlichten Verkehrsmitteln? Beschreib kurz den Verkehr in deiner Gegend und wie die Leute zur Arbeit kommen!**

*Kapitel 11*

**25. Ergänze die folgenden Sätze!**

1. Wenn man einen Film sehen will, dann geht man ins ____.
2. Wenn man krank ist, dann soll man zum ____ gehen.
3. Wenn man hungrig ist, dann kann man in einem ____ essen.
4. Wenn man nach Europa fliegen will, dann kann man mit einem ____ fliegen.
5. Wenn man Geld braucht, dann kann man es in der ____ bekommen.
6. Wenn man Brot braucht, dann kann man es beim ____ kaufen.
7. Wenn man Briefmarken kaufen will, dann kann man das bei der ____ machen.
8. Wenn man einen Führerschein machen will, dann kann man ihn in einer ____ bekommen.
9. Wenn Jugendliche preiswert übernachten wollen, dann können sie das in einer ____ tun.
10. Wenn man tanzen will, dann kann man in eine ____ gehen.

**26. *Welche Wörter von der Liste passen am besten mit den anderen Wörtern zusammen?* Bilde zusammengesetzte Wörter!**

| der Gurt | die Bremse | das Teil | das Schild |
| der Bogen | der Schein | der Stand | der Raum |
| die Bahn | das Rad | die Scheibe | der Werfer |

1. das Steuer
2. der Führer
3. die Nummer
4. der Windschutz
5. die Hand
6. die Sicherheit
7. der Koffer
8. das Öl
9. der Schein
10. das Auto
11. die Straße
12. die Frage

**27. Beantworte diese Fragen!**

1. Hast du schon deinen Führerschein gemacht?
2. Wofür braucht man einen Sicherheitsgurt?
3. Warum soll man den Innenspiegel richtig einstellen?
4. Was kann man alles in einen Kofferraum stellen oder legen?
5. Warum macht man manchmal die Motorhaube auf?
6. Was macht man, wenn der Motor nicht anspringt?

28. *Mein Farrad ist kaputt.* Beschreib, wie es passiert ist!

29. *Ich lerne Auto fahren!* Schreib kurz darüber! Wenn du noch keinen Fahrunterricht hast, sprich mit deinen Klassenkameraden oder anderen Leuten, die schon Auto fahren.

30. **Ergänze die folgenden Sätze!**

    1. Weil wir keine Zeit hatten,...
    2. Nachdem Dieter sich mit seinen Freunden getroffen hatte,...
    3. Bis Katrin ihren Führerschein gemacht hatte,...
    4. Als sein Cousin ihn im Sommer besucht hatte,...
    5. Seitdem Günter krank gewesen ist,...
    6. Bevor du diesen Film gesehen hast,...

# Was weißt du?

1. *Du willst ein Moped mieten.* Imagine that you are visiting a friend in another town. You would like to explore the neighborhood with your friend and, consequently, you decide to rent a moped. Write at least five questions that you would ask the clerk in the rental agency.

2. *Autoteile.* Name three parts of a car and describe what function they serve.

3. *Was ist mit dem Auto los?* Imagine that you own a used car and are driving to meet your friend. On the way, your car breaks down. Someone stops and asks *Was ist mit deinem Auto los?* You briefly tell the person what you think is wrong with the car.

4. *Weil ich nicht auf der Party war,...* You couldn't join your friends at a party because you had a number of chores to do. The next day, your friends tell you what you missed. Inform your mother or father about three things that you missed at the party by starting each sentence with *Weil ich nicht auf der Party war,...*

5. *Was lernt man in einer Fahrschule.* Briefly describe some of the things that you would learn by taking driver's training in a German *Fahrschule.*

# Vokabeln

**abholen** to pick up
**annehmen** *(nimmt an, nahm an, angenommen)* to assume
**anspringen** *(sprang an, ist angesprungen)* to start (motor)
**aufpassen** to watch (out)
der **Ausgang,-̈e** exit
**aussteigen** *(stieg aus, ist ausgestiegen)* to get off
**außerdem** besides
der **Automat,-en** automat
das **Autoteil,-e** automobile part
die **Batterie,-n** battery
**besprechen** *(bespricht, besprach, besprochen)* to discuss
**bestehen** *(bestand, bestanden)* to pass
**drehen** to turn
**durchfallen** *(fällt durch, fiel durch, ist durchgefallen)* to fail
**durchkommen** *(kam durch, ist durchgekommen)* to get through
**eben** even, level, flat
**egal: Mir ist's egal.** Who cares!, That doesn't matter!
**einstellen** to adjust
**erklären** to explain
**erwarten** to expect, wait; *Ich kann es gar nicht erwarten.* I can hardly wait.
der **Fahrlehrer,-** driving instructor
die **Fahrpraxis** driving experience
die **Fahrschule,-n** driving school
der **Fahrschüler,-** student driver
die **Fahrstunde,-n** driving lesson

**feststellen** to find out, realize
der **Fragebogen,-** questionnaire
der **Führerschein,-e** driver's license; *den Führerschein machen* to take driver's education
der **Gang,-̈e** gear
**halten von** to think of
die **Handbremse,-n** hand brake
**hinfahren** *(fährt hin, fuhr hin, ist hingefahren)* to drive there
**hinkommen** *(kam hin, ist hingekommen)* to get there
**hinter** behind; *hinter sich haben* to have behind oneself
der **Innenspiegel,-** inside mirror
die **Innenstadt,-̈e** center of city, downtown
der **Kofferraum,-̈e** trunk
sich **leisten** to afford
das **Lenkrad,-̈er** steering wheel
die **Lenkstange,-n** handlebar (bicycle)
sich **mieten** to rent
die **Motorhaube,-n** hood
**nachdem** after (having)
das **Nummernschild,-er** license plate
der **Ölstand** oil level
die **Polizei** police
**praktisch** practical
der **Prüfer,-** examiner
die **Radtour,-en** bike tour
**rasen** to race
der **Reifen,-** tire
die **Rolle,-n** role; *keine Rolle spielen* to make no difference
der **Rücksitz,-e** back seat

der **Scheinwerfer,-** headlight
der **Schlüssel,-** key
**schon** already; *das schon* that's true
der **Schwarzwald** Black Forest
der **Sicherheitsgurt,-e** seatbelt
sich **sorgen** to worry; *sich sorgen um* to worry about
der **Stadtverkehr** city traffic
der **Stau** traffic congestion
das **Steuerrad,-̈er** steering wheel (car)
**straff** tight
**strapaziös** strenuous, exhausting
**theoretisch** theoretical
**träumen** to dream
**TÜV (Technischer Überwachungsverein)** name of technical inspection organization
**überprüfen** to check
**überqueren** to cross
**unbedingt** unquestionable; *nicht unbedingt* not necessarily
der **Unfall,-̈e** accident
der **Unterricht** instruction
**unterrichten** to instruct
der **Verkehr** traffic
die **Verkehrssituation,-en** traffic situation
der **Vordersitz,-e** front seat
sich **vorstellen** to imagine
**wechseln** to change
**wichtig** important
die **Windschutzscheibe,-n** windshield

In der Fahrschule gibt der Fahrlehrer Unterricht.

Sie überprüfen den Reifen.

*Fahren*

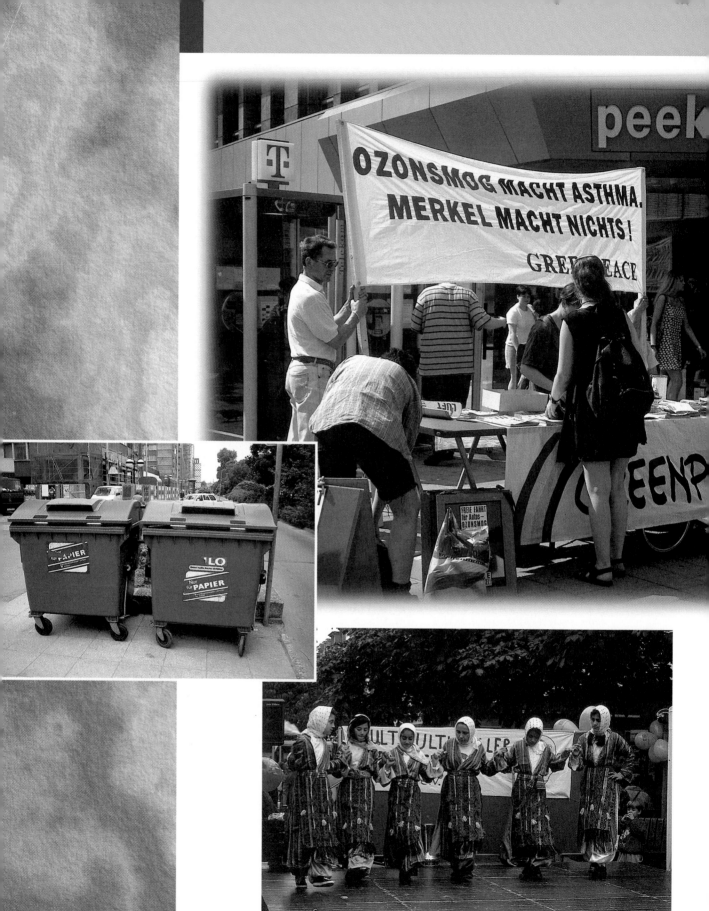

# Umwelt

## In this chapter you will be able to:

- describe our surroundings
- discuss environmental issues
- express opinions
- talk about future challenges
- identify problems in our society
- propose solutions

# Worum sorgt sich die heutige Jugend?

Bei einem Interview von Jugendlichen kann man schnell feststellen, wofür oder wogegen sie sind. Nach einer Umfrage sorgen sich die meisten jungen Leute um die Zukunft. Viele interessieren sich dafür, die Umwelt zu schützen, denn sie werden sie von ihren Eltern und Großeltern übernehmen. Aber fragen wir sie doch selbst.

**Interviewerin:** Was ist eure Meinung über die Zukunft? Glaubt ihr, dass wir unsere Umwelt jetzt mehr als früher schützen?

**Fabio:** Ich glaube schon. Wir haben in den letzten zehn Jahren vieles verbessert. Im Vergleich zu den meisten anderen Ländern haben wir doch strenge Gesetze, die die Umwelt schützen sollen.

Wir haben in den letzten Jahren vieles verbessert.

**Rita:** Man sieht es schon gleich bei uns zu Hause. Das Recycling machen wir schon lange. Dosen, Papier und der andere Müll kommen separat in den gelben Sack und gehen direkt ins Recycling. Glas geht in den Glascontainer.

Das Recycling machen wir schon lange.

**Fabio:** Vor ein paar Jahren, besonders vor der Wende, gab es bei uns nur 400 Zeitschriften. Jetzt sind es schon fast 700 Zeitschriften. Das ist nur ein kleines Beispiel, dass wir viel mehr Papier als früher verbrauchen. Das hat natürlich auch einen Effekt auf die Umwelt.

**Rita:** Große Fenster bedeuteten früher, dass man viel Energie verschwendete. Jetzt können große Fenster sogar Energie produzieren. Ich spreche von neuen Fenstern, die Sonnenenergie in Elektrizität verwandeln.

**Interviewerin:** Das ist ja sehr informativ. Ich danke euch. Ich muss jetzt noch mit ein paar anderen Jugendlichen sprechen.

Was ist eure Meinung über die Zukunft?

Papier, Plastik, Glas, Metall und Öldosen kommen in separate Container.

REST MÜLL   PAPIER   PLASTIK   GLAS   METALL   ÖL DOSEN

Kapitel 12

1. ***Welche Wörter fehlen in diesen Sätzen?*** **Bilde die richtigen Verbformen!**

geben    sprechen    übernehmen    verbessern    verbrauchen

haben    machen    verwandeln    sorgen    schützen

1. Menschen ____ mehr Papier als früher.
2. Deutschland ____ strenge Gesetze.
3. Viele Jugendliche ____ sich um die Zukunft.
4. Die Interviewerin ____ mit Jugendlichen.
5. Man hat vieles in den letzten Jahren ____.
6. Es ist für alle wichtig, die Umwelt zu ____.
7. Heute ____ es fast 700 Zeitschriften.
8. Man kann Sonnenenergie in Elektrizität ____.
9. Die Deutschen ____ das Recycling schon viele Jahre.
10. Die Jugendlichen werden die Umwelt von ihren Eltern ____.

*Interviewerin:* Was haltet ihr denn von der Umwelt? Haben wir jetzt die größten Probleme gelöst?

*Jana:* Na, von einer sauberen Umwelt kann man nicht reden. Besonders in den Ostteilen, der ehemaligen DDR, gibt es noch ökologische Probleme. Manche der Flüsse sind noch sehr schmutzig.

*Yvonne:* Das wird aber schon viel besser. An manchen Stellen der Elbe, zum Beispiel, kann man jetzt schon wieder schwimmen.

*Jana:* Autos, glaube ich, sind unser größtes Problem. Obgleich es heute fast nur bleifreies Benzin gibt, ist die Luft voll von Kohlenmonoxyd und -dioxyd. Außerdem brauchen wir heute mehr Energie. Das bedeutet noch mehr Kohlendioxyd-Emissionen. Kohlendioxyd hat einen negativen Treibhauseffekt.

*Yvonne:* Trotzdem ist die Luft doch viel sauberer.

*Jana:* Dafür haben auch die Autofirmen gesorgt, denn es gibt jetzt strengere Gesetze.

*Interviewerin:* Na, wenn wir uns noch weiter unterhalten, dann habe ich keine Zeit mehr für die anderen. Vielen Dank für eure Meinung.

Kohlendioxyd hat einen negativen Treibhauseffekt.

Trotzdem ist die Luft doch viel sauberer.

## 2. *Das stimmt nicht.* **Gib die richtigen Antworten!**

1. Die Computerfirmen haben jetzt strenge Gesetze.
2. Manche der nördlichen Flüsse sind sehr schmutzig.
3. Kohlendioxyd hat einen positiven Treibhauseffekt.
4. Es gibt heute nur noch bleifreies Benzin.
5. Wir brauchen jetzt weniger Energie als früher.

**Interviewerin:** Ich möchte noch von euch beiden etwas hören. Was haltet ihr von der Zukunft?

**Benno:** Umweltschutz wird natürlich noch eine lange Zeit ein wichtiges Thema für uns bleiben, aber ich glaube für uns Deutsche ist das Thema „Gewalt" im Moment sogar noch wichtiger.

**Martin:** Besonders gegen Ausländer. Wir haben fast sieben Millionen Ausländer in Deutschland. Sie kommen von überall her — aus China, Rumänien, aus dem Iran und aus Bosnien-Herzegowina. Viele von den Ausländern wollten gar nicht hierherkommen, aber die Politik ihrer Länder hat es anders gewollt.

Viele von den Ausländern wollten gar nicht hierher kommen.

**Benno:** Leider haben manche Deutsche diese Menschen nicht gerade freundlich begrüßt. Wie die ganze Welt weiß, haben einige Skinheads versucht, diese neuen Einwanderer mit Gewalt zu bedrohen.

**Martin:** Ich finde das ganz schrecklich. Die Ausländer haben in Deutschland eine neue Heimat gesucht und viele von ihnen hat man einfach nicht akzeptiert. Ich gehöre zu einer Organisation, die ganz gegen Gewalt ist. Wir treffen uns einmal die Woche und besprechen, wie wir Gewalt vermeiden können.

**Interviewerin:** Da wünsche ich euch viel Erfolg bei eurer Arbeit.

Leider haben manche Deutsche diese Menschen nicht gerade freundlich begrüßt.

## 3. Was passt hier?

1. Manche haben versucht,
2. Die Interviewerin wünscht
3. Die Ausländer kommen
4. Umweltschutz wird
5. Die Deutschen haben
6. Es gibt
7. Die Politik mancher Länder hat
8. Die Ausländer haben
9. Gewalt ist
10. Die Jugendlichen besprechen,

Umweltschutz wird noch lange wichtig sein.

   a. Ausländer nicht akzeptiert

   b. eine neue Heimat gesucht

   c. noch lange wichtig sein

   d. es anders gewollt

   e. wie man Gewalt vermeiden kann

   f. Einwanderer zu bedrohen

   g. fast sieben Millionen Ausländer in Deutschland

   h. von überall her

   i. ihnen viel Erfolg

   j. ein wichtiges Thema

## 4. *Von wem spricht man hier?* Diese Person meint, dass...

1. die Luft voll von Kohlenmonoxid ist.
2. viele Ausländer aus verschiedenen Ländern gekommen sind.
3. Deutschland strenge Gesetze, hat um die Umwelt zu schützen.
4. Deutsche die Ausländer nicht freundlich begrüßt haben.
5. man jetzt schon in einem bestimmten Fluss schwimmen kann.
6. die Deutschen schon lange recyclen.
7. man die Jugendlichen nach ihrer Meinung fragen muss.
8. Gewalt ein noch wichtigeres Thema ist.
9. es in den östlichen Teilen noch ökologische Probleme gibt.
10. die Luft heute viel sauberer ist.

**Sprichwort**

# Jugend hat keine Tugend.

(Young people are all the same.)

## Rollenspiel

Working in pairs, both you and a classmate make up a list of recyclable items that you or your family normally would just throw in the garbage. Then categorize them according to your local recycling laws and regulations. Discuss each item on your list with your partner and find out if he or she agrees. Then reverse roles.

5. **Weißt du, was man hier beschreibt?**

   1. Die heutige Jugend ist sehr daran interessiert, sie zu schützen.

   2. Das ist alles, was man wegwirft und nicht mehr gebraucht.

   3. Man braucht es fürs Auto, sonst springt der Motor nicht an und man kann dann nicht mit dem Auto fahren. Es ist im Tank des Autos.

   4. Das sind Menschen, die aus ihrer Heimat weg sind und in ein anderes Land gekommen sind.

   5. Ein Reporter macht das, wenn er mehr Auskunft bekommen möchte.

   6. Wenn man nicht von gestern oder von heute spricht, sondern von morgen.

   7. Jedes Land hat diese, damit die Menschen so leben, wie es der Staat von allen will.

   8. Das haben die Leute, die viel im Leben geschafft haben und dadurch jetzt viel Geld haben.

   9. Elektrizität und Gas sind in dieser Kategorie.

   10. Ein anderes Wort für „Information".

# Aktuelles

## Present and Future Challenges

The future for Germany may look bright, but there are risks and challenges that have to be recognized, and strategies that must be developed to meet these challenges. What are the problems that need to be solved to make the future safe for the next generation?

First on the list for most young Germans is the environment. They also worry about finding a job when they are ready for it. The integration of foreigners is another issue that needs consideration. And of course, Germany's unification is far from complete.

Foreign observers often see Germany as an island of relative wealth and stability. That may be one of the reasons why the international financial markets seem to find the German mark increasingly attractive, thereby pushing its exchange rate up. German tourists like that, but the German export industry likes it much less.

The environment *(Die Umwelt)*—a densely populated (590 people per square mile versus 74 in the United States) and highly industrialized country—needs extra protection. The Germans realized that relatively early, and public awareness of the issue is high. One political party, the

*Umwelt*

Greens *(die Grünen)*, picked up on this hot issue before the major parties did. As a result, they transformed from a fringe group into a major political force in little more than a decade.

Waste management, hazardous emissions control, recycling standards and other measures to limit the damage to the environment have been relatively successful in Germany, but these problems cannot be solved by one country alone.

*Die Grünen spielen heute eine große Rolle.*

The unemployment *(Arbeitslosigkeit)* rate in Germany hovers around 9 percent, and when people over 50 who have no specific qualifications lose their jobs, it is extremely difficult to find new ones. There are financial benefits that prevent immediate disaster when a person becomes unemployed, but a significant reduction in the standard of living is generally unavoidable, not to speak of the emotional effects of finding oneself unemployed.

The problem may get worse unless new ways of dealing with it are found. In the manufacturing industry, and not only in Germany, the trend seems to be toward downsizing the work force. The automobile industry, one of Germany's key sectors, has cut almost 100,000 jobs within the last few years. Some employers find wage levels and tax benefits more attractive in other countries than in Germany or even outside Europe. For example, large automobile manufacturers like BMW and Mercedes have plants in the United States.

Was für Benzin soll man gebrauchen?

The government has defined unemployment as one of the main challenges facing Germany, but its options are limited. It will take the combined effort of employers, unions and the government to create jobs. At the same time, employees will need to become more flexible to be trained in new fields. They may have to accept the fact that the decades of limitless growth and benefit packages are over for Germany and much of the world in general.

Integration of foreigners *(Integrierung der Ausländer)* has become an international issue as well as a national one for Germany. Shocking images of violence against foreigners have been watched by television audiences around the world in recent years. Coming from Germany, these images bring back the memory of the horrors perpetrated against Jews and others during the Nazi years.

How is this possible? Germany is still struggling with the answer. In the meantime, a dual-track strategy is being used to reduce and hopefully eliminate these incidents and the mentality that lies behind them. One track is to catch the perpetrators and bring them to justice, and to ban neo-Nazi and other radical organizations. The other requires a long-term and constant effort to educate people about the interdependence in today's world and the contributions of the 7 million foreigners in Germany. It can lead to peaceful and mutually beneficial integration.

Unification of Germany *(Wiedervereinigung Deutschlands)* is on track, but far from complete. Economic, financial and, finally, political union of the two German states was accomplished in 1990. That is when, after the initial euphoria, it was realized that the *real* problems had just begun. They still loom large.

Nach der Wiedervereinigung Deutschlands gibt es immer noch Probleme.

The state of the economy, the environment and the infrastructure in East Germany was far worse than anybody had expected. Telephone systems, the railroads and most industries were hopelessly antiquated, some beyond redemption. Real unification will not be achieved until living conditions, wage levels, the job market, housing and urban development and environmental standards are at least similar in both parts of the country. This will take time and money—lots of it.

Recovery will also take a certain amount of tact, not a typical German characteristic. Germans on both sides of the vanished Iron Curtain must learn to accept each other as equals. The Wall is gone, but an invisible wall seems to survive in many minds. East Germans often complain that West Germans are condescending and do not appreciate their achievements. West Germans sometimes find East Germans too demanding and impatient; they point to the fact that West Germany's economic recovery of the 1950s and 1960s did not happen overnight. The problem of real integration will, unlike unemployment or environmental issues, be solved mainly by the passage of time.

*Ähnlichkeiten und Unterschiede.* **Describe some of the future challenges that the United States faces. Which are similar to or differ from those presented in the *Aktuelles* section? Can you think of other challenges that the United States faces in the future?**

# Ergänzung

*Wem hilfst du?* **Helfen Jugendliche ihren Eltern und Freunden? Bekommen sie dafür Taschengeld? Oder bieten sie ihre Hilfe freiwillig an? Ein Reporter hat sich mit verschiedenen Jugendlichen unterhalten. Hier sind die Fragen und Antworten.**

### Hallo Judith!

*Wem hilfst du?* Ich helfe meinen Eltern, aber auch meinen Freunden und Bekannten.

*Und wobei hilfst du?* Ab und zu helfe ich meiner Mutter im Haushalt. Sonst passe ich auf die Kinder von Bekannten auf und spiele mit ihnen. Das mache ich sehr gern. Wenn ich zu Hause helfen soll, muss mich meine Mutter oft bitten. Das gebe ich zu.

*Bekommst du etwas für deine Hilfe?* Wenn ich auf Babys oder Kinder aufpassen muss, dann bekomme ich oft Geld dafür, denn Taschengeld kann ich schon gut gebrauchen.

*Gibt es Menschen oder Organisationen, denen du gerne helfen möchtest?* Ich helfe gerne allen, die mich bitten, wenn ich Lust dazu habe oder wenn ich muss. Es gibt aber auch Leute, denen ich nicht helfen möchte.

*Welche Leute sind das?* Leute, die die ganze Hand nehmen, wenn man ihnen den kleinen Finger gibt.

*Warum hilfst du anderen Menschen?* Ich tue ihnen gerne einen Gefallen.

Ich helfe gerne allen, die mich bitten.

### Hallo Hans-Günter!

*Wem hilfst du?* Ich helfe meinen Freunden.

*Und wobei hilfst du?* Eigentlich bei allem, was mit Schule zu tun hat. Meistens aber bei Hausaufgaben und bevor wir Prüfungen haben. Nachhilfestunden in Biologie oder Chemie gebe ich sehr oft, weil ich in diesen Fächern ganz gut bin.

*Bekommst du etwas für deine Hilfe?* Ja, manchmal. Das extra Geld brauche ich, denn von meinen Eltern bekomme ich nicht viel Taschengeld.

*Gibt es Menschen oder besondere Organisationen, denen du gerne helfen möchtest?* Allen netten Leuten helfe ich gern.

*Warum hilfst du anderen Menschen?* Es ist schön, wenn sie sich darüber freuen.

Allen netten Leuten helfe ich gern.

## Hallo Michaela!

*Wem hilfst du?* Meinen Bekannten und den Eltern.

*Wobei hilfst du?* Eigentlich bei allen möglichen Sachen: ich kaufe ein, koche, wasche, spüle, räume auf, bringe den Müll weg oder decke den Tisch.

*Bekommst du etwas für deine Hilfe?* Nein, ich mache das freiwillig. Das geht auch nicht anders. Meine Eltern sind den ganzen Tag auf der Arbeit. Da muss ich helfen. Manchmal passe ich auch auf Kinder von Bekannten auf.

*Gibt es Menschen oder besondere Organisationen, denen du gerne helfen möchtest?* Ja, Tierschutzorganisationen. Seltene Tiere sollte man besonders schützen. Außerdem meine ich, dass man keine Tierversuche machen sollte.

*Warum hilfst du anderen Menschen?* Unseren Großeltern helfen wir oft bei schwerer Arbeit. Das ist nur ein Beispiel. Es ist wichtig, anderen Menschen zu helfen und ihnen das Leben etwas leichter zu machen.

Seltene Tiere sollte man besonders schützen.

## Hallo Benjamin!

*Wem hilfst du?* Ich helfe meiner Mutter.

*Und wobei hilfst du ihr?* Ab und zu bei der Hausarbeit. Zum Beispiel helfe ich meiner Mutter beim Staubsaugen oder bei der Wäsche. Mein Zimmer räume ich nicht besonders oft auf. Dazu habe ich keine Lust. Und das Auto wäscht mein Vater lieber selbst. Dann wird es sauberer als bei mir.

*Bekommst du etwas für deine Hilfe?* Nein. Wenn ich längere Zeit nichts mache, schimpfen meine Eltern. Natürlich haben sie damit recht, wenn ich faul bin.

*Gibt es Menschen oder besondere Organisationen, denen du gerne helfen möchtest?* Ich weiß jetzt nichts Besonderes. Aber ich weiß, wem ich nicht gerne helfen möchte: aufdringlichen Freunden.

*Warum hilfst du anderen Menschen?* Ich helfe gern Menschen, die ihre Arbeit nicht selbst machen können. Vielleicht sind sie älter oder körperlich behindert. Ich weiß, dass diese Leute sich über meine Hilfe sehr freuen.

Ich helfe gern Menschen, die ihre Arbeit nicht selbst machen können.

*Umwelt*

## 6. Beantworte diese Fragen!

1. Wer hilft den Großeltern?
2. Wer wäscht das Auto?
3. Wer bekommt etwas Geld, um auf Babys oder Kinder aufzupassen?
4. Wer hilft seinen Freunden vor den Prüfungen?
5. Wessen Eltern sind nicht froh, wenn diese Person faul ist?
6. Wer hilft beim Kochen und Einkaufen?
7. Wessen Mutter muss oft bitten, dass er oder sie helfen soll?
8. Wer hilft gern Menschen, die ihre Arbeit nicht selbst machen können?
9. Wer meint, dass man Tiere schützen soll?
10. Wer ist bestimmt in Naturwissenschaften sehr gut?

## Sag's mal! Warum soll man unsere Umwelt schützen?

Weil noch mehr Leute hier leben wollen.

Damit wir länger leben können.

Die Natur erhält uns am Leben; warum zerstören wir sie?*

Wir brauchen die Erde, die Erde braucht uns nicht.

Damit wir überhaupt noch eine Zukunft haben.

Weil unsere Zukunft davon abhängt.*

Weil sonst die Erde kaputt geht.

Wenn wir sie nicht schützen, machen wir uns nur selbst kaputt.

Erst machen wir das Ozonloch kaputt, dann macht es das Gleiche mit uns.*

Weil wir sie noch zum Leben brauchen.

Wenn man den Regenwald abholzt, bekommen wir keinen Sauerstoff mehr.*

# Sind sie echt?

Wir sind in der Nähe vom Rathausplatz in München. Viele Menschen
stehen da und sehen sich etwas an. Wir wollen natürlich auch sehen,
was da los ist. Also, gehen wir auch hin. Wir können uns gar nicht
vorstellen, warum die Leute alle da sind, denn vor uns steht eine
goldene Statue. Wir haben gestern hier keine Statue gesehen. Wie ist
sie denn hierher gekommen? Da geht ein kleiner Junge näher an die
Statue und wirft° eine Münze in eine offene Tüte. Plötzlich bewegt sich
die Statue in einem bestimmten Rhythmus und bald danach ist die
Statue genauso steif wie vorher°.

Vor uns steht eine goldene Statue.

Die Statue stellt einen Mann mit origineller Kleidung dar.

Die Statue stellt einen Mann mit origineller Kleidung dar°: Stiefel°,
Mantel, Handschuhe, eine grinsende Maske° mit einer Zigarre, einer
Perücke°, einem Hut — alles aus Gold. Ein paar Schritte weiter steht
ein blauer Roboter. Er sieht aus wie ein Mann mit Glatzkopf°. Er trägt
ein langes Hemd, eine Sonnenbrille° und Handschuhe. Sein Gesicht ist
blau, seine Kleidung ist weiß. Mit der einen Hand hält er einen Cola-
Becher°, mit der anderen einen blauen Becher. Auf dem steht „Ich bin
BLAU°". Warum? Hat der Roboter zu viel getrunken?

Mit der einen Hand hält
er einen Cola-Becher.

Ein paar Schritte weiter steht ein blauer Roboter.

Kein Ton° kommt von den beiden. Jetzt bewegt sich der Roboter: zuerst langsam, dann im Rhythmus und mit den Armen; er nimmt die Sonnenbrille ab, sieht sich um, lächelt. Ist es wirklich ein Roboter? Hat es etwas mit Werbung für Cola zu tun? Oder kämpft° der Roboter-Mann gegen Alkohol? (Es ist besser, Cola zu trinken; wenn man zu viel Alkohol trinkt, dann wird man blau.)

Kein Ton kommt von dem Roboter.

Die Statue und der Roboter scheinen zu betteln°. Wofür? Für sich selbst? Sind es Studenten, die sich verkleidet° haben? Oder arme° Leute, die nichts zu essen haben? (Aber der eine sieht doch golden aus!) Sammeln sie für eine Organisation, wie zum Beispiel für Obdachlose°? Wollen sie Alkoholikern helfen? Der Blaue sieht wie ein Schwarzer aus. Will er gegen den Rassismus und die Ausländerfeind-lichkeit° kämpfen? Oder der Goldene gegen das Rauchen°? Er sieht ganz hässlich° aus mit seiner Zigarre. Vielleicht ist Karneval, und die beiden stehen einfach verkleidet da. Oder sie spielen eine Rolle in einem Theater ohne Worte — Pantomimen. Oder die beiden wollen sehen, wie lange sie bewegungslos° dastehen können. Oder zeigen sie vielleicht die neue Mode°? Alle sehen den beiden mit Interesse zu. Erwachsene sind zuerst erstaunt°, Kinder vielleicht erschrocken°. Sie stellen ihnen Fragen, aber die beiden antworten nicht. Können sie nicht sprechen? Kommen sie von einem anderen Planeten? Aber dann lachen die Kinder. Der blaue Mann hat ein lustiges Gesicht°. Die Erwachsenen geben Geld. Plötzlich sagt ein Erwachsener: „Ist hier irgendwo° vielleicht eine Kamera? Sind die beiden berühmte° Männer, wenn sie ihre Masken abnehmen°?

Sind es Studenten, die sich verkleidet haben?

*werfen* to throw; *vorher* before; *darstellen* to portray; *der Stiefel* boot; *die grinsende Maske* grinning mask; *die Perücke* wig; *der Glatzkopf* bald head; *die Sonnenbrille* sunglasses; *der Becher* mug; *blau sein* to be intoxicated; *der Ton* sound; *kämpfen* to fight; *betteln* to beg; *verkleidet* disguised; *arm* poor; *der Obdachlose* homeless person; *die Ausländerfeindlichkeit* hostility toward foreigners; *rauchen* to smoke; *hässlich* ugly; *bewegungslos* motionless; *die Mode* fashion; *erstaunt* surprised; *erschrocken* scared; *ein lustiges Gesicht* a funny face; *irgendwo* somewhere; *berühmt* famous; *abnehmen* to take off

7. **Was passt hier?**

1. Viele Menschen stehen
2. Die Leute sehen
3. Ein kleiner Junge wirft
4. Die Statue stellt
5. Der blaue Roboter sieht
6. Er hält
7. Der Roboter nimmt
8. Man weiß
9. Vielleicht will
10. Der blaue Mann hat

Viele Menschen stehen auf dem Rathausplatz.

a. einen Mann mit origineller Kleidung dar
b. die Sonnenbrille ab
c. ein lustiges Gesicht
d. wie ein Mann mit Glatzkopf aus
e. der Roboter gegen Rassissmus kämpfen
f. auf dem Rathausplatz
g. eine goldene Statue
h. zwei Becher
i. eine Münze in eine Tüte
j. nicht, ob die Statue und der Roboter Studenten sind

8. **Beantworte diese Fragen!**

1. Wann bewegt sich die Statue?
2. Wie sieht die goldene Statue aus? Was hat der Mann an?
3. Wer steht ganz in der Nähe?
4. Was trägt der Roboter?
5. Was macht der Roboter plötzlich?
6. Wissen die Leute, warum die Statue und der Roboter da stehen?
7. Was ist eine Pantomime?
8. Beantworten die Statue oder der Roboter die Fragen der Leute?
9. Was für ein Gesicht hat der blaue Mann?
10. Was glaubt ein Erwachsener?

## Übung macht den Meister!

1. *Worum sorgt sich die heutige Jugend in den USA?* Bestimmt gibt es heute auch viele Probleme für amerikanische Jugendliche. Mach eine Liste davon!

2. *Besprich oder beschreib das Thema „Gewalt"!* Such dir einen Zeitungsartikel aus und benutze ihn als Beispiel für dieses Thema!

3. *Unsere Umwelt.* Gib mindestens fünf Beispiele, wie man unsere Umwelt schützen kann!

# Aktuelles

## Berühmte Schlösser

Die berühmtesten deutschen Schlösser hatte König° Ludwig II. (der Zweite) — er lebte° 1845-1886 — in Bayern gebaut. Obwohl König Ludwig besonders für die Schlösser Neuschwanstein, Linderhof und Herrenchiemsee bekannt ist, wohnte er die meiste Zeit im Schloss Hohenschwangau, von 1868 bis er im Jahr 1886 starb. Das Schloss stammt aus° dem 12. Jahrhundert°. Ludwigs Vater, König Maximilian II., hatte es ganz renoviert.

Schloss Hohenschwangau

Schloss Neuschwanstein liegt wie Schloss Hohenschwangau in der Nähe der Stadt Füssen in den bayrischen Alpen. Ludwig II. hatte es zwischen 1869 und 1886 gebaut. Dieses Schloss, das auf vielen Reisepostern in der ganzen Welt zu sehen ist, ist das bekannteste der vier Schlösser.

Schloss Neuschwanstein

König Ludwig war sehr exzentrisch, was man gleich sieht, wenn man in den Thronsaal° hineinkommt. Die große Marmortreppe° sollte zu dem Thron führen, aber die Arbeit hat man nicht beenden können, da der König schon vorher gestorben ist.

Thronsaal

Man hat den Sängersaal° nie benutzt°, während der König lebte. Erst 1933 hat man hier musikalische Konzerte gegeben. Man hat hier besonders Musik von Richard Wagner gespielt, denn Wagner war ein guter Freund des Königs. Manche der Gemälde° reflektieren ein paar Musikstücke Wagners, wie zum Beispiel „Parsifal" und „Tannhäuser".

Sängersaal

Sobald man ins Schlafzimmer des Königs kommt, sieht man weiterhin, wie exzentrisch der König war. An diesem

*Umwelt*

Zimmer hatten vierzehn Bildhauer°
viereinhalb Jahre gearbeitet. Der Schwan°
war das Lieblingstier des Königs.
Deshalb sieht man den Schwan als
Symbol überall im Schloss, besonders im
Wohnzimmer, an Gardinen°, Vasen und
auf Gemälden.

Schlafzimmer

Während Schloss
Neuschwanstein an ein
Schloss aus dem Mittelalter
erinnert°, war Schloss
Linderhof der erste Versuch°
des Königs, das Schloss in
Versailles (Frankreich) zu imitieren. Schloss Linderhof liegt
nur dreißig Kilometer von Neuschwanstein entfernt. Man
hatte es in vier Jahren gebaut (1874-1878). Französische
Architekten und Maler entwarfen den Spiegelsaal°. Die
verschiedenen Spiegel machen diesen Raum° optisch viel
größer, denn die goldenen Wände° und die Ecken der
Decke° reflektieren in den Spiegeln.

Schloss Linderhof

Das Schlafzimmer des
Königs ist der größte Raum
im Schloss. Der König hatte
fast keine Freunde und war
sehr einsam°. Man merkt° das
sofort, wenn man in den
Speisesaal hineinkommt. Der
Esstisch steht in der Mitte.
Man konnte diesen Teil des
Zimmers in die Küche
hinunterlassen°. Unten hatte
man dann den Tisch des
Königs gedeckt und mit dem
Essen nach oben geschickt.

Speisesaal

Die Blaue Grotte° ist nur ein
paar hundert Meter vom
Schloss entfernt. Der König saß dort manchmal ganz allein während
Schauspieler Opern für ihn aufführten°.

Schloss Herrenchiemsee

Schloss Herrenchiemsee ist das
drittberühmteste Schloss König
Ludwigs. Man hatte es zwischen 1878
und 1886 gebaut. Dieses Schloss liegt auf
einer Insel im Chiemsee. Deshalb muss

man mit einem kleinen Schiff dorthin fahren. Die Fahrt dauert nur zehn Minuten. Bei diesem Schloss kann man wieder den französischen Einfluss sehen. Der König hat es im Stil des Versailler Schlosses gebaut. Man kann diese Imitation gleich erkennen, wenn man durch den Schlossgarten geht.

Zum Schloss muss man mit einem kleinen Schiff fahren.

Spiegelsaal

Wie in den anderen Schlössern ist auch hier das Schlafzimmer mit vielen Ornamenten an Wänden und Decken dekoriert. Genauso wie im Schloss Linderhof konnte der König den Tisch im Esssaal in die Küche hinunterlassen. Der Spiegelsaal ist für Besucher der interessanteste Raum.

Während des Jahres besuchen Touristen die Schlösser König Ludwigs von April bis Oktober. Während der anderen Monate machen die Schlösser zu. Einen Besuch dieser Schlösser darf man nicht verpassen, wenn man eine Reise durch Bayern macht.

*der König* king; *leben* to live; *stammen aus* to come from; *das Jahrhundert* century; *der Thronsaal* throne room; *die Marmortreppe* marble staircase; *der Sängersaal* choir room; *benutzen* to use; *das Gemälde* painting; *der Bildhauer* sculptor; *der Schwan* swan; *die Gardine* curtain, drapery; *erinnern an...aus dem Mittelalter* to remind of...from the Middle Ages; *der Versuch* attempt; *den Spiegelsaal entwerfen* to design the hall of mirrors; *der Raum* room; *die Wand* wall; *die Decke* ceiling; *einsam* lonely; *merken* to notice; *hinunterlassen* to let down; *die Blaue Grotte* The Blue Grotto; *Opern aufführen* to perform operas

**Identifiziere das Schloss, von dem man hier spricht.**

1. Das Schlafzimmer ist das größte Zimmer im Schloss.
2. Hier wohnte König Ludwig II. die meiste Zeit.
3. Dieses Schloss liegt auf einer Insel.
4. Ein Tier ist das Symbol dieses Schlosses.
5. Der Schlossgarten ist eine Imitation des Versailler Schlosses.
6. Man hat es im 12. Jahrhundert gebaut.
7. Dort sah man, wie man Wagner Opern aufführte.
8. Man sieht es überall auf Postern.

# Land und Leute

## Den Rhein entlang

Der Rhein entspringt am St. Gotthard° in der Schweiz, fließt durch den Bodensee, von Süden nach Norden durch Deutschland, dann weiter durch die Niederlande und fließt dann in die Nordsee. Das ist eine Strecke von 1320 km. Den schönsten Teil des Rheins findet man zwischen Mainz und Köln.

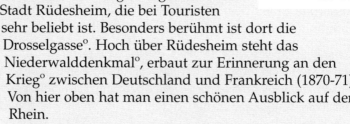

Mainz ist die Hauptstadt des Landes Rheinland-Pfalz. Schon 13 v. Chr. (vor Christus) war diese Stadt ein römisches Militärlager°. Der Dom°, mehr als 900 Jahre alt, ist das Wahrzeichen° der Stadt. Von Mainz fließt der Rhein nach Westen und dann bei Bingen wieder nach Norden. Auf der anderen Rheinseite von Bingen liegt die kleine Stadt Rüdesheim, die bei Touristen sehr beliebt ist. Besonders berühmt ist dort die Drosselgasse°. Hoch über Rüdesheim steht das Niederwalddenkmal°, erbaut zur Erinnerung an den Krieg° zwischen Deutschland und Frankreich (1870-71). Von hier oben hat man einen schönen Ausblick auf den Rhein.

Hoch über Rüdesheim steht das Niederwalddenkmal.

Der Dom ist das Wahrzeichen der Stadt Mainz.

Zwischen Rüdesheim und Aßmannshausen fährt man am Mäuseturm° vorbei. Eine Legende erzählt von dem geizigen° Mainzer Bischof Hatto (968-70), der sehr unmenschlich° war. Die Einwohner haben ihn in den Turm° geworfen, wo die Mäuse ihn aufgefressen° haben.

Aßmannshausen, nur fünf Kilometer von Rüdesheim entfernt, ist auch sehr bekannt. Eine gotische Kirche ist der Mittelpunkt° dieser kleinen Stadt. Auf der anderen Seite des Rheins steht Burg Rheinstein, wo Prinz Friedrich von Preußen° einmal gewohnt hat. Heute kann man diese Burg besichtigen. Nicht weit von Burg Rheinstein gibt es zwei andere Burgen. Die

Auf der anderen Seite des Rheins steht Burg Rheinstein.

eine heißt Burg Reichenstein (über 1000 Jahre alt), die andere ist Burg Sooneck (im Jahre 1010 erbaut). Bacharach liegt auf derselben Seite wie diese beiden Burgen. Diese Stadt, auch über 1000 Jahre alt, hat noch heute 16 Wachtürme°.

Burg Sooneck ist fast 1000 Jahre alt.

Niemand° hat den Rhein wirklich gesehen, der nicht an der Loreley vorbeigefahren ist. Die Loreley ist ein steiler Felsen° (132 m) zwischen Kaub und St. Goarshausen, auf der rechten Seite des Flusses. Eine Legende erzählt von einem schönen Mädchen, das oben auf dem Felsen saß. Viele Schiffer verloren ihr Leben°, weil sie wegen des Mädchens nicht aufpassten, wohin sie fuhren.

Auf der anderen Seite liegt St. Goar (gegründet° im Jahre 570). Alle Häuser baut man hier heute noch im alten Stil. Hoch über der Stadt und mit einem schönen Ausblick auf den Rhein steht Burg Rheinfels. Man hat diese Burg im Jahre 1250 gebaut, aber heute ist sie nur noch eine Ruine. Zwölf Kilometer nördlich, auf derselben Seite, liegt Boppard. Zwischen allen kleinen Orten in dieser Gegend liegen auf beiden Seiten des Rheins viele Weinberge. Während der Monate Juli bis Ende September finden hier viele Weinfeste statt. In der Nähe von Koblenz steht Burg Stolzenfels (vor mehr als 600 Jahren erbaut).

Heute ist Burg Rheinfels nur noch eine Ruin

Obwohl die Strecke zwischen Mainz und Koblenz die schönste auf dem Rhein ist, gibt es doch auch nördlich von Koblenz noch viel zu sehen. Bonn, die ehemalige Hauptstadt Deutschlands, liegt ungefähr 60 Kilometer von Koblenz entfernt. Besucher aus vielen Ländern kommen jedes Jahr nach Bonn. Während der Sommermonate kommen die Touristen mit Rheindampfern°, Autos, Bussen oder Zügen. Von Bonn sind es nur 30 Kilometer bis Köln. Der Kölner Dom ist das Wahrzeichen dieser Stadt und ist schon aus weiter Entfernung° zu sehen.

Man sagt, dass eine Reise nach Deutschland undenkbar ist, ohne den Rhein gesehen zu haben. Das ist für jeden Besucher ein tolles Erlebnis.

*entspringt am St. Gotthard* originates at the St. Gotthard (mountain); *das römische Militärlager* Roman military camp; *der Dom* cathedral; *das Wahrzeichen* landmark; *die Drosselgasse* name of narrow street; *das Niederwalddenkmal* name of monument; *erbaut zur Erinnerung an den Krieg* built to commemorate the war; *der Mäuseturm* name of tower; *geizig* stingy; *unmenschlich* inhuman; *der Turm* tower; *auffressen* to devour, eat up; *die gotische Kirche ist der Mittelpunkt* the Gothic church is the center; *Preußen* Prussia; *der Wachturm* watchtower; *niemand* nobody, *der Felsen* rock; *das Leben* life; *gegründet* founded; *der Rheindampfer* Rhine steamer; *die Entfernung* distance

**Was weißt du vom Rhein?**

1. Die Drosselgasse ist
2. Die Loreley ist
3. Koblenz liegt
4. Bischof Hatto war
5. Eine gotische Kirche ist
6. Burg Rheinfels ist
7. Bacharach hat
8. Prinz Friedrich von Preußen hat
9. Das Wahrzeichen Kölns ist
10. Bonn liegt
11. Der Bodensee ist
12. St. Goar ist

a. in der Burg Rheinstein gewohnt
b. heute eine Ruine
c. älter als 1400 Jahre
d. sechzig Kilometer von Bonn entfernt
e. zwischen Koblenz und Köln
f. eine sehr kleine Straße
g. sechzehn Wachtürme
h. ein großer Felsen
i. in Süddeutschland
j. sehr unmenschlich
k. der Dom
l. der Mittelpunkt von Aßmannshausen

*Der Rhein zwischen Mainz und Koblenz*

**Beantworte diese Fragen!**

1. Durch wie viele Länder fließt der Rhein?
2. Wie heißen sie?
3. Was ist Mainz vor 2000 Jahren gewesen?
4. Warum hat man das Niederwalddenkmal gebaut?
5. Was haben die Mainzer mit Bischof Hatto gemacht?
6. Warum?
7. Wie alt ist Burg Reichenstein?
8. Was hat die Stadt Bacharach heute noch?
9. Was soll mit vielen Schiffern passiert sein, als sie das schöne Mädchen auf dem Felsen sahen?
10. Gibt es heute in St. Goar viele moderne Häuser?
11. Was gibt es am Rhein während der Sommermonate?
12. Wie kommen die Besucher nach Bonn?

# Praktische Situation

In a group of four or five write down some of the problems that may have occurred in your town or city in recent months. These problems may deal with such topics as *Unfall, Gewalt, Umwelt, Verkehr, Gesundheit*. As soon as each group member has come up with one topic, he or she will present it to the rest of the group. When everyone has finished, the group will vote which of the presented topics is the most important one. All the group members will then contribute their ideas and knowledge to this topic. When completed, a spokesperson will present the findings to the rest of the class.

Das Thema "Umwelt" ist für uns alle ein Problem.

# Rückblick

1. *Ergänze jeden Satz mit den Wörtern in Klammern!* **Pass gut auf, dass die Endungen stimmen!**

   1. Die Touristen fahren zu (diese Stadt / bekannt) ____.
   2. Kannst du (ein Paket / groß ) ____ mit der Post schicken?
   3. Haben Sie schon von (das Café / französisch) ____ gehört?
   4. Stellen Sie bitte (die Tasche / braun) ____ auf (der Stuhl / klein) ____!
   5. Die Jugendlichen besuchen (dieses Museum / neu) ____.
   6. Ich arbeite in (ein Geschäft / klein) ____.
   7. Viele (Besucher / amerikanisch) ____ kommen jedes Jahr hierher.
   8. Welche (die Hose / teuer) ____ haben Sie in (das Kaufhaus / modern)____ gekauft?
   9. Wir lesen ein paar (Bücher / deutsch) ____.
   10. Kennst du die Geschichte (diese Burg / berühmt) ____?

2. *Ein typischer Tag.* **Schreib einen kurzen Aufsatz** (essay)! **In deinem Aufsatz sollst du beschreiben, wie ein typischer Tag bei dir zu Hause aussieht. Sei so kreativ wie möglich!**

3. **Zu welcher Kategorie gehören die folgenden Wörter:** *Auto,*
   *Post, Umwelt* **oder** *Apotheke?*

   1. Heftpflaster
   2. Steuerrad
   3. Paketkarte
   4. Briefmarken
   5. Luft
   6. Hustensaft
   7. Reifen
   8. Müll
   9. Päckchen
   10. Verband
   11. Vordersitz
   12. Treibhauseffekt

4. *Kurt hilft seiner Mutter, bevor die Gäste kommen.* **Ergänze die**
   **Sätze mit den richtigen Wörtern!**

   *Mutter:* Stehen alle Teller schon auf (Tisch) ____?

   *Kurt:* Nein, sie sind noch in (Küche) ____.

   *Mutter:* Bitte, stell die Teller und die Tassen auf (Tisch / groß)
   ____!

   *Kurt:* Soll ich die Servietten neben (Löffel und Gabeln) ____
   legen?

   *Mutter:* Ja, bitte. Stell den Zucker zwischen (Salz) ____ und
   (Pfeffer) ____!

   *Kurt:* Was soll ich mit den Blumen machen?

   *Mutter:* Die kannst du auf (Bücherregal / klein) ____ da
   drüben stellen.

   *Kurt:* Sollen die Stühle an (Platz) ____ hier stehen?

   *Mutter:* Nein. Stell sie doch bitte vor (Tisch) ____ und leg das
   Fotoalbum für die Gäste neben (Zeitschriften)____!

5. *Was willst du später einmal werden?* **Schreib kurz darüber,**
   **warum du diesen Beruf** (*occupation*) **ausgesucht hast und was**
   **du alles machen musst, bis du in diesem Beruf bist!**

6. *Wie war Renates Reise gewesen?* **Renate erzählte ihren Schulfreunden, was sie alles auf ihrer Ferienreise gemacht hatte.**

   ◆ Ich gehe oft ins Kino.
   ◆ Ich war oft ins Kino gegangen.

   1. Wir wandern in den Bergen.
   2. Ich schwimme manchmal mit meiner Cousine im See.
   3. Am Abend spielen wir oft Karten.
   4. Mein Onkel und meine Tante besuchen uns.
   5. Heidi und ich fahren zweimal die Woche am Fluss entlang.
   6. Unsere Familie sieht sich ein Schloss in der Gegend an.
   7. Ich schreibe viele Briefe und Karten.
   8. Einen Tag bin ich krank.

7. **Beschreib jedes Wort mit einem Satz!**

   | | |
   |---|---|
   | 1. Benzin | 4. Polizei |
   | 2. Führerschein | 5. Schloss |
   | 3. Medikament | 6. Verkehr |

8. *Welche der folgenden Wörter passen in die Sätze?* **Du wirst nicht alle Wörter gebrauchen. Ab und zu kannst du auch zwei Wörter in einem Satz gebrauchen.**

   | | | | | |
   |---|---|---|---|---|
   | weil | ob | als | bevor | während |
   | dass | seitdem | und | sondern | aber |

   1. ____ ich nach Hause kam, hatte mein Vater schon lange auf mich gewartet.
   2. Gisela macht ihre Hausaufgaben, ____ ihr Bruder Klavier spielt.
   3. ____ Rainer kein Geld gehabt hatte, konnte er nicht zum Rockkonzert gehen.
   4. Die Gäste möchten länger bleiben, ____ der Zug fährt in einer Stunde ab.
   5. ____ er krank gewesen war, hat er uns nicht besucht.
   6. Wir sehen uns nicht diesen Film an, ____ wir besichtigen lieber das Schloss in der Gegend.
   7. Susanne liest einen Krimi ____ Tina hört Musik.
   8. ____ ich dir Geld gebe, will ich wissen, was du damit machen wirst.

9. **Welche Wörter passen hier?**

| | | | |
|---|---|---|---|
| schützen | wünschen | bezahlen | schlucken |
| überprüfen | machen | vergessen | kämpfen |
| messen | mieten | sitzen | haben |

1. sich nicht an den Namen erinnern: den Namen ____
2. zwei Tabletten mit Wasser ____
3. den Blutdruck ____
4. im Wartezimmer ____
5. gute Besserung ____
6. kein Auto kaufen, sondern ein Auto ____
7. nach dem Essen die Rechnung ____
8. den Führerschein ____
9. mal nachsehen, ob die Batterie OK ist: die Batterie ____
10. die Umwelt ____
11. eine Perücke auf dem Kopf ____
12. gegen Gewalt ____

10. **Welche Endungen fehlen hier?**

1. Hast du passend____ Geld?
2. Wir spielen lieber in d___ frisch____ Luft.
3. Für dein____ freundlich____ Brief danke ich dir sehr.
4. D__ klein____ Kinder spielen auf ein____ groß____ Platz.
5. Hast du dich auf d___ schwer____ Arbeit vorbereitet?
6. Auf unser____ letzt____ Reise haben wir ein paar berühmt____ Schlösser gesehen.
7. Zum sechzehnt____ Geburtstag hat Robert ein neu____ Fahrrad bekommen.
8. Viele jung____ Leute haben d____ furchtbar____ Unfall gesehen.
9. Ein blau____ Roboter stand vor dem bekannt____ Geschäft.
10. Hast du d____ nett____Mann die richtig____ Auskunft gegeben?

Viele Touristen besuchen jedes Jahr
dieses berühmte Schloss. Wie heißt es?

# Vokabeln

**abnehmen** *(nimmt ab, nahm ab, abgenommen)* to take off
**akzeptieren** to accept
der **Alkohol** alcohol
**anbieten** *(bot an, angeboten)* to offer
**arm** poor
**aufdringlich** pushy, insistent
die **Ausländerfeindlichkeit** hostility toward foreigners
die **Autofirma,-firmen** automobile company
der **Becher,-** mug
**bedeuten** to mean, signify
**bedrohen** to threaten
das **Beispiel,-e** example; *zum Beispiel* for example
der **Bekannte,-n** friend, acquaintance
das **Benzin** gas, fuel
**berühmt** famous
**betteln** to beg
**bewegungslos** motionless
**blau** blue; *blau sein* to be intoxicated
**bleifrei** leadfree
**Bosnien-Herzegowina** Bosnia-Herzegovina
**China** China
**darstellen** to portray, depict
die **Dose,-n** can
der **Effekt,-e** effect
der **Einwanderer,-** immigrant
die **Elbe** Elbe River
die **Elektrizität** electricity
die **Emission,-en** emission
die **Energie** energy
der **Erfolg,-e** success
**erschrocken** scared, frightened
**erstaunt** surprised
**faul** lazy
**freiwillig** voluntary
**freundlich** friendly
der **Gefallen** favor; *ihnen einen Gefallen tun* to do them a favor
das **Gesetz,-e** law
das **Gesicht,-er** face
die **Gewalt** violence
der **Glatzkopf,-̈e** bald head

das **Gold** gold
**golden** golden
**grinsend** grinning
**hässlich** ugly
der **Haushalt,-e** household
die **Heimat,-en** home
**heutig** today's, contemporary
**informativ** informative
das **Interesse,-n** interest
der **Iran** Iran
**irgendwo** somewhere
die **Jugend** youth
**kämpfen** to fight
das **Kohlendioxyd** carbon dioxide
das **Kohlenmonoxyd** carbon monoxide
**körperlich** physical; *körperlich behindert* physically handicapped
**lösen** to solve
**lustig** funny, amusing
die **Maske,-n** mask
die **Mauer,-n** wall
die **Meinung,-en** opinion
die **Mode,-n** fashion
**möglich** possible
der **Müll** trash, garbage
die **Nachhilfestunde,-n** private lesson
**negativ** negative
der **Obdachlose,-n** homeless person
**ökologisch** ecological
die **Organisation,-en** organization
**originell** original
der **Ostteil,-e** eastern part
die **Pantomime,-n** pantomime
die **Perücke** wig
der **Planet,-en** planet
die **Politik** politics
**produzieren** to produce
der **Rassismus** racism
**rauchen** to smoke
das **Recycling** recycling
der **Reporter,-** reporter
der **Roboter,-** robot
**Rumänien** Romania
**schimpfen** to get angry
**schrecklich** terrible, dreadful

**schützen** to protect
**selten** rare
**separat** separate
die **Sonnenbrille,-n** sunglasses
die **Sonnenenergie** solar energy
die **Statue,-n** statue
der **Stiefel,-** boot
**streng** strict
**suchen** to look for, search for
das **Theater,-** theater
das **Thema,-men** theme, topic
die **Tierschutzorganisation,-en** animal protection organization
der **Tierversuch,-e** animal test
der **Ton,-̈e** sound
der **Treibhauseffekt** greenhouse effect
**trotzdem** nevertheless, in spite of
**übernehmen** *(übernimmt, übernahm, übernommen)* to take over
die **Umfrage,-n** survey
die **Umwelt** environment
der **Umweltschutz** environmental protection
**verbessern** to improve
**verbrauchen** to use (up)
der **Vergleich,-e** comparison; *im Vergleich zu* in comparison to
**verkleidet** disguised, in costume
**vermeiden** *(vermied, vermieden)* to avoid
**verschwenden** to waste
**verwandeln** to convert
**vorher** before
**wegbringen** *(brachte weg, weggebracht)* to take away
die **Wende** turning point (after the Berlin Wall came down in 1989)
**werfen** *(wirft, warf, geworfen)* to throw
die **Zigarre,-n** cigar
**zugeben** *(gibt zu, gab zu, zugegeben)* to admit

## Personal Pronouns

| SINGULAR | Nominative | Accusative | Dative |
|---|---|---|---|
| 1st person | ich | mich | mir |
| 2nd person | du | dich | dir |
| 3rd person | er | ihn | ihm |
|  | sie | sie | ihr |
|  | es | es | ihm |

| PLURAL | Nominative | Accusative | Dative |
|---|---|---|---|
| 1st person | wir | uns | uns |
| 2nd person | ihr | euch | euch |
| 3rd person | sie | sie | ihnen |
| formal form (singular or plural) | Sie | Sie | Ihnen |

## Reflexive Pronouns

| Singular | | Accusative | Dative |
|---|---|---|---|
| 1st person | (ich) | mich | mir |
| 2nd person | (du) | dich | dir |
| 3rd person | (er) | sich | sich |
|  | (sie) |  |  |
|  | (es) |  |  |

| Plural | | Accusative | Dative |
|---|---|---|---|
| 1st person | (wir) | uns | uns |
| 2nd person | (ihr) | euch | euch |
| 3rd person | (sie) | sich | sich |
| formal form (singular or plural) | (Sie) | sich | sich |

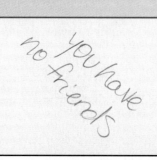

# Demonstrative Pronouns

|  | Singular | | | Plural |
| --- | --- | --- | --- | --- |
|  | Masculine | Feminine | Neuter |  |
| **Nominative** | der | die | das | die |
| **Accusative** | den | die | das | die |
| **Dative** | dem | der | dem | denen |

# Definite Article

|  | Singular | | | Plural |
| --- | --- | --- | --- | --- |
|  | Masculine | Feminine | Neuter |  |
| **Nominative** | der | die | das | die |
| **Accusative** | den | die | das | die |
| **Dative** | dem | der | dem | den |
| **Genitive** | des | der | des | der |

# *der*-words

|  | Singular | | | Plural |
| --- | --- | --- | --- | --- |
|  | Masculine | Feminine | Neuter |  |
| **Nominative** | dieser | diese | dieses | diese |
| **Accusative** | diesen | diese | dieses | diese |
| **Dative** | diesem | dieser | diesem | diesen |
| **Genitive** | dieses | dieser | dieses | dieser |

Other *der*-words introduced are *welcher, jeder, solcher, mancher, derselbe.*

## Question Words: *Wer? Was?*

| | | |
|---|---|---|
| **Nominative** | wer | was |
| **Accusative** | wen | was |
| **Dative** | wem | |
| **Genitive** | wessen | |

## Indefinite Article

| | Singular | | | Plural |
|---|---|---|---|---|
| | **Masculine** | **Feminine** | **Neuter** | |
| **Nominative** | ein | eine | ein | keine |
| **Accusative** | einen | eine | ein | keine |
| **Dative** | einem | einer | einem | keinen |
| **Genitive** | eines | einer | eines | keiner |

## Adjectives after *der*-words

| | Singular | | | Plural |
|---|---|---|---|---|
| | **Masculine** | **Feminine** | **Neuter** | |
| **Nominative** | -e | -e | -e | -en |
| **Accusative** | -en | -e | -e | -en |
| **Dative** | -en | -en | -en | -en |
| **Genitive** | -en | -en | -en | -en |

|  | Singular | | | Plural |
|---|---|---|---|---|
|  | Masculine | Feminine | Neuter | |
| **Nominative** | der alt*e* Film | die nett*e* Dame | das neu*e* Haus | die gut*en* Schüler |
| **Accusative** | den alt*en* Film | die nett*e* Dame | das neu*e* Haus | die gut*en* Schüler |
| **Dative** | dem alt*en* Film | der nett*en* Dame | dem neu*en* Haus | den gut*en* Schülern |
| **Genitive** | des alt*en* Filmes | der nett*en* Dame | des neu*en* Hauses | der gut*en* Schüler |

The following words expressing quantity can be used only in the plural with their corresponding adjective endings for *der*-words: *alle, beide*.

## Adjectives after *ein-words*

|  | Singular | | | Plural |
|---|---|---|---|---|
|  | Masculine | Feminine | Neuter | |
| **Nominative** | -er | -e | -es | -en |
| **Accusative** | -en | -e | -es | -en |
| **Dative** | -en | -en | -en | -en |
| **Genitive** | -en | -en | -en | -en |

| | Singular | | | Plural |
|---|---|---|---|---|
| | **Masculine** | **Feminine** | **Neuter** | |
| **Nominative** | ein alt*er* Film | eine nett*e* Dame | ein neu*es* Haus | keine gut*en* Schüler |
| **Accusative** | einen alt*en* Film | eine nett*e* Dame | ein neu*es* Haus | keine gut*en* Schüler |
| **Dative** | einem alt*en* Film | einer nett*en* Dame | einem neu*en* Haus | keinen gut*en* Schülern |
| **Genitive** | eines alt*en* Filmes | einer nett*en* Dame | eines neu*en* Hauses | keiner gut*en* Schüler |

The following words expressing quantity can be used only in the plural: *andere, ein paar, einige, viele, wenige.* Adjectives following these words take the ending *-e* (nominative, accusative) or *-en* (dative).

## Adjective Endings for Adjectives Not Preceded by Articles

| | Singular | | | Plural |
|---|---|---|---|---|
| | **Masculine** | **Feminine** | **Neuter** | |
| **Nominative** | alt*er* Freund | rot*e* Bluse | neu*es* Auto | klein*e* Kinder |
| **Accusative** | alt*en* Freund | rot*e* Bluse | neu*es* Auto | klein*e* Kinder |
| **Dative** | alt*em* Freund | rot*er* Bluse | neu*em* Auto | klein*en* Kindern |
| **Genitive** | alt*en* Freundes | rot*er* Bluse | neu*en* Autos | klein*er* Kinder |

## Comparison of Adjectives and Adverbs

| **Adjective/Adverb** | schnell | warm | gut | hoch | gern |
|---|---|---|---|---|---|
| **Comparative** | schneller | wärmer | besser | höher | lieber |
| **Superlative** | schnellst- | wärmst- | best- | höchst- | liebst- |

# Plural of Nouns

|  | Singular | Plural |
|---|---|---|
| **no change or add umlaut** | das Zimmer | die Zimmer |
|  | die Mutter | die Mütter |
| **add -n, -en, or -nen** | die Ecke | die Ecken |
|  | der Herr | die Herren |
|  | die Freundin | die Freundinnen |
| **add -e or ⸚e** | der Tag | die Tage |
|  | die Stadt | die Städte |
| **add ⸚er** | das Buch | die Bücher |
|  | das Fach | die Fächer |
| **add -s (adopted foreign words)** | das Café | die Cafés |
|  | das Büro | die Büros |

# Prepositions

| Dative | Accusative | Dative or Accusative | Genitive |
|---|---|---|---|
| aus | durch | an | anstatt |
| außer | für | auf | trotz |
| bei | gegen | hinter | während |
| mit | ohne | in | wegen |
| nach | um | neben |  |
| seit |  | über |  |
| von |  | unter |  |
| zu |  | vor |  |
|  |  | zwischen |  |

## Inverted Word Order

1. Formation of questions beginning with the verb
   *Spielst du heute Fußball?*

2. Formation of questions beginning with a question word
   *Wohin gehen Sie heute Nachmittag?*

3. Command forms
   *Hab keine Angst!*
   *Lauft schnell!*
   *Passen Sie auf!*
   *Gehen wir!*

4. Sentences beginning with a part other than the subject
   *Am Sonntag fahren wir zu meiner Tante.*

## Word Order of Dative and Accusative Case (Objects and Pronouns)

| | | |
|---|---|---|
| Er gibt | dem Fluggast | eine Bordkarte. |
| Er gibt | ihm | eine Bordkarte. |
| Er gibt | sie | dem Fluggast. |
| Er gibt | sie | ihm. |

## Word Order When Using Conjunctions

1. Coordinating conjunctions
   *Ich möchte bleiben, aber ich habe keine Zeit.*

2. Subordinating conjunctions
   *Wir gehen ins Restaurant, weil wir Hunger haben.*
   *Weil wir Hunger haben, gehen wir ins Restaurant.*

## Verbs Followed by Dative Case

folgen     gefallen     gratulieren     helfen     passen     schmecken

*Gabi hilft ihrer Mutter.*
*Ich gratuliere ihm zum Geburtstag.*

The verb *glauben* may take either the dative or accusative case. If used with a person, the dative follows (*Ich glaube ihm*). If used with an object, the accusative is used (*Ich glaube das nicht*).

# Verbs with Prepositions Followed by Accusative Case

| | |
|---|---|
| sich freuen auf | to look forward to |
| grenzen an | to border on |
| sehen auf | to look at |
| sprechen über | to talk about |
| warten auf | to wait for |

# Regular Verb Forms — Present Tense

| | gehen | finden | heißen | arbeiten |
|---|---|---|---|---|
| **ich** | gehe | finde | heiße | arbeite |
| **du** | gehst | findest | heißt | arbeitest |
| **er, sie, es** | geht | findet | heißt | arbeitet |
| **wir** | gehen | finden | heißen | arbeiten |
| **ihr** | geht | findet | heißt | arbeitet |
| **sie, Sie** | gehen | finden | heißen | arbeiten |

# Irregular Verb Forms — Present Tense

| | haben | sein | wissen |
|---|---|---|---|
| **ich** | habe | bin | weiß |
| **du** | hast | bist | weißt |
| **er, sie, es** | hat | ist | weiß |
| **wir** | haben | sind | wissen |
| **ihr** | habt | seid | wisst |
| **sie, Sie** | haben | sind | wissen |

## Verbs with Stem Vowel Change — Present Tense

|  | *ä* to *a* | *e* to *i* | *e* to *ie* |
|---|---|---|---|
| **ich** | fahre | spreche | sehe |
| **du** | fährst | sprichst | siehst |
| **er, sie, es** | fährt | spricht | sieht |
| **wir** | fahren | sprechen | sehen |
| **ihr** | fahrt | sprecht | seht |
| **sie, Sie** | fahren | sprechen | sehen |

## Command Forms

| | | | | |
|---|---|---|---|---|
| **Familiar (singular)** | Geh! | Warte! | Sei! | Hab! |
| **Familiar (plural)** | Geht! | Wartet! | Seid! | Habt! |
| **Formal (singular/plural)** | Gehen Sie! | Warten Sie! | Seien Sie! | Haben Sie! |
| ***Wir*-form (Let's…)** | Gehen wir! | Warten wir! | Seien wir! | Haben wir! |

## Modal Auxiliaries

|  | **dürfen** | **können** | **mögen** | **müssen** | **sollen** | **wollen** |
|---|---|---|---|---|---|---|
| **ich** | darf | kann | mag | muss | soll | will |
| **du** | darfst | kannst | magst | musst | sollst | willst |
| **er, sie, es** | darf | kann | mag | muss | soll | will |
| **wir** | dürfen | können | mögen | müssen | sollen | wollen |
| **ihr** | dürft | könnt | mögt | müsst | sollt | wollt |
| **sie, Sie** | dürfen | können | mögen | müssen | sollen | wollen |

# Future tense (*werden* + infinitive)

| ich | werde |
|---|---|
| du | wirst |
| er, sie, es | wird |
| wir | werden |
| ihr | werdet |
| sie, Sie | werden |

*Sie werden nächstes Jahr nach Deutschland fahren.*
*Wirst du morgen ins Kino gehen?*

# Past Tense (Narrative Past Tense)

| | Regular Verbs | | Irregular Verbs | | | | |
|---|---|---|---|---|---|---|---|
| | **sagen** | **arbeiten** | **kommen** | **gehen** | **fahren** | **haben** | **sein** |
| **ich** | sagte | arbeitete | kam | ging | fuhr | hatte | war |
| **du** | sagtest | arbeitetest | kamst | gingst | fuhrst | hattest | warst |
| **er, sie, es** | sagte | arbeitete | kam | ging | fuhr | hatte | war |
| **wir** | sagten | arbeiteten | kamen | gingen | fuhren | hatten | waren |
| **ihr** | sagtet | arbeitetet | kamt | gingt | fuhrt | hattet | wart |
| **sie, Sie** | sagten | arbeiteten | kamen | gingen | fuhren | hatten | waren |

# Present Perfect Tense

**regular verbs:**  *haben* + past participle (*ge* + 3rd person singular)
*Sie hat gefragt.*
*Hast du etwas gesagt?*
**irregular verbs:** *haben* or *sein* + past participle
*Ich habe das Brot gegessen.*
*Wir sind dorthin gefahren.*

# Past Perfect Tense

Past tense of *haben* or *sein* plus past participle

*Hattest du den Brief geholt?*
*Wart ihr zu Hause gewesen?*

# Irregular Verbs

The following list contains all the irregular verbs used in *Deutsch Aktuell 1* and *2*. Verbs with separable or inseparable prefixes are not included in this list if the basic verb form has already been introduced in the textbook. Verbs with stem vowel changes as well as those constructed with a form of *sein* have also been indicated.

| Infinitive | Stem Vowel Change | Past | Past | Participle | Meaning |
|---|---|---|---|---|---|
| abbiegen | | bog ab | ist | abgebogen | to turn (to) |
| anfangen | fängt an | fing an | | angefangen | to begin, start |
| anrufen | | rief an | | angerufen | to call up |
| anspringen | | sprang an | ist | angesprungen | to start (motor) |
| anziehen | | zog an | | angezogen | to wear, put on |
| auffressen | frisst auf | fraß auf | | aufgefressen | to eat up, devour |
| backen | bäckt (*also:* backt) | backte | | gebacken | to bake |
| beginnen | | begann | | begonnen | to begin |
| bekommen | | bekam | | bekommen | to get, receive |
| bitten | | bat | | gebeten | to ask |
| bleiben | | blieb | ist | geblieben | to stay, remain |
| bringen | | brachte | | gebracht | to bring |
| denken | | dachte | | gedacht | to think |
| dürfen | darf | durfte | | gedurft | may, to be permitted to |
| einladen | lädt ein | lud ein | | eingeladen | to invite |
| entspringen | | entsprang | | entsprungen | to originate (river) |
| essen | isst | aß | | gegessen | to eat |
| fahren | fährt | fuhr | ist | gefahren | to drive |
| finden | | fand | | gefunden | to find |
| fliegen | | flog | ist | geflogen | to fly |
| fließen | | floss | ist | geflossen | to flow, run |
| geben | gibt | gab | | gegeben | to give |
| gefallen | gefällt | gefiel | | gefallen | to like |
| gehen | | ging | ist | gegangen | to go |
| gewinnen | | gewann | | gewonnen | to win |
| gießen | | goss | | gegossen | to water (flowers) |
| haben | hat | hatte | | gehabt | to have |
| halten | hält | hielt | | gehalten | to hold |
| heißen | | hieß | | geheißen | to be called |
| helfen | hilft | half | | geholfen | to help |
| kennen | | kannte | | gekannt | to know (person) |
| kommen | | kam | ist | gekommen | to come |
| laufen | läuft | lief | ist | gelaufen | to run, walk |
| leihen | | lieh | | geliehen | to loan, lend |
| lesen | liest | las | | gelesen | to read |
| liegen | | lag | | gelegen | to lie, be located |
| mögen | mag | mochte | | gemocht | to like |

| Infinitive | Stem Vowel Change | Past | Past | Participle | Meaning |
|---|---|---|---|---|---|
| nehmen | nimmt | nahm | | genommen | to take |
| reiten | | ritt | ist | geritten | to ride (horseback) |
| riechen | | roch | | gerochen | to smell |
| scheinen | | schien | | geschienen | to shine |
| schieben | | schob | | geschoben | to push |
| schießen | | schoss | | geschossen | to shoot |
| schlagen | schlägt | schlug | | geschlagen | to beat, hit |
| schneiden | | schnitt | | geschnitten | to cut |
| schreiben | | schrieb | | geschrieben | to write |
| schreien | | schrie | | geschrien | to scream |
| schwimmen | | schwamm | ist | geschwommen | to swim |
| sehen | sieht | sah | | gesehen | to see |
| sein | ist | war | ist | gewesen | to be |
| singen | | sang | | gesungen | to sing |
| sitzen | | saß | | gesessen | to sit |
| sprechen | spricht | sprach | | gesprochen | to speak, talk |
| stehen | | stand | | gestanden | to stand |
| steigen | | stieg | ist | gestiegen | to climb |
| sterben | stirbt | starb | ist | gestorben | to die |
| streichen | | strich | | gestrichen | to spread |
| treffen | trifft | traf | | getroffen | to meet |
| treiben | | trieb | | getrieben | to do (sports) |
| trinken | | trank | | getrunken | to drink |
| tun | | tat | | getan | to do |
| vergessen | vergisst | vergaß | | vergessen | to forget |
| verlassen | verlässt | verließ | | verlassen | to leave |
| verlieren | | verlor | | verloren | to lose |
| vermeiden | | vermied | | vermieden | to avoid |
| verschreiben | | verschrieb | | verschrieben | to prescribe |
| verstehen | | verstand | | verstanden | to understand |
| waschen | wäscht | wusch | | gewaschen | to wash |
| werden | wird | wurde | ist | geworden | to become, be |
| werfen | wirft | warf | | geworfen | to throw |
| wiegen | | wog | | gewogen | to weigh |
| wissen | weiß | wusste | | gewusst | to know |

All the words introduced in *Deutsch Aktuell 1* and *2* have been summarized in this section. The numbers or the letter *E (Einführung)* following the meaning of individual words or phrases indicate the particular chapter in which they appear for the first time. For cases in which there is more than one meaning for a word or a phrase and it appeared in different chapters, both chapter numbers are listed. Words and expressions that were introduced in *Deutsch Aktuell 1* do not have a number after them. Words preceded by an asterisk (*) are passive and appear following the *Land und Leute* reading selections in Chapters 4, 8 and 12. All other words are considered active and are used frequently throughout the text.

# A

**ab und zu** once in a while
**abbiegen** *(bog ab, ist abgebogen)* to turn (to)
der **Abend,-e** evening; *am Abend* in the evening
das **Abendessen** supper, dinner
**aber** but; *aber nein* of course not
**abfahren** *(fährt ab, fuhr ab, ist abgefahren)* to depart, leave
**abfliegen** *(flog ab, ist abgeflogen)* to take off (plane) 1
**abgeben** *(gibt ab, gab ab, abgegeben)* to pass (ball)
**Abgemacht!** Agreed!
**abholen** to pick up 11
**abnehmen** *(nimmt ab, nahm ab, abgenommen)* to take off 12
**abräumen** to clear (table)
der **Abschlussball,-̈e** final (graduation) ball
der **Absender,-** sender 9
**abstellen** to turn off 10
das **Abteil,-e** compartment
die **Abteilung,-en** department 6
**acht** eight
die **Achterbahn-en** roller coaster 8
**achtzehn** eighteen
**achtzig** eighty
die **Aktentasche,-n** briefcase 1
**aktiv** active 1
**akzeptieren** to accept 12
der **Alkohol** alcohol 12
**alle** all; *vor allem* mainly
**allein** alone 9
**alles** all, everything
**allgemein** general(ly)
der **Alltag,-e** everyday life 7
* die **Alpen** Alps
**als** when 11
**also** then, so; *Also, los!* OK! Let's go!
**alt** old
die **Altstadt,-̈e** old town 5
**Amerika** America

der **Amerikaner,-** American 3
**an** at, on, to
**anbieten** *(bot an, angeboten)* to offer 12
* das **Andenken,-** souvenir 8
**andere** others; *die anderen* the others
**anfangen** *(fängt an, fing an, angefangen)* to begin, start 7
der **Angestellte,-n** employee (male) 1
die **Angestellte,-n** employee (female) 1
die **Angst,-̈e** fear; *Keine Angst!* Don't worry! Don't be afraid! 2
**anhaben** *(hat an, hatte an, angehabt)* to have on, wear
**anhalten** *(hält an, hielt an, angehalten)* to stop 5
sich **anhören** to listen to 10
**ankommen** *(kam an, ist angekommen)* to arrive
die **Anmeldung** reception, registration 10
**annehmen** *(nimmt an, nahm an, angenommen)* to assume 11
**anrufen** *(rief an, angerufen)* to call up; *Ruf doch...an!* Why don't you call...!
die **Anschrift,-en** address 9
sich **ansehen** *(sieht an, sah an, hat angesehen)* to look at 2
die **Ansichtskarte,-n** picture postcard 5
**anspringen** *(sprang an, ist angesprungen)* to start (motor) 11
**anstatt** instead of 5
sich **anstellen: Stell dich nicht so an!** Don't be so clumsy! 3
die **Antwort,-en** answer
**anziehen** *(zog an, angezogen)* to wear, put on
der **Anzug,-̈e** suit
der **Apfel,-̈** apple
der **Apfelkuchen,-** apple cake 5

der **Apfelsaft** apple juice
die **Apfelsine,-n** orange 6
die **Apotheke,-n** pharmacy 10
der **Apotheker,-** pharmacist 10
der **Appetit** appetite; *Guten Appetit!* Enjoy your meal! 2
der **April** April
die **Arbeit,-en** work, exam; *bei der Arbeit helfen* to help with the work
**arbeiten** to work
**arm** poor 12
der **Arm,-e** arm
der **Arzt,-̈e** physician, doctor (male) 10
die **Ärztin,-nen** physician, doctor (female) 10
das **Aspirin** aspirin 10
**auch** also, too
**auf** on, at
**aufbauen** to pitch (tent), set up, construct
**aufdringlich** pushy, insistent 12
* **auffressen** *(frisst auf, fraß auf, aufgefressen)* to eat up (animal), devour 12
die **Aufgabe,-n** problem, exercise, assignment 7
**aufgeben** *(gibt auf, gab auf, aufgegeben)* to dispatch, send 9
**aufhaben** *(hat auf, hatte auf, aufgehabt)* to have homework to do 6
**aufmachen** to open 10
**aufnehmen** *(nimmt auf, nahm auf, aufgenommen)* to record 2
**aufpassen** to watch (out) 11
**aufräumen** to clean up
**aufstehen** *stand auf, ist aufgestanden)* to get up 4
**aufsteigen** *(stieg auf, ist aufgestiegen)* to get on 3
**aufwachen** to wake up 7
das **Auge,-n** eye
der **August** August
**aus** from, out of
der **Ausblick** view 6

**ausbreiten** to spread out 2
**ausfüllen** to fill out 9
der **Ausgang,-̈e** exit 11
**ausgeben** (*gibt aus, gab aus, ausgegeben*) to spend (money)
**ausgerechnet** of all things 10
die **Auskunft,-̈e** information
\* der **Ausländer,-** foreigner 8
die **Ausländerfeindlichkeit** hostility toward foreigners 12
**auspacken** to unpack 3
**ausprobieren** to try out 9
sich **ausruhen** to relax, rest 4
**aussehen** (*sieht aus, sah aus, ausgesehen*) to look like
**außer** besides; except
**außerdem** besides 11
**außerhalb** out of, outside
**aussteigen** (*stieg aus, ist ausgestiegen*) to get off 11
sich **aussuchen** to select, choose, pick out 6
die **Auswahl** selection, choice
das **Auto,-s** car
die **Autobahn,-en** German freeway 7
die **Autofirma,-firmen** automobile company 12
der **Automat,-en** automat 11
das **Autoteil,-e** automobile part 11
die **Autozeitschrift,-en** car magazine 7
der **Azubi,-s** apprentice 4

# B

**backen** (*bäckt, backte, gebacken*) to bake
der **Bäcker,-** baker 10
die **Bäckerei,-en** bakery 6
das **Backgammon** backgammon
die **Backwaren** (pl.) baked goods 6
das **Bad,-̈er** bathroom
die **Badewanne,-n** bathtub
die **Bahn-Card,-s** discount and ID card for reduced train ticket
der **Bahnhof,-̈e** train station
**bald** soon 7
der **Balkon,-s** balcony 4
der **Ball,-̈e** ball
die **Ballkontrolle** ball control
\* der **Ballon,-s** balloon 8

die **Banane,-n** banana
die **Band,-s** band
die **Bank,-en** bank 9
die **Bank,-̈e** bench 3
der **Basketball,-̈e** basketball
der **Bass,-̈e** bass
**basteln** to do (handi)crafts
die **Batterie,-n** battery 11
der **Bauch,-̈e** stomach 10
die **Bauchschmerzen** (pl.) stomachache 10
**bauen** to build, construct 7
der **Bauernhof,-̈e** farm 3
\* **Bayern** Bavaria 8
\* **bayrisch** Bavarian 8
der **Beamte,-n** official, clerk (male) 9
der **Becher,-** mug 12
sich **bedanken** to thank 5
**bedeuten** to mean, signify 12
die **Bedeutung,-en** meaning 2
sich **bedienen** to help oneself; *Soll ich mich selbst bedienen? Should I help myself?* 6
**bedrohen** to threaten 12
sich **beeilen** to hurry 2
**befestigen** to fasten, secure 2
**beginnen** (*begann, begonnen*) to begin
**begleiten** to accompany 8
**begrüßen** to greet
**bei** at, near, by, with; *beim Park near the park*
**beide** both
**beige** beige
die **Beilage,-n** side dish 5
das **Bein,-e** leg
das **Beispiel,-e** example; *zum Beispiel for example* 12
**bekannt** well-known
der **Bekannte,-n** friend, acquaintance (male) 12
die **Bekannte,-n** friend, acquaintance (female) 12
**bekannt geben** (*gibt bekannt, gab bekannt, bekannt gegeben*) to announce 1
**bekommen** (*bekam, bekommen*) to get, receive
**belegt** covered; *belegte Brote sandwiches* 5
**Belgien** Belgium
\* **beliebt** popular

das **Benzin** gas, fuel 12
der **Berg,-e** mountain
**berühmt** famous 12
**beschreiben** (*beschrieb, beschrieben*) to describe 5
**besichtigen** to visit, view 8
**besonders** special, especially; *nicht besonders not especially*
**besprechen** (*bespricht, besprach, besprochen*) to discuss 11
**besser** better
die **Besserung** improvement; *Gute Besserung! Get well!* 10
**best-** best; *am besten the best*
**bestehen** (*bestand, bestanden*) to pass 11
**bestellen** to order 5
**bestimmt** definitely, for sure
der **Besuch,-e** visit; *Sie kommt zu Besuch. She comes to visit.*
**besuchen** to visit
\* der **Besucher,-** visitor
das **Bett,-en** bed
**betteln** to beg 12
die **Bettwäsche** bed linen 8
**bevor** before 5
sich **bewegen** to move 4
**bewegungslos** motionless 12
**bezahlen** to pay
das **Bier,-e** beer 5
\* das **Bierzelt,-e** beer tent 8
das **Bild,-er** picture
das **Billard** billiards 4
die **Biologie** biology
die **Birne,-n** pear
**bis** until; *Bis später! See you later!*
**bitte** please; *Ja, bitte?, Bitte schön? May I help you?*
**bitten** (*bat, gebeten*) to ask 10
**blau** blue; *blau sein to be intoxicated* 12
**bleiben** (*blieb, ist geblieben*) to stay, remain
**bleifrei** leadfree 12
der **Bleistift,-e** pencil
die **Blockflöte,-n** recorder
die **Blume,-n** flower
die **Bluse,-n** blouse
der **Blutdruck** blood pressure 10
die **Bohne,-n** bean 5
das **Boot,-e** boat

die **Bordkarte,-n** boarding pass *1*
**Bosnien-Herzegowina** Bosnia-Herzegowina *12*
die **Bratkartoffeln** (pl.) fried potatoes *5*
die **Bratwurst,-̈e** bratwurst
**brauchen** to need
*die **Brauerei,-en** brewery *8*
**braun** brown
das **Brettspiel,-e** board game *7*
*die **Brezel,-n** pretzel *8*
der **Brief,-e** letter
der **Briefkasten,-̈** mailbox *9*
die **Briefmarke,-n** stamp
die **Briefträgerin,-nen** mail carrier *9*
der **Briefumschlag,-̈e** envelope *9*
**bringen** (*brachte, gebracht*) to bring; *Bringen Sie mir...* Bring me...
die **Brombeere,-n** blackberry *6*
die **Broschüre,-n** brochure *5*
das **Brot,-e** bread
das **Brötchen,-** hard roll
der **Bruder,-̈** brother
das **Buch,-̈er** book
das **Bücherregal,-e** bookshelf
die **Bundesliga** National League
**bunt** colorful
die **Burg,-en** fortress, castle *8*
das **Büro,-s** office
der **Bus,-se** bus
die **Butter** butter

# C

das **Café,-s** café
**campen** to camp *10*
der **Camper,-** camper *2*
der **Campingplatz,-̈e** campground
die **Cartoonzeitschrift,-en** comic magazine *7*
die **CD,-s** CD, compact disk
der **CD-Spieler,-** CD player
der **Champignon,-s** mushroom *5*
die **Chance,-n** chance
**charmant** charming
die **Chemie** chemistry
**China** China *12*
die **Cola,-s** cola
der **Computer,-** computer
der **Computerspezialist,-en** computer specialist *10*

das **Computerspiel,-e** computer game
der **Cousin,-s** cousin(male)
die **Cousine,-n** cousin (female)

# D

**da** there; since (inasmuch as) *11*
*da drüben* over there; *Endlich ist der Tag da.* Finally, the day is here.
**dabei sein** to take part, be a member, be present
das **Dach,-̈er** roof *4*
**dafür** for it
**dahingehen** (*ging dahin, ist dahingegangen*) to go there
die **Dame,-n** lady *5*
**damit** so that, in order that *11*
**danach** after (that), afterward(s) *7*
**Dänemark** Denmark
**danke** thanks
**danken** to thank
**dann** then
**darstellen** to portray, depict *12*
**das** the, that
**dass** that
**dauern** to take, last
**davon** about it, of it *6*
die **DDR (Deutsche Demokratische Republik)** former East Germany *7*
die **Decke,-n** blanket *5*
**decken** to cover; *den Tisch decken* to set the table
**dein** your; *Dein(e)...* Your...
**denken** (*dachte, gedacht*) to think; *denken an* to think about
**denn** used for emphasis; because, for *11*
**der** the
**derselbe** the same; *in derselben Straße* on the same street
**deshalb** therefore, that's why
**deutsch** German; *Sie spricht deutsch.* She speaks German.; *auf Deutsch* in German; *Deutscher Meister* National Champion of Germany
das **Deutsch** German (subject)
der **Deutsche,-n** German (male) *3*

die **Deutsche,-n** German (female) *3*
das **Deutsche Eck** name of place where *Rhein* and *Mosel* rivers join *8*
**Deutschland** Germany
der **Dezember** December
**dich** you; *für dich* for you
die **the**
der **Dienstag,-e** Tuesday
**dieser** this
**dir** (to) you
der **Diskjockey,-s** disc jockey, DJ *7*
die **Disko,-s** disco
**doch** used for emphasis; sure thing, oh yes
der **Doktor,-en** physician, doctor *10*
*der **Dom,-e** cathedral *12*
der **Donnerstag,-e** Thursday
**dort** there
**dorthin** (to) there
die **Dose,-n** can *12*
**dran sein** to be one's turn; *Sie ist dran.* It's her turn. *3*
**draußen** outside *8*
**drehen** to turn *11*
**drei** three
**dreißig** thirty
**dreizehn** thirteen
**drunter und drüber:** *Es geht drunter und drüber.* It's topsy-turvy. *8*
**du** you (familiar singular); *Du, Steffie...* Say, Steffie...
**dunkel** dark; *dunkelblau* dark blue
**durch** through
**durchfallen** (*fällt durch, fiel durch, ist durchgefallen*) to fail *11*
**durchkommen** (*kam durch, ist durchgekommen*) to get through *11*
**dürfen** (*darf, durfte, gedurft*) may, to be permitted to; *Was darf's sein?* May I help you? *6*
der **Durst** thirst; *Durst haben* to be thirsty
sich **duschen** to shower, take a shower *2*

# E

**eben** even, level, flat 11
**echt** real(ly)
die **Ecke,-n** corner
der **Effekt,-e** effect 12
**egal: Mir ist's egal.** Who cares!, That doesn't matter! 11
**ehemalig** former 7
**eigen** own 2; *Es hat seinen eigenen Kopf.* It has a mind of its own. 3
**eigentlich** actually 7
**ein(e)** a, an
**einfach** simple
* die **Einfahrt,-en** entrance (for vehicles) 4
der **Einfluss,-̈e** influence; *Einfluss haben auf* to have influence on 9
* der **Eingang,-̈e** entrance 8
die **Einheit** unity; *Tag der Einheit* Day of Unity 8
**einige** a few 8
der **Einkauf,-̈e** purchase, shopping 6
**einkaufen** to shop; *einkaufen gehen* to go shopping
die **Einkaufsliste,-n** shopping list 6
die **Einkaufstasche,-n** shopping bag 1
der **Einkaufswagen,-** shopping cart 6
**einladen** (*lädt ein, lud ein, eingeladen*) to invite
die **Einladung,-en** invitation
**einmal** once; *noch einmal* once more; *einmal die Woche* once a week; *nicht einmal* not even 9
**eins** one
**einsteigen** (*stieg ein, ist eingestiegen*) to get in, board 1
**einstellen** to adjust 11
**eintönig** monotonous, dull
der **Einwanderer,-** immigrant 12
**einwerfen** (*wirft ein, warf ein, eingeworfen*) to mail (letter) 9
* der **Einwohner,-** inhabitant
das **Eis** ice cream
das **Eiscafé,-s** ice cream parlor, café
das **Eishockey** ice hockey
der **Eistee** ice tea

die **Elbe** Elbe River 12
**elegant** elegant
der **Elektriker,-** electrician 10
die **Elektrizität** electricity 12
das **Elektrogerät,-e** electric appliance 6
der **Elektrotechniker,-** electrotechnician 4
**elf** eleven
die **Eltern** (pl.) parents
die **Emission,-en** emission 12
der **Empfänger,-** recipient, addressee 9
**empfehlen** (*empfiehlt, empfahl, empfohlen*) to recommend 5
das **Ende** end; *am Ende* at the end 7; *zu Ende gehen* to come to an end 8
**endlich** finally; *Endlich ist der Tag da.* Finally, the day is here
die **Energie** energy 12
**eng** tight
**England** England
der **Engländer,-** Englishman 3
**englisch** English; *Er spricht englisch.* He speaks English.
das **Englisch** English (subject)
die **Ente,-n** duck 3
**entfernt** away, distant
*die **Entfernung,-en** distance; *die weiteste Entfernung* the farthest distance
**entlangfahren** (*fährt entlang, fuhr entlang, ist entlanggefahren*) to drive along E
**entschuldigen: Entschuldigen Sie!** Excuse me!
die **Entschuldigung** excuse; *Entschuldigung!* Excuse me!
* **entspringen** (*entsprang, ist entsprungen*) to originate (river) 12
**er** he
* **erbauen** to build, construct; *erbaut* built 12
die **Erbse,-n** pea 5
die **Erdbeere,-n** strawberry 6
das **Erdbeereis** strawberry ice cream
*die **Erde** earth, ground 8
das **Erdgeschoss,-e** ground floor, first floor (in America) 6

die **Erdkunde** geography
die **Erdnussbutter** peanut butter 7
der **Erfolg,-e** success 12
**erfolgreich** successful
sich **erinnern** to remember 7
*die **Erinnerung,-en** memory, remembrance 12
sich **erkälten** to catch a cold 10
**erklären** to explain 11
*das **Erlebnis,-se** experience 4
**erledigen** to take care of 7
**erschrocken** scared, frightened 12
**erst** just, only; *erst morgen* not until tomorrow; *erst-* first 1
**erstaunt** surprised 12
der **Erwachsene,-n** adult (male) 8
die **Erwachsene,-n** adult (female) 8
**erwarten** to expect, wait; *Ich kann es gar nicht erwarten.* I can hardly wait. 11
**erzählen** to tell; *erzählen von* to tell about 9
**es** it
**essen** (*isst, aß, gegessen*) to eat
das **Essen,-** meal, food 4
das **Esszimmer,-** dining room 4
**etwas** some, a little, something
**euer** your (familiar plural)
* **Europa** Europe
**europäisch** European 7

# F

das **Fach,-̈er** (school) subject
die **Fahne,-n** flag 1
**fahren** (*fährt, fuhr, ist gefahren*) to drive, go
der **Fahrer,-** driver 1
die **Fahrkarte,-n** ticket
der **Fahrlehrer,-** driving instructor 11
der **Fahrplan,-̈e** schedule
die **Fahrpraxis** driving experience 11
das **Fahrrad,-̈er** bicycle
die **Fahrschule,-n** driving school 11
der **Fahrschüler,-** student driver 11
der **Fahrstuhl,-̈e** elevator 6
die **Fahrstunde,-n** driving lesson 11
die **Fahrt,-en** trip 8
der **Fan,-s** fan

die **Fanta** brand name of soda (orange-flavored)

die **Farbe,-n** color

**fast** almost 7

**faul** lazy 12

der **Faulenzer,-** lazybones; *Du Faulenzer!* You lazybones! 10

der **Faulpelz** lazybones 4

der **Februar** February

**fehlen** to be missing; *Was fehlt dir?* What's the matter with you? 10

**feiern** to celebrate

der **Feiertag,-e** holiday 8

*der **Felsen,-** rock 12

das **Fenster,-** window 4

die **Ferien** (pl.) vacation; *in die Ferien fahren* to go on vacation

**fernsehen** (*sieht fern, sah fern, ferngesehen*) to watch television

das **Fernsehen** television; *im Fernsehen* on television

der **Fernseher,-** TV, television set

das **Fernsehprogramm,-e** television program

**fertig** ready, finished 4

das **Fest,-e** festival 1

**feststellen** to find out, realize 11

das **Fieber** fever 10

das **Fieberthermometer,-** fever thermometer 10

der **Film,-e** film, movie

**finden** (*fand, gefunden*) to find; *Wie findest du...?* What do you think of...?

der **Finger,-** finger

die **Fingertechnik** finger technique 7

die **Firma,-men** firm, company 4

der **Fisch,-e** fish

das **Fischfilet** fish fillet 5

die **Fischsemmel,-n** fish sandwich
  *flach flat

die **Flasche,-n** bottle 5

das **Fleisch** meat 5

der **Fleischer,-** butcher 10

**fliegen** (*flog, ist geflogen*) to fly

*fließen (*floss, ist geflossen*) to flow, run

die **Flöte,-n** flute

der **Flug,-e** flight 1

der **Flugbegleiter,-** flight attendant 10

der **Fluggast,-e** flight passenger 1

der **Flughafen,-** airport 1

der **Flugschein,-e** flight ticket 1

der **Flugsteig,-e** gate (airport) 1

das **Flugzeug,-e** airplane

*der **Fluss,-e** river

**folgen** to follow 10

die **Forelle,-n** trout 5

die **Form,-en** form, shape

das **Foto,-s** photo 7

das **Fotoalbum, Fotoalben** photo album

der **Fotograf,-en** photographer 9

**fotografieren** to take pictures

der **Foxtrott** foxtrot

die **Frage,-n** question; *eine Frage stellen* to ask a question 7

der **Fragebogen,-** questionnaire 11

**fragen** to ask; *fragen nach* to ask for 5

*der **Franken,-** franc (Swiss monetary unit) 4

**Frankreich** France

der **Franzose,-n** Frenchman 3

die **Französin,-nen** Frenchwoman 3

**französisch** French; *Sie spricht französisch.* She speaks French.

das **Französisch** French (subject)

die **Frau,-en** Mrs., woman; wife 9

**frei** free, available; *Ist hier noch frei?* Is there still room?, May I join you? 5

der **Freitag,-e** Friday

**freiwillig** voluntary 12

**fremd** foreign; *Ich bin fremd hier.* I'm a stranger here.

sich **freuen auf** to look forward to 2

der **Freund,-e** boyfriend

die **Freundin,-nen** girlfriend

**freundlich** friendly 12

**frisch** fresh 6

der **Friseur,-e** hairstylist, barber 10

die **Friseuse,-n** beautician 10

**froh** glad, happy

der **Fruchtsaft,-e** fruit juice

**früh** early

**früher** earlier

der **Frühling,-e** spring

das **Frühstück** breakfast

**frühstücken** to have breakfast 4

**fühlen** to feel; *sich wohl fühlen* to feel well 10

**führen** to lead 3

der **Führerschein,-e** driver's license; *den Führerschein machen* to take driver's education 11

**fünf** five

**fünfzehn** fifteen

**fünfzig** fifty

**für** for; *für dich* for you

**furchtbar** terrible 10

*der **Fürst,-en** prince 4

*das **Fürstentum** principality 4

der **Fuß,-e** foot; *zu Fuß* on foot

der **Fußball,-e** soccer, soccer ball

der **Fußballplatz,-e** soccer field

der **Fußballspieler,-** soccer player

**füttern** to feed 4

# G

die **Gabel,-n** fork 5

der **Gang,-e** gear (car) 11

die **Gans,-e** goose 3

**ganz** quite; *ganz toll* just great (terrific); whole; *die ganze Woche* the whole week 2

**gar nicht** not at all, by no means

die **Garage,-n** garage 4

der **Garten,-** garden, yard 4

der **Gast,-e** guest 3

der **Gasthof,-e** restaurant, inn 5

*gebacken baked 8

**geben** (*gibt, gab, gegeben*) to give; *Was gibt's?* What's up?; *es gibt* there is (are); *Um wie viel Uhr gibt's Abendessen?* When will we have supper?; *Was gibt es hier zu tun?* What is there to do here? 2

**gebrauchen** to use, make use of

der **Geburtstag,-e** birthday

der **Geburtstagskuchen,-** birthday cake

die **Geduld** patience; *Nur Geduld!* Just be patient! 2

**gefallen** (*gefällt, gefiel, gefallen*) to like; *Wie gefällt es dir...?* How do you like it...?

der **Gefallen** favor; *ihnen einen Gefallen tun* to do them a favor 12

**gegen** about, around; against; *gegen vier Uhr* about four o'clock

**Gegend,-en** area 4

das **Gegenteil,-** opposite 7

*__gegründet__ founded 12

**geheim** secret; *in geheimer Mission* on a secret mission 7

**gehen** *(ging, ist gegangen)* to go; *Wie geht's?, Wie geht es Ihnen?* How are you?; *das geht* that's possible, that's OK; *Wann geht's los?* When does it start?; *Gehen wir doch gleich!* Let's go right away!

**gehören zu** to belong to

die **Geige,-n** violin

*__geizig__ stingy 12

**gelb** yellow

das **Geld** money

**gemischt** assorted, mixed; *ein gemischtes Eis* assorted ice cream

das **Gemüse** vegetable(s)

die **Gemüsesuppe,-n** vegetable soup 5

**genau** exact(ly)

**genauso...wie** just as

das **Genie,-s** genius; *So ein Genie!* Such a genius!

**genug** enough

**geöffnet** open

die **Geometrie** geometry 7

das **Gepäck** luggage, baggage

**geradeaus** straight ahead

**gern** gladly, with pleasure; *gern haben* to like; to like (to do)

das **Geschäft,-e** store, shop 6

das **Geschenk,-e** present, gift

die **Geschichte** history

die **Geschichte,-n** story 4

das **Geschirr** dishes

die **Geschirrspülmaschine,-n** dishwasher

**geschwollen** swollen 10

das **Gesetz,-e** law 12

das **Gesicht,-er** face 12

**gestern** yesterday

**gesund** healthy 10

die **Gesundheit** health 10

das **Getränk,-e** beverage 5

die **Gewalt** violence 12

**gewinnen** *(gewann, gewonnen)* to win 1

**gießen** *(goss, gegossen)* to water (flowers), pour 4

die **Gitarre,-n** guitar

das **Glas,-̈er** glass

der **Glatzkopf,-̈e** bald head 12

**glauben** to believe, think

**gleich** immediately, right away; *gleich um die Ecke* right around the corner

**gleichfalls** likewise; *danke gleichfalls* the same to you

das **Gleis,-e** track

das **Glück** luck; *Glück haben* to be lucky

**glücklich** happy; *Ein glückliches Neues Jahr!* Happy New Year! 8

die **Glückwunschkarte,-n** greeting card

der **Gokart,-s** go-cart 1

das **Gold** gold 12

**golden** golden 12

das **Golf** golf

*__gotisch__ Gothic 12

**gratulieren** to congratulate 1

**grau** gray

*die **Grenze,-n** border; *an der Grenze zu* at the border with

*__grenzen an__ to border on 4

*der **Grenzübergang,-̈e** border crossing 4

**grinsend** grinning 12

**groß** big, large; *so groß wie* as big as

die **Großeltern** (pl.) grandparents

die **Großmutter,-̈** grandmother

der **Großvater,-̈** grandfather

**grün** green

die **Gruppe,-n** group 2

der **Gruß,-̈e** greeting; *Viele Grüße an...* Best regards to...

**Grüß dich!** Hi!, Hello!

die **Gulaschsuppe,-n** goulash soup 5

die **Gurke,-n** cucumber

der **Gurkensalat** cucumber salad 5

**gut** good, well, OK

die **Güte** goodness; *Du meine Güte!* Oh my goodness! 8

das **Gymnasium,-sien** secondary school, college preparatory school

# H

das **Haar,-e** hair

**haben** *(hat, hatte, gehabt)* to have

**halb** half

die **Halbzeit** halftime

**Hallo!** Hi!

der **Hals,-̈e** neck

die **Halsentzündung** throat infection 10

die **Halsschmerzen** (pl.) sore throat 10

**halten** *(hält, hielt, gehalten)* to hold 6; *halten von* to think of 11

der **Hamburger,-** hamburger

die **Hand,-̈e** hand

die **Handbremse,-n** hand brake 11

der **Handschuh,-e** glove

die **Handtasche,-n** purse 1

**hängen** to hang 7

**hart** hard

**hässlich** ugly 12

*die **Hauptstadt,-̈e** capital (city)

das **Haus,-̈er** house; *zu Hause* at home; *nach Hause gehen* to go home

die **Hausaufgabe,-n** homework

der **Haushalt,-e** household 12

die **Hausnummer,-n** house number 9

das **Haustier,-e** domestic animal, pet 3

das **Heft,-e** notebook

das **Heftpflaster,-** adhesive bandage 10

die **Heimat,-en** home, homeland 12

**heiß** hot

**heißen** *(hieß, geheißen)* to be called, named; to mean 1; *Wie heißt du?* What's your name?

der **Held,-en** hero

**helfen** *(hilft, half, geholfen)* to help; *bei der Arbeit helfen* to help with the work

**hell** light

der **Helm,-e** helmet 1

das **Hemd,-en** shirt

der **Herbergsvater,-** youth hostel director 2

der **Herbst,-e** fall, autumn

der **Herd,-e** stove

**herkommen** *(kam her, ist hergekommen)* to come here

der **Herr,-en** Mr., gentleman

**herumfahren** *(fährt herum, fuhr herum, ist herumgefahren)* to drive around 4

**herumlaufen** *(läuft herum, lief herum, ist herumgelaufen)* to walk/run around 8

**herzlich** sincere, cordial; *Herzlichen Glückwunsch zum Geburtstag!* Happy birthday!

**Hessen** one of the German states 1

**heute** today; *heute Morgen* this morning; *heute Mittag* this noon; *heute Nachmittag* this afternoon; *heute Abend* this evening

**heutig** today's, contemporary 12

**heutzutage** today, nowadays 7

**hier** here

**hierher** here; *hierher kommen* to come here 6

**Himmelfahrt** Ascension Day 8

**hineingehen** *(ging hinein, ist hineingegangen)* to go inside 5

**hinfahren** *(fährt hin, fuhr hin, ist hingefahren)* to drive there 11

**hingehen** *(ging hin, ist hingegangen)* to go there 6

**hinkommen** *(kam hin, ist hingekommen)* to get there 11

sich **hinsetzen** to sit down 2

**hinten** in the back 7

**hinter** behind; *hinter sich haben* to have behind oneself 11

der **Hit,-s** hit (song, tune) 7

das **Hobby,-s** hobby

**hoch** high

**hoffen** to hope 7

**hoffentlich** hopefully

**holen** to get, fetch 2

**Holland** Holland

der **Honig** honey 7

**hören** to hear, listen to; *Na hör mal!* Look here!, Now listen! 10

die **Hose,-n** pants, slacks

der **Hubschrauber,-** helicopter 7

das **Huhn,¨-er** chicken 3

der **Hund,-e** dog 3

**hundert** hundred

der **Hunger** hunger; *Hunger haben* to be hungry

der **Hustenbonbon,-s** cough drop 10

der **Hustensaft,¨-e** cough syrup 10

## I

**ich** I

die **Idee,-n** idea; *Gute Idee!* Good idea!

**ihr** you (familiar plural) 1; her; their

**Ihr** your (formal singular and plural)

der **Imbiss,-e** snack (bar)

**immer** always

**in** in

**informativ** informative 12

*informieren** to inform 4

der **Ingenieur,-e** engineer 10

der **Innenspiegel,-** inside mirror 11

die **Innenstadt,¨-e** center of city, downtown 11

**innerhalb** within, inside

**interessant** interesting 3

das **Interesse,-n** interest 12

sich **interessieren** to be interested; *Das interessiert mich weniger.* That interests me less. 2

das **Interview,-s** interview 2

**interviewen** to interview 2

der **Iran** Iran 12

**irgendwo** somewhere 12

**Italien** Italy

der **Italiener,-** Italian 3

**italienisch** Italian; *Er spricht italienisch.* He speaks Italian.

## J

**ja** yes

die **Jacke,-n** jacket

das **Jahr,-e** year

die **Jahreszeit,-en** season

der **Januar** January

die **Jeans** (pl.) jeans

**jeder** every, each

der **Jeep,-s** jeep 3

**jetzt** now

**jubeln** to cheer

die **Jugend** youth 12

die **Jugendherberge,-n** youth hostel 2

der **Jugendklub,-s** youth club 9

der **Jugendliche,-n** teenager, young person

die **Jugendmannschaft,-en** youth team

der **Juli** July

der **Junge,-n** boy

der **Juni** June

## K

der **Kaffee** coffee

der **Kakao** hot chocolate, cocoa

**kalt** cold

die **Kalte Platte** cold-cut platter

die **Kamera,-s** camera

sich **kämmen** to comb one's hair 2

**kämpfen** to fight 12

das **Kaninchen,-** rabbit 4

**kaputt** broken 4

der **Karfreitag** Good Friday 8

die **Karotte,-n** carrot 5

der **Karpfen,-** carp 5

die **Karriere,-n** career

die **Karte,-n** ticket, card

die **Kartoffel,-n** potato

*der **Kartoffelsalat** potato salad 8

*das **Karussell,-s** carousel, merry-go-round 8

der **Käse** cheese

das **Käsebrot,-e** cheese sandwich

die **Kasse,-n** cash register 6

die **Kassette,-n** cassette

der **Kassettenrekorder,-** cassette recorder 2

die **Kassiererin,-nen** cashier 6

die **Katze,-n** cat 3

**kaufen** to buy

das **Kaufhaus,¨-er** department store

der **Kavalier,-e** gentleman

**kein** no

der **Keks,-e** cookie 6

der **Keller,-** cellar, basement 4

der **Kellner,-** waiter, food server

die **Kellnerin,-en** waitress, food server

**kennen** *(kannte, gekannt)* to know (person, place)

das **Keyboard,-s** keyboard

das **Kilo,-s** kilo *6*

\* der **Kilometer,-** kilometer

das **Kind,-er** child *3*

das **Kinn,-e** chin

das **Kino,-s** movie theater, cinema

der **Kiosk,-e** kiosk *3*

\* die **Kirche,-n** church *12*

die **Kirsche,-n** cherry *6*

**klar** clear; *Klar.* Of course.

die **Klarinette,-n** clarinet

**klasse** super, great, terrific

die **Klasse,-n** class; *die Zweite Klasse* second (economy) class (train)

das **Klavier,-e** piano

der **Klavierunterricht** piano lessons *7*

**kleben** to stick, paste, glue *9*

das **Kleid,-er** dress

die **Kleidung** clothes, clothing

das **Kleidungsstück,-e** clothing item

**klopfen** to knock *10*

der **Klub,-s** club

**klug** smart, intelligent

der **Knödel,-** dumpling *5*

**kochen** to cook *4*

der **Kocher,-** cooker *2*

die **Köchin,-nen** cook (female) *9*

der **Koffer,-** suitcase *1*

der **Kofferraum,-̈e** trunk *11*

das **Kohlendioxyd** carbon dioxide *12*

das **Kohlenmonoxyd** carbon monoxide *12*

der **Kollege,-n** colleague *9*

**kommen** *(kam, ist gekommen)* to come; *zu Besuch kommen* to come to visit; *rüberkommen* to come over; *herkommen* to come here; *Komm mal her!* Come here!; *Komm doch zu uns!* Why don't you come to us?; *Der Zug kommt pünktlich an.* The train arrives on time.

das **Kompott** stewed fruit *5*

**können** *(kann, konnte, gekonnt)* can, to be able to

das **Konzert,-e** concert

**koordiniert** coordinated

der **Kopf,-̈e** head

die **Kopfschmerzen** (pl.) headache *10*

der **Körper,-** body *10*

**körperlich** physical; *körperlich behindert* physically handicapped *12*

der **Körperteil,-e** part of body

**kosten** to cost

**krank** sick, ill *10*

der **Krankenpfleger,-** nurse (male) *10*

die **Krankenschwester,-** nurse (female) *10*

die **Krawatte,-n** tie

die **Kreide** chalk

\*der **Kreis,-e** circle *8*

\*das **Kreuz,-e** cross

\*der **Krieg,-e** war *12*

der **Krimi,-s** detective story, thriller

die **Küche,-n** kitchen

der **Kuchen,-** cake

die **Kuh,-̈e** cow *3*

**kühl** cool

der **Kühlschrank,-̈e** refrigerator

der **Kuli,-s** (ballpoint) pen

**kurz** short

# L

**lächeln** to smile *10*

**lachen** to laugh

der **Laden-̈** store, shop *E*

die **Lampe,-n** lamp

das **Land,-̈er** country; *auf dem Land* in the country *4*

die **Landkarte,-n** map

**lang** long; *zehn Tage lang* for ten days

**lange** long, long time

**langsam** slow

**langweilig** boring

der **Lärm** noise *2*

**lassen** *(lässt, ließ, gelassen)* to leave, let

der **Lastwagen,-** truck *7*

das **Latein** Latin

**laufen** *(läuft, lief, ist gelaufen)* to run, go; *Ski laufen* to ski

die **Laune,-n** mood; *schlechter Laune sein* to be in a bad mood *8*

\*das **Leben** life *12*

die **Lebensmittel** (pl.) groceries *6*

das **Lebkuchenherz,-en** gingerbread heart *8*

**lecker** delicious *2*

der **Leckerbissen,-** treat, delicacy *6*

**leer** empty

**legen** to place, put, lay *2*

die **Lehre,-n** apprenticeship *4*

der **Lehrer,-** teacher (male)

die **Lehrerin,-nen** (female)

**leicht** easy

**leid: Es tut mir leid.** I'm sorry.

**leider** unfortunately *5*

**leihen** *(lieh, geliehen)* to loan, lend *8*

die **Leine,-n** rope, clothes line *7*

sich **leisten** to afford *11*

das **Lenkrad,-̈er** steering wheel *11*

die **Lenkstange,-n** handlebar (bicycle) *11*

**lernen** to learn

**lesen** *(liest, las, gelesen)* to read

**letzt-** last

die **Leute** (pl.) people

**Liebe(r)...** Dear... (letter)

**lieber** rather; *Das ist mir lieber.* I prefer that.

das **Lieblingsessen,-** favorite meal *4*

das **Lieblingsfach,-̈er** favorite (school) subject

das **Lieblingslied,-er** favorite song

\***Liechtenstein** Liechtenstein

das **Lied,-er** song

**liegen** *(lag, gelegen)* to be located, lie

die **Liga, Ligen** league

die **Limo,-s** lemonade, soft drink

die **Limonade,-n** lemonade, soft drink *5*

das **Lineal,-e** ruler

**links** left; *auf der linken Seite* on the left side

die **Lippe,-n** lip

**locker** loose

**los: Da ist viel los.** There is a lot going on.

**lösen** to solve *12*

**losgehen** *(ging los, ist losgegangen)* to start; *Wann geht's los?* When does it start?

\*die **Luft,-̈e** air *8*

die **Luftmatratze,-n** air mattress *2*

die **Luftpost** airmail 9
die **Lust** pleasure, joy; *Ich habe Lust...* I would like to...
**lustig** funny, amusing 12
**Luxemburg** Luxembourg

# M

**machen** to do, make; *Was machst du?* What are you doing?; *Mach schnell!* Hurry!; *Das macht nichts.* That doesn't matter.; *Das macht zusammen...* That comes to... 6
das **Mädchen,-** girl
**mähen** to mow
der **Mai** May
**mal** times; *Mal sehen...* Let's see...
das **Mal,-e** time(s); *das letzte Mal* the last time; *ein paar Mal* a few times
der **Maler,-** painter 10
**man** one, they, people, you (general)
**manche** some, a few
**manchmal** sometimes
die **Mandel-n** tonsil 10
der **Mann,̈-er** man 3; husband 9
die **Mannschaft,-en** team
der **Mantel,̈** coat
die **Mark,-** mark (German monetary unit)
der **Markt,̈-e** market
die **Marmelade,-n** jam, marmalade
der **März** March
die **Maske,-n** mask 12
die **Mathematik (Mathe)** mathematics (math); *das Mathebuch* math book; *die Mathestunde* math lesson, class
die **Mauer,-n** wall 12
der **Mechaniker,-** mechanic 10
das **Medikament,-e** medicine, drug 10
die **Medizin** medicine 10
**mehr** more; *nicht mehr* no more, no longer; *mehr...als* more than
**mein** my
**meinen** to mean, think 7
**meins** mine

die **Meinung,-en** opinion 12
**meist-** most; *die meisten Schulfreunde* most of the school friends 3
**meistens** mostly
der **Meister,-** champion; *Deutscher Meister* National Champion of Germany
der **Mensch,-en** person, human
**messen** *(misst, maß, gemessen)* to measure 10
das **Messer,-** knife 5
der **Metzger,-** butcher 10
**mich** me
sich **mieten** to rent 11
das **Mikrophon,-e** microphone 2
der **Mikrowellenherd,-e** microwave oven
die **Milch** milk
*das **Militärlager,-** military camp 12
*die **Million,-en** million
das **Mineralwasser** mineral water
**minus** minus
die **Minute,-n** minute
**mir** (to) me
**mit** with
**mitbringen** *(brachte mit, mitgebracht)* to bring along
die **Mitgliedskarte,-n** membership card 2
**mitkommen** *(kam mit, ist mitgekommen)* to come along; *Kommst du mit?* Are you coming along?
**mitmachen** to participate
**mitnehmen** *(nimmt mit, nahm mit, mitgenommen)* to take along
der **Mittag,-e** noon
das **Mittagessen** lunch
*die **Mitte** center, middle
*der **Mittelpunkt,-e** the center (of attraction) 12
der **Mittelwesten** Midwest 1
der **Mittwoch,-e** Wednesday
**möchten** would like to; *Ich möchte zum Rockkonzert (gehen).* I would like to go to the rock concert.
die **Mode,-n** fashion 12
das **Modell,-e** model 7
der **Modellbau** model-building 7

die **Modelleisenbahn,-en** model train 7
**modisch** fashionable 7
**mögen** *(mag, mochte, gemocht)* to like
**möglich** possible 12
die **Möhre,-n** carrot 5
der **Moment,-e** moment; *Einen Moment, bitte.* Just a moment, please.
der **Monat,-e** month
der **Monitor,-en** monitor 1
der **Montag,-e** Monday
das **Moped,-s** moped
**morgen** tomorrow
der **Morgen** morning
die **Motorhaube,-n** hood 11
das **Motorrad,̈-er** motorcycle
**müde** tired 7
der **Müll** trash, garbage 12
der **Mund,̈-er** mouth
die **Münze,-n** coin
das **Museum,-seen** museum
die **Musik** music
der **Musiker,-** musician 10
*das **Musikfest,-e** music festival
das **Musikinstrument,-e** musical instrument
der **Musiklehrer,-** music teacher 7
**müssen** *(muss, musste, gemusst)* to have to, must
die **Mutter,̈** mother
der **Muttertag** Mother's Day 8
die **Mutti,-s** mom

# N

**na** well; *Na ja.* Oh well.
**nach** to, after; *nach Hause gehen* to go home
die **Nachbarin,-nen** neighbor (female) 9
das **Nachbarland,̈-er** neighboring country
**nachdem** after (having) 11
die **Nachhilfestunde,-n** private lesson 12
der **Nachmittag,-e** afternoon; *Samstagnachmittag* Saturday afternoon

die **Nachrichten** (pl.) news 9
**nachsehen** *(sieht nacht, sah nach, nachgesehen)* to check 3
**nächst-** next; *das nächste Mal* the next time
die **Nacht,-̈e** night 10
der **Nachtisch,-e** dessert
**nah** near 7
die **Nähe** nearness, proximity; *in der Nähe* nearby
*der **Name,-n** name 2
die **Nase,-n** nose
**nass** wet 7
die **Nationalfahne,-n** national flag
**natürlich** of course, natural(ly) 2
die **Naturwissenschaften** (pl.) natural sciences
**neben** beside, next to 5
**nebenbei** besides that
**negativ** negative 12
**nehmen** *(nimmt, nahm, genommen)* to take 3
**nein** no
**nervös** nervous 3
**nett** nice
das **Netz,-e** net
**neu** new
das **Neujahr** New Year 8
**neun** nine
**neunzehn** nineteen
**neunzig** ninety
**nicht** not; *nicht nur...sondern auch* not only...but also 3; *nicht einmal* not even 9
**nichts** nothing
die **Niederlande** Netherlands
**niedrig** low 7
*  **niemand** nobody, no one 12
*  **noch** still, yet; *noch einmal* once more
der **Norden** north
die **Nordsee** North Sea
**normal** normal 10
die **Note,-n** grade
der **November** November
die **Nudelsuppe** noodle soup
**null** zero
die **Nummer,-n** number 1
das **Nummernschild,-er** license plate 11
**nur** only

# O

**ob** if, whether
der **Obdachlose,-n** homeless person 12
**oben** top, up(stairs); *nach oben* to the top 8
**obgleich** although 11
das **Obst** fruit(s)
**obwohl** although 11
**oder** or
**offen** open 7
* **offiziell** official 4
**oft** often
**ohne** without
das **Ohr,-en** ear
der **Ohrring,-e** earring
**ökologisch** ecological 12
der **Oktober** October
das **Oktoberfest** famous festival in Munich 1
der **Ölstand** oil level 11
die **Oma,-s** grandma
der **Onkel,-** uncle
der **Opa,-s** grandpa
**orange** orange
der **Orangensaft** orange juice
die **Organisation,-en** organization 12
**originell** original 12
der **Ort,-e** town, place 8
der **Osten** east
**Ostern** Easter; *Frohe Ostern! Happy Easter!* 8
**Österreich** Austria
der **Österreicher,-** Austrian
**östlich** eastern, east (of) 4
die **Ostsee** Baltic Sea
der **Ostteil,-e** eastern part 12

# P

**paar: ein paar** a few
das **Paar,-e** pair, couple
das **Päckchen,-** parcel 9
**packen** to pack
die **Packung,-en** package 10
das **Paket,-e** package 1
die **Pantomime,-n** pantomime 12
das **Papier** paper
*das **Paradies** paradise

der **Park,-s** park
**parken** to park 5
die **Party,-s** party; *eine Party geben* to give a party
**passen** to fit
**passend** suitable, right; *das passende Geld* the right change 8
**passieren** to happen 10
die **Pasta** pasta
die **Pension,-en** boarding house, guest house, bed and breakfast establishment 3
die **Perücke,-n** wig 12
der **Pfeffer** pepper 5
das **Pferd,-e** horse 3
**Pfingsten** Pentecost 8
der **Pfirsich,-e** peach 6
die **Pflaume,-n** plum 6
das **Pfund,-e** pound 6
die **Physik** physics
das **Picknick,-s** picnic; *ein Picknick machen* to have a picnic 3
der **Pilot,-en** pilot 1
die **Pizza,-s** pizza
das **Pizza-Brot** pizza bread
die **Pizzeria,-s** pizza restaurant
**planen** to plan 2
der **Planet,-en** planet 12
die **Plastiktüte,-n** plastic bag 6
die **Platte,-n** plate; *Kalte Platte* cold-cut platter
der **Platz,-̈e** place; seat; *da ist mehr Platz als...* there is more room than...
**plötzlich** suddenly 7
**plus** plus
**Polen** Poland
die **Politik** politics 12
die **Polizei** police 11
der **Polizist,-en** policeman 10
die **Pommes frites** (pl.) french fries
das **Pony,-s** pony 3
das **Popcorn** popcorn 9
die **Post** post office; mail 9
das **Postamt,-̈er** post office 9
das **Poster,-** poster
das **Postfach,-̈er** post office box 9
die **Postkarte,-n** postcard 9
die **Postleitzahl,-en** zip code 9
**praktisch** practical 11
der **Preis,-e** prize 1; price 5

**preiswert** reasonable

*__Preußen__ Prussia 12

**prima** great

das **Problem,-e** problem

**produzieren** to produce 12

das **Programm,-e** program 2

*das **Prozent,-e** percent

der **Prüfer,-** examiner 11

die **Prüfung,-en** test, examination 10

der **Pudding** pudding 5

der **Pulli,-s** sweater, pullover

der **Pullover,-** sweater, pullover

der **Puls** pulse 10

**pünktlich** punctual, on time

sich **putzen** to clean oneself; *sich die Zähne putzen* to brush one's teeth 2

# Q

die **Quittung,-en** receipt 9

die **Quizshow,-s** quiz show

# R

das **Rad,-̈er** bike; *Rad fahren* to bike

der **Radau: Radau machen** to make a racket 2

der **Radiergummi,-s** eraser

das **Radio,-s** radio

die **Radtour,-en** bike tour 11

**rasen** to race 11

der **Rasen** lawn; *den Rasen mähen* to mow the lawn

sich **rasieren** to shave oneself 2

der **Rassismus** racism 12

der **Rat** advice; *Du stehst mir mit Rat und Tat zur Seite.* You stand by me with word and deed. 4

das **Rathaus,-̈er** city hall 5

**rauchen** to smoke 12

der **Rechner,-** calculator

die **Rechnung,-en** bill 9

**recht** right; *Du hast recht.* You're right.

**rechts** right

der **Rechtsanwalt,-̈e** lawyer, attorney 10

das **Recycling** recycling 12

die **Redaktion,-en** editorial office, production 2

**reden** to talk, speak; *Du hast gut reden.* It's easy for you to talk. 4

die **Regel,-n** rule 1

**regnen** to rain

der **Reifen,-** tire 11

die **Reihe,-n** row 6

die **Reise,-n** trip

das **Reisebüro,-s** travel agency 5

**reisen** to travel

der **Reisepass,-̈e** passport 1

der **Reisescheck,-s** traveler's check 2

**reiten** (*ritt, ist geritten*) to ride (horseback) 3

die **Religion** religion

die **Rennbahn,-en** race track 1

das **Rennen,-** race 1

**renovieren** to renovate 5

**reparieren** to repair

der **Reporter,-** reporter 12

*die **Republik** Republic

**reservieren** to reserve; *Der Tisch ist reserviert.* The table is reserved. 2

das **Restaurant,-s** restaurant

das **Rezept,-e** recipe 9; prescription 10

der **Rhein** Rhine River 1

*der **Rheindampfer,-** Rhine steamer 12

die **Rheinfahrt** Rhine trip 8

der **Rhythmus** rhythm; *dem Rhythmus nach* according to the rhythm

**riechen** (*roch, gerochen*) to smell 7

der **Rinderbraten,-** beef roast 5

**riskieren** to risk 3

der **Roboter,-** robot 12

der **Rock,-̈e** skirt

die **Rockgruppe,-n** rock group, rock band

das **Rockkonzert,-e** rock concert

die **Rockmusik** rock music

das **Roggenbrot,-e** rye bread 6

die **Rolle,-n** role; *keine Rolle spielen* to make no difference 11

die **Rolltreppe,-n** escalator 6

*__römisch__ Roman 12

**rosa** pink

**rot** red

der **Rotkohl** red cabbage 4

**rüberkommen** (*kam rüber, ist rübergekommen*) to come over

die **Rückenschmerzen** (pl.) backache 10

der **Rucksack,-̈e** backpack, knapsack 1

die **Rückseite,-n** back page, reverse 9

der **Rücksitz,-e** back seat 11

die **Ruhe** peace, silence 7

die **Ruhe** peace, silence; *Immer mit der Ruhe!* Take it easy! 9

die **Ruine,-n** ruin(s) 8

**Rumänien** Romania 12

die **Rumba** rumba

die **Runde,-n** round, lap 1

**runtergehen** (*ging runter, ist runtergegangen*) to go down 10

# S

die **S-Bahn,-en** city train, suburban express train 8

die **Sachen** (pl.) things, items; *die Sachen erledigen* to take care of things (matters) 7

**sagen** to say, tell; *Sagen wir...* Let's say...; *Wie sagt man...?* How do you/they say...?; *Sag mir...* Tell me...

die **Salami** salami

der **Salat,-e** salad; *gemischter Salat* (tossed salad) 5

die **Salbe,-n** ointment, salve 10

das **Salz** salt 5

die **Salzkartoffel,-n** boiled potato 5

**sammeln** to collect

der **Samstag,-e** Saturday

**sauber** clean 7

der **Sauerbraten** sauerbraten (marinated beef)

das **Saxophon,-e** saxophone

das **Schach** chess; *Schach und matt!* Checkmate! 5

das **Schaf,-e** sheep 3

**schaffen** to manage(it), make (it); *Das schaffen wir.* We'll make it.

die **Schallplatte,-n** record 2

der **Schalter,-** (ticket) counter
das **Schaufenster,-** display window 6
der **Schauspieler,-** actor 10
die **Scheibe,-n** slice; *eine Scheibe Brot* a slice of bread
**scheinen** (*schien, geschienen*) to shine; to seem, appear 6
der **Scheinwerfer,-** headlight 11
**schenken** to give a present
**schick** chic, smart (looking)
**schicken** to send
**schieben** (*schob, geschoben*) to push 9
*die **Schießbude,-n** shooting gallery 8
**schießen** (*schoss, geschossen*) to shoot; *ins Tor schießen* to shoot into the goal 4
das **Schiff,-e** ship
das **Schild,-er** sign 3
**schimpfen** to get angry 12
**schlafen** (*schläft, schlief, geschlafen*) 7
der **Schlafsack,-̈e** sleeping bag 2
das **Schlafzimmer,-** bedroom
**schlagen** (*schlägt, schlug, geschlagen*) to beat, hit 7
die **Schlagsahne** whipped cream
das **Schlagzeug** drums, percussion
**schlecht** bad; *Mir wird's schlecht dabei.* It makes me sick. 8
**Schlittschuh laufen** to ice skate
*das **Schloss,-̈er** castle, palace 4
**schlucken** to swallow 10
der **Schlüssel,-** key 11
**schmecken** to taste; *Das schmeckt mir nicht.* I don't like it.; *Wie schmeekt's?* How do you like it?
der **Schmuck** jewelry
*schmücken** to decorate; *die schön geschmückten Pferde* the beautifully decorated horses 8
**schmutzig** dirty 7
**schneiden** (*schnitt, geschnitten*) to cut 2
**schneien** to snow
**schnell** fast
das **Schokoeis** chocolate ice cream
**schon** already; *das schon* that's true 11

**schön** beautiful, nice
der **Schrank,-̈e** cupboard, closet
**schrecklich** terrible, dreadful 12
**schreiben** (*schrieb, geschrieben*) to write
der **Schreibtisch,-e** desk
die **Schreibwaren** (pl.) stationery 6
**schreien** (*schrie, geschrien*) to scream
der **Schritt,-e** step
das **Schrittchen,-** small step; *ein Schrittchen weiterkommen* to make a little headway
der **Schuh,-e** shoe
die **Schularbeit,-en** schoolwork, homework 7
der **Schulausflug,-̈e** field trip 8
die **Schule,-n** school
der **Schüler,-** student (elementary through secondary school)
die **Schülerrockband,-s** student rock band
der **Schulfreund,-e** schoolmate
das **Schulradio** school radio (station) 2
der **Schultag,-e** school day 7
die **Schultasche,-n** school bag, satchel
die **Schulter,-n** shoulder
die **Schüssel,-n** bowl 5
**schützen** to protect 12
**schwarz** black
der **Schwarzwald** Black Forest 11
*schweben** to glide, soar 8
das **Schwein,-e** pig 3
der **Schweinebraten** roast pork 4
die **Schweiz** Switzerland
der **Schweizer,-** Swiss 3
**schwer** hard, difficult
die **Schwester,-n** sister
der **Schwiegersohn,-̈e** son-in-law 9
**schwimmen** (*schwamm, ist geschwommen*) to swim
**schwindlig** dizzy; *Mir ist schwindlig.* I'm dizzy. 10
**sechs** six
**sechzehn** sixteen
**sechzig** sixty
der **See,-n** lake; *die Ostsee* Baltic Sea
das **Segelfliegen** sail gliding
**sehen** (*sieht, sah, gesehen*) to see, look; *ein Fernsehprogramm sehen* to watch a TV program;

Seht mal! Look!; *Mal sehen...* Let's see...
**sehr** very
**sein** his; its
**sein** (*ist, war, ist gewesen*) to be
**seit** since, for; *seit fünf Monaten* for five months; *seit über...Jahren* for more than...years
**seitdem** since 11
die **Seite,-n** side
der **Sekretär,-e** secretary 10
**selbst** oneself 7
**selten** rare 12
die **Semmel,-n** hard roll 6
**separat** separate 12
der **September** September
die **Serviette,-n** napkin 5
der **Sessel,-** armchair, easy chair
sich **setzen** to sit down 7
der **Sicherheitsgurt,-e** seatbelt 11
**sie** she; they
**Sie** you (formal)
**sieben** seven
**siebzehn** seventeen
**siebzig** seventy
**singen** (*sang, gesungen*) to sing
**sitzen** (*saß, gesessen*) to sit 2
der **Sitzplatz,-̈e** seat 1
das **Skat** German card game 5
**Ski laufen** to ski
**so** so; *so gegen vier* at about four (o'clock); *so...wie* as...as
**sobald** as soon as 11
die **Socke,-n** sock
das **Sofa,-s** sofa
**sofort** right away, immediately 7
**sogar** even 8
der **Sohn,-̈e** son
**solange** as long as 11
**solch** such
**sollen** should, to be supposed to
der **Sommer,-** summer
*der **Sommermonat,-e** summer month
das **Sonderangebot,-e** special (offer), bargain price 6
**sondern** but (on the contrary) 11
der **Sonnabend,-e** Saturday
die **Sonne** sun
die **Sonnenbrille,-n** sunglasses 12
die **Sonnenenergie** solar energy 12

der **Sonntag,-e** Sunday

**sonst** besides, otherwise; *Sonst noch etwas?* Anything else?

**sorgen für** to take care of, provide for 9; *sich sorgen um* to worry about 11

**Spanien** Spain

der **Spanier,-** Spaniard 3

**spanisch** Spanish; *Er spricht spanisch.* He speaks Spanish.

der **Spargel,-** asparagus 5

der **Spaß** fun; *Sie haben viel Spaß.* They have lots of fun.; *Viel Spaß!* Have lots of fun!; *Es macht Spaß.* It's fun.

**spät** late; *später* later; *Bis später.* See you later.

die **Spätzle** spaetzle (kind of homemade pasta)

die **Speisekarte,-n** menu

der **Speisesaal,-säle** dining room 2

das **Spezi,-s** cola and lemon soda

die **Spezialität,-en** specialty 5

das **Spiel,-e** game

**spielen** to play

der **Spieler,-** player 4

die **Spielwaren** (pl.) toys 6

der **Spinat** spinach 5

der **Sport** sport

die **Sportart,-en** kind of sport

der **Sportklub,-s** sports club

**sportlich** athletic, sporty

der **Sportwagen,-** sports car 7

die **Sprache,-n** language

**sprechen** *(spricht, sprach, gesprochen)* to speak, talk; *Sie spricht deutsch.* She speaks German.; *sprechen über* to talk about; *sprechen über sich selbst* to talk about themselves

**spritzen** to splash 8

das **Spülbecken,-** (kitchen) sink

**spülen** to wash, rinse

*der **Staat,-en** state

die **Stadt,-̈e** city

die **Stadtmitte** center of city

der **Stadtplan,-̈e** city map 5

der **Stadtverkehr** city traffic 11

*der **Stand,-̈e** stand, booth 8

der **Star,-s** star (athlete)

die **Startlinie,-n** starting line 1

**stattfinden** *(fand statt, stattgefunden)* to take place 8

die **Statue,-n** statue 12

der **Stau** traffic congestion 11

**staubsaugen** to vacuum

**stecken** to put, stick 7

**stehen** *(stand, gestanden)* to stand, be; *Es steht dir gut.* It looks good on you.; *Die Mannschaft steht an zweiter Stelle.* The team is in second place.; *Es steht...* The score is...; *hier steht's* here it is 1

**steif** stiff

**steigen** to climb *(stieg, ist gestiegen); aus dem Bett steigen* to get out of bed 7

**steil** steep 8

die **Stelle,-n** place, spot; *Die Mannschaft steht an zweiter Stelle.* The team is in second place.

**stellen** to place, put 9

**sterben** *(stirbt, starb, ist gestorben)* to die 9

das **Steuerrad,-̈er** steering wheel (car) 11

der **Stiefel,-** boot 12

der **Stift,-e** peg 7

**stimmen** to be correct; *Das stimmt.* That's correct.

die **Stirn,-en** forehead

der **Stock, Stockwerke** floor, story 6

**stolz** proud 7

**straff** tight 11

der **Strand,-̈e** beach, shore; *Timmendorfer Strand* resort at the Baltic Sea

**strapaziös** strenuous, exhausting 11

die **Straße,-n** street

die **Straßenbahn,-en** streetcar

die **Strecke,-n** stretch, distance 7

**streichen** *(strich, gestrichen)* to spread 5

**streng** strict 12

**stricken** to knit 4

der **Strumpf,-̈e** stocking

das **Stück,-e** piece 6

das **Studio,-s** studio 2

der **Stuhl,-̈e** chair

die **Stunde,-n** hour

der **Stundenplan,-̈e** class schedule

**suchen** to look for, search for 12

**Süddeutschland** southern Germany

der **Süden** south

**super** super, great

der **Supermarkt,-̈e** supermarket 6

die **Suppe,-n** soup 5

**süß** sweet 7

die **Süßwaren** (pl.) sweets 9

das **Sweatshirt,-s** sweatshirt

# T

das **T-Shirt,-s** T-shirt

die **Tablette,-n** tablet, pill 10

die **Tafel,-n** (chalk)board

der **Tafellappen,-** rag (to wipe off blackboard)

der **Tag,-e** day; *Tag!* Hello!; *Guten Tag!* Hello!; *am Tag* during the day

die **Tagessuppe,-n** soup of the day 5

das **Talent,-e** talent

die **Tante,-n** aunt

der **Tanz,-̈e** dance

**tanzen** to dance; *beim Tanzen* while dancing

die **Tänzerin,-nen** dancer

der **Tanzlehrer,-** dancing instructor

der **Tanzpartner,-** dancing partner

die **Tanzschule,-n** dancing school

die **Tanzstunde,-n** dancing lesson

die **Tasche,-n** bag 1

das **Taschengeld** allowance

die **Tasse,-n** cup

die **Tat** deed; *Du stehst mir mit Rat und Tat zur Seite;* You stand by me with word and deed. 4

**tausend** thousand

die **Technik** technology 2

der **Tee** tea

der **Teelöffel,-** teaspoon 5

*der **Teil,-e** (also: *das Teil,-e*) part, section; *zum größten Teil* for the most part

der **Teilnehmer,-** participant 1

das **Telefax,-e** telefax 9

das **Telefon,-e** telephone; *am Telefon* on the telephone

das **Telefongespräch,-e** phone call; *ein Telefongespräch führen* 9

der **Teller,-** plate 2

das **Tempo** tempo, speed
das **Tennis** tennis
der **Tennisplatz,¨-e** tennis court
der **Tennisschläger,-** tennis racket
der **Tennisschuh,-e** tennis (athletic) shoe
das **Tennisspiel,-e** tennis game
**teuer** expensive
der **Text,-e** text 2
das **Tonband,¨-er** tape (recording) 2
das **Theater,-** theater 12
die **Theke,-n** counter, bar 6
das **Thema,-men** theme, topic 12
**theoretisch** theoretical 11
das **Tier,-e** animal 3
die **Tierschutzorganisation,-en** animal protection organization 12
der **Tierversuch,-e** animal test 12
der **Tip,-s** hint, tip, suggestion
der **Tisch,-e** table
der **Tischfußball** table soccer 4
das **Tischtennis** table tennis
die **Tochter,¨** daughter
die **Toilette,-n** toilet, restroom
**toll** great, terrific
die **Tomate,-n** tomato
der **Tomatensalat** tomato salad 5
die **Tomatensuppe,-n** tomato soup 5
der **Ton,¨-e** sound 12
das **Tonband,¨-er** tape (recording) 2
das **Tor,-e** goal; *aufs Tor schießen* to shoot on goal
**Tortellini** tortellini (filled pasta)
*der **Tourist,-en** tourist
die **Tournee,-n** tour
der **Trabi,-s** former East German car 7
*die **Tracht,-en** (national) costume 8
**tragen** (*trägt, trug, getragen*) to carry 1
der **Trainer,-** trainer, coach
**trainieren** to train
der **Traktor,-en** tractor 3
**träumen** to dream 11
sich **treffen** (*trifft, traf, getroffen*) to meet; *Treffen wir uns!* Let's meet!
**treiben** (*trieb, getrieben*) to do; *Sport treiben* to participate in sports
der **Treibhauseffekt** greenhouse effect 12

die **Treppe,-n** stairs, stairway 8
**trinken** (*trank, getrunken*) to drink
**trocken** dry 7
sich **trocknen** to dry; *sich das Haar trocknen* to dry one's hair 7
die **Trompete,-n** trumpet
**trotz** in spite of 5
**trotzdem** nevertheless, in spite of 12
die **Tschechische Republik** Czech Republic
**Tschüs!** See you! Bye!
**tun** (*tut, tat, getan*) to do; *zu viel zu tun* too much to do E
die **Tür,-en** door 4
*der **Turm,¨-e** tower 12
die **Tüte,-n** bag 9
**TÜV (Technischer Überwachungsverein)** technical inspection organization 11
**typisch** typical 7

# U

**üben** to practice; *zum Üben* for practice
**über** above, over, across 9
*  **überall** all over, everywhere 8
**übernachten** to stay overnight 3
**übernehmen** (*übernimmt, übernahm, übernommen*) to take over 12
**überprüfen** to check 11
**überqueren** to cross 11
**überraschen** to surprise 8
sich **überzeugen** to convince 5
die **Übung,-en** exercise, practice; *Übung macht den Meister!* Practice makes perfect.
die **Uhr,-en** clock, watch; *Um wie viel Uhr?* At what time?
**um** around; at; *Um wie viel Uhr?* At what time?
die **Umfrage,-n** survey 12
die **Umgebung,-en** surroundings, vicinity 2
**umsteigen** (*stieg um, ist umgestiegen*) to transfer
die **Umwelt** environment 12

der **Umweltschutz** environmental protection 12
**unbedingt** unquestionable; *nicht unbedingt* not necessarily 11
**und** and
*  **undenkbar** unthinkable 8
der **Unfall,¨-e** accident 11
*  **ungefähr** approximately
*  **unmenschlich** inhuman 12
**unser** our
**unten** down, below; *nach unten* to the bottom 8
**unter** under, below 9
sich **unterhalten** (*unterhält, unterhielt, unterhalten*) to converse, talk
die **Unterhaltung,-en** entertainment
der **Unterricht** instruction 11
**unterrichten** to instruct 11
**untersuchen** to examine 10
die **Untertasse,-n** saucer 5
der **Urlaub,-e** vacation; *in den Urlaub fahren* to go on vacation; *Urlaub machen* to take a vacation 3

# V

der **Valentinstag** Valentine's Day 8
das **Vanilleeis** vanilla ice cream
der **Vater,¨** father
der **Vati,-s** dad
der **Verband,¨-e** bandage 10
**verbessern** to improve 7
**verbrauchen** to use (up) 12
*  **verbringen** (*verbrachte, verbracht*) to spend (time) 8
*die **Vereinigten Staaten von Amerika** United States of America
**vergessen** (*vergisst, vergaß, vergessen*) to forget 6
der **Vergleich,-e** comparison; *im Vergleich zu* in comparison to 12
das **Vergnügen** pleasure, enjoyment; *Erst die Arbeit, dann das Vergnügen.* Business before pleasure.
die **Verkäuferin,-nen** saleslady 6
der **Verkehr** traffic 11

*das **Verkehrsbüro,-s** tourist office 4

das **Verkehrsmittel,-** means of transportation

die **Verkehrssituation,-en** traffic situation 11

**verkleidet** disguised, in costume 12

**verlassen** (*verlässt, verließ, verlassen*) to leave 5

**verlieren** (*verlor, verloren*) to lose 7

**vermeiden** (*vermied, vermieden*) to avoid 12

**verpassen** to miss 6

**verschieden** different 7

**verschreiben** (*verschrieb, verschrieben*) to prescribe 10

**verschwenden** to waste 12

der **Verstand** understanding; *mehr Glück als Verstand haben* to have more luck than brains 5

**verstehen** (*verstand, verstanden*) to understand 1

**versuchen** to try, attempt 3

**verwandeln** to convert 12

der **Verwandte,-n** relative 1

das **Video,-s** video 6

der **Videorekorder,-** VCR, videocassette recorder

**viel** much; *wie viel* how much

**viele** many; *wie viele* how many

**vielleicht** perhaps

**vier** four

das **Viertel,-** quarter; *Viertel nach* a quarter after

**vierzehn** fourteen

**vierzig** forty

der **Vogel,-̈** bird 3

der **Volkstrauertag** Day of National Mourning 8

**voll** full 1

der **Volleyball** volleyball

**von** from; *von einem...zum anderen* from one to the next

**vor** before, in front of; *Viertel vor* a quarter before

**vorbeigehen** (*ging vorbei, ist vorbeigegangen*) to go past

**vorbeikommen** (*kam vorbei, ist vorbeigekommen*) to come by, pass by 8

sich **vorbereiten auf** to prepare for 2

der **Vordersitz,-e** front seat 11

**vorgestern** day before yesterday 10

**vorhaben** (*hat vor, hatte vor, vorgehabt*) to plan, intend

**vorher** before 12

**vorne** in front 7

**vorschlagen** (*schlägt vor, schlug vor, vorgeschlagen*) to suggest 8

sich **vorstellen** to imagine 11

die **Vorstellung,-en** performance 9

der **Vorteil,-e** advantage

**vorüber** over; *Die Woche ist vorüber.* The week is over. 7

## W

*der **Wachturm,-̈e** watchtower 12

der **Wagen,-** coach; car

**wahr: nicht wahr?** Isn't it true? Isn't that so?

**während** during; while 11

*die **Währung,-en** currency 4

*das **Wahrzeichen,-** landmark 12

**wandern** to hike

**wann** when

**warm** warm

**warten** to wait; *warten auf* to wait for

**warum** why

**was** what; *Was gibt's?* What's up?; *was für* what kind of

das **Waschbecken,-** (bathroom) sink

die **Wäsche** laundry 7

**waschen** (*wäscht, wusch, gewaschen*) to wash; *sich waschen* to wash oneself 2

die **Waschmaschine,-n** washer 7

das **Waschpulver** laundry detergent 7

das **Wasser** water 2

**wechseln** to change 11

der **Wecker,-** alarm clock

der **Weg,-e** way, path 3

**weg sein** to be gone 5

**wegbringen** (*brachte weg, weggebracht*) to take away 12

**wegen** because of 5

**wehtun** (*tut weh, tat weh, wehgetan*) to hurt 10

**weich** soft 7

**Weihnachten** Christmas; *Fröhliche Weihnachten!* Merry Christmas! 8

der **Wein,-e** wine 5

der **Weinberg,-e** vineyard 8

die **Weintraube,-n** grape, bunch of grapes 6

**weiß** white

**weise** wise 8

**weit** far

*weiter further

**weiterfahren** (*fährt weiter, fuhr weiter, ist weitergefahren*) to continue on, drive on 7

**weiterkommen** (*kam weiter, ist weitergekommen*) to advance, to go further

**weitermachen** to continue, carry on 3

**welcher** which

die **Welt,-en** world

**wenig** little; *weniger* less 8

**wenige** a few 8

**wenigstens** at least

**wenn** when, if; whenever 9

**wer** who

die **Werbung,-en** advertising 9

**werden** will, shall

**werden** (*wird, wurde, ist geworden*) to become, be 1

**werfen** (*wirft, warf, geworfen*) to throw 12

das **Werkzeug,-e** tool 4

**wessen** whose 5

der **Westen** west

das **Wetter** weather

**wichtig** important 11

**wie** how, what; as; *Wie heißt du?* What's your name?; *Wie findest du...?* What do you think of...?; *wie viele* how many; *wie viel* how much; *Wie schmeckt's?* How do you like it?, How does it taste?; *Wie wär's...?* How about...? 8

**wieder** again

**Wiedersehen: Auf Wiedersehen!** Good-bye!

**wiegen** (*wog, gewogen*) to weigh 6

das **Wiener Schnitzel** breaded veal cutlet

die **Wiese,-n** lawn, meadow 3

die **Wildwasserbahn,-en** wild water ride 8

*__willkommen__ welcome; _willkommen heißen_ to welcome 8

die **Windschutzscheibe,-n** windshield 11

der **Winter,-** winter

**wir** we

**wirklich** really

**wissen** _(weiß, wusste, gewusst)_ to know

der **Witz,-e** joke; _Witze machen_ to make jokes 7

**wo** where

die **Woche,-n** week

das **Wochenende,-n** weekend

**woher** where from

**wohin** where (to)

**wohl: Das kannst du wohl sagen.** You can say that again. 8

**wohnen** to live

die **Wohnung,-en** apartment

der **Wohnwagen,-** RV (recreational vehicle), camper 1

das **Wohnzimmer,-** livingroom

**wollen** to want to

**Wort,-̈er** word; _das Wort (die Worte)_ word, saying; _mit anderen Worten_ in other words 2

**wozu** what for 10

**wünschen** to wish

**würfeln** to throw the dice 7

die **Wurst,-̈e** sausage

das **Wurstbrot,-e** sausage sandwich

das **Würstchen,-** hot dog

# Z

der **Zahn,-̈e** tooth

der **Zahnarzt,-̈e** dentist 10

die **Zahnschmerzen** (pl.) toothache 10

der **Zaun,-̈e** fence 4

**zehn** ten

**zeigen** to show, demonstrate

die **Zeit,-en** time

die **Zeitschrift,-en** magazine 4

die **Zeitung,-en** newspaper

das **Zelt,-e** tent

die **Zeltstange,-n** tent pole 2

die **Ziege,-n** goat 3

das **Ziel,-e** goal, finish 1

die **Zigarre,-n** cigar 12

das **Zimmer,-** room

das **Zitroneneis** lemon ice cream

**zu** at, to, too; _zu Hause_ at home; _zu_ closed 7

**zubereiten** to prepare (a meal)

der **Zucker** sugar 5

**zuerst** first

der **Zug,-̈e** train

**zugeben** _(gibt zu, gab zu, zugegeben)_ to admit 12

die **Zukunft** future

**zumachen** to close 9

**zurück** back

**zurückbringen** _(brachte zurück, zurückgebracht)_ to bring back 2

**zurückfahren** _(fährt zurück, fuhr zurück, ist zurückgefahren)_ to go/drive back 8

**zurückkommen** _(kam zurück, ist zurückgekommen)_ to come back

**zusammen** together

**zusammenkommen** _(kam zusammen, ist zusammen-gekommen)_ to get together

**zusehen** _(sieht zu, sah zu, zugesehen)_ to watch

**zwanzig** twenty

**zwei** two

die **Zwiebel,-n** onion 6

**zwischen** between

**zwölf** twelve

# A

**a** ein(e); *a few* ein paar, manche; einige, wenige 8; *a little* etwas

**about** gegen; *about four o'clock* gegen vier Uhr; *about it* davon 6

**above** über 9

to **accept** akzeptieren 12

**accident** der Unfall,-̈e 11

to **accompany** begleiten 8

**acquaintance (female)** die Bekannte,-n 12

**acquaintance (male)** der Bekannte,-n 12

**across** über 9

**active** aktiv 1

**actor** der Schauspieler,- 10

**actually** eigentlich 7

**address** die Anschrift,-en 9

**addressee** der Empfänger,- 9

**adhesive bandage** das Heftpflaster,- 10

to **adjust** einstellen 11

to **admit** zugeben (gibt zu, gab zu, zugegeben) 12

**adult (female)** die Erwachsene,-n 8; *adult (male)* der Erwachsene,-n 8

to **advance** weiterkommen (kam weiter, ist weitergekommen)

**advantage** der Vorteil,-e

**advertising** die Werbung,-en 9

**advice** der Rat

to **afford** sich leisten 11

**after** nach; *after that* danach 7; *after (having)* nachdem 11

**afternoon** der Nachmittag,-e; *Saturday afternoon* Samstagnachmittag

**afterward(s)** danach, 7

**again** wieder

**against** gegen

**Agreed!** Abgemacht!

**air** die Luft,-̈e 8

**air mattress** die Luftmatratze,-n 2

**airmail** die Luftpost 9

**airplane** das Flugzeug,-e

**airport** der Flughafen,-̈ 1

**alarm clock** der Wecker,-

**alcohol** der Alkohol 12

**all** alle; *all over* überall

**allowance** das Taschengeld

**almost** fast 7

**alone** allein 9

**Alps** die Alpen

**already** schon 11

**also** auch

**although** obwohl, obgleich 11

**always** immer

**America** Amerika

**American** der Amerikaner,- 3

**amusing** lustig 12

**an** ein(e)

**and** und

**animal** das Tier,-e 3

**animal organization** die Tierorganisation,-en 12

**animal test** der Tierversuch,-e 12

to **announce** bekannt geben (gibt bekannt, gab bekannt, bekannt gegeben) 1

**answer** die Antwort,-en

**anything: Anything else?** Sonst noch etwas?

**apartment** die Wohnung,-en

to **appear** scheinen (schien, geschienen) 6

**apple** der Apfel,-̈

**apple cake** der Apfelkuchen,- 5

**apple juice** der Apfelsaft

**apprentice** der Azubi,-s 4

**apprenticeship** die Lehre,-n 4

**approximately** ungefähr

**April** der April

**area** Gegend,-en 4

**arm** der Arm,-e

**armchair** der Sessel,-

**around** um, gegen

to **arrive** ankommen (kam an, ist angekommen)

**as** wie; *as...as* so...wie; *as soon as* sobald 11; *as long as* solange 11

**Ascension Day** Himmelfahrt 8

to **ask** fragen; bitten (bat, gebeten) 10; *to ask for* fragen nach 5

**asparagus** der Spargel,- 5

**aspirin** das Aspirin 10

**assignment** die Aufgabe,-n 7

**assorted** gemischt; *assorted ice cream* ein gemischtes Eis

to **assume** annehmen (nimmt an, nahm an, angenommen) 11

**at** an, auf, bei, um; *at about four (o'clock)* so gegen vier; *At what time?* Um wie viel Uhr? *at home* zu Hause; *at least* wenigstens

**athletic** sportlich

to **attempt** versuchen 3

**attorney** der Rechtsanwalt,-̈e 10

**August** der August

**aunt** die Tante,-n

**Austria** Österreich

**Austrian** der Österreicher,-

**automat** der Automat,-en 11

**automobile company** die Autofirma,-firmen 12

**automobile part** das Autoteil,-e 11

**autumn** der Herbst,-e

**available** frei 5

to **avoid** vermeiden (vermied, vermieden) 12

**away** entfernt

# B

**back** zurück

**back page** die Rückseite,-n 9

**back seat** der Rücksitz,-e 11

**backache** die Rückenschmerzen (pl.) 10

**backgammon** das Backgammon

**backpack** der Rucksack,-̈e 1

**bad** schlecht

**bag** die Tasche,-n 1; die Tüte,-n 9

**baggage** das Gepäck

to **bake** backen (bäckt, backte, gebacken); *baked goods* die Backwaren (pl.) 6; *baked* gebacken 8

**baker** der Bäcker,- 10

**bakery** die Bäckerei,-en 6

**balcony** der Balkon,-s 4

**ball** der Ball,-̈e; *ball (dance)* der Abschlussball,-̈e

**ball control** die Ballkontrolle

**balloon** der Ballon,-s 8

**Baltic Sea** die Ostsee

**banana** die Banane,-n

**band** die Band,-s

**bandage** der Verband,-̈e 10

**bank** die Bank,-en 9

**bar** die Theke,-n 6

**barber** der Friseur 10

**bargain price** das Sonderangebot,-e 6

**basement** der Keller,- 4
**basketball** der Basketball,-̈e
**bass** der Bass,-̈e
**bathroom** das Bad,-̈er
**bathtub** die Badewanne,-n
**battery** die Batterie,-n 11
**Bavaria** Bayern 8
**Bavarian** bayrisch 8
to **be** sein (ist, war, ist gewesen); *to be (become)* werden (wird, wurde, ist geworden) 1; *to be able to* können (kann, konnte, gekonnt); *to be called* heißen (hieß, geheißen); *to be correct* stimmen; *to be gone* weg sein 5; *to be interested* sich interessieren; *to be located* liegen (lag, gelegen); *to be missing* fehlen; *to be permitted to* dürfen (darf, durfte, gedurft); *to be present* dabei sein; *to be supposed to* sollen
**beach** der Strand,-̈e
**bean** die Bohne,-n 5
to **beat** schlagen (schlägt, schlug, geschlagen) 7
**beautician** die Friseuse,-n 10
**beautiful** schön
**because** denn 11; *because of* wegen
to **become** (wird, wurde, ist geworden) 1
**bed** das Bett,-en
**bed and breakfast establishment** die Pension,-en 3
**bed linen** die Bettwäsche 8
**bedroom** das Schlafzimmer,-
**beef roast** der Rinderbraten,- 5
**beer** das Bier,-e 5
**beer tent** das Bierzelt,-e 8
**before** vor; bevor 5; vorher 12; *a quarter before* Viertel vor
to **beg** betteln 12
to **begin** beginnen (begann, begonnen)
**behind** hinter; *to have behind oneself* hinter sich haben 11
**beige** beige
**Belgium** Belgien
to **believe** glauben
to **belong to** gehören zu
**below** unten; unter 9; *to the bottom* nach unten 8

**bench** die Bank,-̈e 3
**beside** neben 5
**besides** außer, sonst; außerdem 11; *besides that* nebenbei
**best** best-; *the best* am besten
**better** besser
**between** zwischen
**beverage** das Getränk,-e 5
**bicycle** das Fahrrad,-̈er
**big** groß; *as big as* so groß wie
**bike** das Rad,-̈er; *to bike* Rad fahren
**bike tour** die Radtour,-en 11
**bill** die Rechnung,-en 9
**billiards** das Billard 4
**biology** die Biologie
**bird** der Vogel,-̈ 3
**birthday** der Geburtstag,-e; *Happy birthday!* Herzlichen Glückwunsch zum Geburtstag!
**birthday cake** der Geburtstagskuchen,-
**black** schwarz
**Black Forest** der Schwarzwald 11
**blackberry** die Brombeere,-n 6
**blanket** die Decke,-n 5
**blood pressure** der Blutdruck 10
**blouse** die Bluse,-n
**blue** blau; *to be intoxicated* blau sein 12
**board (chalk)** die Tafel,-n
to **board** einsteigen (stieg ein, ist eingestiegen) 1
**board game** das Brettspiel,-e 7
**boarding house** die Pension,-en
**boarding pass** die Bordkarte,-n 1
**boat** das Boot,-e
**body** der Körper,- 10
**book** das Buch,-̈er
**bookshelf** das Bücherregal,-e
**boot** der Stiefel,- 12
**booth** der Stand,-̈e 8
**border** die Grenze,-n; *at the border with* an der Grenze zu
**border crossing** der Grenzübergang,-̈e 4
to **border on** grenzen an 4
**boring** langweilig
**Bosnia-Herzegovina** Bosnien-Herzegowina 12
**both** beide
**bottle** die Flasche,-n 5

**bowl** die Schüssel,-n 5
**box** die Schachtel,-n 10
**boy** der Junge,-n
**boyfriend** der Freund,-e
**bratwurst** die Bratwurst,-̈e
**bread** das Brot,-e
**breaded veal cutlet** das Wiener Schnitzel
**breakfast** das Frühstück
**brewery** die Brauerei,-en 8
**briefcase** die Aktentasche,-n 1
to **bring** bringen (brachte, gebracht); *to bring along* mitbringen; *to bring back* zurückbringen 2
**brochure** die Broschüre,-n 5
**broken** kaputt 4
**brother** der Bruder,-̈
**brown** braun
to **brush one's teeth** sich die Zähne putzen 2
to **build** bauen 7; *built* erbaut 12
**bus** der Bus,-se
**but** aber; *but (on the contrary)* sondern 11
**butcher** der Fleischer,- 10; der Metzger,- 10
**butter** die Butter
to **buy** kaufen
**by** bei; *by no means* gar nicht
**Bye!** Tschüs!

# C

**café** das Café,-s; das Eiscafé,-s
**cake** der Kuchen,-
**calculator** der Rechner,-
to **call up** anrufen (rief an, angerufen); *Why don't you call...!* Ruf doch...an!
**camera** die Kamera,-s
to **camp** campen 10
**camper** der Wohnwagen,- 1; der Camper,- 2
**campground** der Campingplatz,-̈e
**can** die Dose,-n 12
**can** können (kann, konnte, gekonnt)
**capital (city)** die Hauptstadt,-̈e
**car** das Auto,-s; der Wagen,-
**car magazine** die Autozeitschrift,-en 7

**carbon dioxide** das Kohlendioxyd 12
**carbon monoxide** das Kohlenmonoxyd 12
**card** die Karte,-n
**career** die Karriere,-n
**carousel** das Karussell,-s
**carp** der Karpfen,- 5
**carrot** die Karotte,-n; die Möhre,-n 5
to **carry** tragen (trägt, trug, getragen) 1
to **carry on** weitermachen 3
**cart: go-cart** der Gokart,-s 1; *shopping cart* der Einkaufswagen,- 6
**cash register** die Kasse,-n 6
**cashier** die Kassiererin,-nen 6
**cassette** die Kassette,-n
**cassette recorder** der Kassettenrekorder,- 2
**castle** die Burg,-en 4; das Schloss,-er 4
**cat** die Katze,-n 3
to **catch a cold** sich erkälten 10
**cathedral** der Dom,-e 12
**CD** die CD,-s
**CD player** der CD-Spieler,-
to **celebrate** feiern
**cellar** der Keller,- 4
**center** die Mitte
**center of city** die Innenstadt,-e; die Stadtmitte
**chair** der Stuhl,-e
**chalk** die Kreide
**champion** der Meister,-; *National Champion of Germany* Deutscher Meister
**chance** die Chance,-n
to **change** wechseln 11
**charming** charmant
to **check** nachsehen (sieht nach, sah nach, nachgesehen) 3; überprüfen 11
to **cheer** jubeln
**cheese** der Käse
**cheese sandwich** das Käsebrot,-e
**chemistry** die Chemie
**cherry** die Kirsche,-n 6
**chess** das Schach; *Checkmate!* Schach und matt! 5
**chic** schick
**chicken** das Huhn,-er 3
**child** das Kind,-er 3

**chin** das Kinn,-e
**China** China 12
**chocolate ice cream** das Schokoeis
**choice** die Auswahl
to **choose** sich aussuchen 6
**Christmas** Weihnachten; *Merry Christmas!* Fröhliche Weihnachten! 8
**church** die Kirche,-n 12
**cigar** die Zigarre,-n 12
**cinema** das Kino,-s
**circle** der Kreis,-e 8
**city** die Stadt,-e
**city hall** das Rathaus,-er 5
**city map** der Stadtplan,-e 5
**city traffic** der Stadtverkehr 11
**city train** die S-Bahn,-en 8
**clarinet** die Klarinette,-n
**class** die Klasse,-n; *second (economy) class (train)* die Zweite Klasse
**class schedule** der Stundenplan,-e
**clean** sauber 7
to **clean up** aufräumen
**clear** klar
to **clear (table)** abräumen
**clerk (male)** der Beamte,-n 9
to **climb** steigen (stieg, ist gestiegen)
**clock** Uhr,-en
to **close** zumachen 9
**closed** zu 7
**closet** der Schrank,-e
**clothes** die Kleidung
**clothes line** die Leine,-n 7
**clothing** die Kleidung
**clothing item** das Kleidungsstück,-e
**club** der Klub,-s
**coach** der Trainer,-
**coach (train)** der Wagen,-
**coat** der Mantel,-
**cocoa** der Kakao
**coffee** der Kaffee
**coin** die Münze,-n
**cola** die Cola,-s
**cold** kalt
**cold-cut platter** die Kalte Platte
**colleague** der Kollege,-n 9
to **collect** sammeln
**college preparatory school** das Gymnasium,-sien

**color** die Farbe,-n
**colorful** bunt
to **comb one's hair** sich kämmen 2
to **come** kommen (kam, ist gekommen); *to come back* zurückkommen; *to come by* vorbeikommen; *to come here* herkommen; *to come over* rüberkommen; *to come along* mitkommen
**comic magazine** die Cartoonzeitschrift,-en 7
**compact disk** die CD,-s
**company** die Firma,-men 4
**comparison** der Vergleich,-e; *in comparison to* im Vergleich zu 12
**compartment** das Abteil,-e
**computer** der Computer,-
**computer game** das Computerspiel,-e
**computer specialist** der Computerspezialist,-en 10
**concert** das Konzert,-e
to **congratulate** gratulieren 1
to **construct** aufbauen; bauen 7; erbauen 12
**contemporary** heutig 12
to **continue** weitermachen 3
to **continue driving** weiterfahren (fährt weiter, fuhr weiter, ist weitergefahren) 7
to **converse** sich unterhalten (unterhält, unterhielt, unterhalten)
to **convert** verwandeln 12
to **convince** sich überzeugen 5
**cook (female)** die Köchin,-nen 9
to **cook** kochen 4
**cooker** der Kocher,- 2
**cookie** der Keks,-e 6
**cool** kühl
**coordinated** koordiniert
**cordial** herzlich
**corner** die Ecke,-n
to **cost** kosten
**costume** die Tracht,-en 8
**cough drop** der Hustenbonbon,-s 10
**cough syrup** der Hustensaft,-e 10
**counter** die Theke,-n; *ticket counter* der Schalter,-
**country** das Land,-er; *in the country* auf dem Land 4
**couple** das Paar,-e

cousin (female) die Cousine,-n
cousin (male) der Cousin,-s
to cover decken; *to set the table* den Tisch decken
covered belegt; *sandwiches* belegte Brote 5
cow die Kuh,¨-e 3
cross das Kreuz
to cross überqueren 11
cucumber die Gurke,-n
cucumber salad der Gurkensalat 5
cup die Tasse,-n
cupboard der Schrank,¨-e
currency die Währung,-en 4
to cut schneiden (schnitt, geschnitten) 2

# D

dad der Vati,-s
dance der Tanz,¨-e
to dance tanzen; *while dancing* beim Tanzen
dancer (female) die Tänzerin,-nen
dancing instructor der Tanzlehrer,-
dancing lesson die Tanzstunde,-n
dancing partner der Tanzpartner,-
dancing school die Tanzschule,-n
dark dunkel; *dark blue* dunkelblau
daughter die Tochter,¨-
day der Tag,-e; *during the day* am Tag; *day before yesterday* vorgestern 10; *Day of National Mourning* der Volkstrauertag 8
Dear... (letter) Liebe(r)...
December der Dezember
to decorate schmücken; *the beautifully decorated horses* die schön geschmückten Pferde 8
deed die Tat
definitely bestimmt
delicacy der Leckerbissen,- 6
delicious lecker 2
to demonstrate zeigen
Denmark Dänemark
dentist der Zahnarzt,¨-e 10
to depart abfahren (fährt ab, fuhr ab, ist abgefahren)
department die Abteilung,-en 6

department store das Kaufhaus,¨-er
depict darstellen 12
to describe beschreiben (beschrieb, beschrieben) 5
desk der Schreibtisch,-e
dessert der Nachtisch,-e
detective story der Krimi,-s
to devour auffressen (frisst auf, fraß auf, aufgefressen) 12
to die sterben (stirbt, starb, ist gestorben) 9
different verschieden 7
difficult schwer
dining room das Esszimmer,- 4; der Speisesaal,-säle 2
dinner das Abendessen
dirty schmutzig 7
disc jockey,-s der Diskjockey,-s 7
disco die Disko,-s
to discuss besprechen (bespricht, besprach, besprochen) 11
disguised verkleidet 12
dishes das Geschirr
dishwasher die Geschirrspülmaschine,-n
to dispatch aufgeben (gibt auf, gab auf, aufgegeben) 9
display window das Schaufenster,- 6
distance die Entfernung,-en; die Strecke,-n 7; *the farthest distance* die weiteste Entfernung
distant entfernt
dizzy schwindlig; *I'm dizzy.* Mir ist schwindlig. 10
DJ der Diskjockey,-s 7
to do machen; tun (tat, getan); *to do (handi)crafts* basteln; *What are you doing?* Was machst du?
doctor (female) die Ärztin,-nen, 10
doctor (male) der Arzt,¨-e; der Doktor,-en 10
dog der Hund,-e 3
domestic animal das Haustier,-e 3
door die Tür,-en 4
down unten
downtown die Innenstadt,¨-e 11
dreadful schrecklich 12
to dream träumen 11
dress das Kleid,-er
to drink trinken (trank, getrunken)

to drive fahren (fährt, fuhr, ist gefahren); *to drive along* entlangfahren E; *to drive around* herumfahren 4; *to drive on* weiterfahren 7; *to drive there* hinfahren 11
driver der Fahrer,- 1
driver's license der Führerschein,-e; *to take driver's education* den Führerschein machen
driving experience die Fahrpraxis 11
driving instructor der Fahrlehrer,- 11
driving lesson die Fahrstunde,-n 11
driving school die Fahrschule,-n 11
drug das Medikament,-e 10
drums das Schlagzeug
dry trocken 7
to dry sich trocknen; *to dry one's hair* sich das Haar trocknen 7
duck die Ente,-n 3
dull eintönig
dumpling der Knödel,- 5
during während 11

# E

each jeder
ear das Ohr,-en
earlier früher
early früh
earring der Ohrring,-e
earth die Erde
east der Osten; *east (of)* östlich 4; *eastern part* der Ostteil,-e 12
Easter Ostern; *Happy Easter!* Frohe Ostern! 8
easy leicht
easy chair der Sessel,-
to eat essen (isst, aß, gegessen); *to eat up (animal)* auffressen (frisst auf, fraß auf, aufgefressen) 12
ecological ökologisch 12
editorial office die Redaktion,-en 2
effect der Effekt,-e 12
eight acht
eighteen achtzehn
eighty achtzig

**electric appliance** das Elektrogerät,-e *6*

**electrician** der Elektriker,- *10*

**electricity** die Elektrizität *12*

**electrotechnician** der Eletrotechniker,- *4*

**elegant** elegant

**elevator** der Fahrstuhl,̈-e *6*

**eleven** elf

**emission** die Emission,-en *12*

**employee (female)** die Angestellte,-n *1*

**employee (male)** der Angestellte,-n *1*

**empty** leer

**energy** die Energie *12*

**engineer** der Ingenieur,-e *10*

**England** England

**English** englisch; *English (subject)* das Englisch

**Englishman** der Engländer,- *3*

**enjoyment** das Vergnügen

**enough** genug

**entertainment** die Unterhaltung,-en

**entrance** der Eingang,̈-e *8*; *(entrance for vehicles)* die Einfahrt,-en *4*

**envelope** der Briefumschlag,̈-e *9*

**environment** die Umwelt *12*

**environmental protection** der Umweltschutz *12*

**eraser** der Radiergummi,-s

**escalator** die Rolltreppe,-n *6*

**especially** besonders; *not especially* nicht besonders

**Europe** Europa

**European** europäisch *7*

**even** sogar *8*; *even (ground)* eben *11*

**evening** der Abend,-e; *in the evening* am Abend

**every** jeder

**everyday life** der Alltag,-e *7*

**everything** alles

**everywhere** überall *8*

**exact(ly)** genau

**exam** die Arbeit,-en

**examination** die Prüfung,-en *10*

to **examine** untersuchen *10*

**examiner** der Prüfer,- *11*

**example** das Beispiel,-e; *for example* zum Beispiel *12*

**except** außer

**excuse** die Entschuldigung; *Excuse me!* Entschuldigung!, Entschuldigen Sie!

**exercise** die Übung,-en; die Aufgabe,-n *7*

**exhausting** strapaziös *11*

**exit** der Ausgang,̈-e *11*

to **expect** erwarten

**expensive** teuer

**experience** das Erlebnis,-se *4*

to **explain** erklären *11*

**eye** das Auge,-n

# F

**face** das Gesicht,-er *12*

to **fail** durchfallen (fällt durch, fiel durch, ist durchgefallen) *11*

**fall** der Herbst,-e

**famous** berühmt *12*

**fan** der Fan,-s

**far** weit

**farm** der Bauernhof,̈-e *3*

**fashion** die Mode,-n *12*

**fashionable** modisch *7*

**fast** schnell

to **fasten** befestigen *2*

**father** der Vater,̈

**favor** der Gefallen; *to do them a favor* ihnen einen Gefallen tun *12*

**favorite meal** das Lieblingsessen,- *4*

**favorite song** das Lieblingslied,-er

**favorite (school) subject** das Lieblingsfach,̈-er

**fear** die Angst,̈-e

**February** der Februar

to **feed** füttern *4*

to **feel** fühlen; *to feel well* sich wohl fühlen *10*

**fence** der Zaun,̈-e *4*

**festival** das Fest,-e *1*

to **fetch** holen *2*

**fever** das Fieber *10*

**fever thermometer** das Fieberthermometer,- *10*

**field trip** der Schulausflug,̈-e *8*

**fifteen** fünfzehn

**fifty** fünfzig

to **fight** kämpfen *12*

to **fill out** ausfüllen *9*

**film** der Film,-e

**final (graduation) ball** der Abschlussball,̈-e

**finally** endlich; *Finally, the day is here.* Endlich ist der Tag da.

to **find** finden (fand, gefunden); *to find out* feststellen *11*; *What do you think of...?* Wie findest du...?

**finger** der Finger,-

**finger technique** die Fingertechnik *7*

**finish** das Ziel,-e *1*

**finished** fertig *4*

**firm** die Firma,-men *4*

**first** erst-, zuerst

**fish** der Fisch,-e

**fish fillet** das Fischfilet *5*

**fish sandwich** die Fischsemmel,-n

to **fit** passen

**five** fünf

**flag** die Fahne,-n *1*

**flat** flach

**flight** der Flug,̈-e *1*

**flight attendant** der Flugbegleiter,- *10*

**flight passenger** der Fluggast,̈-e *1*

**flight ticket** der Flugschein,-e *1*

**floor** der Stock, Stockwerke *6*; *first floor (in America)* das Erdgeschoss,-e *6*

to **flow** fließen (floss, ist geflossen)

**flower** die Blume,-n

**flute** die Flöte,-n

to **fly** fliegen (flog, ist geflogen)

to **follow** folgen *10*

**food** das Essen,- *4*

**food server (female)** die Kellnerin,-en

**food server (male)** der Kellner,-

**foot** der Fuß,̈-e; *on foot* zu Fuß

**for** für; *for more than...years* seit über...Jahren; *for you* für dich; *for it* dafür

**forehead** die Stirn,-en

**foreign** fremd

**foreigner** der Ausländer,- *8*

to **forget** vergessen (vergisst, vergaß, vergessen) *6*

**fork** die Gabel,-n 5
**form** die Form,-en
**former** ehemalig 7
**fortress** die Burg,-en 8
**forty** vierzig
**founded** gegründet 12
**four** vier
**fourteen** vierzehn
**foxtrot** der Foxtrott
**franc (Swiss monetary unit)** der Franken,- 4
**France** Frankreich
**free** frei 5
**French** französisch; *(subject)* das Französisch; *She speaks French.* Sie spricht französisch.
**french fries** die Pommes frites(pl.)
**Frenchman** der Franzose,-n 3
**Frenchwoman** die Französin,-nen 3
**fresh** frisch 6
**Friday** der Freitag,-e
**fried potatoes** die Bratkartoffeln (pl.) 5
**friend (female)** die Freundin,-nen; die Bekannte,-n 12
**friend (male)** der Freund,-e; der Bekannte,-n 12
**friendly** freundlich 12
**frightened** erschrocken 12
**from** aus; von; *from where* woher; *from one to the next* von einem...zum anderen
**front seat** der Vordersitz,-e 11
**fruit(s)** das Obst
**fruit juice** der Fruchtsaft,-e
**fuel** das Benzin 12
**full** voll 1
**fun** der Spaß; *They have lots of fun.* Sie haben viel Spaß.; *Have lots of fun!* Viel Spaß!; *It's fun.* Es macht Spaß.
**funny** lustig 12
**further** weiter
**future** die Zukunft

# G

**game** das Spiel,-e
**garage** die Garage,-n 4
**garbage** der Müll 12
**garden** der Garten,- 4

**gas** das Benzin 12
**gate (airport)** der Flugsteig,-e 1
**gear (car)** der Gang,-e 11
**general(ly)** allgemein
**genius** das Genie,-s; *Such a genius!* So ein Genie!
**gentleman** der Herr,-en; der Kavalier,-e
**geography** die Erdkunde
**geometry** die Geometrie 7
**German (female)** die Deutsche,-n 3
**German (male)** der Deutsche,-n 3
**German** deutsch; *German (subject)* das Deutsch; *She speaks German.* Sie spricht deutsch.; *in German* auf Deutsch
**Germany** Deutschland
to **get** bekommen (bekam, bekommen); holen 2; *to get angry* schimpfen 12; *to get in* einsteigen (stieg ein, ist eingestiegen) 1; *to get on* aufsteigen 3; *to get off* aussteigen 11; *to get there* hinkommen (kam hin, ist hingekommen) 11; *to get through* durchkommen 11; *to get together* zusammenkommen; *to get up* aufstehen (stand auf, ist aufgestanden) 4
**gift** das Geschenk,-e
**gingerbread heart** das Lebkuchenherz,-en 8
**girl** das Mädchen,-
**girlfriend** die Freundin,-nen
to **give** geben (gibt, gab, gegeben); *to give a present* schenken
**glad** froh
**gladly** gern
**glass** das Glas,-er
to **glide** schweben 8
**glove** der Handschuh,-e
to **glue** kleben 9
to **go** gehen (ging, ist gegangen); *to go (by vehicle)* fahren (fährt, fuhr, ist gefahren); *to go down* runtergehen 10; *to go further* weiterkommen (kam weiter, ist weitergekommen); *to go inside* hineingehen 5; *to go past* vorbeigehen; *to go there* dahingehen

**goal** das Ziel,-e 1
**goat** die Ziege,-n 3
**gold** das Gold 12
**golden** golden 12
**golf** das Golf
**good** gut
**Good-bye!** Wiedersehen: Auf Wiedersehen!
**Good Friday** der Karfreitag 8
**goodness** die Güte; *Oh my goodness!* Du meine Güte! 8
**goose** die Gans,-e 3
**Gothic** gotisch 12
**goulash soup** die Gulaschsuppe,-n 5
**grade** die Note,-n
**grandfather** der Großvater,-
**grandma** die Oma,-s
**grandmother** die Großmutter,-
**grandpa** der Opa,-s
**grandparents** die Großeltern (pl.)
**grape** die Weintraube,-n; *bunch of grapes* die Weintraube,-n 6
**gray** grau
**great** klasse; prima; super; toll
**green** grün
**greenhouse effect** der Treibhauseffekt 12
to **greet** begrüßen
**greeting** der Gruß,-e
**greeting card** die Glückwunschkarte,-n
**grinning** grinsend 12
**groceries** die Lebensmittel (pl.) 6
**ground** die Erde 8
**ground floor** das Erdgeschoss,-e 6
**group** die Gruppe,-n 2
**guest** der Gast,-e 3
**guest house** die Pension,-en
**guitar** die Gitarre,-n

# H

**hair** das Haar,-e
**hairstylist** der Friseur,-e 10
**half** halb
**halftime** die Halbzeit
**hamburger** der Hamburger,-
**hand** die Hand,-e
**hand brake** die Handbremse,-n 11
**handlebar (bicycle)** die Lenkstange,-n 11

to **hang** hängen 7
to **happen** passieren 10
**happy** glücklich; froh; *Happy New Year!* Ein glückliches Neues Jahr! 8
**hard** schwer; hart
**hard roll** das Brötchen,-; die Semmel,-n 6
to **have** haben (hat, hatte, gehabt); *to have on* anhaben; *to have to* müssen (muss, musste, gemusst)
**he** er
**head** der Kopf,-̈e; *bald head* der Glatzkopf,-̈e 12
**headache** die Kopfschmerzen (pl.) 10
**headlight** der Scheinwerfer,- 11
**health** die Gesundheit 10
**healthy** gesund 10
to **hear** hören
**helicopter** der Hubschrauber,- 7
**Hello!** Tag!; Grüß dich!; Guten Tag!
**helmet** der Helm,-e 1
to **help** helfen (hilft, half, geholfen); *to help oneself* sich bedienen; Soll ich mich selbst bedienen? *Should I help myself?* 6; *to help with the work* bei der Arbeit helfen; *May I help you?* Ja, bitte?, Bitte schön?
**her** ihr 1
**here** hier; *here it is* hier steht's; *to come here* hierher kommen 6
**hero** der Held,-en
**Hi!** Hallo!; Grüß dich!
**high** hoch
to **hike** wandern
**hint** der Tip,-s
**his** sein
**history** die Geschichte
**hit** (song, tune) der Hit,-s 7
to **hit** schlagen (schlägt, schlug, geschlagen) 7
**hobby** das Hobby,-s
to **hold** halten (hält, hielt, gehalten) 6; *to think of* halten von 11
**holiday** der Feiertag,-e 8
**Holland** Holland
**home: to go home** nach Hause gehen; *at home* zu Hause

**homeland** die Heimat,-en 12
**homeless person** der Obdachlose,-n 12
**homework** die Hausaufgabe,-n; die Schularbeit,-en 7; *to have homework to do* Hausaufgaben aufhaben
**honey** der Honig 7
**hood** die Motorhaube,-n 11
to **hope** hoffen 7
**hopefully** hoffentlich
**horse** das Pferd,-e 3
**hostility (toward foreigners)** die Ausländerfeindlichkeit 12
**hot** heiß
**hot chocolate** der Kakao
**hot dog** das Würstchen,-
**hour** die Stunde,-n
**house** das Haus,-̈er
**household** der Haushalt,-e 12
**house number** die Hausnummer,-n 9
**how** wie; *how many* wie viele; *how much* wie viel; *How do you like it? (food), How does it taste?* Wie schmeckt's?; *How about...?* Wie wär's...? 8
**human** der Mensch,-en
**hundred** hundert
**hunger** der Hunger; *to be hungry* Hunger haben
to **hurry** sich beeilen 2
to **hurt** wehtun (tut weh, tat weh, wehgetan) 10
**husband** der Mann,-̈er 9

# I

**I** ich
**ice cream** das Eis
**ice cream parlor** das Eiscafé,-s
**ice hockey** das Eishockey
**ice tea** der Eistee
to **ice skate** Schlittschuh laufen
**idea** die Idee,-n; *Good idea!* Gute Idee!
**if** ob; wenn 9
**ill** krank 10
to **imagine** sich vorstellen 11
**immediately** gleich; sofort 7
**immigrant** der Einwanderer,- 12
**important** wichtig 11

to **improve** verbessern 7
**improvement** die Besserung
**in** in; *in front* vorne 7; *in front of* vor; *in order that* damit 11; *in spite of* trotz 5; trotzdem 12; *in the back* hinten 7; *in costume* verkleidet 12
**influence** der Einfluss,-̈e; *to have influence on* Einfluss haben auf 9
to **inform** informieren 4
**information** die Auskunft,-̈e
**informative** informativ 12
**inhabitant** der Einwohner,-
**inhuman** unmenschlich 12
**inn** der Gasthof,-̈e 5
**inside** innerhalb; *inside mirror* der Innenspiegel,- 11
**insistent** aufdringlich 12
**instead of** anstatt 5
to **instruct** unterrichten 11
**instruction** der Unterricht 11
**intelligent** klug
to **intend** vorhaben (hat vor, hatte vor, vorgehabt)
**interest** das Interesse,-n 12
**interesting** interessant 3
**interview** das Interview,-s 2
to **interview** interviewen 2
**invitation** die Einladung,-en
to **invite** einladen (lädt ein, lud ein, eingeladen)
**Iran** der Iran 12
**it** es
**Italian** italienisch; *He speaks Italian.* Er spricht italienisch.
**Italian** der Italiener,- 3
**Italy** Italien
**items** die Sachen (pl.)
**its** sein

# J

**jacket** die Jacke,-n
**jam** die Marmelade,-n
**January** der Januar
**jeans** die Jeans (pl.)
**jeep** der Jeep,-s 3
**jewelry** der Schmuck
**joke** der Witz,-e; *to make jokes* Witze machen 7
**joy** die Lust 12
**July** der Juli

**June** der Juni
**just** erst; *just as* genauso...wie

# K

**key** der Schlüssel,- 11
**keyboard** das Keyboard,-s
**kilo** das Kilo,-s 6
**kilometer** der Kilometer,-
**kiosk** der Kiosk,-e 3
**kitchen** die Küche,-n
**knapsack** der Rucksack,-̈e 1
**knife** das Messer,- 5
to **knit** stricken 4
to **knock** klopfen 10
to **know (fact)** wissen (weiß, wusste, gewusst); *to know (person, place)* kennen (kannte, gekannt)

# L

**lady** die Dame,-n 5
**lake** der See,-n
**lamp** die Lampe,-n
**landmark** das Wahrzeichen,- 12
**language** die Sprache,-n
**lap** die Runde,-n 1
**large** groß
to **last** dauern
**last** letzt-
**late** spät; *later* später; *See you later.* Bis später.
**Latin** das Latein
to **laugh** lachen
**laundry** die Wäsche 7
**laundry detergent** das Waschpulver 7
**law** das Gesetz,-e 12
**lawn** der Rasen; die Wiese,-n 3; *to mow the lawn* den Rasen mähen
**lawyer** der Rechtsanwalt,-̈e 10
to **lay** legen 2
**lazy** faul 12
**lazybones** der Faulenzer,-; *You lazybones!* Du Faulenzer!
to **lead** führen 3
**leadfree** bleifrei 12
**league** die Liga, Ligen
to **learn** lernen

to **leave** abfahren (fährt ab, fuhr ab, ist abgefahren); lassen (lässt, ließ, gelassen); verlassen 5
**left** links; *on the left side* auf der linken Seite
**leg** das Bein,-e
**lemon ice cream** das Zitroneneis
**lemonade** die Limo,-s; die Limonade,-n 5
to **lend** leihen (lieh, geliehen) 8
**less** weniger 8
to **let** lassen (lässt, ließ, gelassen); *Let's go right away!* Gehen wir doch gleich!; *Let's see...!* Mal sehen...!
**letter** der Brief,-e
**level** eben 11
**license plate** das Nummernschild,-er 11
to **lie** liegen (lag, gelegen)
**Liechtenstein** Liechtenstein
**life** das Leben 12; *everyday life* der Alltag,-e 7
**light** hell
to **like** gefallen (gefällt, gefiel, gefallen); *to like (to do)* gern haben/machen; mögen (mag, mochte, gemocht); *How do you like it...?* Wie gefällt es dir...?; *I would like to...* Ich habe Lust...; Ich möchte...
**likewise** gleichfalls
**lip** die Lippe,-n
to **listen to** hören; sich anhören 10
**little** wenig 8
to **live** wohnen
**living room** das Wohnzimmer,-
to **loan** leihen (lieh, geliehen) 8
**long** lang, lange; *for ten days* zehn Tage lang; *long time* lange
to **look** sehen (sieht, sah, gesehen); *Look!* Seht mal! *Let's see...* Mal sehen...!; *to look at* sich ansehen 2; *to look for* suchen 12; *to look forward to* sich freuen auf 2; *to look like* aussehen; *Look here!* Na hör mal! 10
**loose** locker
to **lose** verlieren (verlor, verloren) 7
**low** niedrig 7
**luck** das Glück; *to be lucky* Glück haben

**luggage** das Gepäck
**lunch** das Mittagessen
**Luxembourg** Luxemburg

# M

**magazine** die Zeitschrift,-en 4
**mail** die Post 9
to **mail (letter)** einwerfen (wirft ein, warf ein, eingeworfen) 9
**mail carrier (female)** die Briefträgerin,-nen 9
**mail carrier (male)** der Briefträger,- 9
**mailbox** der Briefkasten,-̈ 9
to **make use of** gebrauchen
to **make** machen; *to make (it)* schaffen 10; *We'll make it.* Das schaffen wir.; *to make a racket* Radau machen 2; *to make no difference* keine Rolle spielen 11
**man** der Mann,-̈er 3
to **manage (it)** schaffen 10
**many** viele; *how many* wie viele
**map** die Landkarte,-n
**March** der März
**mark (German monetary unit)** die Mark,-
**market** der Markt,-̈e
**marmalade** die Marmelade,-n
**mask** die Maske,-n 12
**mathematics (math)** die Mathematik (Mathe); *math book* das Mathebuch; *math class* die Mathestunde
**may** dürfen (darf, durfte, gedurft) 6; *May I join you?* Ist hier noch frei? 5
**May** der Mai
**me** mich, mir
**meadow** die Wiese,-n 3
**meal** das Essen,- 4; *Enjoy your meal!* Guten Appetit! 2
to **mean** meinen 7; bedeuten 12
**meaning** die Bedeutung,-en 2
**means of transportation** das Verkehrsmittel,-
to **measure** messen (misst, maß, gemessen) 10
**meat** das Fleisch 5
**mechanic** der Mechaniker,- 10

**medicine** die Medizin, das Medikament,-e *10*

to **meet** sich treffen (trifft, traf, getroffen); *Let's meet!* Treffen wir uns!

**membership card** die Mitgliedskarte,-n *2*

**memory** die Erinnerung,-en *12*

**menu** die Speisekarte,-n

**merry-go-round** das Karussell,-s *8*

**microphone** das Mikrophon,-e *2*

**microwave oven** der Mikrowellenherd,-e

**middle** die Mitte

**Midwest** der Mittelwesten *1*

**military camp** das Militärlager,- *12*

**milk** die Milch

**million** die Million,-en

**mineral water** das Mineralwasser

**minus** minus

**minute** die Minute,-n

to **miss** verpassen *6*

**mixed** gemischt

**model** das Modell,-e *7*

**model train** die Modelleisenbahn,-en *7*

**model-building** der Modellbau *7*

**mom** die Mutti,-s

**moment** der Moment,-e; *Just a moment, please.* Einen Moment, bitte.

**Monday** der Montag,-e

**money** das Geld

**monitor** der Monitor,-en *1*

**monotonous** eintönig

**month** der Monat,-e

**mood** die Laune,-n; *to be in a bad mood* schlechter Laune sein *8*

**moped** das Moped,-s

**more** mehr; *no more* nicht mehr; *more than* mehr...als

**morning** der Morgen

**most** meist-; *most of the school friends* die meisten Schulfreunde *3*

**mostly** meistens

**mother** die Mutter,-

**Mother's Day** der Muttertag *8*

**motionless** bewegungslos *12*

**motorcycle** das Motorrad,-er

**mountain** der Berg,-e

**mouth** der Mund,-er

to **move** sich bewegen *4*

**movie** der Film,-e

**movie theater** das Kino,-s

to **mow** mähen

**Mr.** der Herr,-en

**Mrs.** die Frau,-en *9*

**much** viel; *how much* wie viel

**mug** der Becher,- *12*

**museum** das Museum,-seen

**mushroom** der Champignon,-s *5*

**music** die Musik

**music festival** das Musikfest,-e

**music teacher** der Musiklehrer,- *7*

**musical instrument** das Musikinstrument,-e

**musician** der Musiker,- *10*

**must** müssen (muss, gemusst)

# N

**name** der Name,-n *2*; *What's your name?* Wie heißt du?

**named: to be named** heißen (hieß, geheißen)

**napkin** die Serviette,-n *5*

**national flag** die Nationalfahne,-n

**natural sciences** die Naturwissenschaften (pl.)

**natural(ly)** natürlich *2*

**near** bei; nah *7*; *near the park* beim Park

**nearness** die Nähe *11*; *nearby* in der Nähe

**neck** der Hals,-e

to **need** brauchen

**negative** negativ *12*

**neighbor (female)** die Nachbarin,-nen *9*

**neighboring country** das Nachbarland,-er

**nervous** nervös *3*

**net** das Netz,-e

**Netherlands** die Niederlande

**nevertheless** trotzdem *12*

**new** neu

**New Year** das Neujahr *8*

**news** die Nachrichten (pl.) *9*

**newspaper** die Zeitung,-en

**next** nächst-; *the next time* das nächste Mal; *next to* neben *5*

**nice** nett, schön

**night** die Nacht,-e *10*

**nine** neun

**nineteen** neunzehn

**ninety** neunzig

**no** nein, kein; *no longer* nicht mehr; *no one* niemand *12*

**nobody** niemand

**noise** der Lärm *2*

**noodle soup** die Nudelsuppe

**noon** der Mittag,-e

**normal** normal *10*

**north** der Norden

**North Sea** die Nordsee

**nose** die Nase,-n

**not** nicht; *not at all* gar nicht; *not only...but also* nicht nur... sondern auch *3*; *not even* nicht einmal *9*

**notebook** das Heft,-e

**nothing** nichts

**November** der November

**now** jetzt

**nowadays** heutzutage *7*

**number** die Nummer,-n *1*

**nurse (female)** die Krankenschwester,- *10*

**nurse (male)** der Krankenpfleger, -*10*

# O

**October** der Oktober

**of** von; *of course* natürlich; *of it* davon *6*; *of all things* ausgerechnet *10*

to **offer** anbieten (bot an, angeboten) *12*

**office** das Büro,-s

**official** der Beamte,-n *9*

**official** offiziell *4*

**often** oft

**oil level** der Ölstand *11*

**ointment** die Salbe,-n *10*

**OK** gut

**old** alt; *old town* die Altstadt,-e *5*

**on** an, auf; *on time* pünktlich

**once** einmal; *once more* noch einmal; *once a week* einmal die Woche; *once in a while* ab und zu

**one** eins, man

**oneself** selbst *7*

**onion** die Zwiebel,-n 6
**only** nur, erst; *not until tomorrow* erst morgen; *first* erst- 1
to **open** aufmachen 10
**open** geöffnet 7
**opinion** die Meinung,-en 12
**opposite** das Gegenteil,- 7
**or** oder
**orange** die Apfelsine,-n 6
**orange** orange
**orange juice** der Orangensaft
to **order** bestellen 5
**organization** die Organisation,-en 12
**original** originell 12
**to originate (river)** entspringen (entsprang, ist entsprungen) 12
**others** andere; *the others* die anderen
**otherwise** sonst
**our** unser
**out** aus; *out of* aus, außerhalb
**outside** außerhalb; draußen 8
**over** über 7; vorüber; *over there* da drüben; *The week is over.* Die Woche ist vorüber. 7
**own** eigen 2; *It has a mind of its own.* Es hat seinen eigenen Kopf. 3

# P

to **pack** packen
**package** das Paket,-e 1; die Packung,-en 10
**painter** der Maler,- 10
**pair** das Paar,-e
**palace** das Schloss,-̈er 4
**pantomime** die Pantomime,-n 12
**pants** die Hose,-n
**paper** das Papier
**paradise** das Paradies
**parcel** das Päckchen,- 9
**parents** die Eltern (pl.)
to **park** parken 5
**park** der Park,-s
**part** der Teil,-e (*also:* das Teil,-e); *for the most part* zum größten Teil; *part of body* der Körperteil,-e
**participant** der Teilnehmer,- 1
to **participate** mitmachen; *to participate in sports* Sport treiben

**party** die Party,-s; *to give a party* eine Party geben
to **pass (ball)** abgeben (gibt ab, gab ab, abgegeben); *to pass by* vorbeikommen (kam vorbei, ist vorbeigekommen) 8; *to pass (test)* bestehen (bestand, bestanden) 11
**passport** der Reisepass,-̈e 1
**pasta** die Pasta
to **paste** kleben 9
**path** der Weg,-e 3
**patience** die Geduld; *Just be patient!* Nur Geduld! 2
to **pay** bezahlen
**peace** die Ruhe
**peach** der Pfirsich,-e 6
**peanut butter** die Erdnussbutter 7
**pear** die Birne,-n
**pea** die Erbse,-n 5
**peg** der Stift,-e 7
**pen (ballpoint)** der Kuli,-s
**pencil** der Bleistift,-e
**Pentecost** Pfingsten 8
**people** die Leute (pl.)
**pepper** der Pfeffer 5
**percent** das Prozent,-e
**percussion** das Schlagzeug
**performance** die Vorstellung,-en 9
**perhaps** vielleicht
**person** der Mensch,-en
**pet** das Haustier,-e 3
**pharmacist** der Apotheker,- 10
**pharmacy** die Apotheke,-n 10
**phone call** das Telefongespräch,-e; *to make a phone call* ein Telefongespräch führen
**photo** das Foto,-s 7
**photo album** das Fotoalbum, Fotoalben
**photographer** der Fotograf,-en 9
**physical** körperlich; *physically handicapped* körperlich behindert 12
**physician (female)** die Ärztin,-nen, 10
**physician (male)** der Arzt,-̈e 10; der Doktor,-en 10
**physics** die Physik
**piano** das Klavier,-e
**piano lessons** der Klavierunterricht 7

to **pick out** sich aussuchen 6
to **pick up** abholen 11
**picnic** das Picknick,-s; *to have a picnic* ein Picknick machen 3
**picture** das Bild,-er
**picture postcard** die Ansichtskarte,-n 5
**piece** das Stück,-e 6
**pig** das Schwein,-e 3
**pill** die Tablette,-n 10
**pilot** der Pilot,-en 1
**pink** rosa
to **pitch (tent)** aufbauen
**pizza** die Pizza,-s
**pizza bread** das Pizza-Brot
**pizza restaurant** die Pizzeria,-s
**place** die Stelle,-n; der Platz,-̈e; der Ort,-e; *The team is in second place.* Die Mannschaft steht an zweiter Stelle.
to **place** legen 2; *to place* stellen 9
to **plan** vorhaben (hat vor, hatte vor, vorgehabt); *to plan* planen 2
**planet** der Planet,-en 12
**plastic bag** die Plastiktüte,-n 6
**plate** die Platte,-n; der Teller,- 2
to **play** spielen
**player** der Spieler,- 4
**please** bitte; *May I help you?* Ja, bitte?, Bitte schön?
**pleasure** das Vergnügen; die Lust 12; *Business before pleasure.* Erst die Arbeit, dann das Vergnügen.
**plum** die Pflaume,-n 6
**plus** plus
**Poland** Polen
**police** die Polizei 11
**policeman** der Polizist,-en 10
**politics** die Politik 12
**pony** das Pony,-s 3
**poor** arm 12
**popcorn** das Popcorn 9
**popular** beliebt
to **portray** darstellen 12
**possible** möglich 12
**post office** die Post; *post office* das Postamt,-̈er 9
**post office box** das Postfach,-̈er 9
**postcard** die Postkarte,-n 9
**poster** das Poster,-
**potato salad** der Kartoffelsalat 8

**potato** die Kartoffel,-n; *boiled potato* die Salzkartoffel,-n 5

**pound** das Pfund,-e 6

to **pour** gießen (goss, gegossen) 4

**practical** praktisch 11

**practice** die Übung,-en; *Practice makes perfect!* Übung macht den Meister!

to **prepare (a meal)** zubereiten; *to prepare for* sich vorbereiten auf 2

to **prescribe** verschreiben (verschrieb, verschrieben) 10

**prescription** das Rezept,-e 10

**present** das Geschenk,-e

**pretzel** die Brezel,-n 8

**price** der Preis,-e 5

**prince** der Fürst,-en 4

**principality** das Fürstentum 4

**private lesson** die Nachhilfestunde,-n 12

**prize** der Preis,-e 1

**problem** das Problem,-e; die Aufgabe,-n 7

to **produce** produzieren 12

**production** die Redaktion,-en 2

**program** das Programm,-e 2

to **protect** schützen 12

**proud** stolz 7

to **provide for** sich sorgen um 9

**proximity** die Nähe 11

**Prussia** Preußen 12

**pudding** der Pudding 5

**pullover** der Pullover,-; der Pulli,-s

**pulse** der Puls 10

**punctual** pünktlich

**purchase** der Einkauf,-e 6

**purse** die Handtasche,-n 1

to **push** schieben (schob, geschoben) 9

**pushy** aufdringlich 12

to **put** legen 2; stecken 7; stellen 9; *to put on* anziehen (*zog an, angezogen*)

# Q

**quarter** das Viertel,-; *a quarter after* Viertel nach

**question** die Frage,-n; *to ask a question* eine Frage stellen 7

**questionnaire** der Fragebogen,- 11

**quite** ganz

**quiz show** die Quizshow,-s

# R

**rabbit** das Kaninchen,- 4

**race** das Rennen,- 1

to **race** rasen 11

**race track** die Rennbahn,-en 1

**racism** der Rassismus 12

**radio** das Radio,-s

**rag** (to wipe off blackboard) der Tafellappen,-

to **rain** regnen

**rare** selten 12

**rather** lieber

to **read** lesen (liest, las, gelesen)

**ready** fertig, 4

**real(ly)** echt

to **realize** feststellen 11

**really** wirklich

**reasonable** preiswert

**receipt** die Quittung,-en 9

to **receive** bekommen (bekam, bekommen)

**reception (doctor's)** die Anmeldung 10

**recipe** das Rezept,-e 9

**recipient** der Empfänger,- 9

to **recommend** empfehlen (empfiehlt, empfahl, empfohlen) 5

**record** die Schallplatte,-n 2

to **record** aufnehmen (nimmt auf, nahm auf, aufgenommen) 2

**recorder** die Blockflöte,-n

**recycling** das Recycling 12

**red** rot

**red cabbage** der Rotkohl 4

**refrigerator** der Kühlschrank,-e

**registration (doctor's)** die Anmeldung 10

**relative** der Verwandte,- 1

to **relax** sich ausruhen 4

**religion** die Religion

to **remain** bleiben (blieb, ist geblieben)

to **remember** sich erinnern 7

**remembrance** die Erinnerung,-en 12

to **renovate** renovieren 5

to **rent** sich mieten 11

to **repair** reparieren

**reporter** der Reporter,- 12

**Republic** die Republik

to **reserve** reservieren; *The table is reserved.* Der Tisch ist reserviert. 2

to **rest** sich ausruhen 4

**restaurant** das Restaurant,-s; der Gasthof,-e 5

**restroom** die Toilette,-n

**reverse** die Rückseite,-n 9

**rhythm** der Rhythmus; *according to the rhythm* dem Rhythmus nach

to **ride (horseback)** reiten (ritt, ist geritten) 3

**right** recht, rechts, passend; *You're right.* Du hast recht.; *right around the corner* gleich um die Ecke; *right away* gleich; sofort 7; *the right change* das passende Geld 8

to **rinse** spülen

to **risk** riskieren 3

**river** der Fluss,-e

**roast pork** der Schweinebraten 4

**robot** der Roboter,- 12

**rock** der Felsen,- 12

**rock band** die Rockgruppe,-n

**rock concert** das Rockkonzert,-e

**rock group** die Rockgruppe,-n

**rock music** die Rockmusik

**role** die Rolle,-n

**roller coaster** die Achterbahn-en 8

**Roman** römisch 12

**Romania** Rumänien 12

**roof** das Dach,-er 4

**room** das Zimmer,-

**rope** die Leine,-n 7

**round** die Runde,-n 1

**row** die Reihe,-n 6

**ruin(s)** die Ruine,-n 8

**rule** die Regel,-n 1

**ruler** das Lineal,-e

**rumba** die Rumba

to **run** laufen (läuft, lief, ist gelaufen); *to run (river)*; fließen (floss, ist geflossen)

to **run around** herumlaufen (läuft herum, lief herum, ist herumgelaufen)

**RV (recreational vehicle)** der Wohnwagen,- *1*
**rye bread** das Roggenbrot,-e *6*

# S

**sail gliding** das Segelfliegen
**salad** der Salat,-e; *(tossed salad)* gemischter Salat *5*
**salami** die Salami
**saleslady** die Verkäuferin,-nen *6*
**salt** das Salz *5*
**salve** die Salbe,-n *10*
**satchel** die Schultasche,-n
**Saturday** der Sonnabend,-e; der Samstag,-e
**saucer** die Untertasse,-n *5*
**sauerbraten** *(marinated beef)* der Sauerbraten
**sausage** die Wurst,-̈e
**sausage sandwich** das Wurstbrot,-e
**saxophone** das Saxophon,-e
to **say** sagen; *Let's say...* Sagen wir...; *How do you/they say...?*; Wie sagt man...?
**saying** das Wort,-e
**scared** erschrocken
**schedule** der Fahrplan,-̈e
**school** die Schule,-n
**school bag** die Schultasche,-n
**school day** der Schultag,-e *7*
**school radio (station)** das Schulradio *2*
**schoolmate** der Schulfreund,-e
**schoolwork** die Schularbeit,-en *7*
to **scream** schreien (schrie, geschrien)
to **search** for suchen *12*
**season** die Jahreszeit,-en
**seat** der Platz,-̈e; der Sitzplatz,-̈e *1*
**seatbelt** der Sicherheitsgurt,-e *11*
**secret** geheim; *on a secret mission* in geheimer Mission *7*
**secretary** der Sekretär,-e *10*
**section** der Teil,-e
to **secure** befestigen *2*
to **see** sehen (sieht, sah, gesehen); *See you!* Tschüs!
to **seem** scheinen (schien, geschienen) *6*
to **select** sich aussuchen *6*

**selection** die Auswahl
to **send** schicken; *to send (package)* aufgeben (gibt auf, gab auf, aufgegeben) *9*
**sender** der Absender,- *9*
**separate** separat *12*
**September** der September
to **set up** aufbauen
**seven** sieben
**seventeen** siebzehn
**seventy** siebzig
**shall** werden
**shape** die Form,-en
to **shave oneself** sich rasieren *2*
**she** sie
**sheep** das Schaf,-e *3*
to **shine** scheinen (schien, geschienen) *6*
**ship** das Schiff,-e
**shirt** das Hemd,-en
**shoe** der Schuh,-e
to **shoot** schießen (schoss, geschossen); *to shoot into the goal* ins Tor schießen *4*
**shooting gallery** die Schieß-bude,-n *8*
**shop** der Laden,-̈ E; das Geschäft,-e *6*
to **shop** einkaufen; *to go shopping* einkaufen gehen
**shopping** der Einkauf *6*
**shopping bag** die Einkaufstasche,-n *1*
**shopping cart** der Einkaufswagen,- *6*
**shopping list** die Einkaufs-liste,-n *6*
**shore** der Strand,-̈e
**short** kurz
**should** sollen
**shoulder** die Schulter,-n
to **show** zeigen
to **shower** sich duschen *2*
**sick** krank; *I'm getting sick.* Mir wird's schlecht. *8*
**side** die Seite,-n
**side dish** die Beilage,-n *5*
**sign** das Schild,-er *3*
to **signify** bedeuten *12*
**silence** die Ruhe
**simple** einfach
**since** seit; seitdem, da *11*

**sincere** herzlich
to **sing** singen (sang, gesungen)
**sink (bathroom)** das Waschbecken,-; *sink (kitchen)* das Spülbecken,-
**sister** die Schwester,-n
to **sit** sitzen (saß, gesessen) *2*; *to sit down* sich hinsetzen *2*; sich setzen *7*
**six** sechs
**sixteen** sechzehn
**sixty** sechzig
to **ski** Ski laufen
**skirt** der Rock,-̈e
**slacks** die Hose,-n
to **sleep** schlafen (schläft, schlief, geschlafen) *7*
**sleeping bag** der Schlafsack,-̈e *2*
**slice** die Scheibe,-n; *a slice of bread* eine Scheibe Brot
**slow** langsam
**small** klein
**smart** klug; *smart (looking)* schick
to **smell** riechen (roch, gerochen) *7*
to **smile** lächeln *10*
to **smoke** rauchen *12*
**snack (bar)** der Imbiss,-e
to **snow** schneien
**so** so
to **soar** schweben *8*
**soccer** der Fußball,-̈e
**soccer ball** der Fußball,-̈e
**soccer field** der Fußballplatz,-̈e
**soccer player** der Fußballspieler,-
**sock** die Socke,-n
**sofa** das Sofa,-s
**soft** weich *7*
**soft drink** die Limo,-s; die Limonade,-n *5*
**solar energy** die Sonnenener-gie *12*
to **solve** lösen *12*
**some** etwas; manche
**something** etwas
**sometimes** manchmal
**somewhere** irgendwo *12*
**son** der Sohn,-̈e
**son-in-law** der Schwieger-sohn,-̈e *9*
**song** das Lied,-er
**soon** bald *7*

**sore throat** die Halsschmerzen (pl.) 10
**sorry: I'm sorry.** Es tut mir leid.
**sound** der Ton,̈-e 12
**soup** die Suppe,-n 5; *soup of the
day* die Tagessuppe,-n 5
**south** der Süden
**souvenir** das Andenken,- 8
**spaetzle** (kind of homemade
pasta) die Spätzle
**Spain** Spanien
**Spaniard** der Spanier,- 3
**Spanish** spanisch; *He speaks
Spanish.* Er spricht spanisch.
to **speak** sprechen (spricht, sprach,
gesprochen); reden; *She speaks
German.* Sie spricht deutsch.
**special** besonders
**special (offer)** das
Sonderangebot,-e 6
**specialty** die Spezialität,-en 5
**speed** das Tempo
to **spend (money)** ausgeben (gibt
aus, gab aus, ausgegeben); *to
spend (time)* verbringen
(verbrachte, verbracht) 8
**spinach** der Spinat 5
to **splash** spritzen 8
**sport** der Sport; *kind of sport* die
Sportart,-en
**sports car** der Sportwagen,- 7
**sports club** der Sportklub,-s
**sporty** sportlich
**spot** die Stelle,-n
to **spread** streichen (strich,
gestrichen) 5; *to spread out*
ausbreiten 2
**spring** der Frühling,-e
**stairs** die Treppe,-n 8
**stairway** die Treppe,-n 12
**stamp** die Briefmarke,-n
**stand** der Stand,̈-e 8
to **stand** stehen (stand, gestanden)
**star (athlete)** der Star,-s
to **start** anfangen (fängt an, fing an,
angefangen) 7; losgehen (ging
los, ist losgegangen); *to start
(motor)* anspringen (sprang an,
ist angesprungen) 11; *When
does it start?* Wann geht's los?
**starting line** die Startlinie,-n 1
**state** der Staat,-en

**stationery** die Schreibwaren (pl.) 6
**statue** die Statue,-n 12
to **stay** bleiben (blieb, ist geblieben);
*to stay overnight* übernachten 3
**steamer (Rhine)** der
Rheindampfer,- 12
**steep** steil 8
**steering wheel** das Lenkrad,̈-er 11;
das Steuerrad,̈-er 11
**step** der Schritt,-e
**stewed fruit** das Kompott 5
to **stick** stecken 7; kleben 9
**stiff** steif
**still** noch
**stingy** geizig 12
**stocking** der Strumpf,̈-e
**stomach** der Bauch,̈-e 10
**stomachache** die
Bauchschmerzen (pl.) 10
to **stop** anhalten (hält an, hielt an,
angehalten) 5
**store** das Geschäft,-e; der
Laden,̈-E
**story** die Geschichte,-n 4; *(building)* der Stock, Stockwerke 6
**stove** der Herd,-e
**straight ahead** geradeaus
**strawberry** die Erdbeere,-n 6
**strawberry ice cream** das
Erdbeereis
**street** die Straße,-n
**streetcar** die Straßenbahn,-en
**strenuous** strapaziös 11
**stretch** die Strecke,-n 7
**strict** streng 12
**student (elementary through
secondary school)** der Schüler,-
**student driver** der Fahrschüler,- 11
**student rock band** die
Schülerrockband,-s
**studio** das Studio,-s 2
**subject (school)** das Fach,̈-er
**suburban express train** die
S-Bahn,-en 8
**success** der Erfolg,-e 12
**successful** erfolgreich
**such** solch
**suddenly** plötzlich 7
**sugar** der Zucker 5
to **suggest** vorschlagen (schlägt vor,
schlug vor, vorgeschlagen) 8

**suggestion** der Tip,-s
**suit** der Anzug,̈-e
**suitable** passend
**suitcase** der Koffer,- 1
**summer** der Sommer,-
**summer month** der Sommermonat,-e
**sun** die Sonne
**Sunday** der Sonntag,-e
**sunglasses** die Sonnenbrille,-n 12
**super** super, klasse
**supermarket** der Supermarkt,̈-e 6
**supper** das Abendessen
**sure thing** doch; *for sure* bestimmt
to **surprise** überraschen 8
**surprised** erstaunt 12
**surroundings** die Umgebung,-en 2
**survey** die Umfrage,-n 12
to **swallow** schlucken 10
**sweater** der Pulli,-s; der Pullover,-
**sweatshirt** das Sweatshirt,-s
**sweet** süß 7
**sweets** die Süßwaren (pl.) 9
to **swim** schwimmen (schwamm, ist
geschwommen)
**Swiss** der Schweizer,-3
**Switzerland** die Schweiz
**swollen** geschwollen 10

# T

**T-shirt** das T-Shirt,-s
**table** der Tisch,-e
**table soccer** der Tischfußball 4
**table tennis** das Tischtennis
**tablet** die Tablette,-n 10
to **take** nehmen (nimmt, nahm,
genommen) 3; *to take along*
mitnehmen; *to take away*
wegbringen (brachte weg,
weggebracht) 12; *to take a
shower* sich duschen 2; *to take
care* of erledigen, sich sorgen
um; *to take off* abnehmen 12; *to
take off (plane)* abfliegen (flog
ab, ist abgeflogen) 1; *to take over*
übernehmen (übernimmt,
übernahm, übernommen) 12;
*to take part* dabei sein; *to take
pictures* fotografieren; *to take
place* stattfinden 8; *to take time*

dauern; *Take it easy!* Immer mit der Ruhe! *9*

**talent** das Talent,-e

to **talk** sprechen (spricht, sprach, gesprochen); reden; *to talk about* sprechen über; *to talk about themselves* sprechen über sich selbst; *It's easy for you to talk.* 4 Du hast gut reden.

**tape (recording)** das Tonband,¨-er *2*

to **taste** schmecken; *I don't like it.* Das schmeckt mir nicht.

**tea** der Tee

**teacher (female)** die Lehrerin,-nen; *teacher (male)* der Lehrer,-

**team** die Mannschaft,-en

**teaspoon** der Teelöffel,- *5*

**technical inspection organization** TÜV (Technischer Überwachungsverein)

**technology** die Technik *2*

**teenager** der Jugendliche,-n

**telefax** das Telefax,-e *9*

**telephone** das Telefon,-e; *on the telephone* am Telefon

**television** das Fernsehen; *on television* im Fernsehen

**television program** das Fernsehprogramm,-e

**television set** der Fernseher,-

to **tell** erzählen; sagen; *Tell me...* Sag mir... *to tell about* erzählen von *9*

**tempo** das Tempo

**ten** zehn

**tennis** das Tennis

**tennis court** der Tennisplatz,¨-e

**tennis game** das Tennisspiel,-e

**tennis racket** der Tennisschläger,-

**tennis (athletic) shoe** der Tennisschuh,-e

**tent** das Zelt,-e

**tent pole** die Zeltstange,-n *2*

**terrible** furchtbar *10*; schrecklich *12*

**terrific** klasse; toll

**test** die Prüfung,-en

**text** der Text,-e *2*

to **thank** danken; sich bedanken *5*

**thanks** danke

**that** das; *that's why* deshalb; *that's OK* das geht; *That doesn't*

*matter!* Mir ist's egal. *11*; *that's true* das schon *11*

**the** der, die, das; *the same* derselbe

**theater** das Theater,- *12*

**their** ihr *1*

**theme** das Thema,-men

**then** dann

**theoretical** theoretisch *11*

**there** da, dort; *there* dorthin; *There is a lot going on.* Da ist viel los.

**therefore** deshalb

**they** sie, man

**things** die Sachen (pl.); *to take care of things (matters)* die Sachen erledigen

to **think** denken (dachte, gedacht), finden (fand, gefunden), glauben; meinen *7*; *to think about* denken an; *to think of* halten von (hält, hielt, gehalten); *What do you think of...?* Wie findest du....?

**thirst** der Durst; *to be thirsty* Durst haben

**thirteen** dreizehn

**thirty** dreißig

**this** dieser; *this afternoon* heute Nachmittag; *this evening* heute Abend; *this noon* heute Mittag; *this morning* heute Morgen

**thousand** tausend

to **threaten** bedrohen *12*

**three** drei

**thriller** der Krimi,-s

**throat infection** die Halsentzündung *10*

**through** durch

to **throw** werfen (wirft, warf, geworfen) *12*; *to throw the dice* würfeln *7*

**Thursday** der Donnerstag,-e

**ticket** die Karte,-n; die Fahrkarte,-n

**tie** die Krawatte,-n

**tight** eng; straff *11*

**time** die Zeit,-en; *time(s)* das Mal,-e; *the last time* das letzte Mal; *a few times* ein paar Mal; *times* mal; *Let's see...!* Mal sehen...!

**tip** der Tip,-s

**tire** der Reifen,- *11*

**tired** müde *7*

**to** an

**today** heute ; heutzutage *7*; *today's* heutig *12*

**together** zusammen

**toilet** die Toilette,-n

**tomato** die Tomate,-n

**tomato soup** die Tomatensuppe,-n *5*

**tomato salad** der Tomatensalat *5*

**tomorrow** morgen

**tonsil** die Mandel,-n *10*

**too** auch; *too* zu *7*

**tool** das Werkzeug,-e *4*

**tooth** der Zahn,¨-e

**toothache** die Zahnschmerzen (pl.) *10*

**top** oben; *to the top* nach oben *8*

**topic** das Thema,-men *12*

**tortellini (filled pasta)** Tortellini

**tour** die Tournee,-n

**tourist** der Tourist,-en

**tourist office** das Verkehrsbüro,-s *4*

**tower** der Turm,¨-e *12*

**town** der Ort,-e *8*

**toys** die Spielwaren (pl.) *6*

**track** das Gleis,-e

**tractor** der Traktor,-en *3*

**traffic** der Verkehr *11*

**traffic congestion** der Stau *11*

**traffic situation** die Verkehrssituation,-en *11*

**train** der Zug,¨-e

to **train** trainieren

**train station** der Bahnhof,¨-e

**trainer** der Trainer,-

to **transfer** umsteigen

**trash** der Müll

to **travel** reisen

**travel agency** das Reisebüro,-s *5*

**traveler's check** der Reisescheck,-s *2*

**treat** der Leckerbissen,- *6*

**trip** die Reise,-n; die Fahrt,-en *8*

**trout** die Forelle,-n *5*

**truck** der Lastwagen,- *7*

**trumpet** die Trompete,-n

**trunk** der Kofferraum,¨-e *11*

to **try** versuchen; *to try out* ausprobieren *9*

**Tuesday** der Dienstag,-e

to **turn** drehen *11; to turn off* abstellen *10; to turn to* abbiegen (bog ab, abgebogen)
**TV** der Fernseher,-
**twelve** zwölf
**twenty** zwanzig
**two** zwei
**typical** typisch *7*

# U

**ugly** hässlich *12*
**uncle** der Onkel,-
**under** unter *9*
to **understand** verstehen (verstand, verstanden) *1*
**understanding** der Verstand; *to have more luck than brains* mehr Glück als Verstand haben *5*
**unfortunately** leider *5*
**United States of America** die Vereinigten Staaten von Amerika
**unity** die Einheit; *Day of Unity* Tag der Einheit *8*
to **unpack** auspacken *3*
**unquestionable** unbedingt; *not necessarily* nicht unbedingt *11*
**unthinkable** undenkbar *8*
**until** bis; *See you later!* Bis später!
**up(stairs)** oben
to **use** gebrauchen; *to use up* verbrauchen *12*

# V

**vacation** die Ferien (pl.); der Urlaub,-e; *to go on vacation* in den Urlaub fahren; in die Ferien fahren
to **vacuum** staubsaugen
**Valentine's Day** der Valentinstag *8*
**vanilla ice cream** das Vanilleeis
**VCR recorder** der Videorekorder,-
**vegetable(s)** das Gemüse
**vegetable soup** die Gemüsesuppe,-n *5*
**very** sehr
**vicinity** die Umgebung,-en *2*

**video** das Video,-s *6*
**videocassette recorder** der Videorekorder,-
**view** der Ausblick *6*
to **view** besichtigen *8*
**vineyard** der Weinberg,-e *8*
**violence** die Gewalt *12*
**violin** die Geige,-n
**visit** der Besuch,-e; *She comes to visit.* Sie kommt zu Besuch.
to **visit** besuchen; besichtigen *8*
**visitor** der Besucher,-
**volleyball** der Volleyball
**voluntary** freiwillig *12*

# W

to **wait** warten; *to wait for* warten auf; *I can hardly wait.* Ich kann es gar nicht erwarten. *11*
**waiter** der Kellner,-
**waitress** die Kellnerin,-en
to **wake up** aufwachen *7*
to **walk around** herumlaufen (läuft herum, lief herum, ist herumgelaufen) *8*
**wall** die Mauer,-n *12*
to **want to** wollen
**war** der Krieg,- *12*
**warm** warm
to **wash** waschen (wäscht, wusch, gewaschen); spülen; *to wash oneself* sich waschen
**washer** die Waschmaschine,-n *7*
to **waste** verschwenden *12*
**watch** die Uhr,-en
to **watch** zusehen (sieht zu, sah zu, zugesehen); *to watch out* aufpassen *11; to watch a TV program* ein Fernsehprogramm sehen
**watchtower** der Wachturm,-e *12*
**water** das Wasser *2*
to **water (flowers)** gießen (goss, gegossen) *4*
**way** der Weg,-e
**we** wir
to **wear** anhaben (hat an, hatte an, angehabt); anziehen *(zog an, angezogen)*
**weather** das Wetter
**Wednesday** der Mittwoch,-e

**week** die Woche,-n
**weekend** das Wochenende,-n
to **weigh** wiegen (wog, gewogen) *6*
**welcome** willkommen *to welcome;* willkommen heißen *8*
**well** gut; na; *Oh well.* Na ja.; *Get well!* Gute Besserung! *10*
**well-known** bekannt
**west** der Westen
**wet** nass *7*
**what** was, wie; *What's your name?* Wie heißt du?; *What do you think of...?* Wie findest du...?; *what for* wozu *10; What's up?* Was gibt's?; *what kind of* was für?
**when** wann; wenn *9;* als *11*
**whenever** wenn *9*
**where** wo; *where to* wohin
**whether** ob
**which** welcher
**while** während *11*
**whipped cream** die Schlagsahne
**white** weiß
**who** wer
**whole** ganz
**whose** wessen *5*
**why** warum
**wife** die Frau,-en *9*
**wig** die Perücke,-n *12*
**wild water ride** die Wildwasserbahn,-en *8*
**will** werden
to **win** gewinnen (gewann, gewonnen) *1*
**window** das Fenster,- *4*
**windshield** die Windschutzscheibe,-n *11*
**wine** der Wein,-e *5*
**winter** der Winter,-
**wise** weise *8*
to **wish** wünschen
**with** mit, bei
**within** innerhalb
**without** ohne
**woman** die Frau,-en *9*
**word** Wort,-er; *word (saying)* das Wort,-e; *in other words* mit anderen Worten *2*
to **work** arbeiten
**work** die Arbeit,-en; *to help with the work* bei der Arbeit helfen

**world** die Welt,-en

to **worry** sich sorgen; *to worry about* sich sorgen um *11*

**would like to** möchten; *I would like to go to the rock concert.* Ich möchte zum Rockkonzert (gehen).

to **write** schreiben (schrieb, geschrieben)

# Y

**yard** der Garten *4*

**year** das Jahr,-e

**yellow** gelb

**yes** ja

**yesterday** gestern

**yet** noch

**you** *(familiar singular)* du; *you (familiar plural)* ihr *1*; *you (formal)* Sie; *you (general)* man; *for you* für dich

**young person** der Jugendliche,-n

**your** dein; *Your...* Dein(e)...; *your (familiar plural)* euer; *your (formal singular and plural)* Ihr

**youth** die Jugend *12*

**youth club** der Jugendklub,-s *9*

**youth hostel** die Jugendherberge,-n *2*

**youth hostel director** der Herbergsvater,- *2*

**youth team** die Jugendmannschaft,-en

# Z

**zero** null

**zip code** die Postleitzahl,-en *9*

**Acknowledgments**

The author wishes to express his gratitude to the following people who assisted in the photography scenes in Germany, Austria and Switzerland:

**Friedrich-Wilhelm Becker** (Göttingen, Germany)
**Axel Dürer** (Bremen, Germany)
**Dr. Reinhold Frigge** (Witten, Germany)
**Klaus Hartart and Family** (Berlin, Germany)
**Volker Held and Family** (Bensheim, Germany)
**Dr. Wieland Held and Family** (Leipzig, Germany)
**Guido Kauls** (Minneapolis, Minnesota)
**Thomas Lustenberger** (Lucerne, Switzerland)

**Dieter Messner and Family** (Lienz, Austria)
**Donatus Moosauer** (Altenmarkt, Germany)
**Uwe Schlaugk and Family** (Gräfelfing, Germany)
**Frank Schultze** (Dortmund, Germany)
**Gerfried Stein** (Bad Homburg, Germany)
**Peter Sternke and Family** (St. Augustin, Germany)
**Helmut Strunk and Family** (Essen, Germany)
**Dr. Hartmut Voigt** (Odenthal-Glöbusch, Germany)

The author also would like to thank Sarah Vaillancourt and Sharon O'Donnell for editorial and professional advice. Finally, the author would like to thank his wife, Rosie, for showing such tremendous patience and understanding during the development of this series and for her valuable contributions before, during and after the extensive trips throughout German-speaking countries.

The following German instructors provided valuable comments for the new edition of *Deutsch Aktuell:*

*Kristine S. Albrecht*, St. Charles High School, St. Charles, Illinois; *Marianne Allen*, Northwestern-Lehigh High School, New Tripoli, Pennsylvania; *Eva Arndt*, Morris Catholic High School, Denville, New Jersey; *Gertrud Ashe*, Cholla High School, Tucson, Arizona; *Gabriele Auerbach*, Bettendorf High School, Bettendorf, Iowa; *Fritz A. Baake*, Northwest Global Studies Middle Magnet School, Kansas City, Missouri; *Jim Baggett*, Springstead High School, Spring Hill, Florida; *Ursula Baker*, West Chicago Community High School, West Chicago, Illinois; *Greg Barnett*, Oak Grove High School, San Jose, California; *Brigitte Baur*, Glenbrook North High School, Northbrook, Illinois; *Margrit Bickelmann*, Rochester High School, Rochester, Michigan; *Erin Bierley*, Fernley High School, Fernley, Nevada; *Anneliese Boghossian*, Perth Amboy High School, Perth Amboy, New Jersey; *Rick Brairton*, Chatham High School, Chatham, New Jersey; *Nancy Brock*, Crittenden County High School, Marion, Kentucky; *Mara R. Brogan*, Peoria Notre Dame High School, Peoria, Illinois; *Helga S. Brown*, Basic High School, Henderson, Nevada; *Lynn G. Brown*, Scranton School/ Yellowstone Trail Consortium (ITV), Scranton, North Dakota; *Jill Brunner*, Richmond High School, Richmond, Michigan; *Nancy Burbank*, Reno High School, Reno, Nevada; *Jacqueline A. Cady*, Bridgewater-Raritan High School, Bridgewater, North Dakota; *Karin Carl*, Wall High School, Wall, New Jersey; *Phillip Carlson*, New Mexico Military Institute, Roswell, New Mexico; *James P. Carrell*, Albuquerque Academy, Albuquerque, New Mexico; *Chris Case*, McQueen High School, Reno, Nevada; *Marjorie E. Cederlund*, Thomas Middle School, Arlington Heights, Illinois; *Stephanie Christensen*, Flathead High School, Kalispell, Montana; *Sandra Clymer*, Ravenna High School, Ravenna, Nebraska; *Margaret Collier*, Bishop Eustau Preparatory School, Pennsauken, New Jersey; *Susan Davis*, Manchester High School, Manchester, Michigan; *Carol W. Devoss*, St. Charles High School, St. Charles, Illinois; *Maryann De Young*, Miamisburg High School, Miamisburg, Ohio; *Joseph Dowling*, William Penn High School, New Castle, Delaware; *Susan Durkin*, Arbor Park Middle School, Oak Forest, Illinois;

*Robert B. Edwards*, Metropolitan East Luthern High School Edwardsville, Illinois; *Nancy Ericson*, New Life Academy, Woodbury, Minnesota; *Amy Evers*, Brentwood High School, Brentwood, Tennessee; *Thomas Fischer*, Overbrook Reginal Senior High School, Pine Hill, New Jersey; *Gregory Fruhman*, Clifton High School, Clifton, New Jersey; *Doris Glowacki*, Union High School, Union, New Jersey; *Walter Godecke*, Sacramento High School, Sacramento, California; *K. Joy Gruits*, Reuther Middle School, Rochester Hills, Michigan; *J. Royce Gubler*, Green Valley High School, Henderson, Nevada; *Beth Guhr*, Edgewood High School, Edgewood, Maryland; *John F. Györy*, G.A.R. Memorial Junior Senior High School, Wilkes-Barre, Pennsylvania; *Shawn Harms*, La Salle-Peru High School, La Salle, Illinois; *Mary Hart*, Eddyville High School, Eddyville, Iowa; *Ann Hartman*, New Prague Senior High School, New Prague, Minnesota; *Peri V. Hartzell*, Field Kindley High School, Coffeyville, Kansas; *Victoria Heiderscheidt*, St. Joseph Middle School, Waukesha, Wisconsin; *Arthur Helwing*, Mather High School, Chicago, Illinois; *Arthur P. Herrmann*, White Station High School, Memphis, Tennessee *Nancy Hetzel*, Mark T. Sheehan High School, Wallingford, Connecticut; *Tom Hoffman*, Russell High School, Russell, Kansas; *Judy Horning*, Newark High School, Newark, Ouio; *Patricia Hughes*, Kelliher Public School, Kelliher, Minnesota; *Daniel L. Hunter*, Bald Eagle Nittany High School, Mill Hall, Pennsylvania; *Glenn P. Huntoon*, Wabasha-Kellogg High School, Wabasha, Minnesota; *Terry L. Huth*, Wauwatosa School District, Wauwatosa, Wisconsin; *Kim P. Icsman*, Ursuline Academy of Cincinnati, Cincinnati, Ohio; *Jennifer E. Jacobi*, Haines Middle School, St. Charles, Illinois; *Heinz Janning*, Redwood Valley High School, Redwood Falls, Minnesota; *Wilfried Jarosch*, Thornwood High School, South Holland, Illinois; *Regina Johannson*, Webb School of Knoxville, Knoxville, Tennessee; *Roger P. Johnson*, Elko High School, Elko, Nevada; *Rhonda Jones*, Lane Technical High School, Chicago, Illinois; *Guido Kauls*, Minnehaha Academy, Minneapolis, Minnesota; *Kristine Keller*, Wilton High School, Wilton, Iowa; *Charles King*, St. Joseph High

442

School, Westchester, Illinois; *Elizabeth Kitamann*, Battle Mountain High School, Minturn, Colorado; *Joanne Kiwak*, Coatesville Area High School, Coatesville, Pennsylvania; *Linda Klein*, Waupaca High School, Waupaca, Wisconsin; *Hans Koenig*, Blake School, Hopkins, Minnesota; *Robert Komar*, North Bergen High School, North Bergen, New Jersey; *Maggie Kornreich*, Mariemont High School, Cincinnati, Ohio; *Nancy Kuechelmann*, Ridge High School, Basking Ridge, New Jersey; *David J. Lane*, The Kiski School, Saltsburg, Pennsylvania; *Erl Langness*, Ishpeming High School, Ishpeming, Michigan; *Ardis D. Larvick*, Stewardson-Strasburg High School, Strasburg, Illinois; *Eric Lassner*, Standley Lake High School, Westminster, Colorado; *Irmgard K. Lindahl*, Lutheran High School, Springfield, Illinois; *Ingrid Luchini*, Mayfield High School, Las Cruces, New Mexico; *Joyce Luekens*, Kawameeh Middle School, Union, New Jersey; *Roger VanMaasdam*, Schaumburg Christian School, Schaumburg, Illinois; *David M. Major*, Colerain High School, Cincinnati, Ohio; *Jean Maley*, New Mexico Military Institute, Roswell, New Mexico; *Ann Mans*, Pine City High School, Pine City, Minnesota; *Ingrid May*, Harding High School and River Valley High School, Marion, Ohio; *Linda R. McCrae*, Muhlenberg High School, Laureldale, Pennsylvania; *Charles Mescher*, Marion Local High School, Maria Stein, Ohio; *Barbara Mieder*, Milton Junior-Senior High School, Milton, Vermont; *Judith Miller*, Hightstown High School, Hightstown, New Jersey; *Jo Anne Miller*, Cumberland Valley High School, Mechanicsburg, Pennsylvania; *Ronald Moore*, Platteview High School, Springfield, Nebraska; *Helga E. Morganstern*, Luther Burbank High School, Sacramento, California; *Karen Mosher*, Alamogordo High School, Alamogordo, New Mexico; *Barbara Muehler*, Providence Catholic High School, New Lenox, Illinois; *Frank Mulhern*, Wissahickon School District, Ambler, Pennsylvania; *Daniel P. Nash*, Evergreen High School, Evergreen, Colorado; *Helga Needham*, Howell High School, Farmingdale, New Jersey; *Jo Ann D. Nelson*, Jacksonville High School, Jacksonville, Illinois; *Rebecca Kettler Nemec*, Maplewood-Richmond Heights Senior High School, St. Louis, Missouri; *Nancy Lorraine Newson*, Lakewood Senior High School, Lakewood, Colorado; *Ronald E. Nocks*, Westerville South High School, Westerville, Ohio; *Joan Nowak*, Oak Creek Senior High School, Oak Creek, Wisconsin; *Patrick O'Malley*, New Prague Senior High School, New Prague, Minnesota; *Mary Loomer Oliver*, Foley Senior High School, Foley, Minnesota; *Barry Olsen*, Timpview High School, Provo, Utah; *Tom Ore*, Pickerington High School, Pickerington, Ohio; *Joan M. Otoupalik*, Cherry Creek High School, Englewood, Colorado; *Lillian Pennington*, Pickerington High School, Pickerington, Ohio; *Sister Mary Perpetua*, Central Catholic High School, Reading, Pennsylvania; *Rosie Peters*, Holt High School, Holt, Michigan; *Connie Popken*, West High School, Sioux City, Iowa; *Ronald Porotsky*, Whitehall High School, Whitehall, Pennsylvania; *Karen Diane Price*, Charlottesville High School, Charlottesville, Virginia; *Lois Purrington*, BDSH High School, Renville, Minnesota; *Susan Rayner*, Foothill Farms Junior High School, Sacramento, California; *Caroline F. Redington*, Dunkirk Middle School, Dunkirk, New York; *David H. Renoll*, Tunkhannock Area High School, Tunkhannock, Pennsylvania; *Dwight Repsher*, Pen Argyl Area School District, Pen Argyl, Pennsylvania; *Rev. Donald R. Rettig*, Elder High School, Cincinati, Ohio; *Albert E. Reynolds*, Cordova High School, Rancho Cordova, California; *Ernest L. Roane*, Huguenot High School, Richmond, Virginia; *Faye Rollings-Carter*, Midlothian High School, Midlothian, Virginia; *Cecil Roth*, Williston High School, Willston, North Dakota; *Don Ruhde*, Iowa Falls High School, Iowa Falls, Iowa; *Runy Runge*, McLane High School, Fresno, California; *Emmerich Sack*, St. John's Preparatory School, Collegeville, Minnesota; *Loretta Saunderson*, Burnet Middle School, Caldwell, New Jersey; *Elaine Schuessler*, Wesclin High School, Trenton, Illinois; *Linda Schwinghammer*, Shakopee Junior High School, Shakopee, Minnesota; *Linda B. Seward*, Loyola Academy, Wilmette, Illinois; *Scott Alan Seyler*, MMI Preparatory School, Freeland, Pennsylvania; *Ramona Shaw*, Steelville R-3 Schools, Steelville, Missouri; *Angela Shea*, St. Mary's High School, Stockton, California; *Marsha S. Sirman*, Seaford High School, Seaford, Delaware; *Marcia K. Slosser*, Lloyd C. Bird High School, Chesterfield, Virginia; *Theresa Smejkal*, Loyola Academy, Wilmette, Illinois; *Susan Smith*, Van Hoosen Middle School, Rochester, Michigan; *Ruth Stark*, Chisago Lake High School, Lindstrom, Minnesota; *Mary Stefano*, Seaholm High School, Birmingham, Michigan; *Shirley Swan*, Lakeview High School, St. Clair Shores, Michigan; *Patrick W. Sylvester*, Socorro High School, Socorro, New Mexico; *William Thomas*, Limestone Community High School, Bartonville, Illinois; *Robert S. Thompson*, F. T. Maloney High School, Meriden, Connecticut; *Warren E. Thornock*, Elk Grove High School, Elk Grove, California; *Roswitha Timbrell*, Gulf High School, New Port Richey, Florida; *Tanya Tobin*, Purcell Marian High School, Cincinnati, Ohio; *Ernst Unger*, Paramus High School, Paramus, New Jersey; *Doris Unruh*, Peabody High School, Peabody, Kansas *Joyce Van Ness*, Central Campus High School, Minot, North Dakota; *Archie Walker*, Groveport-Madison High School, Groveport, Ohio; *Nancy S. Walker*, Craigmont High School, Memphis, Tennessee; *Gerald Walta*, Lakeside Lutheran High School, Lake Mills, Wisconsin; *John Walte*, Mount Vernon High School, Mount Vernon, Washington; *Jon Ward*, Rigby High School, Rigby, Idaho; *Deborah E. Weston*, Lindenhurst Junior High School, Lindenhurst, New York; *Eleanor Weston*, Bishop Foley High School, Madison Heights, Michigan; *Gabriele Whittemore*, Manchester Regional High School, Haledon, New Jersey; *Ursula Wilhelm*, John Burroughs School, St. Louis, Missouri; *Robert F. Williams*, Green Mountain High School, Lakewood, Colorado; *Robert Williams*, Waseca High School, Waseca, Minnesota; *Kimberly Winter-McGhee*, Morgan County R-II Schools, Versailles, Missouri; *Diane Wippler*, Proctor High School, Proctor, Minnesota; *William Witney*, Hastings Middle School, Columbus, Ohio; *Spencer H. Wolf*, Middletown High School North, Middletown, New Jersey; *Walter Wolf*, Center High School, Center, North Dakota; *Jan Zamir*, John Hersey High School, Arlington Heights, Illinois; *Georgeanna Zauhoff*, Holland Christian High School, Holland, Michigan

# Photo Credits

All the photos in the *Deutsch Aktuell 2* textbook not taken by the author have been provided by the following:

*Amschler, Carola:* 381 (all), 382 (both), 383
*Austrian National Tourist Office:* 306, (bottom left), 314 (bottom left)
*Berlin-Touristen-Information:* 357
*Bregenz-Tourismus:* 79 (left)
*Fremdenverkehrsverband Rheinland-Pfalz e.V.:* iv (top right), 72 (top)
*German Information Center:* vii (top right), xii (top and left), 79 right), 111 (center), 171, 206 (bottom right), 238 (top), 239 (left), 245 (all), 246 (both), 247, 267 (top right), 368 (bottom right), 369 (right)
*Kultur- und Fremdenverkehrsamt Rothenburg ob der Tauber:* 19 (left)
*Kur- und Verkehrsamt Stadt Waldkirch:* 206 (top), 232 (top right)
*Kurdirektion des Berchtesgadener Landes:* 36 (left), 78 (bottom right)
*Kurverwaltung Bodenmais:* 213 (center left)
*Kurverwaltung Garmisch-Partenkirchen:* 238 (bottom left)
*Landesfremdenverkehrverband Baden-Württemberg e.V.:* 86 (bottom)
*Landeshauptstadt Schwerin:* 332 (right)
*Lufthansa:* 18 (center right), 34, 35 (right), 45
*Moosauer:* 90, 100 (top right and bottom right), 101 (both), 146 (both), 147 (all), 148, 274 (both), 275, 276, 337 (left), 359 (top), 367 (left)
*Postdienst:* 278 (bottom), 280 (both)
*Presse- und Informationsamt Vaduz:* 139 (top), 141
*Salzburger Land Tourismus:* 206 (bottom left)
*Schultze, Frank:* iv (bottom left), ix (top right), 38 (all), 39 (all), 47 (center and right), 48 (bottom left and right), 67 (all), 68 (all), 73, 74, 76, 77 (both), 111 (right), 130 (all), 131 (all), 136 (bottom left), 137, 138, 259 (all), 260 (all), 261, 267 (center left), 270 (both), 336 (top), 354, 359 (bottom), 360, 367 (right)
*Simson:* vii (bottom left), viii (bottom right), xii (left), 10, 61, 71 (bottom), 72 (bottom), 86 (top), 89 (right), 92, 98, 129 (center left and right), 136 (bottom right), 142 (left), 163 (both), 207 (left), 212, 217, 220, 223, 225 (all), 226 (both), 227 (both), 228 (both), 229, 231, 237 (all), 238 (bottom right), 244, 250 (bottom), 255, 263 (all), 306 (top), 307 (right), 310, 313 (left), 318 (all), 321 (both), 322, 330 (center left and bottom right), 331 (center left), 332 (left), 334, 335 (center), 336 (bottom left and right), 342 (top), 347, 364, 370 (center left and right), 372, 373, 376 (both), 377, 378 (top)
*Specht, Roland:* 114 (all), 115, 129 (top right), 143 (bottom left), 205 (left), 309 (center), 314 (top right)
*Stadt Duderstadt:* 331 (top right)
*Städtisches Verkehrsamt Freudenberg:* 112 (top)
*Städtisches Verkehrsamt Lichtenfels:* 112 (bottom left)
*Sturmhoefel, Horst:* 142, 350
*Switzerland Tourism:* v (bottom left), 1 (left), 6, 31, 33, 37, 48 (top), 110
*Teubner (Archiv für Foodfotografie):* vi (top left), 144 (top, bottom left and right), 145 (right), 150 (all), 151 (all), 152 (both)
*Tourist-Information Konstanz GmbH:* 330 (center right)
*Tourist-Information-Verkehrsamt Dinkelsbühl:* vii (bottom right), 18, 239 (right)
*Verkehrsamt Reit im Winkl:* 1 (right)
*Verkehrs- und Reisebüro Gemeinde Oberammergau:* 78 (bottom left), 315 (top right)
*Verkehrsverein Mainz e.V.:* 388 (top right)

# Other Credits

The publisher would like to thank the following sources for granting permission to reproduce certain material on the pages indicated:

*Atlantik Brücke e.V.,* "These Strange German Ways [The New Book]" by Susan Stern: 212-214, 343-345
*Deutscher Camping-Club e.V.:* 72, 73
*Deutsches Jugendherbergswerk:* 56
*Fürstentum Liechtenstein (Informationsamt):* 139, 140
*JUMA, Das Jugendmagazin (Köln):* 381-382
*Landesverkehrsverband Rheinland e.V.:* 173
*Postdienst:* 278, 280, 299
*Presse- und Informationsamt der Bundesregierung,* "Germany," 375-377
*Verkehrsverein Augsburg:* 196